코딩 초보자를 위한

데이터 중심의

파이썬 프로그래밍

"본 저서는 과학기술정보통신부 및 정보통신기획평가원의

SW중심대학지원사업의 연구결과로 수행되었음"(2019-0-01056)

Python Programming

코딩 초보자를 위한
데이터 중심의

파이썬 프로그래밍

길준민 박지수 공저

INFINITYBOOKS
인피니티북스

국립중앙도서관 출판시도서목록(CIP)

이 도서의 국립중앙도서관 출판예정도서목록(CIP)은
서지정보유통지원시스템 홈페이지(http://seoji.nl.go.kr)와
국가자료종합목록 구축시스템(http://kolis-net.nl.go.kr)에서 이용하실 수 있습니다.

CIP제어번호 | CIP2019053634

세계는 이미 인공지능, 사물인터넷, 빅데이터 등을 기반으로 한 소프트웨어가 혁신과 성장, 가치 창출의 중심이 되는 소프트웨어 중심 사회로 변화하고 있습니다. 이제는 소프트웨어가 세상을 바꾸고, 개인의 생활에 편리성을 제공하며, 경제를 성장시키는 등 예상을 뛰어넘는 수준으로 발전을 가속화시키고 있습니다. 소프트웨어가 일상적으로 활용되고 있는 시대를 살아가는 우리는 많은 지식을 아는 것도 중요하지만 더욱 중요한 것은 인공지능, 사물인터넷, 빅데이터 기술로 상징되는 4차 산업혁명 시대에 다양하게, 빠르게, 그리고 엄청나게 발생하는 데이터를 어떻게 다루고 데이터부터 중요한 의미를 파악하는 것에 있습니다. 즉, 방대한 양의 데이터를 단순히 수집하여 저장하고, 분석하고, 변환하는 등의 기본 기술과 더불어 이러한 데이터를 자신의 분야에서 어떻게 하면 잘 다루고 활용하여 자신의 아이디어를 발전시키는 것이야말로 4차 산업혁명 시대에 살아가는데 없어서는 안 될 필수 기술입니다.

이렇듯, 4차 산업혁명 시대에 접어든 우리는 데이터 활용 능력을 갖추어야 하며, 이를 바탕으로 인간의 상상력, 감성까지 아우를 수 있는 균형 잡힌 능력을 키워야 합니다. 그래서 단순히 프로그래밍 언어를 습득하는 것 아니라 데이터 활용 능력을 바탕으로 논리적 사고와 문제해결력을 키워야 하는 것입니다.

이 책은 데이터 활용 능력과 함께 논리적 사고와 문제해결력을 배양하기 위해 파이썬 프로그래밍 언어에 기반한 데이터와 코딩의 기본 원리와 지식을 학습하며, 특히 데이터와 코딩에 대한 기능과 활용을 파이썬 프로그래밍 언어의 터틀 그래픽을 통해 재미있고, 쉽게 학습할 수 있도록 하였으며, 이를 통해 다양한 전공 분야와 연계 가능한 융합적 사고 능력을 배양하는 것을 목표로 하고 있습니다.

한편, 이 책은 컴퓨터 비전공자도 쉽게 이해하고 활용할 수 있는 다양하고 풍부한 예제를 제공하여 데이터와 코딩에 관한 기본 개념의 정립뿐 아니라 응용문제를 제공함으로써 문제해결력 증진에 도움이 되는 논리적 사고 배양에 초점이 맞춰져 있습니다. 또한, 데이터와 코딩에 관심이 둔 입문자들이나 프로그래밍 초보자들에게 프로그래밍의 기본 개념을 정립해 줄 입문서로서 추천하는 바입니다.

끝으로, 이 책이 나오기까지 수고를 아끼지 않으신 인피니티북스 사장님을 비롯한 관계자 여러분들께 다시 한번 고개 숙여 감사드리는 바입니다. 또한, 출판 막바지까지 작업을 도와준 대구가톨릭대학교 SW중심대학사업단 기초교양 김경열 교수님과 경기대학교 융합교양대학 교양학부 이순용 교수님의 노고에 진심으로 감사드립니다. 이 책이 독자 여러분들의 데이터와 코딩의 기본 개념 파악과 프로그래밍 능력 향상을 통해 논리적 사고 증진과 창의적 문제해결력 배양에 조금이나마 도움이 되길 진심으로 바라는 바입니다.

2019년 12월

길준민(jmgil@cu.ac.kr)

박지수(jisupark@jj.ac.kr)

CHAPTER **01**

컴퓨팅적 사고와 프로그래밍

CHAPTER **02**

파이썬 프로그래밍 시작

CHAPTER **03**

거북이 그래픽 프로그래밍

CHAPTER

07

반복문 I

CHAPTER

08

반복문 II

CHAPTER

09

리스트와 딕셔너리

CHAPTER
10
함수 1: 기능을 재사용

CHAPTER
11
함수 2: 함수를 만들어 사용

CHAPTER
12
모듈

CHAPTER
13
파일

CHAPTER
14
데이터 및 프로젝트

CHAPTER

01

컴퓨팅적 사고와 프로그래밍

학습목표

- 컴퓨팅적 사고가 무엇인지를 이해할 수 있다.
- 컴퓨팅적 사고를 통한 문제 해결 과정을 이해할 수 있다.
- 알고리즘에 대해 설명할 수 있다.
- 프로그래밍 언어에 대해서 설명할 수 있다.
- 컴퓨터 시스템의 동작 원리를 이해할 수 있다.
- 컴퓨터에서 사용하는 데이터 표현을 이해할 수 있다.

1 _ 프로그래밍과 컴퓨팅적 사고

본 장에서는 컴퓨팅적 사고에 대한 이해를 위해 컴퓨터를 이용한 문제해결 과정과 알고리즘, 프로그래밍 언어를 다루고, 프로그램 처리 방식을 이해하기 위한 컴퓨터 동작에 대한 원리를 알아보자.

1.1 컴퓨팅적 사고

최근 전세계적으로 어린이들에 대한 조기 소프트웨어(SoftWare; SW)교육의 중요성을 인식하고 공교육에도 정식으로 도입하고 있다. 소프트웨어 교육 또는 코딩 교육의 목적은 사고가 유연하고 습득이 빠른 어린이부터 단계적인 컴퓨팅적 사고를 개발시키기 위한 목적이다. 현재 에스토니아, 영국, 미국, 이스라엘, 인도 등 세계 주요국들이 소프트웨어 중심사회를 선도할 인재 양성을 위해 소프트웨어 교육을 정규 교과로 도입하고 있다. 우리나라에서도 초등학교에서는 2019년부터 SW기초교육 시간이 12시간에서 17시간 이상으로 늘어났고, 알고리즘, 프로그래밍, 문제해결과정을 담을 수 있도록 하였다. 또한 중학교에서는 2018년부터 정보과목을 필수교과로 지정하였으며, 34시간 이상을 교육한다. 고등학교에서는 2018년부터 정보과목을 일반 선택 과목으로 지정하였다. 초중고에서의 가장 기본은 컴퓨팅적 사고에 중점을 둔다.

[표 1-1] 소프트웨어(SW) 교육(자료 : 교육부미래창조과학부)

구분	현행	개편안(시행)
초(2019년 ~)	'실과' 정보통신기술 단원(12시간)	'실과' SW 기초교육 (17시간 이상)
중(2018년 ~)	'정보'(선택교과)	'정보'(필수교과)
고(2018년 ~)	'정보'(심화선택)	'정보'(일반선택)
대(2015년 ~)		인문계 등 SW기초교육 확대, SW중심대학 운영

컴퓨팅적 사고(Computational Thinking; CT)는 여러 분야에서 복잡해 보이는 문제들을 조그마한 부분적으로 쪼개어 분리하고, 각각의 단계적으로 분석하고 다시 조립하여, 논리적으로 해결할 수 있는 절차를 만들어나가는 문제해결과정이다. 이는 컴퓨터과학자들이 문제해결을 위해 사고하는 방법과 기술로부터 시작하였다.

이러한 컴퓨팅적 사고는 미국 MIT 대학교 교수인 시모어 파퍼트(Seymour Papert)에 의해 1980년에 처음 사용되었으며, 2006년 미국 카네기멜런 대학교의 컴퓨터과학과 교수인 지넷 윙(Jeannette Wing)이 ACM에 논문을 게재한 것으로 시작한다. 지넷 윙 교수는 논문에서 "컴퓨팅적 사고 과정은 문제해결을 위한 데이터 수집과 적절한 논리를 만들기까지 '통찰'을 얻는 과정을 총칭. '컴퓨팅적 사고를 읽고, 쓰고, 셈하는 수준'으로 교육"[1] 이라고 하였다.

Viewpoint | Jeannette M. Wing

Computational Thinking

It represents a universally applicable attitude and skill set everyone, not just computer scientists, would be eager to learn and use.

Computational thinking builds on the power and limits of computing processes, whether they are executed by a human or by a machine. Computational methods and models give us the courage to solve problems and design systems that no one of us would be capable of tackling alone. Computational thinking confronts the riddle of machine intelligence: What can humans do better than computers? and What can computers do better than humans? Most precisely. Stating the difficulty of a problem accounts for the underlying power of the machine—the computing device that will run the solution. We must consider the machine's instruction set, its resource constraints, and its operating environment.

In solving a problem efficiently, we might further ask whether an approximate solution is good enough, whether we can use randomization to our advantage, and whether false positives or false negatives are allowed. Computational thinking is reformulating a seemingly difficult problem into one we know how to solve, perhaps by reduction, embedding, transformation, or simulation.

[그림 1-1] 지넷 윙 교수의 "Computational Thinking" 논문 중 일부

컴퓨팅적 사고는 인간의 사고 체계의 감각적 사고와 경험 및 학습적 사고를 바탕 위에 존재한다고 할 수 있다. 즉, 컴퓨팅적 사고는 컴퓨터과학자들이 사고하는 방식을 여러 분야에 적용시키고자 하는 것이다. 컴퓨팅적 사고의 특성을 정리하면 다음과 같다.

- 컴퓨터과학자들의 문제해결 방식을 다양한 곳에 적용하기 위한 방법이다.
- 인간의 사고와 컴퓨터의 능력을 통합한 방법이다.
- 컴퓨터의 기본 개념과 원리를 알아야 한다.
- SW교육은 컴퓨팅적 사고를 가진 융합 인재를 육성하는 것이다.
- 컴퓨팅적 사고는 다양한 문제해결에 응용할 수 있다.

1 Jeanette Wing, "A Vision for the 21st Century: Computational Thinking," CACM vol. 49, no. 3, March 2006, pp. 33–35.

이러한 지넷 윙 교수의 논문에서는 컴퓨팅적 사고의 주요 요소로 분해, 개념화, 추상화, 재귀적 사고, 병렬처리 등의 5가지를 발표하였으며, 지넷 윙 교수이외에도 구글 등 다양한 곳에서 컴퓨팅적 사고 모델을 정의하고 있다.

이러한 컴퓨팅적 사고 모델에서는 실제 어떤 능력 향상에 도움을 줄 수 있는지 다음과 같이 정리할 수 있다.

- 복잡한 것을 자신 있게 다루는 능력
- 어려운 문제들을 계속적으로 다루는 능력
- 애매한 것을 끈기 있게 가지고 다루는 능력
- 여러 해답이 있을 수 있는 열린 문제들을 다루는 능력
- 공통적 문제해결을 위해 의사소통과 협력하는 능력

또한 4차산업혁명과 함께 모든 분야에서 컴퓨팅적 사고를 가진 인재를 필요로 하고 있다. 이에 각 대학에서는 융합인재양성 정책을 펼치고 있으며, 다양한 융합전공들이 만들어지고 있다. 특히 SW중심대학 사업을 수행하는 30여개의 대학에서는 인문/사회/예술 계열의 학과와 SW와 연계된 전공들을 만들었으며, 더 나아가 융합전공, 융합학과, 융합대학원 등이 지속적으로 만들어지고 있다. 따라서 컴퓨팅적 사고를 키우는 것이 매우 중요한 시대가 되었다.

1.2 문제 해결 과정

우리는 살아가면서 다양하고, 많은 문제들을 만나게 되고, 해당 문제를 해결하고자 한다. 그러나 해당 문제는 바로 해결이 가능한 문제일수도 있지만, 복잡하고 어려운 문제들도 존재한다. 여기서 문제해결은 우리가 원하는 해답을 얻는 것으로 말할 수 있으며, 많은 시간과 함께 계속적인 노력이 필요로 한다. 이러한 문제들은 다양한 방법으로 해결할 수 있으며, 그 중 컴퓨팅적 사고 문제 해결방법은 여섯 가지 구성요소를 활용하여 처리할 수 있다.

- 컴퓨팅적 사고에서의 문제해결과정은 크게 여섯 가지 구성요소를 나타낸다.
- 첫 번째는 자료 수집으로 문제해결에 필요한 자료를 수집한다.
- 두 번째는 자료 분석으로 자료의 이해, 패턴 찾기, 결론을 도출할 수 있도록 한다.
- 세 번째는 구조화로 문제를 그래프, 차트, 그림 등으로 시각화한다.
- 네 번째는 추상화로 매우 중요한 단계이며, 현실문제 해결을 위해 필요한 요소를 파악하고 단순화하여 표현한다. 추상화는 다시 3가지 요소로 나눌 수 있다.

- 분해: 큰 문제를 작은 문제로 계속 쪼개어 해결해 나갈 수 있도록 하는 과정이다. 어려운 문제라도 분해하면 쉽게 해결할 수 있다.
- 모델링: 문제 해결을 위한 핵심요소를 추출하고 해결하고자 하는 방법에 대한 모델을 만들 수 있다.
- 알고리즘: 문제를 해결하기 위한 일련의 단계를 알고리즘(절차적 표현)으로 표현할 수 있다.

▪ 다섯 번째는 자동화로 컴퓨터가 알아서 수행할 수 있도록 만드는 것이다. 자동화는 다시 2가지 요소로 나눌 수 있다.

- 코딩: 프로그래밍 언어를 이용하여 문제해결과정을 자동화 한다. 본 책의 내용인 파이썬을 통해 코딩을 하여 문제해결을 자동화 시킬 수 있다.
- 시뮬레이션: 코딩된 프로그램(소프트웨어)를 실행한다.

▪ 여섯 번째는 일반화로 문제해결과정을 다른 문제에 적용해 본다.

이러한 문제해결 과정은 한 번에 이루어지기 보단, 반복적인 학습을 통해서 이루어질 수 있다. 이를 위해서는 보다 많은 시간이 필요로 하다.

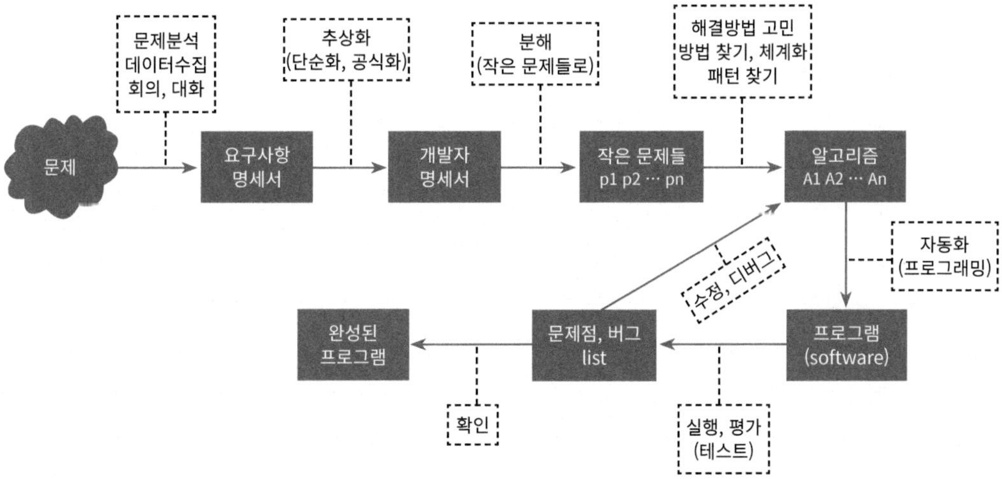

[그림 1-2] CT를 이용한 문제해결 절차

그럼 컴퓨터를 이용한 문제해결 과정은 어떻게 이루어질까? [그림 1-2]와 똑같이 프로세스로 진행되진 않으나 어떠한 문제 정의로부터 요구사항 도출 ~ 유지보수까지 일련과정을 거쳐야 한다.

▪ **요구사항 도출**: 문제를 정의하고, 문제를 해결하기 위해 입력과 출력이 무엇인지 파악을 해야 한다. 입력은 주어진 정보가 무엇인지를 나타내고, 출력은 문제의 결과를 말한다.

- **문제 분석**: 문제를 해결 가능한 조각으로 나누는 과정이다. 이 방법으로는 상향식 방법과 하향식 방법이 존재하며, 상향식 방법은 아래에서부터 차근차근 문제를 분석하는 방식이다. 반면, 하향식 방법은 문제를 관리가 가능한 조그마한 문제로 나누어 분석하는 방법이다.
- **문제해결과정 설계**: 컴퓨터를 이용하여 문제를 해결하는 과정을 설명한다. 문제를 해결하기 위해 요구되는 자료유형들을 객체화하고, 자료 객체화에 실행해야 할 명령들을 조사하고, 명령들을 상세화 한다.
- **프로그래밍**: 문제해결과정을 설계한 뒤 설계된 자료 객체와 명령을 컴퓨터에 구현하는 과정이며, 프로그래밍 언어를 선택한다.
- **검증**: 실행 혹은 컴파일을 통해 발생하는 오류들을 제거하고, 정확성을 검증하는 과정을 거친다. 최종적으로는 최종 시험단계를 거치며 프로그램을 견고화 한다.
- **유지보수**: 추가적으로 오류가 발생할 시 수정 보완을 하고 요구사항이 바뀔 경우 해결과정을 수정하는 것이다.

1.3 알고리즘

알고리즘은 어떤 작업을 수행하기 위해 입력을 받아 원하는 출력을 만들어내는 과정을 말한다. 여기서 어떠한 작업은 문제 해결을 말하며, 이를 위해서는 단계적 절차 또는 방법을 기술해야 한다. 특히 주어지는 문제는 컴퓨터를 이용하여 해결할 수 있어야 한다. 그러기 위해선 우선해야 할 작업을 명확하게 해야 할 필요가 있다.

알고리즘을 다시 표현하면 입력 값을 받아서 원하는 출력 값을 만드는데 필요한 컴퓨터 연산이나 동작들의 순서적인 모음이다. 이러한 알고리즘을 표현할 때 흔히 요리법과 유사한 방법으로 설명을 한다. 요리를 만들기 위해서는 요리법에 나온 단계적인 절차를 거치도록 하고 있다.

라면 조리 방법을 살펴보자.

1. 물을 냄비에 넣고 끓인다.
2. 물이 끓으면, 면과 스프를 넣고 더 끓인다.
3. 취향에 따라 계란/파 등을 곁들여 넣는다.
4. 다 끓여진 라면을 그릇에 옮겨 담는다.

① 물 550ml(2컵과 3/4컵)에 건더기 스프를 넣고 물을 끓인 후

② 분말스프와 면을 넣은 후 4분간 더 끓입니다.

③ 분말스프는 식성에 따라 적당량 넣고, 김치, 파, 계란 등을 곁들이면 더욱 맛이 좋습니다.

[그림 1-3] 라면 조리 방법

여기서 물, 면, 스프를 넣는 것은 입력 단계가 된다. 그리고 물을 끓이고, 면을 삶는 과정은 처리하는 단계를 말하며, 그릇에 옮겨 담아 요리를 끝내는 것은 출력단계가 된다. 이처럼 알고리즘은 입력–처리–출력 이라는 3단계를 거치게 된다. 그러나 알고리즘은 하나의 방법만 있는 것이 아니다. 물과 함께 스프를 먼저 넣는 방법, 물을 끓이기 전에 면을 먼저 넣는 방법, 그릇에 옮겨 담지 않는 방법 등 다양한 방법들이 존재한다. 따라서 알고리즘도 하나의 방법이 아닌 다양한 방법이 존재하며, 항상 효율적인 알고리즘을 찾을 필요가 있다.

이러한 효율적이고, 의미가 있는 알고리즘을 만들기 위해서는 몇 가지 조건을 만족해야 한다.

- 첫째, 알고리즘에 필요한 자료를 입력 받을 수 있어야 한다. 알고리즘을 통해 문제를 해결하기 위해선 적어도 하나 이상의 결과 값이 나와야 한다.
- 둘째, 알고리즘에서 적용되는 모든 동작(연산 등)은 의미가 있어야 하며, 불필요한 동작이 있으면 안 된다. 또한 해당 동작은 명확하게 하여 다른 의미로 해석(애매모호)되면 안 된다. 예로 ④ 그릇에 옮겨 담는다 로 고친다면 무엇을 옮겨 담으라는 것인가? 아직 끓지 않는 라면을 옮겨 담을 수도 있다.
- 셋째, 알고리즘 동작의 순서가 올바르게 되어야 한다. 순서가 올바르지 않는다면 결과가 나오지 않거나, 전혀 다른 결과가 나올 수가 있다. 예로 면과 스프를 넣기 전에 계란 등을 넣게 되면 어떻게 될까? 다 끓여지지 않는 라면을 그릇에 옮겨 놓는다면 맛있을까?
- 넷째, 알고리즘은 반드시 종료가 되어야 한다. 동작의 실수로 무한이 반복되는 경우들이 있다. 알고리즘은 반드시 유한되어야 한다. 예로 물을 끓이는 것만 무한 반복을 하면 물이 없어지게 되어 더 이상 라면을 끓일 수가 없게 된다.

또한 알고리즘을 표기하는 방법은 4가지로 분류할 수 있다.

- 영어나 한국어와 같은 자연어의 사용
- 순서도(flow chart) 사용
- 유사 코드(pseudo-code) 사용
- 특정한 프로그래밍 언어 (Python, C, C++, Java 등)

첫 번째인 자연어로 표기된 알고리즘의 경우는 인간이 읽기 쉬운 장점이 있는 반면, 단어들의 의미가 정확하지 않으면 의미 전달이 모호해질 수 있는 단점이 있다. 이에 대한 예로는 라면 끓이는 방법이라 할 수 있다.

예) **자연어로 표현된 알고리즘**

1. 물을 냄비에 넣고 끓인다.
2. 물이 끓으면, 면과 스프를 넣고 더 끓인다.

3. 취향에 따라 계란/파 등을 곁들여 넣는다.

4. 다 끓여진 라면을 그릇에 옮겨 담는다.

두 번째인 순서도(flow chart)는 도형을 사용한다. 다음은 자주 사용하는 도형들에 대한 설명이다.

[표 1-2] 자주 사용되는 순서도 도형

기호	설명	예
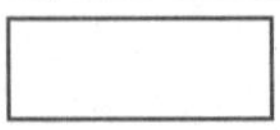	값을 계산하거나 대입 등을 나타내는 처리 기호	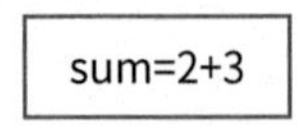
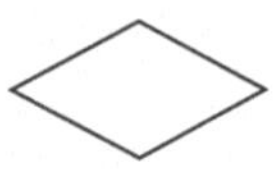	조건이 참이면 '예', 거짓이면 '아니오'로 가는 기호	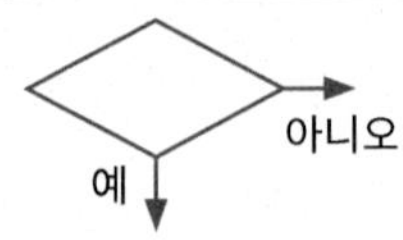
	기호를 연결하여 처리의 흐름을 나타내는 흐름선	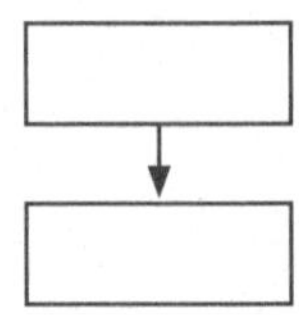

예) **순서도로 표현된 알고리즘**

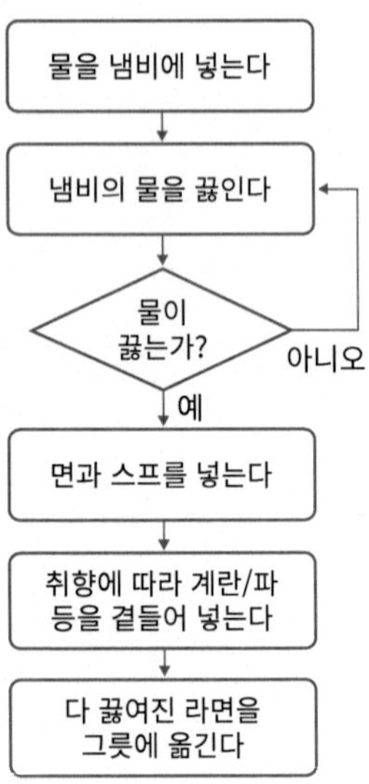

[그림 1-4] 순서도 알고리즘

세 번째인 유사코드는 알고리즘의 고수준 기술 방법이다. 자연어보다는 더 구조적이고, 프로그래밍 언어보다는 덜 구체적인 표현방법이다. 실제 알고리즘을 기술할 때 가장 많이 사용된다.

예) **유사코드로 표현된 알고리즘**

```
Ramen_cook(water, ramen, source)
  boil ← water;
  for i←1 to 100 do
    if temp < 100
       then boil(water);
       else cook(ramen, source);
  return
```

네 번째인 특정 언어로 표현된 알고리즘은 알고리즘의 가장 정확한 기술 방법이다. 그런데 실제 구현 시 많은 구체적인 사항들이 포함되어 있어서 내용들의 이해를 방해할 수도 있다.

예) **C언어로 표현된 알고리즘**

```
int ramen_cook(water, ramen, source)
  temp=boil(water);
  for (int i=0;1<=100;i++)
     if temp < 100
       temp=boil(water+i);
     else comp=cook(ramen, source);
  return comp;
```

알고리즘에는 프로그램의 전체 구조와 제어 흐름을 나타낸다. 제어 흐름은 가장 기본인 3가지 구조를 가지고 있다. 이 3가지는 순차구조, 선택구조, 반복구조가 있다.

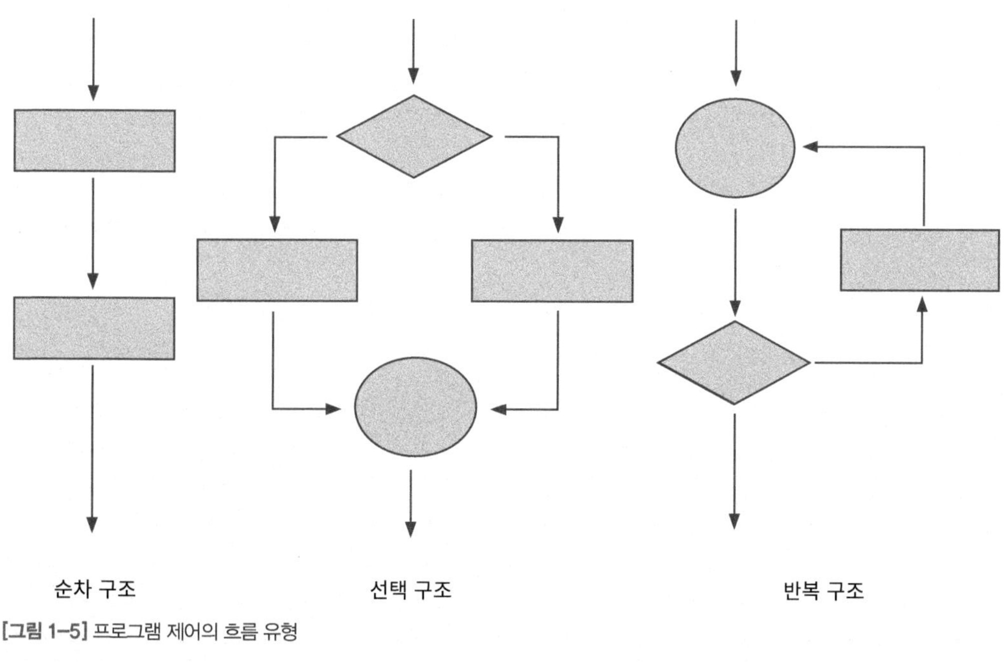

[그림 1-5] 프로그램 제어의 흐름 유형

순차 구조는 프로그램 코드를 순서대로 실행을 한다. 반면 선택 구조는 프로그램이 다음에 무엇을 해야 할지 결정하는 분기 구조로써 조건문(선택문)이라고 부르기도 한다. 조건문에는 단순 IF, IF-ELSE, IF-ELSEIF 등 3~4가지 형태를 가지고 있다. 또한 반복 구조에서는 조건이 만족되지 않을 때 까지 계속 반복을 하는 것으로 루프 구조라고 부르기도 한다. 대부분의 프로그래밍 언어에서는 for, while, do-while과 같은 명령들을 통해 사용한다.

1.4 프로그래밍 언어

'언어'는 어떤 상대방과 생각, 느낌 따위를 나타내거나 전달하는 데에 쓰는 음성, 문자 따위의 수단을 말한다. 우리나라 사람들이랑 대화를 위해서는 '한글'이라는 언어를 미국인들과 대화를 위해서는 '영어'라는 언어를 사용할 수 있다.

그러나 기계(컴퓨터)랑 의사소통을 위해서는 기본의 언어와는 다른 프로그래밍 언어를 이용하여 명령 또는 연산을 시킬 수가 있다. 사람이 원하는 작업을 컴퓨터가 수행할 수 있도록 프로그래밍 언어로 일련의 과정을 작성하여 일을 시킨다. 다시 말한다면 컴퓨터에게 명령을 내리기 위한 언어라고 할 수 있다. 프로그래밍 언어를 이용하여 만든 것을 소프트웨어라 하며, 소프트웨어를 만들기 위한 기본이 된다.

프로그래밍 언어라는 본격적인 개념은 수학에서 등장한다. 쿠르트 괴델은 불완전성 정리를 증명하는 과정 중에 알고리즘을 추상화시킨 primitive recursive function 개념을 만들고, 이를 이용하여 증명에 성공하였는데, 수학적으로 본다면 이것이 최초의 프로그래밍 언어라 보고 있다.

최초의 컴퓨터는 별도의 프로그래밍 언어가 있다기보다, 프로그램들을 절대적인 기계어로 작성하여 만들었다. 10진이나 이진 형태의 프로그램들은 천공 카드나 자기 테이프로부터 읽는 방식으로 컴퓨터에 인식을 시켰다. 절대적인 기계어는 나중에 1세대 프로그래밍 언어(1GL)로 명칭이 정해졌다.

다음 단계로 이른바 2세대 프로그래밍 언어(2GL)인 어셈블리어가 개발되었으며 기계어와 마찬가지로 특정 컴퓨터의 명령어 집합 구조와 밀접하게 관계되었다. 그래도 어셈블리어는 프로그램을 더 인간이 읽기 쉽게 만들어주었다.

최초의 고급 프로그래밍 언어(3GL)는 1950년대에 작성되었다. 컴퓨터용으로 설계될 초기의 고급 프로그래밍 언어는 Plankalkül 였으며, 콘라트 추제가 1943년부터 1945년까지 독일의 Z3용으로 개발될 것이었다. 그러나 1998년, 2000년까지 구현되지 않았다.

4세대 프로그래밍 언어(4GL)는 3세대 프로그래밍 언어보다 내부 컴퓨터 하드웨어의 상세한 부분을 더 고급적으로 추상화시키는 것을 목적으로 한다. 5세대 프로그래밍 언어(5GL)는 프로그래머가 작성한 알고리즘을 이용하지 않고, 프로그램에 주어지는 제약을 사용하여 문제를 해결하는 언어이다.

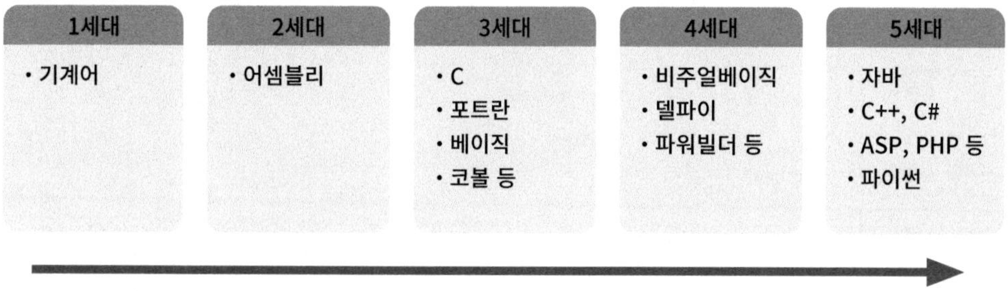

[그림 1-6] 세대별 프로그래밍 언어

이러한 세대별 프로그래밍 언어들은 시간이 흐를수록 강력하고, 사용하기 쉽게 바뀌고 있다. 특히 2010년 이후로 자바 언어와 자바스크립트, 파이썬의 경우는 꾸준히 사용이 증가하고 있다. 다음 그림은 프로그래밍 언어별 사용 흐름을 보여준다.

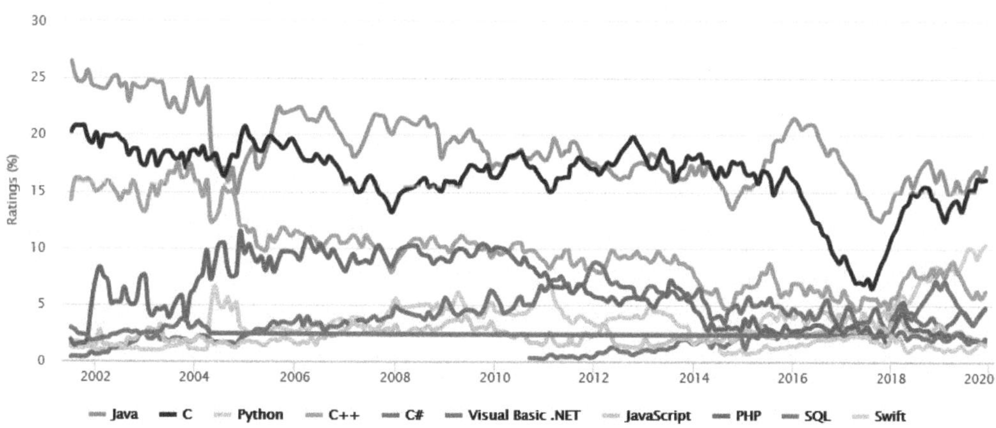

[그림 1-7] 프로그램 사용율의 변화(출처: https://www.tiobe.com/tiobe-index/)

이러한 변화의 추세로 2019년 12월 tiobe에서 조사한 결과에 따르면 1위는 자바이고, 파이썬이 3위에 올랐다. 그러나 점차 파이썬이 1위까지 오를 것이라는 전망은 지속적으로 예상되고 있다.

Dec 2019	Dec 2018	Change	Programming Language	Ratings	Change
1	1		Java	17.253%	+1.32%
2	2		C	16.086%	+1.80%
3	3		Python	10.308%	+1.93%
4	4		C++	6.196%	-1.37%
5	6	↑	C#	4.801%	+1.35%
6	5	↓	Visual Basic .NET	4.743%	-2.38%
7	7		JavaScript	2.090%	-0.97%
8	8		PHP	2.048%	-0.39%
9	9		SQL	1.843%	-0.34%
10	14	↑↑	Swift	1.490%	+0.27%
11	17	↑↑	Ruby	1.314%	+0.21%
12	11	↓	Delphi/Object Pascal	1.280%	-0.12%
13	10	↓	Objective-C	1.204%	-0.27%
14	12	↓	Assembly language	1.067%	-0.30%
15	15		Go	0.995%	-0.19%
16	16		R	0.995%	-0.12%
17	13	↓↓	MATLAB	0.986%	-0.30%
18	25	↑↑	D	0.930%	+0.42%
19	19		Visual Basic	0.929%	-0.05%
20	18	↓	Perl	0.899%	-0.11%

[그림 1-8] 프로그래밍 언어 점유율(출처: https://www.tiobe.com/tiobe-index/)

프로그래밍 언어는 컴퓨터와 대화(명령)를 위해 필수적이다. 그러나 프로그래밍 언어는 사람이 볼 수 있도록, 사람이 이해할 수 있도록 만들어져 있다. 컴퓨터는 0과 1만 사용하므로 프로그래밍 언어의 명령들을 알아들을 수가 없다. 따라서 컴퓨터와 대화를 위해서는 중간에 언어를 번역해줄 장치가 필요하다. 이러한 장치를 컴파일러라 한다.

프로그래밍 언어는 크게 컴파일 언어와 인터프리터(스크립트) 언어로 구분된다. 이 외에도 마크업 언어, 교육용 언어 등이 존재한다. 일단 두 가지 측면인 컴파일 언어와 인터프리터 언어를 보자면 다음 그림과 같다.

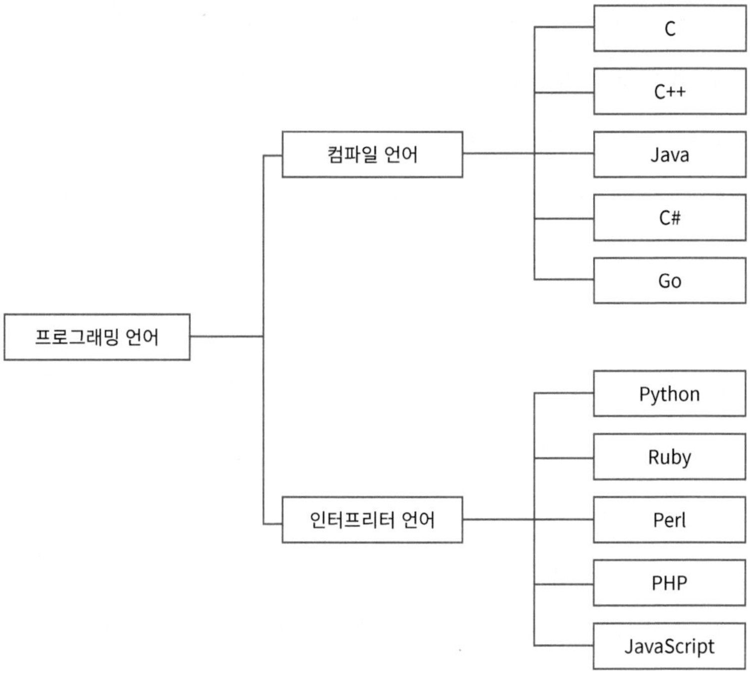

[그림 1-9] 프로그래밍 언어의 종류

컴파일 언어는 프로그램을 작성 후 컴퓨터가 알아들을 수 있는 언어(기계어-0,1로 구성)로 번역을 한 꺼번에 한 다음, 컴퓨터에게 명령을 수행하라고 시키는 역할을 한다. 이는 실행 속도가 빠르고 보안성이 높다. 그러나 코드 수정을 할 경우 다시 컴파일 해야 하므로 개발 시간이 길어지는 단점이 존재한다.

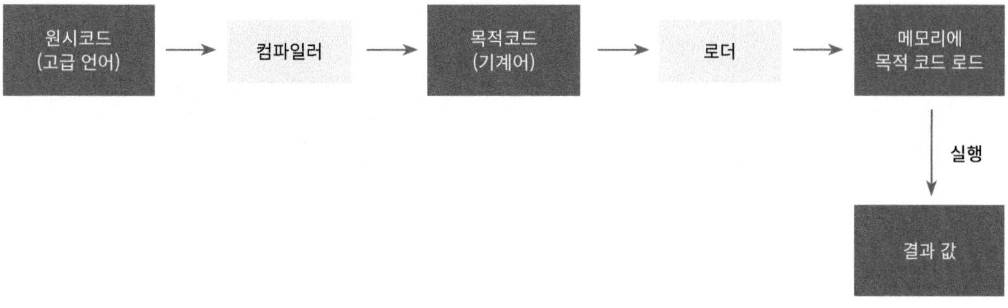

[그림 1-10] 컴파일 언어의 실행 과정

반면, 인터프리터 언어는 명령 하나 하나(한 줄)를 바로 바로 번역하여 명령을 전달하는 역할을 한다. 따라서 실행 속도는 느리지만, 코드 수정시 바뀐 부분만 번역하여 실행 할 수 있다. 또한 컴파일 언어보다 문법이 쉬워 접근하기가 어렵지 않다. 최근 이러한 추세에 맞추어 파이썬 프로그래밍 언어는 프로그래밍 입문 수업에 많이 사용되고 있다.

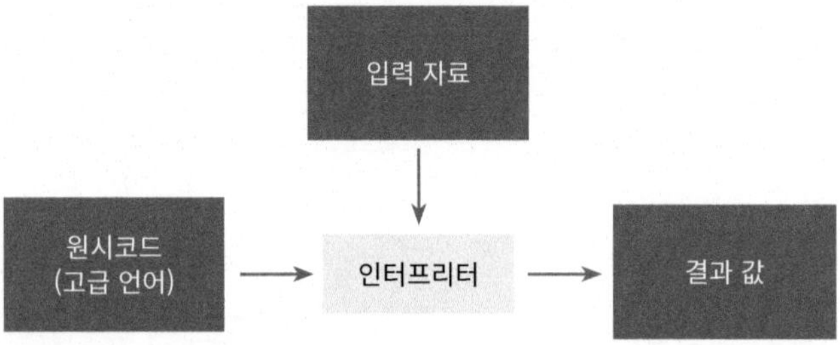

[그림 1-11] 인터프리터 언어의 실행 과정

위 두 가지와 별개로 마크업 언어의 경우는 프로그래밍 언어라기보다 표현을 위한 언어라고 할 수 있다. 익스플로러나 크롬이 뷰어가 되어 마크업 언어로 작성된 것을 볼 수 있도록 해준다. 그 외에도 교육용 언어로 MIT에서 개발한 스크래치 등이 있다. 이는 무료이며, 저학년들이 쉽게 사용할 수 있도록 되어 배우기가 어렵지 않다. 다만, 정밀한 프로그래밍이나 협업이 어려운 점이 있다.

또한 위의 방식과 또다른 하이브리드 방식에 의해 동작하는 언어들이 있다. 자바 언어가 대표적으로 컴파일러 방식으로 전체 번역이 아닌 일부만 번역한 후 인터프리터 방식으로 처리하는 것이다.

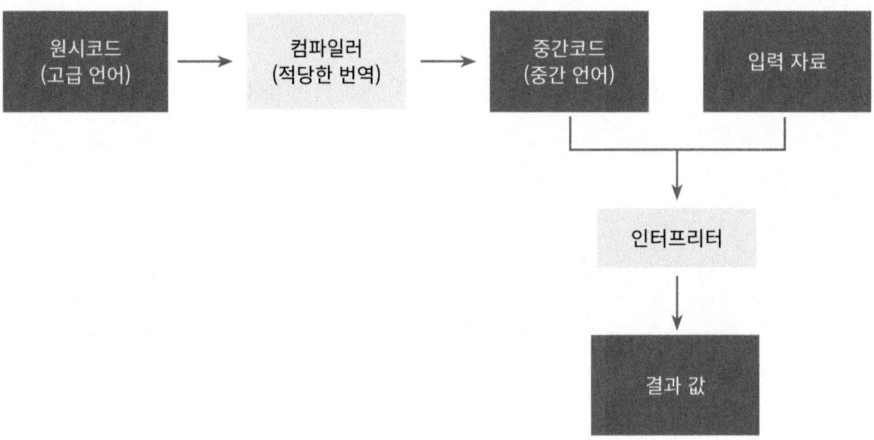

[그림 1-12] 하이브리드 방식의 실행 과정

1.5 컴퓨터시스템 동작 원리

시스템은 크게 두 가지로 정의할 수 있다. 첫 번째는 시스템을 사용하는 사람 입장에서 정의와 두 번째는 시스템에 대해서 잘 알고 있는 전문가로서의 정의로 구분할 수 있다.

첫 번째 정의로는 "입력과 출력이 있는 블랙박스이다"로 정의할 수 있다. 시스템은 무엇인가를 처리하기 위해서 사용되는데, 입력된 정보를 블랙박스에서 처리하여 그에 대한 결과를 출력해 주는 것이라 할 수 있다.

[그림 1-13] 시스템의 기본 정의

예를 들어 보면, 우리가 TV를 생각해 볼 수 있다. 우리가 TV(시스템)를 사용할 때를 생각해보자. TV라는 블랙박스(케이스로 둘러싸여 있어 안에 있는 것들이 보이지가 않는다)가 있다. 이 블랙박스를 이용하려면 리모콘 등을 이용해서 전원 신호를 넣어준다. 그 외 채널 정보나 이를 입력이라 한다. 어떠한 정보가 입력이 되면, 블랙박스는 우리가 알 수 없는 무엇인가를 처리한 후 TV 화면에 방송 정보(화면, 음량)들을 보여준다. 이를 출력이라 한다.

두 번째 정의로는 블랙박스가 아닌 입력과 출력이 있는 화이트박스로서 화이트박스는 "목적을 달성하기 위해 상호작용하는 컴포넌트(Component)들의 집합"이다. 즉 아무것도 보이지 않던 박스가 이제 안이 무명하게 보인다는 의미를 가질 수 있다.

예를 들어 보면, 두 번째 정의는 전문가로서의 정의이므로 박스 안에 있는 구성들을 전부 볼 수 있으며, 그 구성들이 어떻게 동작하는지를 알고 있다. TV가 고장이 났을 때 전문가들은 어디서 고장이 났고, 어디를 고쳐야 하는지 알고 있다.

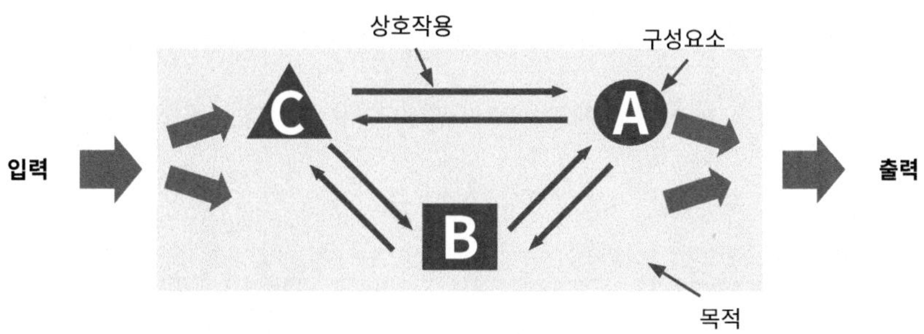

[그림 1-14] 시스템의 확장 정의

이 시스템의 정의에 맞추어 컴퓨터 시스템을 다시 구성하면 다음 그림과 같이 구성될 수 있다.

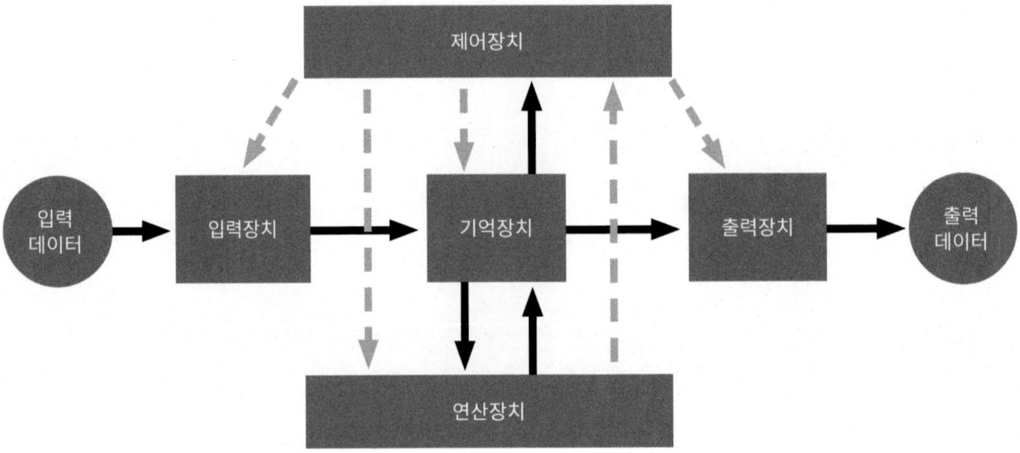

[그림 1-15] 컴퓨터 시스템의 구성

컴퓨터 시스템은 보통 4대 구성요소 혹은 5대 구성요소로 나누어 설명을 한다. 4대 구성요소는 입력장치, 출력장치, 기억장치, 중앙처리장치를 말하며, 5대 구성요소라 하면 중앙처리장치를 제어장치와 연산장치로 나눠서 설명한다. [그림 1-15]는 컴퓨터시스템의 5대 구성요소와 각 장치간의 데이터와 제어신호를 이용하여 상호작용을 하는 흐름을 나타낸다. 검정색 화살표는 데이터의 흐름이다. 입력 데이터는 입력장치를 통해서 입력이 되어, 기억장치의 한 부분에 저장이 된다. 이러한 데이터는 다시 연산장치를 통해 연산처리를 하고, 출력장치를 통해 출력 데이터를 보냄으로써 우리에게 보여줄 수 있게 된다. 그러나 이와 같은 데이터의 흐름이 각 장치별로 독립적으로 이루어지는 것이 아니다. 모든 장치들은 제어장치에 의해 제어가 되며, 제어장치는 각 장치에게 제어신호를 보냄으로써 해당 행위가 이루어지게 된다. 즉, [그림 1-15]에서 회색 점선 화살표는 제어 신호[2]라고 할 수 있다.

이와 같은 구성을 이용하여 프로그램 처리 방식을 설명하면, 우리가 만든 프로그램을 설치하고 실행하게 되면, 기억장치에 저장된다. 저장된 프로그램은 제어장치에서 명령들을 읽어 들여 해석을 하고, 입력장치, 연산장치, 출력장치, 기억장치 등에 명령(제어신호)을 보낸다. 각 장치들은 명령어 따라 동작을 하게 된다.

2 연산장치에서 제어장치로 가는 방향성 제어장치가 아닌 상태신호를 나타낸다.

1.6 컴퓨터의 데이터 표현

사람들은 다양한 언어를 이용하여 데이터들을 표현한다. 문자, 숫자, 특수기호 등 다양한 데이터들을 나타낼 수가 있다. 그러나 컴퓨터는 사람들과 달리 0과 1만 인식할 수 있다. 즉, 컴퓨터에서 사용되는 모든 명령어와 데이터는 0과 1(2진수)로 이루어져 있다. 그렇다고 컴퓨터에서 숫자, 영문자, 특수기호를 안 쓰진 않는다. 위의 표현들을 전부 2진수로 변경하여 처리를 한다.

그렇다면 2진수는 무엇일까? 2진수는 2개의 숫자(0과 1)를 이용하여 데이터를 표현한다. 2진수 외에도 0~9까지 표현하는데 사용하는 10진수, 그리고 컴퓨터에서 표현하기 위해 많이 사용되는 0~9, A~F까지의 16진수 등이 있다.

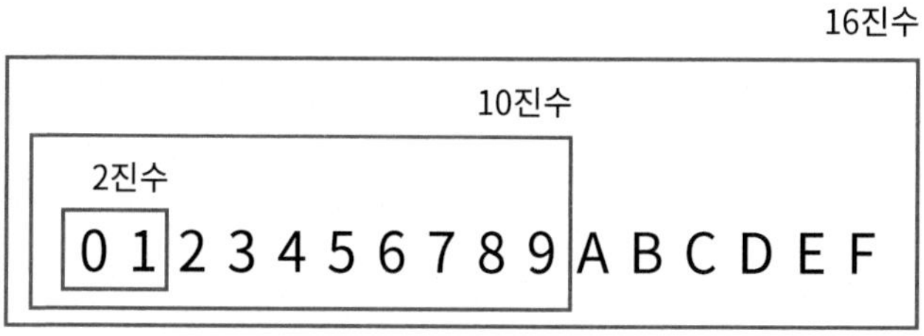

[그림 1-16] 2진수, 10진수, 16진수의 관계

16진수의 A와 B를 10진수로 변경한다면 10과 11이 된다. 반면 10과 11을 2진수로 변경하면 1010과 1011이 된다.

진수의 변경은 중 · 고등 수학에서도 배웠을 것이다. 여기서는 2진수 변환만을 살펴본다. 1010을 2진수로 변경하려면 어떻게 해야 할까? 각 자릿수에 가중치(2^0 ~ 2^x)를 부여한 결과를 전부 더하면 된다.

$$1010_{(2)} = 1\times2^3 + 0\times2^2 + 1\times2^1 + 0\times2^0 = 10_{(10)}$$

$$1011_{(2)} = 1\times2^3 + 0\times2^2 + 1\times2^1 + 1\times2^0 = 11_{(10)}$$

그럼 컴퓨터는 왜 2진수를 사용할까? 그것은 컴퓨터에서 사용하는 데이터 표현의 최소 단위가 비트(bit)이다. 비트는 0과 1만을 나타낸다. 이는 메모리에서 2진수 값 하나를 저장할 수 있다.

보통 간단한 값은 수치로 표현할 수 있으며, 수치를 정수와 실수로 나눠서 사용을 한다. 정수는 2진수로 쉽게 표현이 될 수 있을 것 같은데, 실수는 어떻게 표현할까? 실수를 나타내는 방법도 이미 정해져 있기에 정해진 표현으로서 사용할 수가 있다. 다만, 여기서 설명하기에는 비전공자 학생들에게는 어려우므로 실수 표현에 대해서는 생략한다.

비트보다 더 큰 단위는 바이트(byte)이다. 바이트는 2진수 8자리가 모여 이루어진다. 2진수 8자리이므로 0~255까지 표현할 수가 있게 된다. 바이트가 되면 이제 데이터의 표현범위가 달라진다. 바이트는 1개의 문자를 표현할 수 있다. 'A', 'B', 'C' 등과 같은 영문자들을 나타낼 수가 있다. 어떻게 2진수 8자리를 가지고 영문자를 나타낼 수 있을까? 'A'는 01000001으로 표현할 수가 있다. 이는 하나의 약속으로 지정을 해 놓았다. 01000001이면 앞으로 'A'로 쓸 것이라고 규칙을 정해 놓았는데, 이것이 국제표준으로서 ASCII 코드라고도 부른다.

10진수	16진수	문자	10진수	16진수	문자	10진수	16진수	문자	10진수	16진수	문자
0	0x00	NULL	16	0x10	DLE	32	0x20	SP	48	0x30	0
1	0x01	SOH	17	0x11	DC1	33	0x21	!	49	0x31	1
2	0x02	STX	18	0x12	SC2	34	0x22	"	50	0x32	2
3	0x03	ETX	19	0x13	SC3	35	0x23	#	51	0x33	3
4	0x04	EOT	20	0x14	SC4	36	0x24	$	52	0x34	4
5	0x05	ENQ	21	0x15	NAK	37	0x25	%	53	0x35	5
6	0x06	ACK	22	0x16	SYN	38	0x26	&	54	0x36	6
7	0x07	BEL	23	0x17	ETB	39	0x27	'	55	0x37	7
8	0x08	BS	24	0x18	CAN	40	0x28	(	56	0x38	8
9	0x09	HT	25	0x19	EM	41	0x29	)	57	0x39	9
10	0x0A	LF	26	0x1A	SUB	42	0x2A	*	58	0x3A	:
11	0x0B	VT	27	0x1B	ESC	43	0x2B	+	59	0x3B	;
12	0x0C	FF	28	0x1C	FS	44	0x2C	,	60	0x3C	<
13	0x0D	CR	29	0x1D	GS	45	0x2D	–	61	0x3D	=
14	0x0E	SOH	30	0x1E	RS	46	0x2E	.	62	0x3E	>
15	0x0F	SI	31	0x1F	US	47	0x2F	/	63	0x3F	?
10진수	16진수	문자	10진수	16진수	문자	10진수	16진수	문자	10진수	16진수	문자
64	0x40	@	80	0x50	P	96	0x60	`	112	0x70	p
65	0x41	A	81	0x51	Q	97	0x61	a	113	0x71	q
66	0x42	B	82	0x52	R	98	0x62	b	114	0x72	r
67	0x43	C	83	0x53	S	99	0x63	c	115	0x73	s
68	0x44	D	84	0x54	T	100	0x64	d	116	0x74	t
69	0x45	E	85	0x55	U	101	0x65	e	117	0x75	u
70	0x46	F	86	0x56	V	102	0x66	f	118	0x76	v
71	0x47	G	87	0x57	W	103	0x67	g	119	0x77	w
72	0x48	H	88	0x58	X	104	0x68	h	120	0x78	x
73	0x49	I	89	0x59	Y	105	0x69	i	121	0x79	y
74	0x4A	J	90	0x5A	Z	106	0x6A	j	122	0x7A	z
75	0x4B	K	91	0x5B	[	107	0x6B	k	123	0x7B	{
76	0x4C	L	92	0x5C	₩	108	0x6C	l	124	0x7C	|
77	0x4D	M	93	0x5D	]	109	0x6D	m	125	0x7D	}
78	0x4E	N	94	0x5E	^	110	0x6E	n	126	0x7E	~
79	0x4F	O	95	0x5F	_	111	0x6F	o	127	0x7F	DEL

[그림 1-17] ASCII 코드표

ASCII 코드에 보면 수치, 영문자, 특수기호 등 우리가 사용하는 키보드의 모든 데이터들이 다 들어있다. 따라서 사람이 표현하는 모든 데이터는 컴퓨터에서 사용될 수 있도록 해 놓았다. 컴퓨터에서는 다양한 코드들이 사용된다. 즉, ASCII 코드만 있는 것이 아닌 BCD 코드, EBCDIC 코드, 해밍 코드 등의 다양한 코드들이 존재한다. 또한 컴퓨터에서는 한글도 사용할 수 있도록 한다. 우리나라 정부에서 1987년에 2바이트 완성 한글 코드를 만들어 표준(KSC 5601-87)으로 지정해 놓았다. 전 세계적으로 공통된 코드를 사용하기 위한 유니코드도 존재한다.

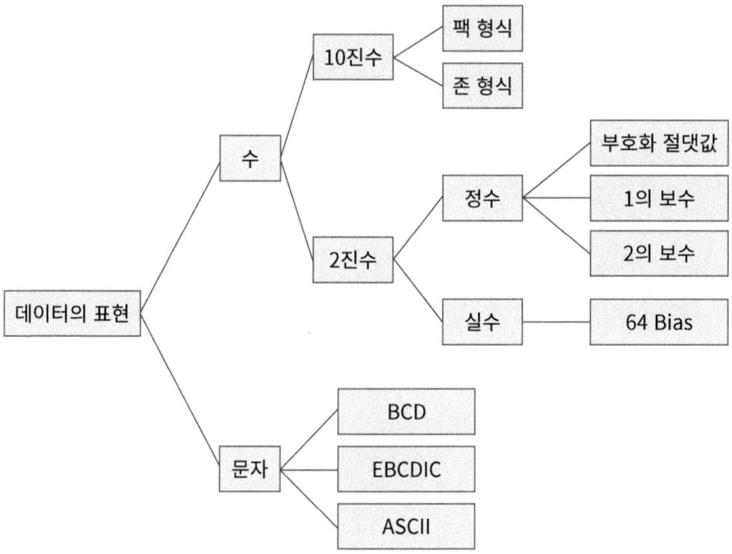

[그림 1-18] 컴퓨터의 데이터 표현

기존의 프로그램 언어에서는 문자를 '문자'와 '문자열'로 나누었다. '문자열'은 말 그대로 문자들을 열거해 놓은 상태를 말한다. 'A'는 하나의 문자이고, "ABC"는 문자열이 된다. 그러나 파이썬에서는 문자를 나타내지 않고, 전부 '문자열' 처리를 한다. 즉 'A', "ABC" 전부 문자열로 처리한다. 차후 문자열 처리 부분에서 '문자'로 표현한다 하더라도 실제 파이썬에서는 '문자열' 처리가 됨을 알고 있자.

정리하기

1장에서는 컴퓨팅적 사고와 프로그래밍에 대해서 살펴보았다. 컴퓨팅적 사고의 필요성과 컴퓨팅적 사고를 표현하기 위해 프로그래밍 언어를 사용한다. 이에 프로그래밍 언어에 대한 이해와 컴퓨터 시스템의 동작 방식에 대해 이해할 수 있도록 한다.

이번 장에서 학습한 내용을 정리해 보자.

- 컴퓨팅 사고(Computational thinking)는 여러 분야에서 복잡해 보이는 문제들을 조그마한 부분적으로 쪼개어 분리하고, 각각의 단계적으로 분석하고 다시 조립하여, 논리적으로 해결할 수 있는 절차를 만들어나가는 문제해결과정이다.
- 컴퓨터를 이용한 문제해결 과정은 요구사항 도출, 문제 분석, 문제해결과정 설계, 프로그래밍, 검증, 유지보수로 이루어진다.
- 알고리즘은 어떤 작업을 수행하기 위해 입력을 받아 원하는 출력을 만들어내는 과정을 말한다.
- 알고리즘을 표기하는 방법은 4가지로 분류할 수 있다.
  - 영어나 한국어와 같은 자연어의 사용
  - 순서도(flow chart) 사용
  - 유사 코드(pseudo-code) 사용
  - 특정한 프로그래밍 언어 (Python, C, C++, Java 등)
- 제어 흐름은 가장 기본인 3가지 구조를 가지고 있다. 이 3가지는 순차구조, 선택구조, 반복구조가 있다.
- 기계(컴퓨터)랑 의사소통을 위해서는 기본의 언어와는 다른 프로그래밍 언어를 이용하여 명령 또는 연산을 시킬 수가 있다. 사람이 원하는 작업을 컴퓨터가 수행할 수 있도록 프로그래밍 언어로 일련의 과정을 작성하여 일을 시킨다.
- 프로그래밍 언어는 크게 컴파일 언어와 인터프리터(스크립트) 언어로 구분된다.
- 컴파일 언어는 프로그램을 작성 후 컴퓨터가 알아들을 수 있는 언어(기계어-0,1로 구성)로 번역을 한꺼번에 한 다음, 컴퓨터에게 명령을 수행하라고 시키는 역할을 한다. 이는 실행 속도가 빠르고 보안성이 높다. 그러나 코드 수정을 할 경우 다시 컴파일 해야 하므로 개발 시간이 길어지는 단점이 존재한다.
- 인터프리터 언어는 명령 하나 하나(한 줄)를 바로 바로 번역하여 명령을 전달하는 역할을 한다. 따라서 실행 속도는 느리지만, 코드 수정시 바뀐 부분만 번역하여 실행 할 수 있다.

- 첫 번째 시스템의 정의는 "입력과 출력이 있는 블랙박스" 이다.
- 두 번째 시스템의 정의는 블랙박스가 아닌 입력과 출력이 있는 화이트박스로서 화이트박스는 "목적을 달성하기 위해 상호작용하는 컴포넌트(Component)들의 집합"이다.
- 컴퓨터의 4대 구성요소는 입력장치, 출력장치, 기억장치, 중앙처리장치를 말하며, 5대 구성요소라 하면 중앙처리장치를 제어장치와 연산장치이다.
- 컴퓨터에서 데이터의 표현은 2진수인 0과 1을 이용한 비트(bit) 단위를 사용한다.
- 8개의 비트를 가지고 바이트를 표현할 수 있으며, 1개의 문자는 1바이트이다.
- 컴퓨터에서 사용하는 데이터들은 코드(ASCII, BCD, 한글 완성형 등)들로 구성되어 있다.

연습문제

【 객관식 】

1. 컴퓨팅적 사고 모델에서 실제 어떤 능력 향상에 도움을 줄 수 없는 것은? (   )

① 복잡한 것을 자신 있게 다루는 능력

② 어려운 문제들을 계속적으로 다루는 능력

③ 공통적 문제해결을 위해 의사소통과 협력하는 능력

④ 여러 해답을 한 번에 처리할 수 있는 능력

2. 컴퓨팅적 사고의 문제해결과정 중 추상화에 대한 요소가 아닌 것은? (   )

① 분해　　② 코딩　　③ 모델링　　④ 알고리즘

3. 알고리즘을 표기하기 위한 방법이 아닌 것은?(   )

① 알고리즘은 영어로만 작성한다.

② 순서도를 사용한다.

③ 특정 프로그래밍 언어를 사용한다.

④ 유사 코드를 사용한다.

4. 프로그램을 번역하여 컴퓨터에게 명령을 내리는 언어들의 종류로써 맞지 않은 것은? (   )

① 컴파일 언어　　② 인터프리터 언어

③ 컴퓨팅 언어　　④ 하이브리드 방식의 언어

5. 다음 컴퓨터 시스템의 4대 구성 요소가 아닌 것은? (   )

① CPU　　② 제어장치　　③ 기억장치　　④ 출력장치

【 단답형 】

6. (   ) 은 문제해결을 위한 데이터 수집과 적절한 논리를 만들기까지 '통찰'을 얻는 과정을 총칭한다.

7. 자료의 이해, 패턴 찾기, 결론을 도출하는 것은 문제해결과정의 구성요소중 어디에 해당되는가? (   )

8. 자연어보다는 더 구조적이고, 프로그래밍 언어보다는 덜 구체적인 표현방법이다. 실제 알고리즘을 기술할 때 가장 많이 사용된다. 이와 같은 알고리즘 표현 방법을 무엇이라 하는가? (   )

9. 명령 하나 하나(한 줄)를 바로 바로 번역하여 명령을 전달하는 역할을 하는 것은 무엇인가? (   )

10. 시스템은 목적을 달성하기 위해 상호작용하는 (   ) 들의 집합이다.

【 주관식 】

11. 컴퓨팅적 사고에 대해서 설명하라.

12. 컴퓨터를 이용한 문제해결과정 설계에서 무엇을 하는지 설명하라.

13. 알고리즘의 제어 흐름을 3가지로 구분한다. 3가지 방식에 대해서 설명하라.

14. 컴파일 언어들의 컴파일 처리(실행) 과정을 설명하라.

15. 컴퓨터 시스템 구성을 통해 프로그램 처리 방식에 대해서 설명하라.

CHAPTER

02

파이썬 프로그래밍 시작

학습목표

- 파이썬에 대해 설명할 수 있다.
- 파이썬을 설치할 수 있다.
- 파이참에 대해 설명할 수 있다.
- 파이참을 설치할 수 있다.
- 파이썬과 파이참을 이용하여 간단한 프로그래밍을 할 수 있다.

2 _ 파이썬 프로그래밍 시작

본 장에서는 파이썬 프로그래밍을 시작하기 위해 파이썬에 대한 이해와 파이썬 프로그래밍 환경을 설치한다. 또한 파이썬 프로그래밍시 많이 사용되는 도구인 파이참을 설치하여 앞으로 파이썬 프로그램 예제를 파이참에서 실행할 수 있도록 학습한다. 그리고 파이썬과 파이참을 이용하여 간단한 프로그래밍을 다루어 본다.

2.1 파이썬이란

파이썬은 귀도 반 로섬(Guido van rossum)이 1989년 심심풀이로 만들기 시작하여 1991년에 처음으로 발표한 프로그래밍 언어로 코드 가독성과 간결한 코딩을 강조한 언어이다. 파이썬의 사전적인 뜻은 큰 비단뱀인데 대부분의 파이썬 책 표지와 아이콘이 뱀 모양으로 그려져 있는 이유가 여기에 있다.

[그림 2-1] 파이썬 개발자, 비단뱀, 파이썬 로고

파이썬은 초보자부터 전문가까지 사용자층이 다양하며, 범용 프로그래밍 언어로 다른 프로그래밍 언어들과 비교된다. 특히 파이썬은 다양한 플랫폼에서 쓸 수 있고, 라이브러리가 풍부하여 대학, 연구 기관, 산업계 등에서 이용이 증가하고 있다. 또한 파이썬의 경우 도움말 문서가 매우 잘 되어 있어 누구나 쉽게 접근할 수 있도록 하였다.

파이썬의 장점은 다음과 같다.

- 문법이 쉽고 영어 구문과 유사하여 빠르게 배울 수 있다.
- 간결하다.
- 여러 패러다임 프로그래밍 언어이다(절차적 언어 지원, 객체지향 프로그래밍, 함수형 프로그래밍 언어 등을 모두 지원한다).

- 다양한 플랫폼에서 사용된다.
- 많은 라이브러리(모듈)가 있어 개발 생산성이 매우 높다.
- 메모리를 자동 관리해 준다.
- 다른 언어로 작성된 모듈을 연결하는 Glue Language로 이용(CPython, Jython, IronPython, Pypy 등)할 수 있다.

반면, 파이썬의 단점도 존재한다.

- 빠른 속도를 요구하거나 C나 C++처럼 하드웨어를 직접 다루진 못한다.
- 2 버전과 3 버전이 호환되지 않는다.

이러한 파이썬은 다음과 같은 것들을 할 수 있다.

- 시스템 유틸리티: 운영체제의 시스템 명령어를 지원한다.
- 웹 프로그래밍: 많은 라이브러리를 제공한다.
- C/C++과의 결합: C/C++로 만든 프로그램을 파이썬에서 사용할 수 있다.
- Numpy를 이용하여 수치연산 프로그래밍을 할 수 있다.
- 다양한 데이터베이스를 이용하여 프로그래밍 할 수 있다.

2.2 파이썬 설치 및 실행

파이썬 프로그래밍을 하기 위해서는 파이썬을 먼저 설치하여야 한다. 이제 파이썬 설치방법에 대해서 알아본다. 파이썬은 계속 발전하며 버전이 업그레이드되고 있다. 현재의 버전은 3.8.0이나 책이 나오는 시점에서는 또 다시 업그레이드가 될 수 있다. 이는 파이썬 사이트에 들어가서 확인할 수 있도록 한다.

파이썬 설치

01. 파이썬 사이트에 접속한다 (https://www.python.org/)

02. Download 버튼을 클릭한다.

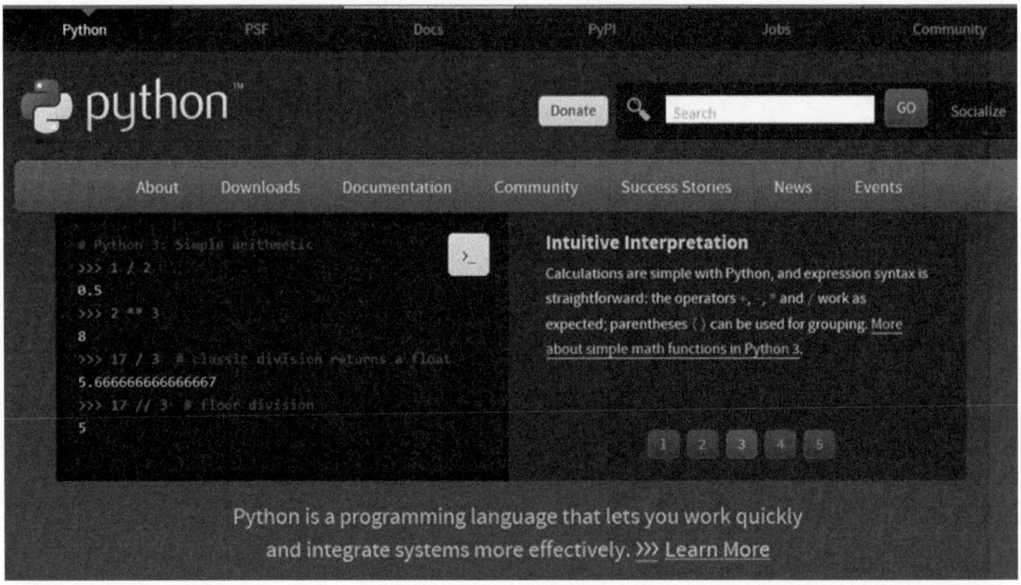

03. Download Python 3.8.0 (변경되었을 수도 있음)을 클릭한다.

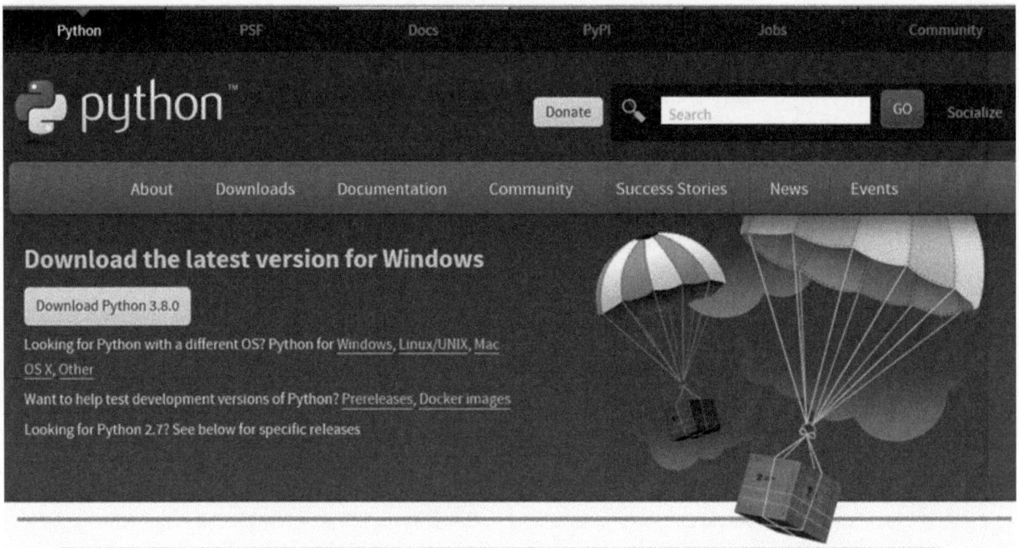

04. 다운로드가 완료되면 해당 파일을 더블 클릭하여 실행시킨다.

05. Install Now 클릭한다(Add python 3.8 to PATH를 체크한다).

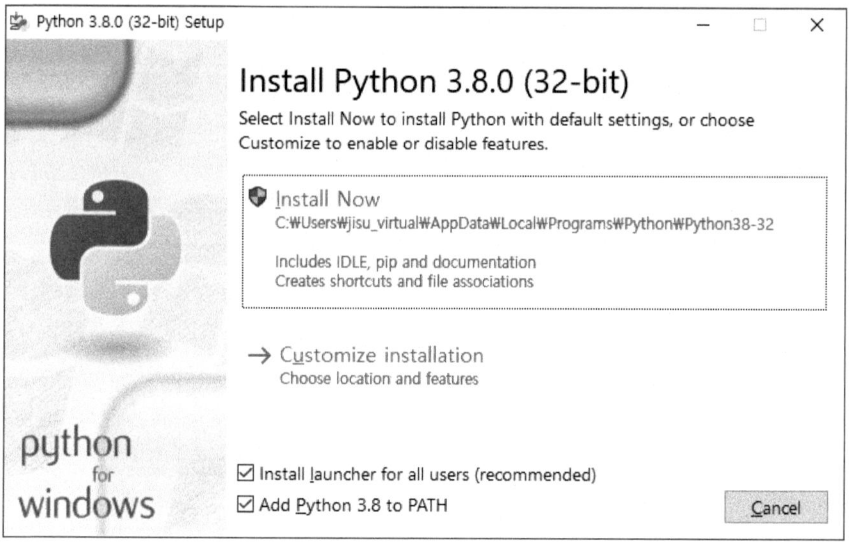

06. 설치가 시작된다.

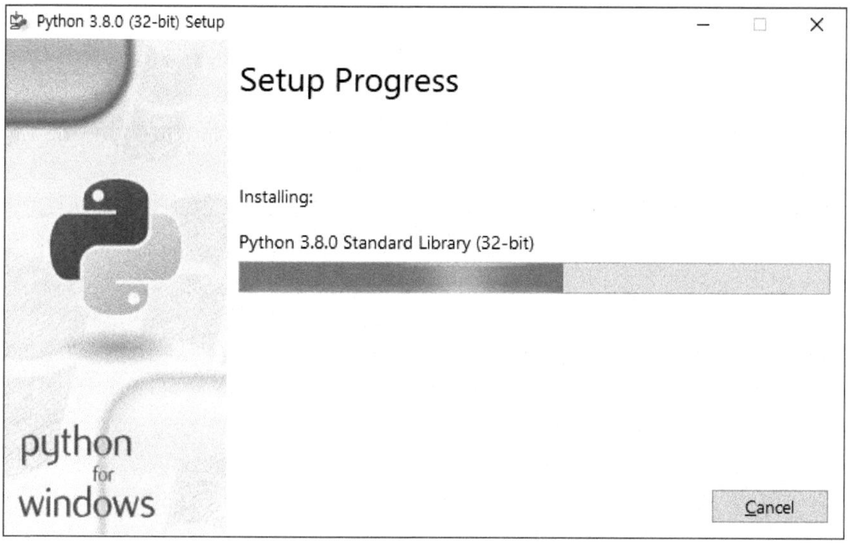

07. 설치가 완료되면 Close 버튼을 클릭한다.

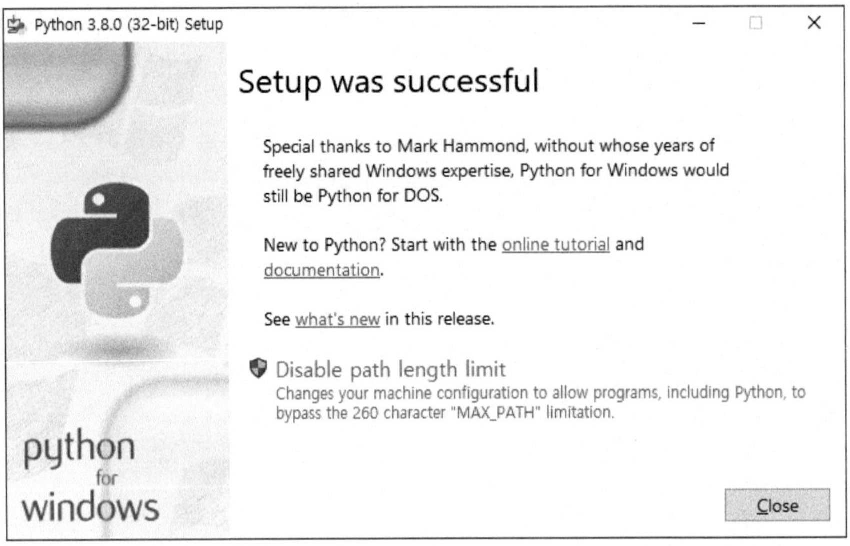

파이썬 시작

01. 파이썬 설치가 완료되면 시작한다.

02. 시작-프로그램에 보면 'IDLE(phython 3.8 32-bit or 64-bit), 아이콘을 클릭하여 실행한다.

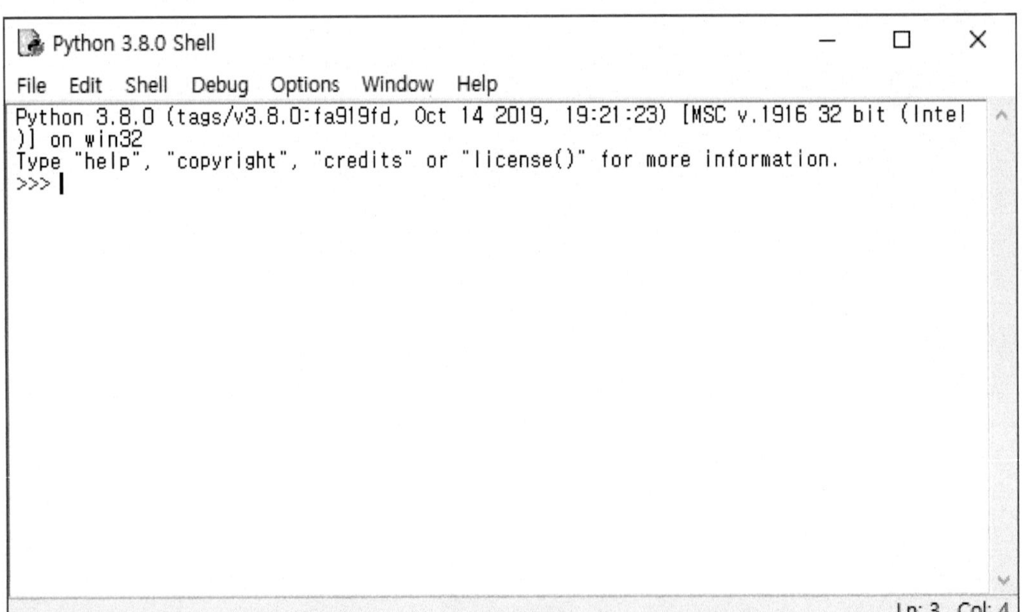

2.3 파이참 설치 및 실행

파이참은 파이썬 프로그램을 좀더 쉽게 개발할 수 있도록 도와주는 IDE(Integrated Development Environment)이다. IDE는 통합개발환경을 뜻하는 것으로 파이썬에는 비주얼스튜디오, 이클립스 등 다양한 IDE들이 존재한다. 특히 파이참은 무료로 제공하므로 본 교재에서는 파이참을 사용한다.

파이참 설치

01. 파이참 홈페이지에 접속한다(https://www.jetbrains.com/pycharm/).

02. Download Now 버튼을 클릭한다.

03. 커뮤니티(Community) 버전을 내려받는다.

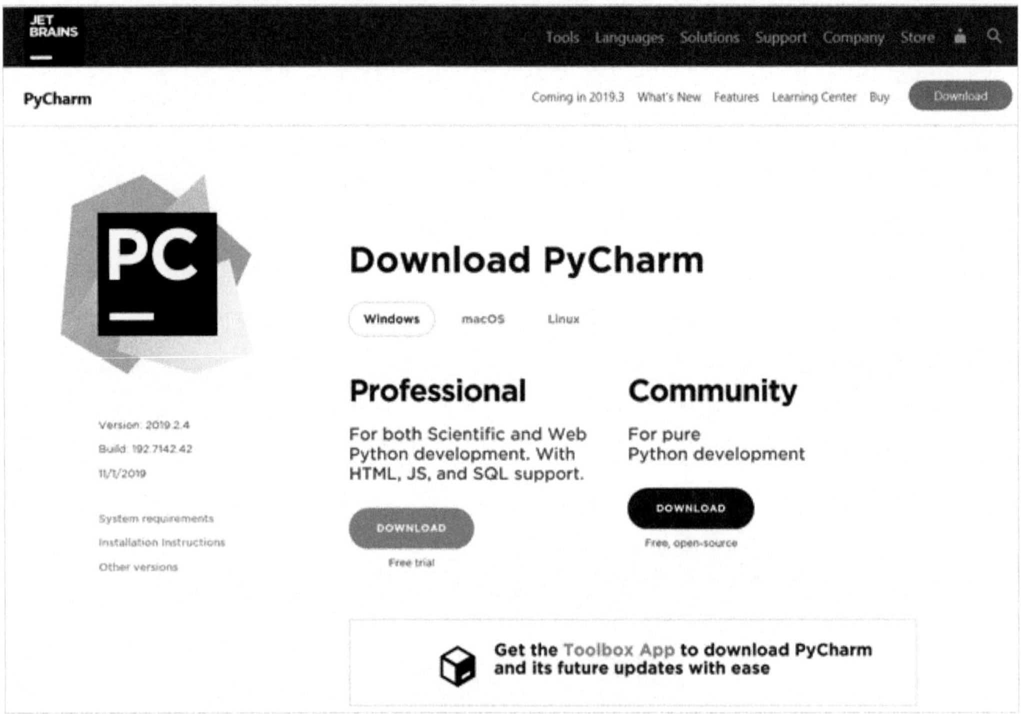

04. 커뮤니티 버전의 다운로드 버튼을 클릭하면 자동으로 다운로드가 된다.

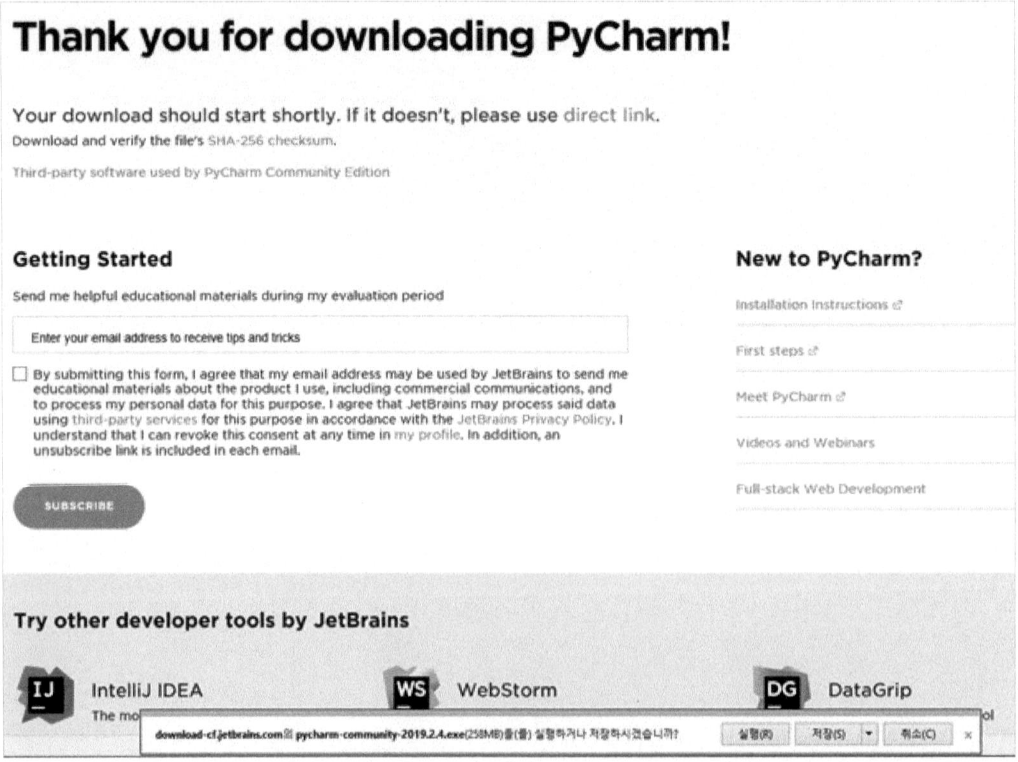

05. 다운로드가 완료되면 '실행'을 클릭하거나 설치 파일을 '더블클릭'한다.

06. 대부분 'Next'를 클릭하면 별 무리 없이 설치된다.

07. 설치 경로 확인 후 다시 Next를 클릭한다.

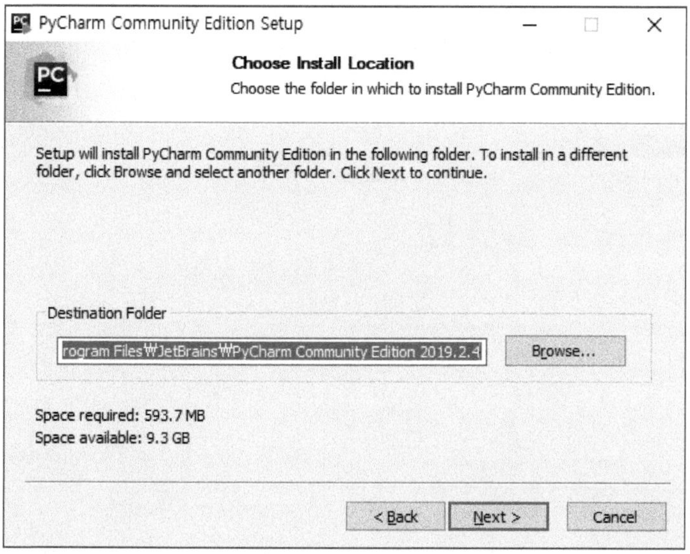

08. 설치에 필요한 선택사항을 선택한 후 Next를 클릭한다.

- 바탕화면 바로가기
- .py 파일 확장자 연결하기
- JRE 내려받기/설치하기 (자바를 설치하지 않은 경우)

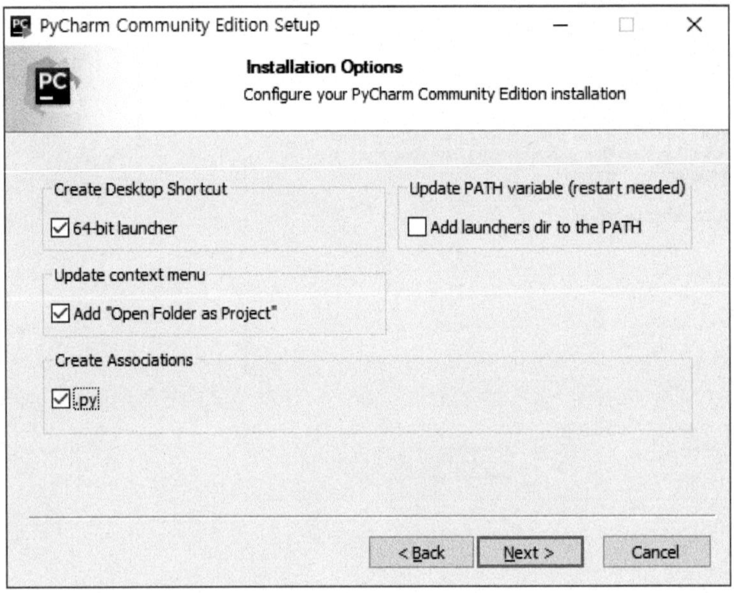

09. 시작 메뉴에 추가할 이름을 정한 후 Install을 클릭한다.

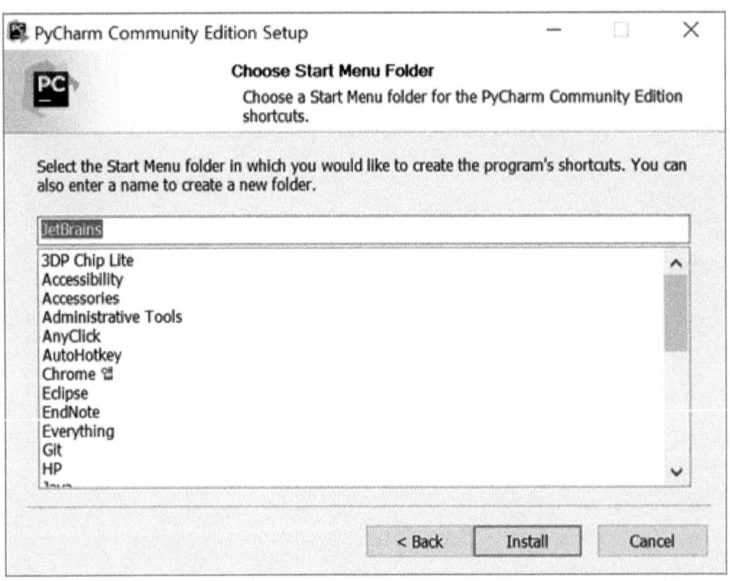

10. 설치가 진행된다.

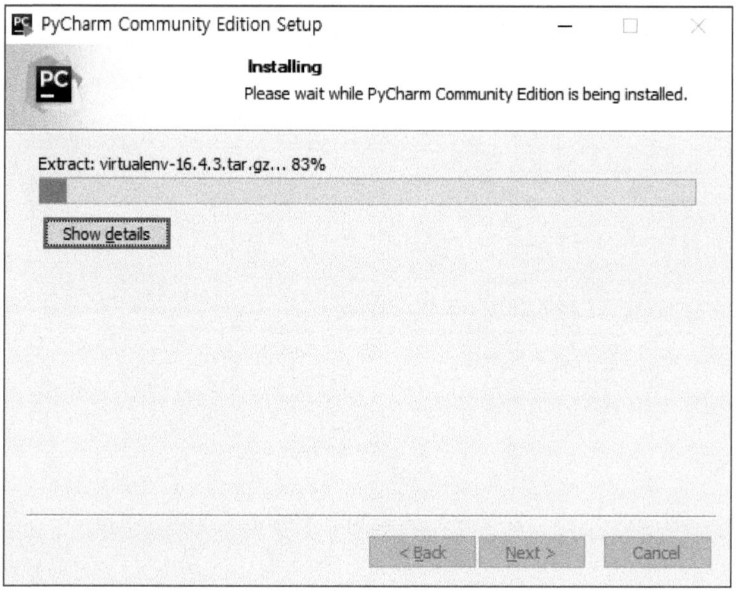

11. 설치 완료 후 '완료' 버튼을 클릭한다.

- 선택사항으로 완료 클릭후 PyCharm 실행하기가 있다.

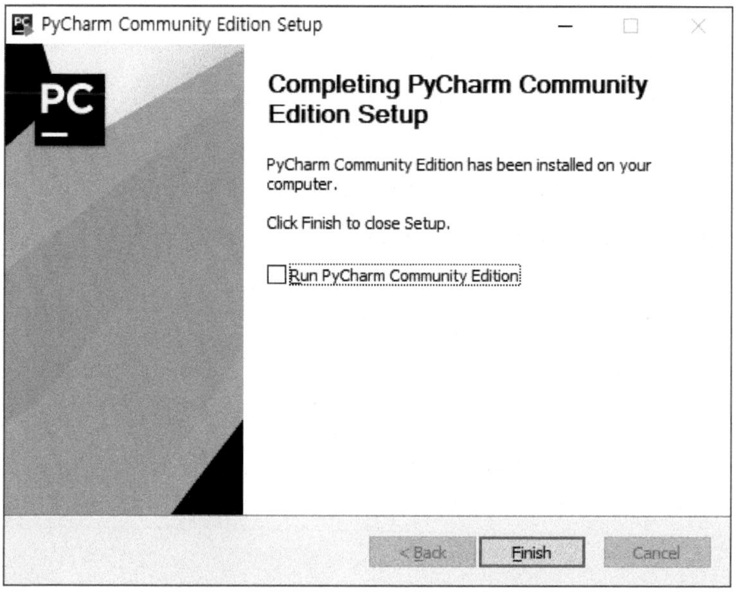

파이참 실행

01. PyCharm 첫 실행 후 설정 파일을 설정한다. 이는 첫 실행 때만 나온다.

- Do not import settings 선택 후 OK 클릭한다.

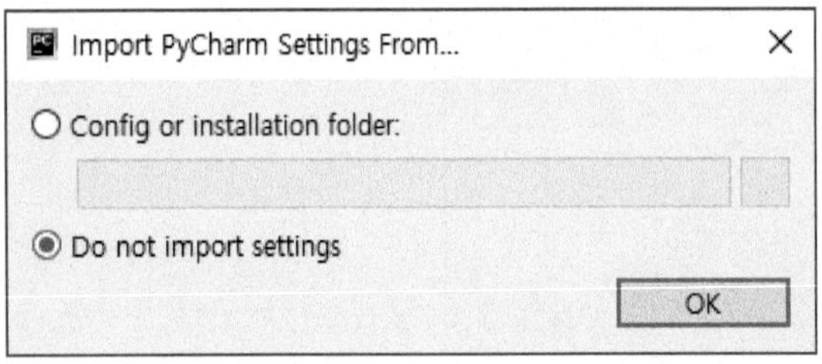

02. 라이선스를 동의한다.

- 스크롤을 끝까지 내려 확인 후 확인했다는 체크를 한 후 Continue 클릭한다.

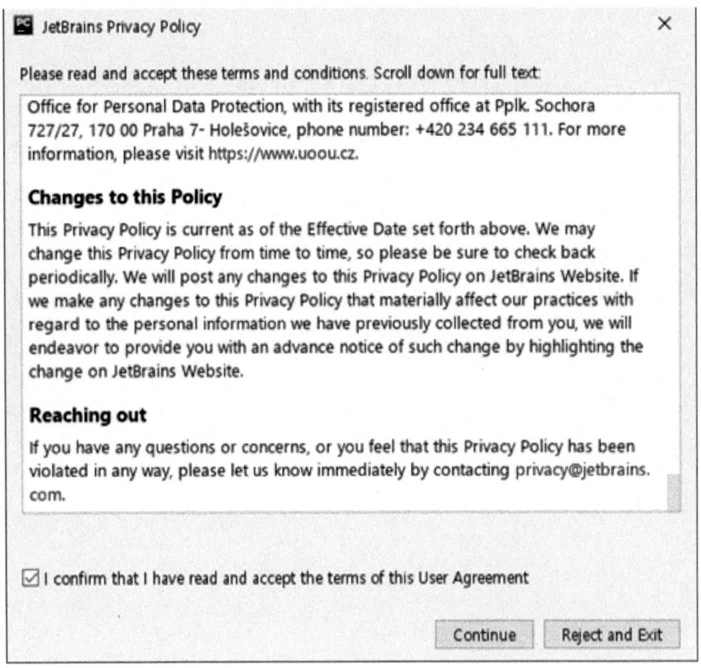

03. 데이터 공유 항목 선택한다.

- 어떤 것을 선택하여도 무방하다.

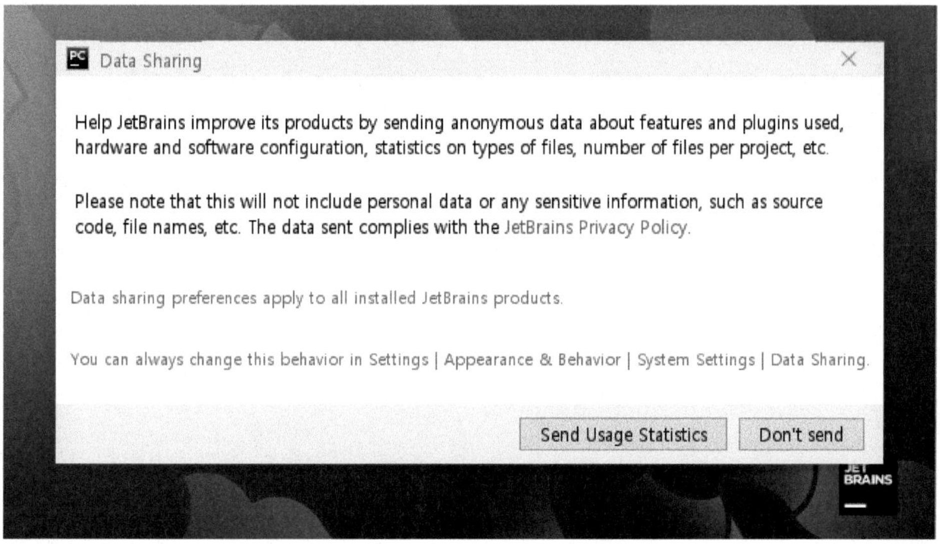

04. 테마를 선택한다.

- 테마 선택 후 'Skip Remaining and Set Defaults'를 클릭한다.

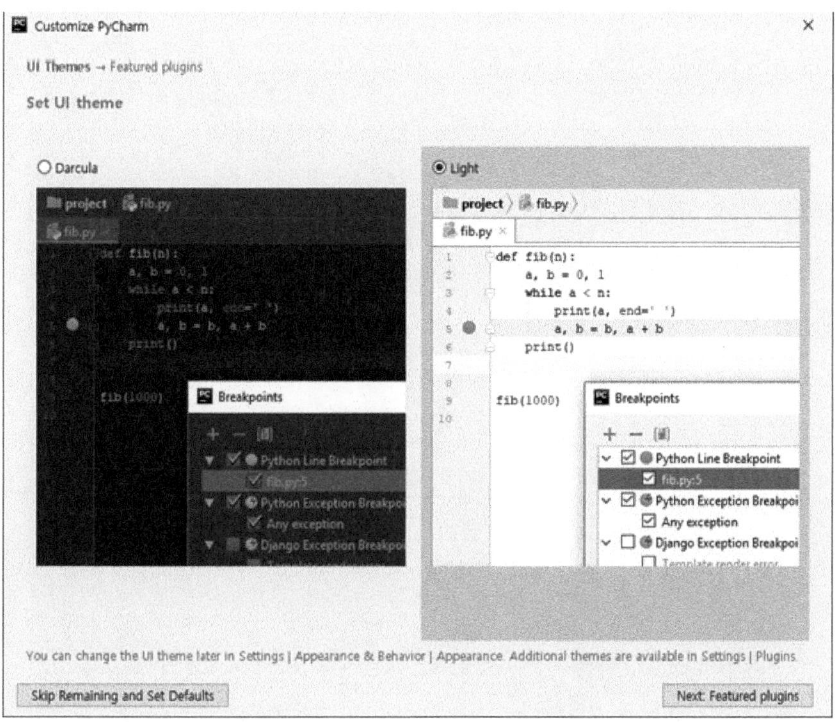

파이참 프로젝트 생성하기

01. 파이참을 실행하면 'Welcome to PyCharm' 화면 뜬다.

02. Create New Project를 선택한다.

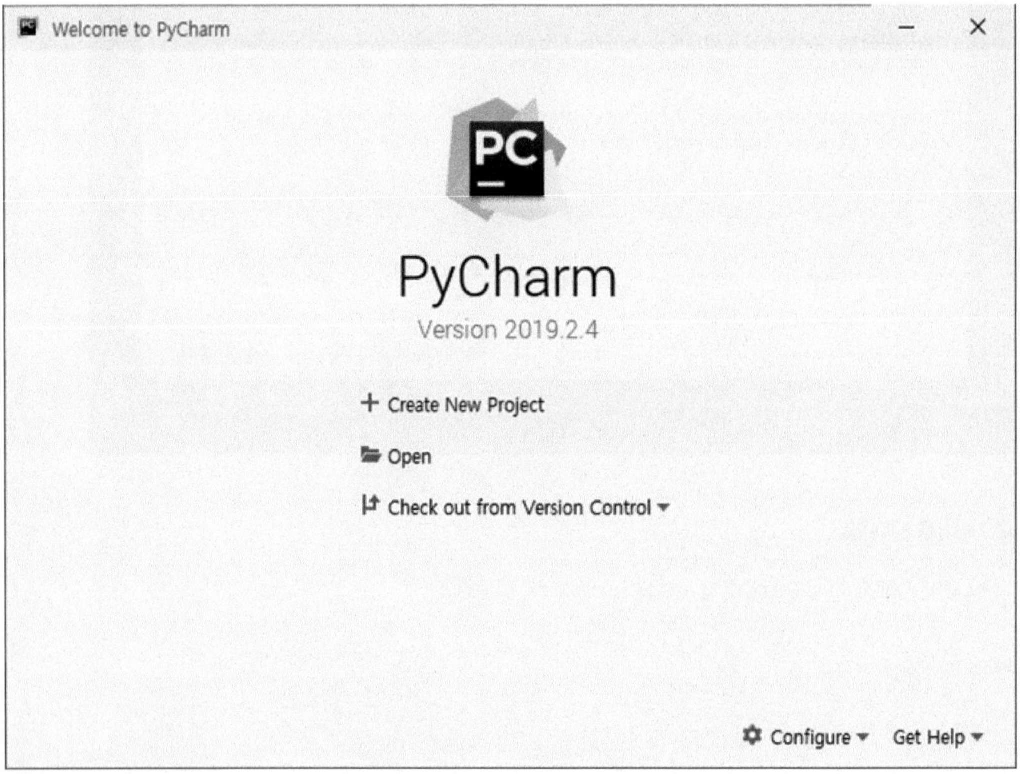

03. 프로젝트 이름(NewTestProject)을 입력 후 Create 클릭한다.

- 주의: 파이썬 설치가 안 되어 있으면 Create가 활성화 되지 않는다(클릭 불가).

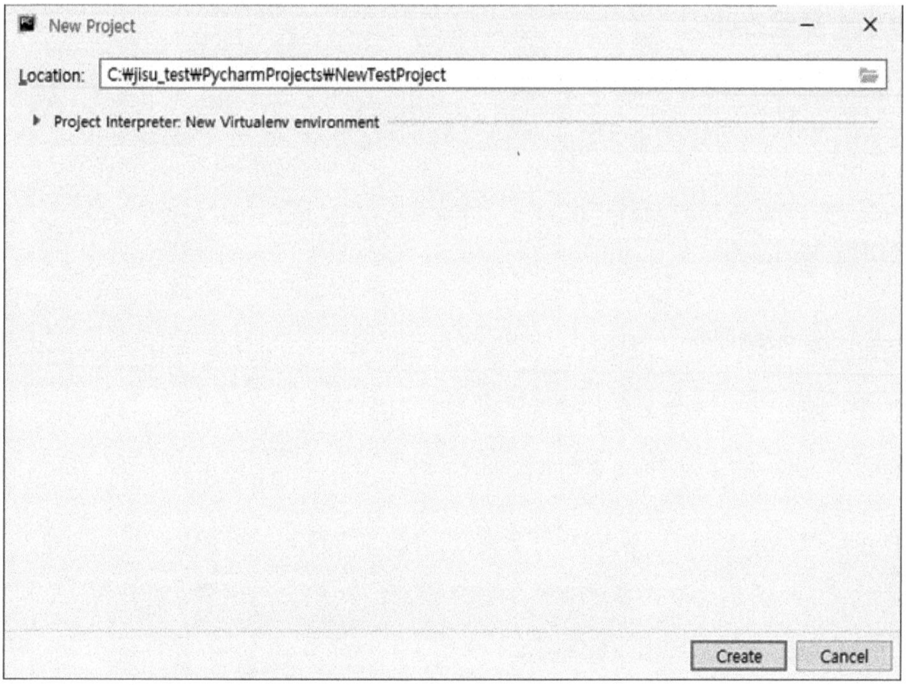

04. 오늘의 팁 창 확인 후 Close 클릭한다.

- Show tips on startup을 체크해제하면 오늘의 팁은 앞으로 나오질 않는다.

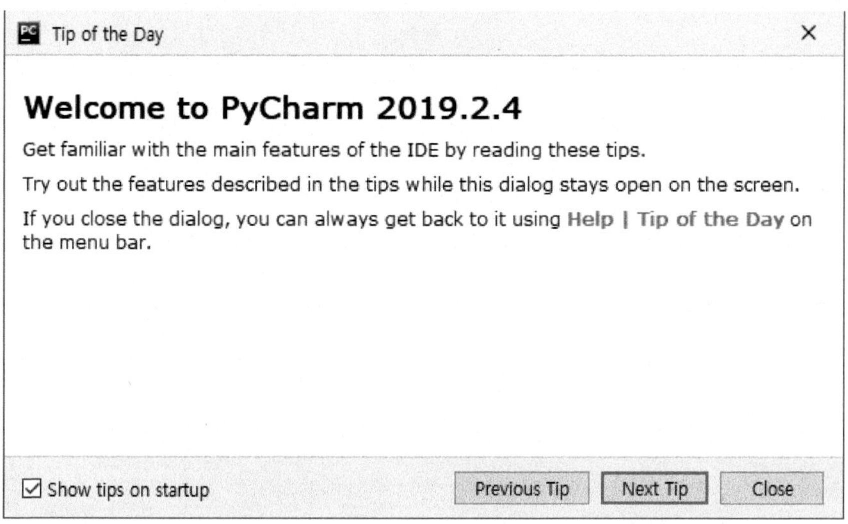

2.4 첫 파이썬 프로그래밍

본 절에서는 첫 파이썬 프로그램을 만들어보고 실행을 해본다. 다양한 프로그래밍 책자에서는 'Hello ~' 에 대한 출력을 많이 연습한다. 따라서 본 교재에서도 'Hello python~'을 출력해보도록 한다.

파이참 소스파일 생성하기

01. test.py 소스 파일을 생성해 본다.

02. 파이참 IDE에서 왼쪽 프로젝트 이름 위에서 오른쪽 마우스를 클릭한다.

03. 오른쪽 마우스 –> New –> Python File을 클릭한다.

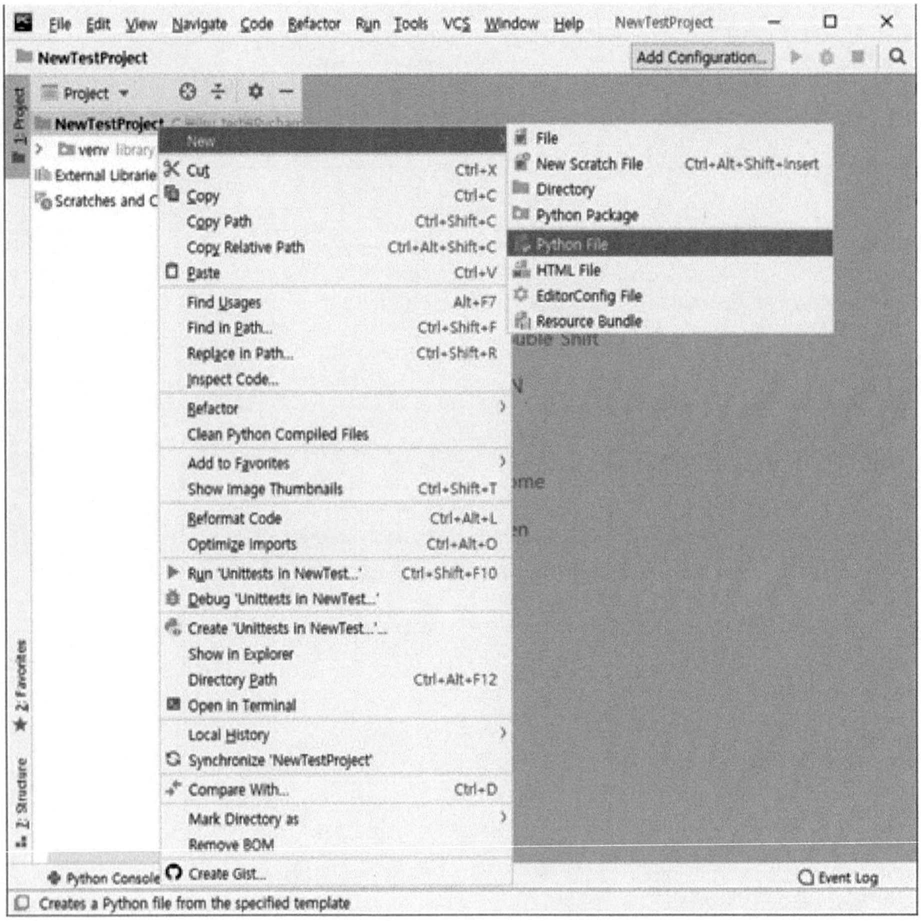

04. 파일 이름(test) 입력 후 OK를 클릭한다.

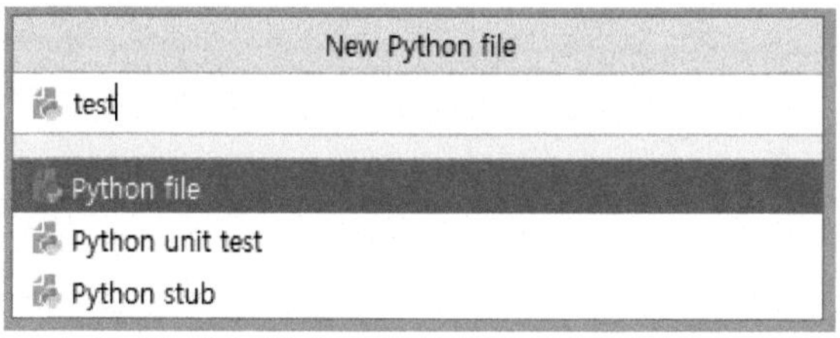

파이참 소스 코딩

01. test.py 소스 파일에 코드를 입력한다.

- `print("Hello Python~")`
- `print`는 파이썬에서 사용하는 함수[1]로써 괄호( )안의 내용을 화면에 보여준다.
- 이중 부호(" ")는 파이썬에서 문자열을 나타내기 위해서 사용하고, 문자열의 시작과 끝을 감싸준다.

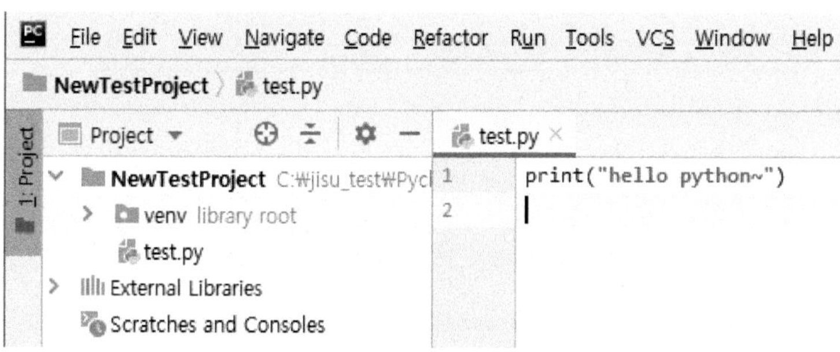

파이참 소스 실행하기

01. 메뉴에서 Run -> Run을 클릭하여 실행시킨다.

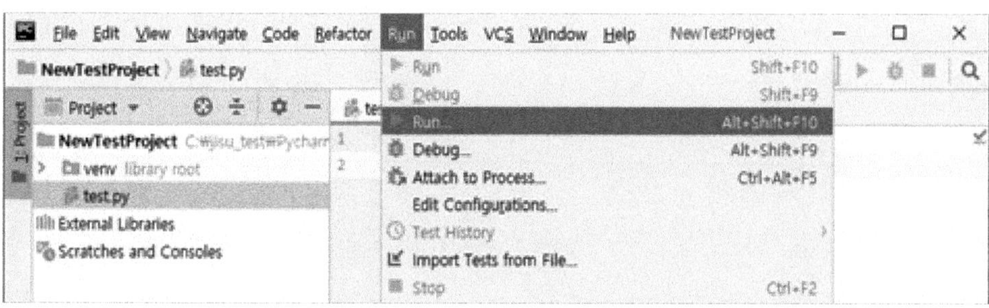

1 함수는 하나의 기능이다. 함수를 호출함으로써 컴퓨터는 함수의 내용을 처리하고, 그에 대한 결과를 알려주게 된다. 엑셀에 있는 SUM( )과 같은 기능으로 이해하면 된다.

02. 다음 화면이 나오면 '2. test'를 클릭한다.

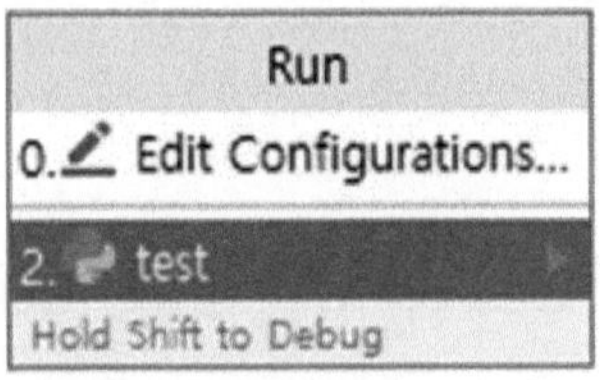

03. 콘솔 창에서 실행 결과를 확인한다.

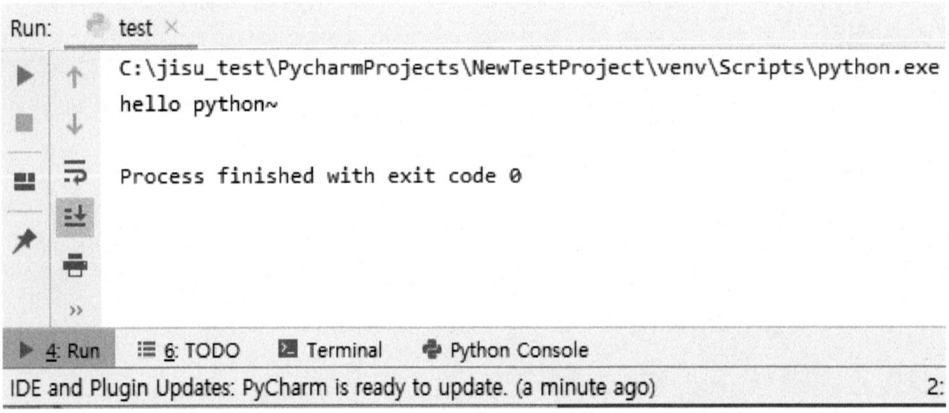

정리하기

2장에서는 파이썬 프로그램을 시작하기 위해 파이썬 프로그램과 파이참 IDE를 설치하였다. 앞으로는 파이참 프로그램을 통해 파이썬 프로그램을 작성해 본다.

- 파이썬은 1991년 귀도 반 로섬에 의해 개발되었다.
- 파이썬의 장점은 다음과 같다.
  - 문법이 쉽고 영어 구문과 유사하여 쉽고, 빠르게 배울 수 있다.
  - 간결하다.
  - 여러 패러다임 프로그래밍 언어이다(절차적 언어 지원, 객체지향, 함수형 프로그래밍 언어 등을 모두 지원한다).
  - 다양한 플랫폼에서 사용된다.
  - 많은 라이브러리(모듈)가 있어 개발 생산성이 매우 높다.
  - 메모리를 자동 관리해 준다.
  - 다른 언어로 작성된 모듈을 연결하는 Glue Language로 이용(CPython, Jython, IronPython, Pypy 등)할 수 있다.
- 파이썬의 단점은 다음과 같다.
  - 빠른 속도를 요구하거나 C나 C++처럼 하드웨어를 직접 다루진 못한다.
  - 2 버전과 3 버전이 호환되지 않는다.
- 파이썬은 다음과 같은 것들을 할 수 있다.
  - 시스템 유틸리티: 운영체제의 시스템 명령어를 지원한다.
  - 웹 프로그래밍: 많은 라이브러리를 제공한다.
  - C/C++과의 결합: C/C++로 만든 프로그램을 파이썬에서 사용할 수 있다.
  - Numpy를 이용하여 수치연산 프로그래밍을 할 수 있다.
  - 다양한 데이터베이스를 이용하여 프로그래밍할 수 있다.

연습문제

【 객관식 】

1. 파이썬으로 할 수 없는 것은? ( )

① 시스템 유틸리티

② 웹 프로그래밍

③ Numpy를 이용한 수치연산 프로그래밍

④ 하드웨어를 직접 다루는 프로그래밍

2. 파이썬에서 지원하는 여러 패러다임 프로그래밍 언어가 아닌 것은? ( )

① 절차적 언어 ② 어셈블리어적 언어

③ 객체지향 언어 ④ 함수형 프로그래밍 언어

3. 파이썬의 장점이 아닌 것은? ( )

① 문법이 쉽다

② 다양한 플랫폼에서 사용된다.

③ 빠른 속도의 요구에 적합하다.

④ 메모리를 자동관리한다.

4. 파이썬 실행을 위해 해야 할 것들이 아닌 것은? ( )

① 프로젝트 생성

② py 소스 파일을 생성

③ 파이썬 웹페이지 접속

④ run으로 실행

5. 다음 설명 중 틀린 것은? ( )

① 파이썬은 전문가들만이 사용한다.

② 파이썬은 큰 비단뱀을 뜻한다.

③ 파이썬은 도움말 문서가 매우 잘 되어 있다.

④ 파이썬은 심심풀이로 만들기 시작했다.

【 단답형 】

6. 파이썬은 귀도 반 로섬이 1991년 발표한 프로그래밍 언어로 (   )을 강조한 언어이다.

7. 파이썬의 장점 중에는 (   )이 쉽고, 영어 구문과 유사하여 빠르게 배울 수 있다.

8. 파이썬은 여러 패러다임 프로그램 언어를 지원한다. 대표적으로 (   ) 지원, 객체지향 프로그래밍, 함수형 프로그래밍을 모두 지원한다.

9. 파이썬이 (   )인 파이참은 개발을 효율적으로 수행하기 위해 제공한다.

10. 파이썬은 많은 (   ) 가 있어 개발 생선성이 높다.

【 주관식 】

11. 자신의 이름을 출력하는 프로그램을 작성하라.

12. 파이참 프로젝트 생성 단계를 설명하라.

13. 파이썬 프로그램(파이참 활용)을 실행하기 위한 절차를 설명하라.

14. IDE(Integrated Development Environment)에 대해서 설명하라.

15. 파이썬의 장점 3가지를 설명하라.

CHAPTER

03

거북이 그래픽 프로그래밍

학습목표

- 거북이(turtle) 모듈을 불러올 수 있다.
- 거북이를 움직여 그림을 그릴 수 있다.
- 거북이를 움직여 도형을 그릴 수 있다.
- 도형에 색을 넣을 수 있다.
- 거북이를 움직이는데 간단한 함수를 사용할 수 있다.

3 _ 거북이 그래픽 프로그래밍

본 장에서는 파이썬을 배우는 학습자가 쉽게 배울 수 있도록 화면에 그림을 그려본다. 파이썬에서 제공하는 거북이 그래픽(turtle graphic)을 사용하여 화면에 그림을 그리며 파이썬과 친해지도록 한다. 거북이 프로그래밍을 위해 사용되는 함수들과 프로그램 내용을 모두 이해하려면 어려우므로 본 장에서 다양한 경험을 해본다.

3.1 거북이 프로그래밍

거북이 그래픽(이하 거북이)은 아이들에게 프로그래밍을 도입하는 데 널리 사용되는 방법이다. 1967년 Wally Feurzeig, Seymour Paper 및 Cynthia Solomon이 개발한 최초의 Logo 프로그래밍 언어 일부였다. import turtle로 시작하는 로봇 거북이는 간단한 명령어로 좌표 (0, 0)에서 움직이며, 파이썬 명령에 따라 그림을 그리게 된다. 이러한 명령어를 사용하여 복잡한 모양과 그림을 쉽게 그릴 수 있다.

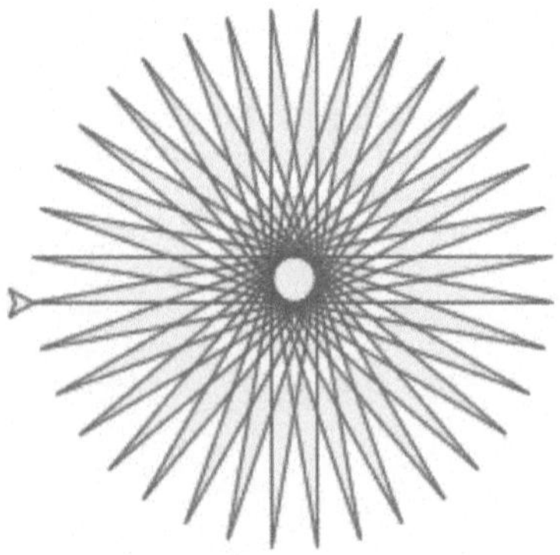

[그림 3-1] 거북이 그림의 예

이 모듈은 같은 표준 모듈을 Python 표준 배포하며 100% 호환되고 있다. 파이썬을 배우는 초보자는 누구나 거북이로 파이썬을 재미있게 배울 수 있다. 이 책을 배우는 학습자는 이것보다 더 멋진 그림을 그릴 수 있게 될 것이다.

3.2 거북이 사용방법

거북이는 다음과 같이 움직인다.

- 거북이를 시작하면 화면 가운데 거북이가 나타난다.
- 거북이 명령어로 프로그래밍하면 거북이가 움직인다.
- 거북이가 펜을 물고 움직이며 그림을 그린다고 생각하고 명령어를 프로그래밍한다.

파이썬에서 아래와 같이 입력하고 실행한다. 파이썬에서 코드를 입력할 때 띄어쓰기, 괄호(), 점, 대소문자, “ ”를 주의하며 프로그래밍한다. 그러면 화면에 “Python Turtle Graphics”라는 이름의 캔버스가 나타나며 중앙에 거북이가 위치한다. 거북이가 중앙에 위치하는 것은 X축과 Y축에서 (0, 0)에 자리 잡은 것과 같다. 거북이 머리는 동쪽을 향한다. 이것이 파이썬에서 거북이를 배우는 처음이다. 책에서는 소스 코드와 결과 화면을 축소해서 나타낼 것이다.

[예제 3.2.1] Python₩ch03₩03_02_01.py

```
01. import turtle
02. t1 = turtle.Turtle()
03. t1.shape("turtle")       # 거북이 모양을 나타냄
04. turtle.done()
```

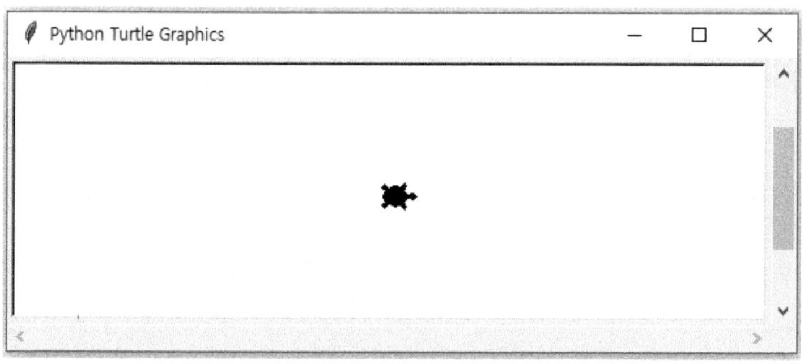

1행: 거북이를 이용하기 위해 turtle 모듈을 import 한다.

2행: 변수 t1에 거북이 모듈을 넣어서 사용한다.

3행: 거북이 모양으로 사용한다.

4행: 거북이 프로그래밍 실행 후 멈추는 역할을 한다.[1]

1 파이참에서는 거북이 프로그램 실행 후 완료가 되면 창을 닫는다. 파이참에서 거북이 프로그램 시에는 turtle.done()을 넣어 마지막 결과 화면을 볼 수 있도록 한다. 본 교재는 파이참을 기준으로 항상 turtle.done()을 넣도록 한다. 다만, 파이썬 기본 셸(IDEL)에서는 turtle.done()을 넣지 않아도 된다.

파이썬에서 거북이 원래 크기의 화면으로는 아래와 같은 그림으로 나타난다. 거북이가 화면 가운데[2]에 위치하고, 머리는 동쪽(오른쪽)을 향하고 있다. 앞으로 거북이로 그림을 그릴 때 머리 방향을 생각하고 왼쪽, 오른쪽을 선택하며 명령어를 정확히 프로그램하며 그림을 그린다. 파이썬에서는 코드 안에 # 또는 " " 을 넣어 주석을 포함할 수 있다. 실행 코드에 영향을 주지 않고 코드를 알맞게 설명을 할 수 있으니 자주 사용한다.

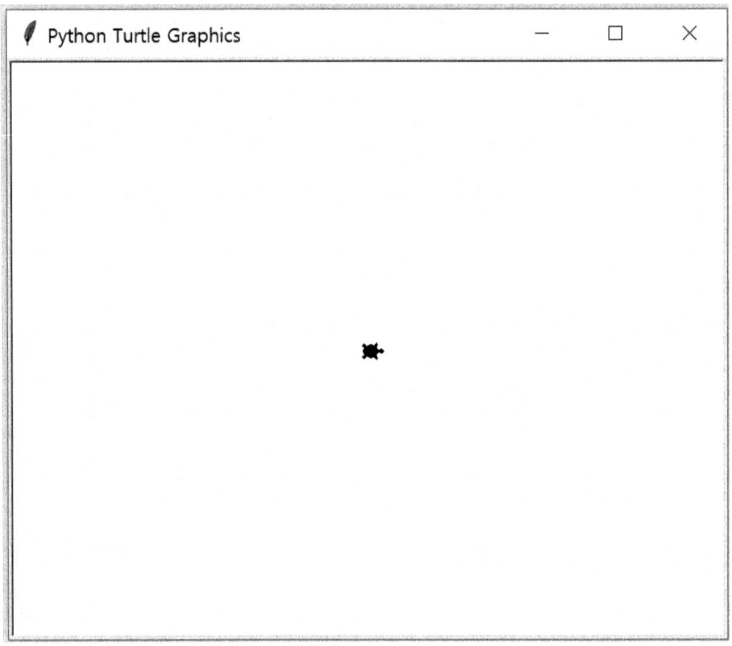

[그림 3-2] Python Turtle Graphics 결과 화면

[표 3-1]은 거북이를 사용하지 않고 다른 모양으로 사용할 수 있다. t1.shape("이름")를 다음과 같이 바꾸어 사용하면 이름에 맞는 모양으로 움직일 수 있다.

[표 3-1] 거북이 모양을 변화시키는 명령어

이름	설명	모양
classic	화살촉 모양	
turtle	거북이 모양	
arrow	삼각형 모양	
triangle	삼각형 모양	

2 화면 가운데는 x축과 y축의 좌표로 보면 (0, 0)인 원점에 있다.

이름	설명	모양
circle	원 모양	●
square	사각형 모양	■

[표 3-2]는 거북이를 움직여 그림을 그릴 때 자주 사용하는 명령어를 모아두었다. 이제 거북이 명령어를 사용하여 다양한 그림을 그릴 수 있다.

[표 3-2] 거북이를 움직여 그림을 그리는 명령어

사용법	내용	비고
t1.shape("turtle")	#거북이 모양을 지정한다. "arrow" , "circle", "square", "triangle", "classic"	
t1.speed(5)	#거북이의 이동 속도를 지정한다(1-10).	
t1.pensize(5)	#거북이가 움직일 때마다 그려지는 선의 두께를 지정한다.	t1.width(5)
t1.pencolor("blue")	#거북이가 움직일 때마다 그려지는 선의 색깔을 지정한다. – 파란색	t1.color("red") t1.color("orange") t1.color("pink") ... etc
t1.pencolor(1.0, 0, 0)	#거북이가 움직일 때마다 그려지는 선의 색깔을 지정한다. – 빨간색	
t1.pencolor(0, 1.0, 0)	#거북이가 움직일 때마다 그려지는 선의 색깔을 지정한다. – 초록색	
t1.pencolor(0, 0, 1.0)	#거북이가 움직일 때마다 그려지는 선의 색깔을 지정한다. – 파란색	
t1.forward(100)	#거북이 머리 방향 앞으로 100 pixel만큼 움직인다.	t1.fd(100)
t1.backward(100)	#거북이 머리 방향 뒤로 100 pixel만큼 움직인다.	t1.bk(100)
t1.right(90)	#거북이를 오른쪽(시계방향)으로 90도 회전한다.	t1.rt(90)
t1.left(90)	#거북이를 왼쪽(반시계방향)으로 90도 회전한다.	t1.lt(90)
t1.circle(50)	#반지름 50 pixel의 원을 그린다.	
t1.circle(50, 180)	#반지름 50 pixel의 반원을 그린다.	
t1.fillcolor("pink") t1.begin_fill() t1.circle(50) t1.end.fill()	#거북이가 그린 그림에 색칠하기 #색칠 시작 #색칠이 되기 원하는 폐쇄된 도형 #색칠 끝	하나의 모듈처럼 사용함
t1.up()	#거북이가 위로 올라감(그림이 그려지지 않음)	t1.penup() t1.pu()

사용법	내용	비고
t1.down()	#거북이가 아래로 내려감(그림이 그려짐)	t1.pendown() t1.pd()
t1.home()	#거북이를 최초 위치로 이동시킨다.	t1.goto(0, 0)
t1.goto(x, y)	#거북이가 x, y 좌표값으로 이동한다.	
t1.clear()	#거북이가 그린 그림을 모두 지운다.	t1.clearscreen()
t1.reset()	#거북이가 그린 그림을 모두 지우고 최초 위치로 이동한다.	t1.resetscreen()
t1.hideturtle()	#거북이가 사라진다.	t1.ht()
t1.showturtle()	#거북이가 나타난다.	t1.st()
t1.write("글입력")	#거북이가 글로 말을 한다.	
t1.write("글입력", font=("", 50))	#거북이의 글의 크기를 50으로 지정한다.	
turtle.done()	#거북이 프로그램을 종료하여 멈추게 한다.	파이참에서 사용

▪ forward()

forward() 명령어를 사용하여 거북이를 앞으로 100만큼 움직이도록 한다. forward() 명령어 대신에 fd()로 줄여서 사용해도 같은 기능이다. 여기서 100은 pixel[3] 단위이다.

[예제 3.2.2] Python₩ch03₩03_02_02.py

```
import turtle
t1 = turtle.Turtle()
t1.shape("turtle")

t1.forward(100)            # t1.fd(100)
turtle.done()
```

3 pixel을 화소라고도 하며 Picture Element의 약자이다. 그림 또는 이미지를 형성하는 최소 크기의 점으로 100 pixel은 약 2.645 cm 정도이다.

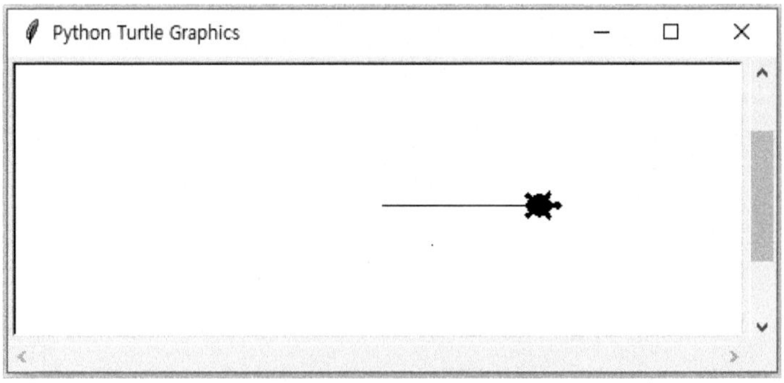

1행: 거북이를 이용하기 위해 turtle 모듈을 import 한다.

2행: 변수 t1에 거북이 모듈을 넣어서 사용한다.

3행: 거북이 모양을 사용하여 그림을 그린다.

4행: 거북이 선언 부분과 실행 부분을 구분하기 위하여 빈 줄을 띄운다.

5행: 거북이가 앞으로 100pixel 만큼 전진한다.

6행: 거북이 프로그래밍 실행 후 멈추는 역할을 한다.

■ backward()

backward() 명령어를 사용하여 거북이를 뒤로 200만큼 움직이도록 한다. backward() 명령어 대신에 bk()로 줄여서 사용해도 같은 기능이다.

[예제 3.2.3] Python₩ch03₩03_02_03.py

```
01. import turtle
02. t1 = turtle.Turtle()
03. t1.shape("turtle")
04.
05. t1.forward(100)
06. t1.backward(200)          # t1.bk(200)
07. turtle.done()
```

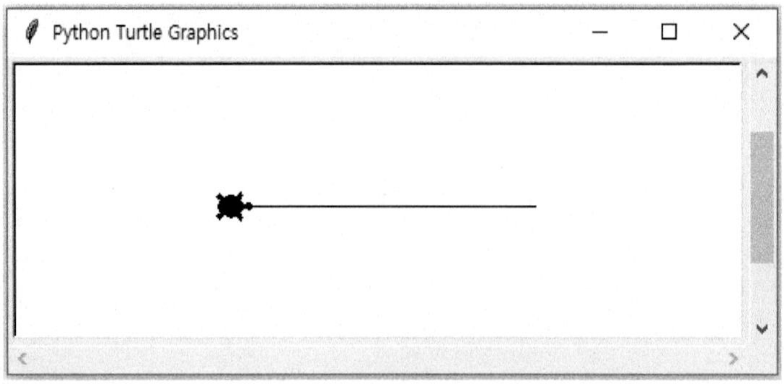

1~4행: turtle 모듈을 import하고 변수와 연결해 준다.

5행: 거북이가 앞으로 100pixel 만큼 전진한다.

6행: 거북이가 뒤로 200pixel 만큼 후진한다.

■ left()

left() 명령어를 사용하여 거북이를 왼쪽(시계 반대 방향)으로 90도[4]만큼 움직이도록 한다. 여기서 90은 각도를 의미한다. 거북이의 머리 방향이 왼쪽으로 90도 움직여 북쪽을 향하고 있다. left() 명령어 대신에 lt()로 줄여서 사용해도 같은 기능이다.

[예제 3.2.4] Python₩ch03₩03_02_04.py

```
import turtle
t1 = turtle.Turtle()
t1.shape("turtle")

t1.forward(100)
t1.backward(200)
t1.left(90)                # t1.lt(90)
turtle.done()
```

4 거북이 머리가 움직이는 각도는 360도를 한 바퀴로 한다.

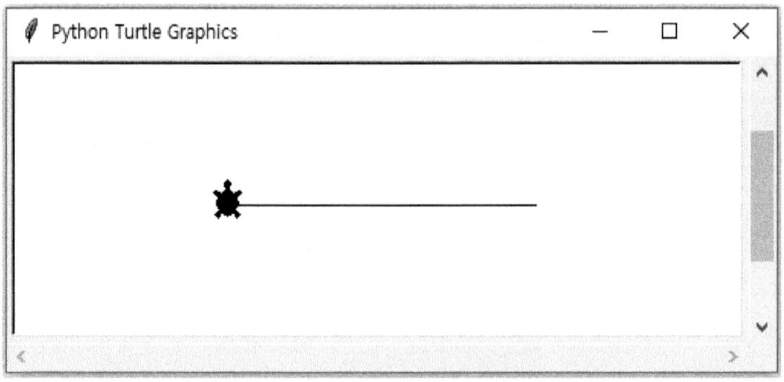

1~4행: turtle 모듈을 import하고 변수와 연결해 준다.

5~6행: 거북이가 앞으로 100pixel 전진, 뒤로 200pixel 만큼 후진한다.

7행: 거북이가 왼쪽(시계 반대 방향)으로 90도만큼 머리를 돌린다.

▪ right()

right() 명령어를 사용하여 거북이를 오른쪽(시계 방향)으로 180도만큼 움직이도록 한다. 거북이 머리를 오른쪽으로 90도+90도 두 번 움직인 결과와 같다. right() 명령어 대신에 rt()로 줄여서 사용해도 같은 기능이다.

[예제 3.2.5] Python₩ch03₩03_02_05.py

```
import turtle
t1 = turtle.Turtle()
t1.shape("turtle")

t1.forward(100)
t1.backward(200)
t1.left(90)
t1.right(180)            # t1.rt(180)
turtle.done()
```

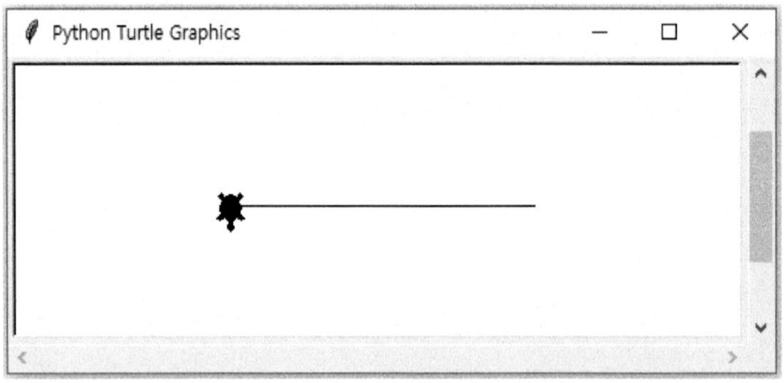

1~4행: turtle 모듈을 import하고 변수와 연결해 준다.

5~6행: 거북이가 앞으로 100pixel 전진, 뒤로 200pixel 만큼 후진한다.

7행: 거북이가 왼쪽(시계 반대 방향)으로 90도만큼 머리를 돌린다.

8행: 거북이가 오른쪽(시계 방향)으로 180도만큼 머리를 돌린다.

▪ home()

home() 명령어를 사용하여 거북이를 처음에 있는 곳으로 움직인다. 단, 거북이를 처음 위치로 옮겨놓지만, 그리던 선 들은 그대로 있다. 거북이의 머리 방향도 처음과 같다(동쪽 방향). t1.goto(0, 0) 명령어를 사용해도 같은 기능을 수행한다.

[예제 3.2.6] Python₩ch03₩03_02_06.py

```
01. import turtle
02. t1 = turtle.Turtle()
03. t1.shape("turtle")
04.
05. t1.forward(100)
06. t1.backward(200)
07. t1.left(90)
08. t1.right(180)
09.
10. t1.home()
11. turtle.done()
```

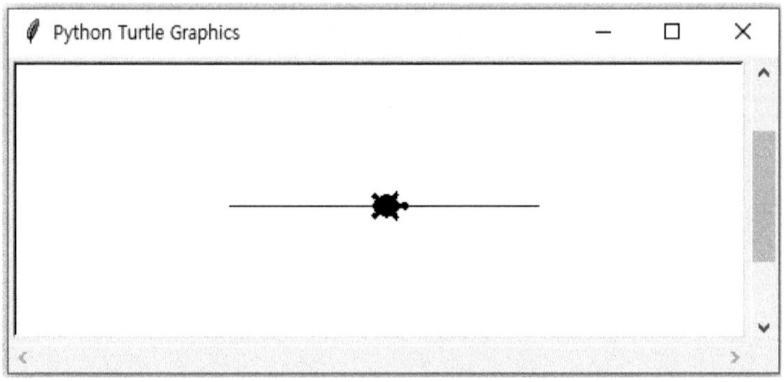

1~4행: turtle 모듈을 import하고 변수와 연결해 준다.

5~8행: 거북이가 전진, 후진, 왼쪽, 오른쪽으로 각도만큼 머리를 돌린다.

9행 : 새로운 실행 부분을 구분하기 위하여 빈 줄을 띄운다.

10행: 거북이를 처음 위치에 돌려놓는다.

■ clear()

clear() 명령어를 사용하여 거북이가 그렸던 모든 것을 지운다. home()과 같이 사용하지 않고 clear()만 사용하면 마지막 그리던 위치에서 모든 그림을 지우게 된다.

[예제 3.2.7] Python₩ch03₩03_02_07.py

```
01. import turtle
02. t1 = turtle.Turtle()
03. t1.shape("turtle")
04.
05. t1.forward(100)
06. t1.backward(200)
07. t1.left(90)
08. t1.right(180)
09.
10. t1.home()
11. t1.clear()
12. turtle.done()
```

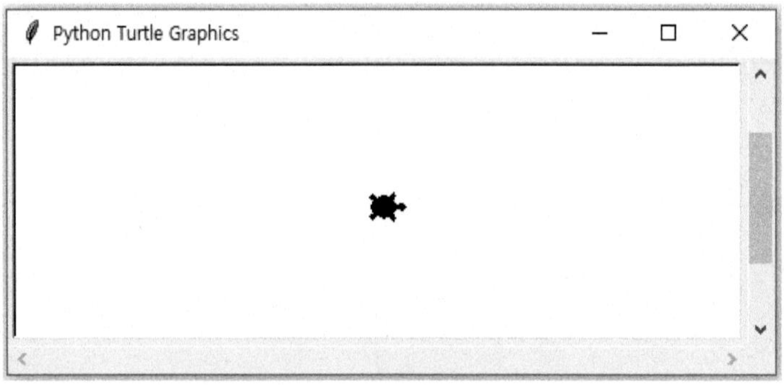

1~4행: turtle 모듈을 import하고 변수와 연결해 준다.

5~9행: 거북이가 전진, 후진, 왼쪽, 오른쪽으로 각도만큼 머리를 돌린다.

10행: 거북이를 처음 위치에 돌려놓는다.

11행: 거북이가 그렸던 그림을 모두 지운다.

■ reset()

reset() 명령어를 사용하면 home()과 clear()를 함께 사용한 것과 같다.

[예제 3.2.8] Python₩ch03₩03_02_08.py

```
import turtle
t1 = turtle.Turtle()
t1.shape("turtle")

t1.forward(100)
t1.backward(200)
t1.left(90)
t1.right(180)

t1.reset()
turtle.done()
```

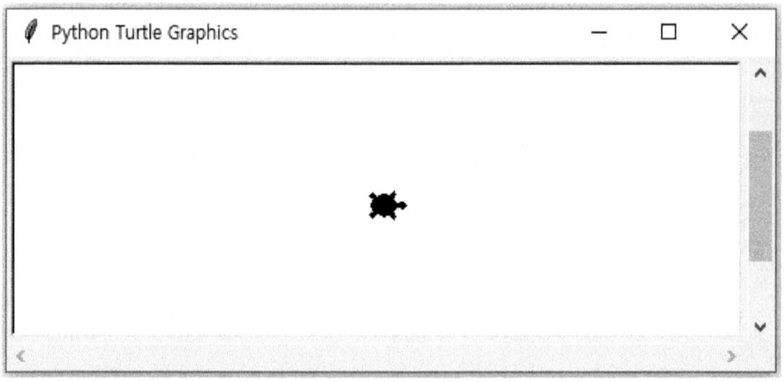

1~4행: turtle 모듈을 import하고 변수와 연결해 준다.

5~9행: 거북이가 전진, 후진, 왼쪽, 오른쪽으로 각도만큼 머리를 돌린다.

10행: 거북이를 처음 위치에 돌려놓고, 거북이가 그렸던 그림을 모두 지운다.

■ circle()

circle() 명령어를 사용하여 반지름이 100인 원을 거북이가 그려본다. 거북이가 왼쪽(시계 반대 방향)으로 움직이며 원을 그린다. t1.right(90) 또는 t1.left(90) 명령어를 먼저 코딩하고 거북이 원을 그린다.

[예제 3.2.9] Python₩ch03₩03_02_09.py

```
01. import turtle
02. t1 = turtle.Turtle()
03. t1.shape("turtle")
04.
05. t1.circle(40)
06. turtle.done()
```

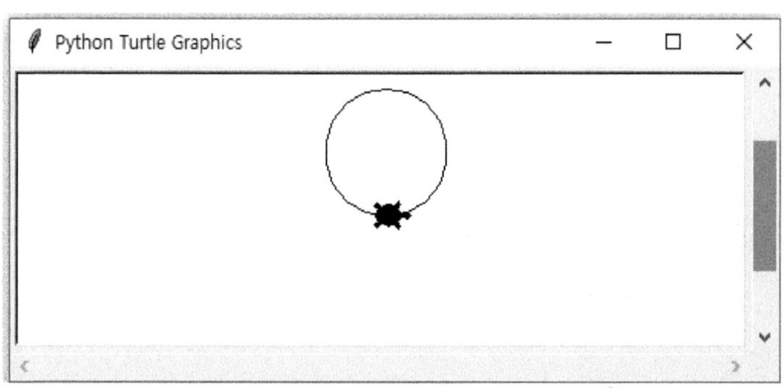

1~4행: turtle 모듈을 import하고 변수와 연결해 준다.

5행: 거북이가 반지름 40인 원을 왼쪽(시계 반대 방향)으로 돌며 그린다.

■ circle()

circle() 명령어를 사용하여 반지름이 100인 반원을 거북이가 그려본다. 거북이의 머리를 동, 서, 남, 북으로 놓고 반원을 다양하게 그려본다.

[예제 3.2.10] Python₩ch03₩03_02_10.py

```
01. import turtle
02. t1 = turtle.Turtle()
03. t1.shape("turtle")
04.
05. t1.circle(40, 180)
06. turtle.done()
```

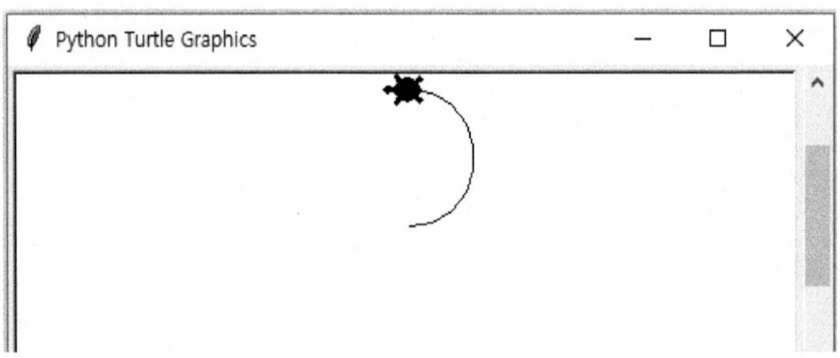

1~4행: turtle 모듈을 import하고 변수와 연결해 준다.

5행: 거북이가 반지름 40인 반원을 왼쪽(시계 반대 방향)으로 돌며 그린다.

■ up()

up()은 그림을 그리다 새로운 위치로 거북이를 옮길 때 많이 사용되는 명령어다. up() 명령어를 사용하여 거북이를 위로 들어 올린다. 그리고 forward(100)를 할 때 선이 안 그려질 것이다. 거북이가 위로 들려서 허공에 있으므로 앞으로 움직여도 화면에는 선이 안 그려진다.

[예제 3.2.11] Python₩ch03₩03_02_11.py

```
01. import turtle
02. t1 = turtle.Turtle()
03. t1.shape("turtle")
04.
```

```
05. t1.up()          # t1.penup()
06. t1.forward(100)
07. turtle.done()
```

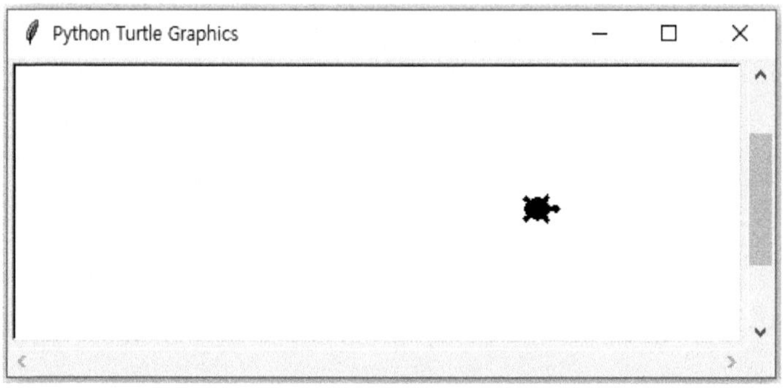

1~4행: turtle 모듈을 import하고 변수와 연결해 준다.

5행: 거북이가 허공으로 올려진다.

6행: 거북이가 앞으로 100pixel 만큼 전진한다. 그러나 선은 안 그려진다.

■ down()

down() 명령어를 사용하여 거북이를 아래로 내려놓는다. 그리고 backward(200)을 하면 선이 그려질 것이다. 거북이가 아래로 내려와서 그림을 그릴 수 있기 때문이다. up()과 down() 명령어는 쌍으로 많이 사용한다.

[예제 3.2.12] Python₩ch03₩03_02_12.py

```
import turtle
t1 = turtle.Turtle()
t1.shape("turtle")

t1.up()              # t1.penup()
t1.forward(100)

t1.down()            # t1.pendown()
t1.backward(200)
turtle.done()
```

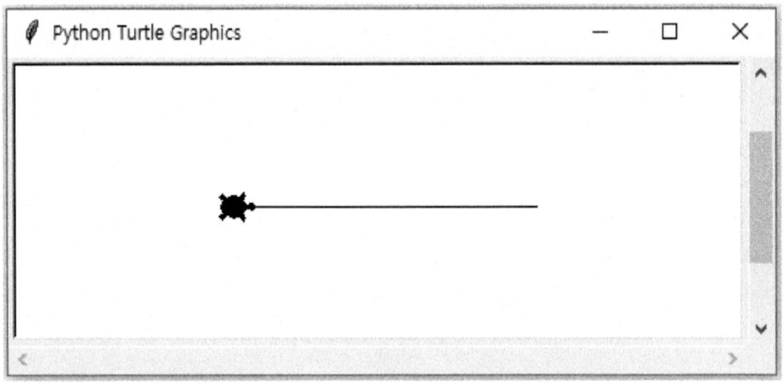

1~4행: turtle 모듈을 import하고 변수와 연결해 준다.

5행: 거북이가 허공으로 올려진다.

6~7행: 거북이가 앞으로 100pixel 만큼 전진한다. 그러나 선은 안 그려진다.

8행: 허공에 있던 거북이가 화면(그림판)으로 내려온다.

9행: 거북이가 뒤로 200pixel 만큼 후진하며 그림을 그린다.

■ write()

write() 명령어를 사용하여 거북이가 말을 하게 한다. 거북이 그림을 그리며 재미있는 말들을 거북이에게 말하게 할 수 있다. 예제에서 다음 다섯 칸 정도 공간을 주고 코딩하는 것이 거북이 머리를 글자가 가리지 않게 된다.

[예제 3.2.13] Python₩ch03₩03_02_13.py

```
import turtle
t1 = turtle.Turtle()
t1.shape("turtle")

t1.write("     안녕하세요. 저는 거북이입니다. ")
turtle.done()
```

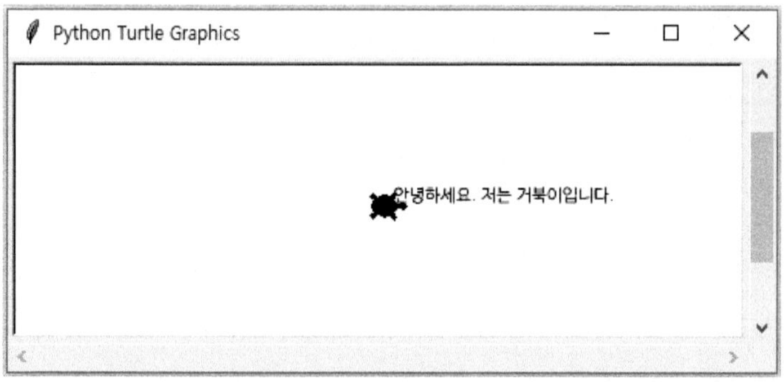

1~4행: turtle 모듈을 import하고 변수와 연결해 준다.

5행: 거북이가 "문자열" 그대로를 보이며 글을 쓴다. 단, 문자열에 공간을 두지 않으면 앞쪽 글자가 거북이에게 가려져 잘 안 보이게 됨

■ write 폰트()

write() 명령어를 사용하여 거북이가 말을 할 때 크기를 크게 하자. 거북이 프로그래밍을 하면서 프로그램의 흥미를 느끼는 말을 만들어 본다.

[예제 3.2.14] Python₩ch03₩03_02_14.py

```
01. import turtle
02. t1 = turtle.Turtle()
03. t1.shape("turtle")
04.
05. t1.write("안녕하세요. 저는 거북이입니다. ", font = (" ", 20) )
06. turtle.done()
```

1~4행: turtle 모듈을 import하고 변수와 연결해 준다.

5행: 거북이가 "문자열" 그대로를 보이며 글을 쓰는데 크기를 크게 한다.

font = ("Arial", 10, "normal") 명령어를 사용하여, 글자의 모양, 크기, 글자 스타일을 정의할 수 있다.

■ hideturtle()

hideturtle() 명령어를 사용하여 거북이를 사라지게 만든다. 거북이가 투명망토를 입은 것처럼 안 보일 것이다. hideturtle() 명령어 대신에 ht()로 줄여서 사용해도 같은 기능을 수행한다.

[예제 3.2.15] Python₩ch03₩03_02_15.py

```
01. import turtle
02. t1 = turtle.Turtle()
03. t1.shape("turtle")
04.
05. t1.write("안녕하세요. 저는 거북이입니다. ")
06. t1.hideturtle()                    # t1.ht()
07. turtle.done()
```

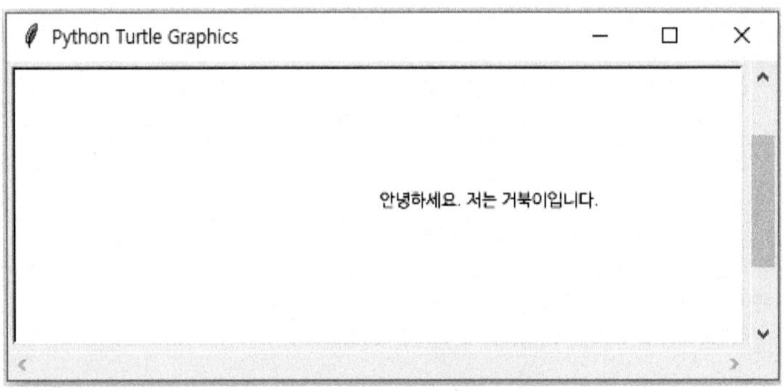

1~4행: turtle 모듈을 import하고 변수와 연결해 준다.

5행: 거북이가 "문자열" 그대로를 보이며 글을 쓴다.

6행: 거북이가 사라진다.

■ showturtle()

showturtle() 명령어를 사용하여 사라진 거북이를 다시 보이게 한다. showturtle() 명령어 대신에 st()로 줄여서 사용해도 같은 기능을 수행한다.

[예제 3.2.16] Python₩ch03₩03_02_16.py

```
01. import turtle
```

```
02. t1 = turtle.Turtle()
03. t1.shape("turtle")
04.
05. t1.write("    안녕하세요. 저는 거북이입니다. ")
06. t1.hideturtle()
07. t1.showturtle()                  # t1.st()
08. turtle.done()
```

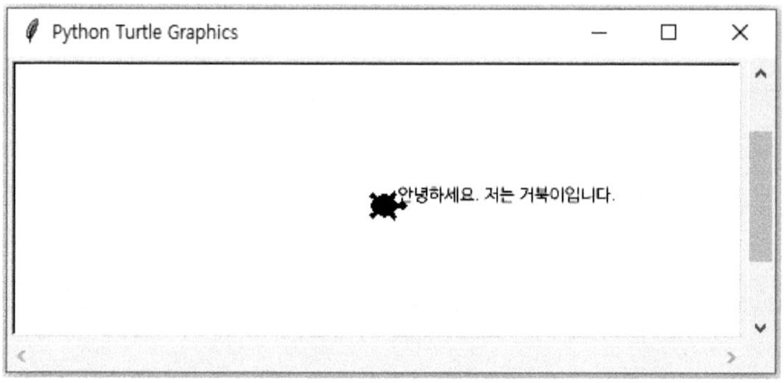

1~4행: turtle 모듈을 import하고 변수와 연결해 준다.

5행: 거북이가 "문자열" 그대로를 보이며 글을 쓴다.

6행: 거북이가 사라진다.

7행: 사라졌던 거북이가 나타난다.

■ speed()

거북이로 많은 그림을 그리다 보면 거북이가 느리게 움직이듯이 느낄 것이다. 거북이의 속도를 1-10까지 변경하여 speed()로 빠르게 움직이도록 한다.

[예제 3.2.17] Python₩ch03₩03_02_17.py

```
import turtle
t1 = turtle.Turtle()
t1.shape("turtle")

t1.speed(10)
t1.circle(20)
t1.circle(40)
turtle.done()
```

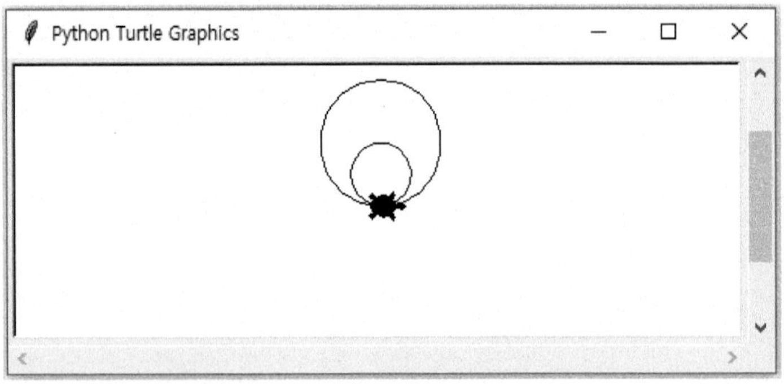

1~4행: turtle 모듈을 import하고 변수와 연결해 준다.

5행: 거북이가 그림을 빠르게 그린다.

6행: 거북이가 반지름 20인 원을 왼쪽(시계 반대 방향)으로 돌며 그린다.

7행: 거북이가 반지름 40인 원을 왼쪽(시계 반대 방향)으로 돌며 그린다.

■ pensize()

거북이가 그리는 선의 두께를 변경하며 실행한다. 숫자를 다양하게 넣어서 자신의 그림에 알맞은 두께를 선택해 본다.

[예제 3.2.18] Python₩ch03₩03_02_18.py

```
import turtle
t1 = turtle.Turtle()
t1.shape("turtle")

t1.pensize(5)
t1.circle(20)
t1.pensize(10)
t1.circle(40)
turtle.done()
```

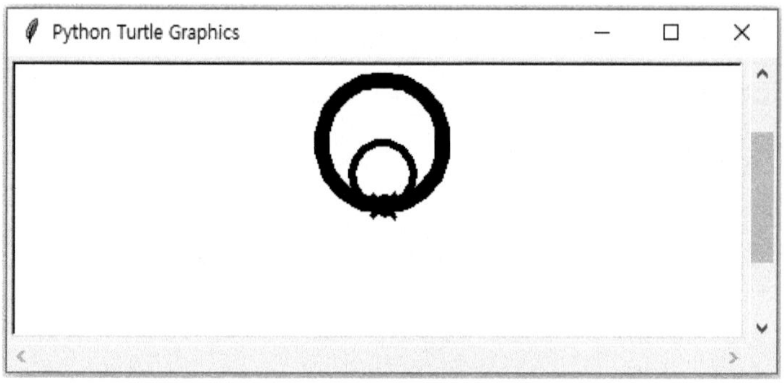

1~4행: turtle 모듈을 import하고 변수와 연결해 준다.

5행: 거북이가 그림을 그릴 때 선의 두께를 5로 그린다.

6행: 거북이가 반지름 20인 원을 왼쪽(시계 반대 방향)으로 돌며 그린다.

7행: 거북이가 그림을 그릴 때 선의 두께를 10으로 그린다.

8행: 거북이가 반지름 40인 원을 왼쪽(시계 반대 방향)으로 돌며 그린다.

■ pencolor()

거북이가 그리는 선의 색깔을 변경하며 다양한 색깔을 넣어 실행해 본다[5].

[예제 3.2.19] Python₩ch03₩03_02_19.py

```
import turtle
t1 = turtle.Turtle()
t1.shape("turtle")

t1.pencolor("red")
t1.circle(20)
t1.pencolor("blue")
t1.circle(40)
turtle.done()
```

5 t1.pencolor(1.0, 0, 0) => 빨강, t1.pencolor(0, 1.0, 0) => 초록, t1.pencolor(0, 0, 1.0) => 파랑
숫자를 변형시키며 자신만의 색깔을 만들어 본다.

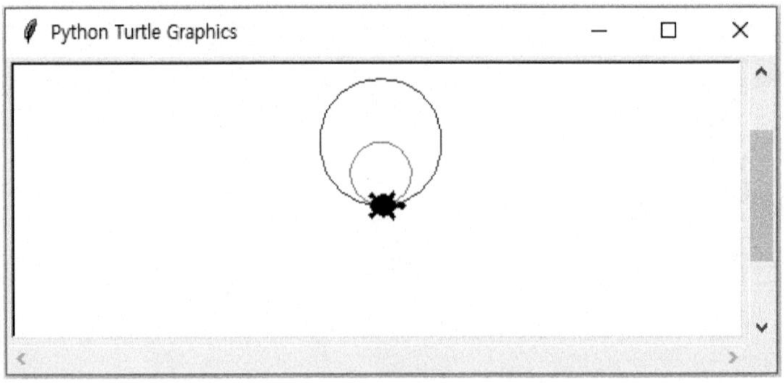

1~4행: turtle 모듈을 import하고 변수와 연결해 준다.

5~6행: 거북이가 반지름 20인 원 그림을 그릴 때 선의 색깔을 '빨간색'으로 그린다.

7~8행: 거북이가 반지름 40인 원 그림을 그릴 때 선의 색깔을 '파란색'으로 그린다.

■ color()

pencolor()는 거북이가 그리는 선의 색깔만을 바꾸지만, color()는 거북이 자체도 색깔이 변하며 그리는 선의 색깔과 같게 변한다.

[예제 3.2.20] Python₩ch03₩03_02_20.py

```
01. import turtle
02. t1 = turtle.Turtle()
03. t1.shape("turtle")
04.
05. t1.color("red")
06. t1.circle(20)
07. t1.color("blue")
08. t1.circle(40)
09. turtle.done()
```

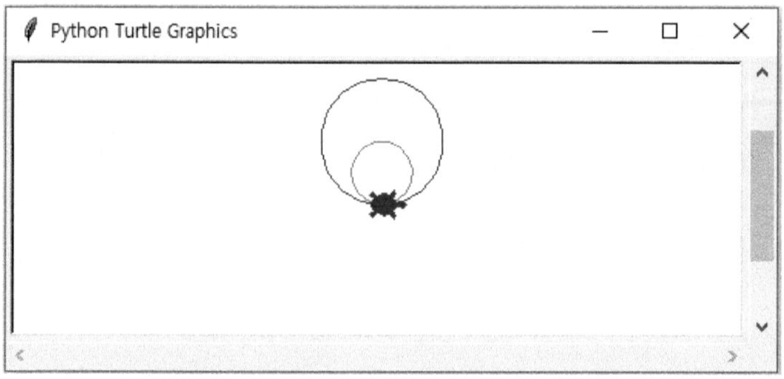

1~4행: turtle 모듈을 import하고 변수와 연결해 준다.

5~6행: 거북이가 반지름 20인 원 그림을 그릴 때 선의 색깔을 '빨간색'으로 지정한다. 거북이도 빨간색이다.

7~8행: 거북이가 반지름 40인 원 그림을 그릴 때 선의 색깔을 '파란색'으로 지정한다. 거북이도 파란색이다.

3.3 거북이 도형 그리기

앞에서 살펴본 거북이 사용방법을 사용하여 'ㄱ', 'ㄴ', 'ㄷ', 'ㄹ', 'ㅁ', '삼각형', '별' 등 여러 가지 도형을 그려본다[6]. 여기서 사용한 도형들은 '함수'를 배울 때 코드를 '재사용' 할 것이다. 꼭 익혀두자.

■ 'ㄱ'을 그려본다.

한글 자음 'ㄱ'을 그려본다. 거북이가 직진하고 방향을 돌려 직진하는 간단한 도형의 움직임이다.

[예제 3.3.1] Python₩ch03₩03_03_01.py

```
import turtle
t1 = turtle.Turtle()
t1.shape("turtle")

t1.forward(100)
t1.right(90)
t1.forward(100)
turtle.done()
```

6 여러 가지 도형을 그려보고 거북이가 그리는 선의 색깔도 바꾸어 보고, 두께도 바꾸어 본다.

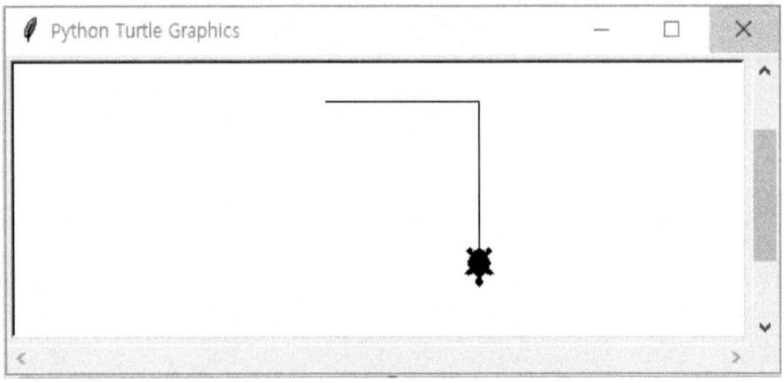

1~4행: turtle 모듈을 import하고 변수와 연결해 준다.

5행: 거북이가 앞으로 100pixel만큼 전진한다.

6행: 거북이가 오른쪽(시계 방향)으로 90도만큼 머리를 돌린다.

7행: 거북이가 앞으로 100pixel 만큼 전진한다.

■ 'ㄴ'을 그려본다.

한글 자음 'ㄴ'을 그린다. 거북이가 방향을 돌리고, 직진하고 또 방향을 돌려 직진하는 간단한 도형의 움직임이다.

[예제 3.3.2] Python₩ch03₩03_03_02.py

```
import turtle
t1 = turtle.Turtle()
t1.shape("turtle")

t1.right(90)
t1.forward(100)
t1.left(90)
t1.forward(100)
turtle.done()
```

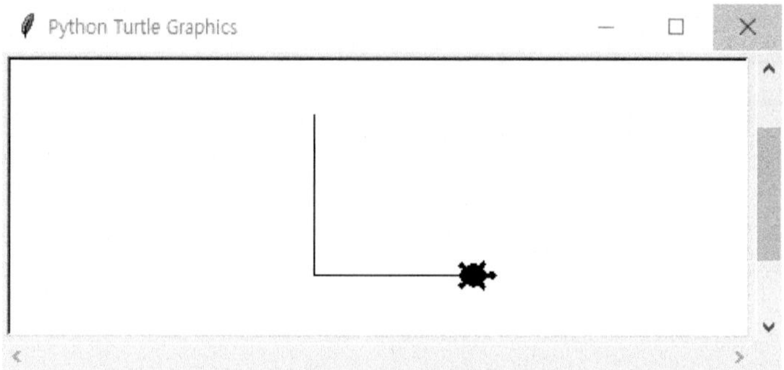

1~4행: turtle 모듈을 import하고 변수와 연결해 준다.

5행: 거북이가 오른쪽(시계 방향)으로 90도만큼 머리를 돌린다.

6행: 거북이가 앞으로 100pixel 만큼 전진한다.

7행: 거북이가 왼쪽(반시계 방향)으로 90도만큼 머리를 돌린다.

8행: 거북이가 앞으로 100pixel 만큼 전진한다.

■ 'ㄷ'을 그려본다.

한글 자음 'ㄷ'을 그린다. 거북이가 후진하고 방향을 돌려 직진하고 또 방향을 돌리는 간단한 도형의 움직임이다.

[예제 3.3.3] Python₩ch03₩03_03_03.py

```
import turtle
t1 = turtle.Turtle()
t1.shape("turtle")

t1.backward(100)
t1.right(90)
t1.forward(100)
t1.left(90)
t1.forward(100)
turtle.done()
```

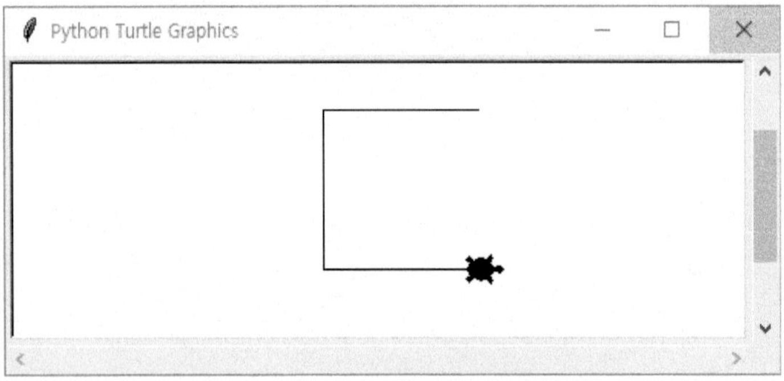

1~4행: turtle 모듈을 import하고 변수와 연결해 준다.

5행: 거북이가 뒤로 100pixel 만큼 후진한다.

6행: 거북이가 오른쪽(시계 방향)으로 90도만큼 머리를 돌린다.

7행: 거북이가 앞으로 100pixel 만큼 전진한다.

8행: 거북이가 왼쪽(반시계 방향)으로 90도만큼 머리를 돌린다.

9행: 거북이가 앞으로 100pixel 만큼 전진한다.

■ 'ㄹ'을 그려본다.

한글 자음 'ㄹ'을 그린다. 거북이가 직진을 거리별로 달리하며 방향을 오른쪽, 왼쪽으로 돌리며 움직이는 도형의 움직임이다.

[예제 3.3.4] Python₩ch03₩03_03_04.py

```
import turtle
t1 = turtle.Turtle()
t1.shape("turtle")

t1.forward(100)
t1.right(90)
t1.forward(50)
t1.right(90)
t1.forward(100)
t1.left(90)
t1.forward(50)
t1.left(90)
t1.forward(100)
turtle.done()
```

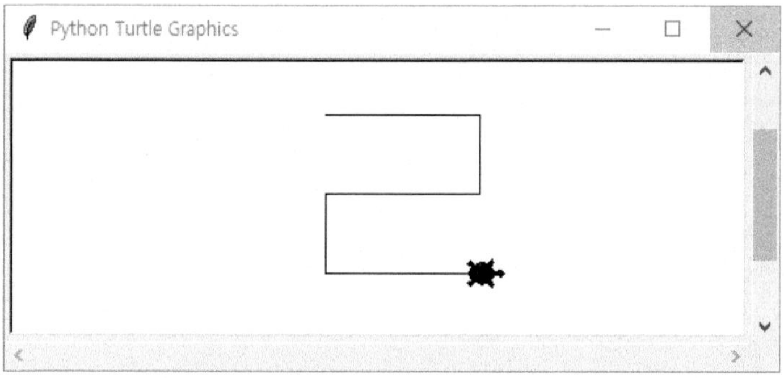

1~4행: turtle 모듈을 import하고 변수와 연결해 준다.

5행: 거북이가 앞으로 100pixel 만큼 전진한다.

6행: 거북이가 오른쪽(시계 방향)으로 90도만큼 머리를 돌린다.

7~8행: 5~6행 반복이다. pixel 거리만 50으로 줄였다.

9~10행 : 5~6행 반복이다.

11~12행: 5~6행 반복이다. pixel 거리만 50으로 줄였다.

13행: 거북이가 앞으로 100pixel 만큼 전진한다.

■ 'ㅁ'을 그려본다.

한글 자음 'ㅁ'을 그린다. 거북이가 직진과 오른쪽으로 방향을 바꾸며 반복되는 간단한 도형의 움직임이다.

[예제 3.3.5] Python₩ch03₩03_03_05.py

```
import turtle
t1 = turtle.Turtle()
t1.shape("turtle")

t1.forward(100)
t1.right(90)
t1.forward(100)
t1.right(90)
t1.forward(100)
t1.right(90)
t1.forward(100)
turtle.done()
```

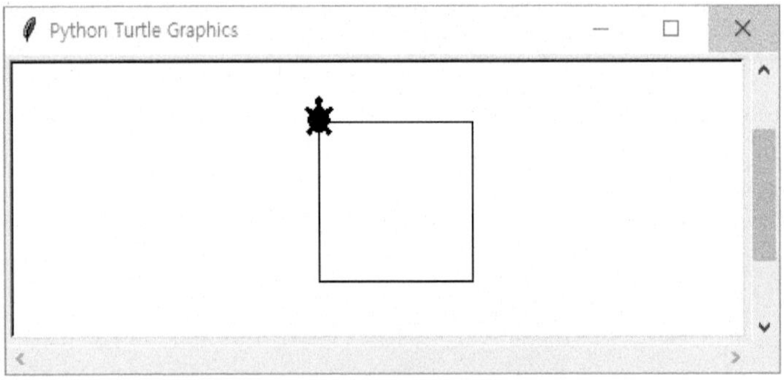

1~4행: turtle 모듈을 import하고 변수와 연결해 준다.

5행: 거북이가 앞으로 100pixel 만큼 전진한다.

6행 : 거북이가 오른쪽(시계 방향)으로 90도만큼 머리를 돌린다.

7행: 거북이가 앞으로 100pixel 만큼 전진한다.

8~11행 : 6~7행의 반복이다.

■ '삼각형'을 그려본다[7].

도형 중 삼각형을 그린다. 거북이가 직진한 후 왼쪽으로 120도 각도만큼 방향을 움직이며 반복되는 간단한 도형의 움직임이다.

[예제 3.3.6] Python₩ch03₩03_03_06.py

```
import turtle
t1 = turtle.Turtle()
t1.shape("turtle")

t1.forward(100)
t1.left(120)
t1.forward(100)
t1.left(120)
t1.forward(100)
turtle.done()
```

7 삼각형 뿐만 아니라 오각형, 육각형, 칠각형, 팔각형 등을 그려본다.

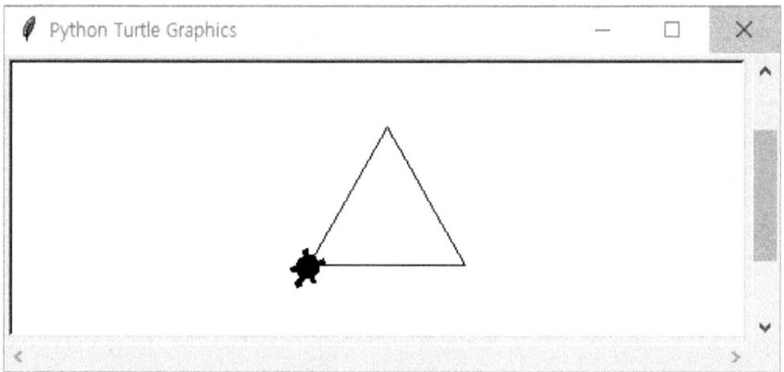

1~4행: turtle 모듈을 import하고 변수와 연결해 준다.

5행: 거북이가 앞으로 100pixel 만큼 전진한다.

6행: 거북이가 왼쪽(반시계 방향)으로 90도만큼 머리를 돌린다.

7~9행 : 5~6행의 반복이다.

■ '별'을 그려본다.

도형 중 별을 그린다. 거북이가 직진한 후 오른쪽으로 144도 각도만큼 방향을 움직이며 반복되는 간단한 도형의 움직임이다.

[예제 3.3.7] Python₩ch03₩03_03_07.py

```
import turtle
t1 = turtle.Turtle()
t1.shape("turtle")

t1.forward(100)
t1.right(144)
t1.forward(100)
t1.right(144)
t1.forward(100)
t1.right(144)
t1.forward(100)
t1.right(144)
t1.forward(100)
turtle.done()
```

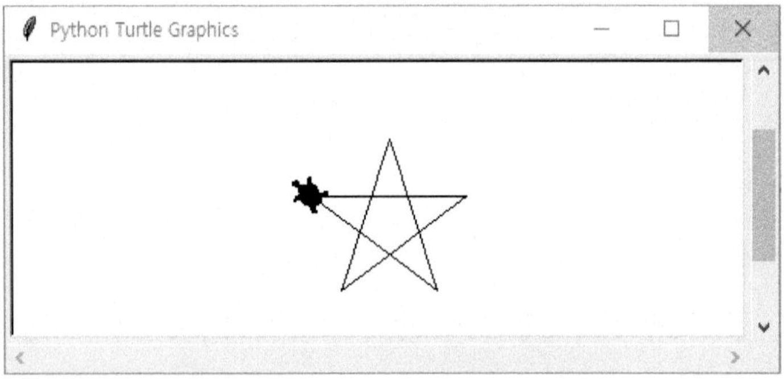

1~4행: turtle 모듈을 import하고 변수와 연결해 준다.

5행: 거북이가 앞으로 100pixel 만큼 전진한다.

6행: 거북이가 오른쪽(시계 방향)으로 90도만큼 머리를 돌린다.

7~12행: 5~6행의 반복이다.

13행: 거북이가 앞으로 100pixel 만큼 전진한다.

3.4 거북이 색칠하기

거북이가 그린 도형에 색을 칠한다. 7번 라인처럼 닫힌 구간(예를 들어, 원, 사각형, 별 등)의 도형에 원하는 색깔로 칠한다. 색을 칠할 때는 fillcolor(), begin_fill(), end_fill()을 하나로 붙어 코딩하고, 색을 칠하고 싶은 도형은 그 사이에 코딩을 한다.

[예제 3.4.1] Python₩ch03₩03_04_01.py

```
01. import turtle
02. t1 = turtle.Turtle()
03. t1.shape("turtle")
04.
05. t1.fillcolor("green")
06. t1.begin_fill()
07. t1.circle(40)            # 색칠하고 싶은 도형을 코딩함.
08. t1.end_fill()
09. turtle.done()
```

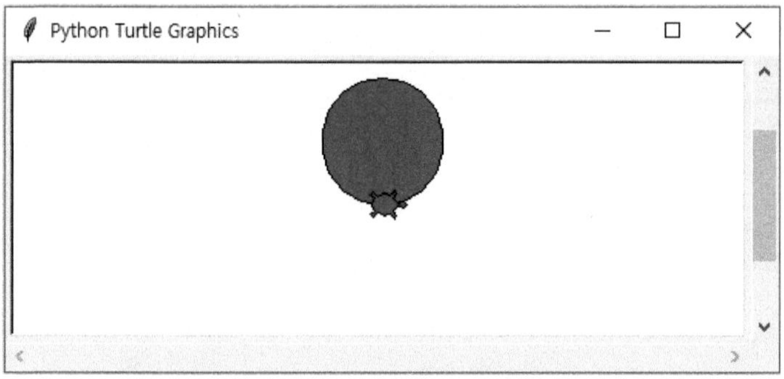

1~4행: turtle 모듈을 import하고 변수와 연결해 준다.

5행: 거북이가 그린 도형에 초록색으로 색을 칠할 것이다.

6행: 거북이가 그린 도형에 초록색으로 색칠하는 것을 시작한다.

7행: 거북이가 반지름 40인 원을 왼쪽(시계 반대 방향)으로 돌며 그린다.

색칠하기 원하는 도형을 코딩하는 행이다.

8행: 거북이가 그린 도형에 초록색으로 색칠하는 것을 끝낸다.

■ 두 개의 원에 서로 다른색

두 개의 원을 만들어 서로 다른 색깔로 색칠한다. fillcolor(), begin_fill(), end_fill() 함수를 사용하고 중간에 도형을 넣어본다.

[예제 3.4.2] Python₩ch03₩03_04_02.py

```
import turtle
t1 = turtle.Turtle()
t1.shape("turtle")

t1.fillcolor("green")
t1.begin_fill()
t1.circle(40)
t1.end_fill()

t1.fillcolor("red")
t1.begin_fill()
t1.circle(20)
t1.end_fill()
turtle.done()
```

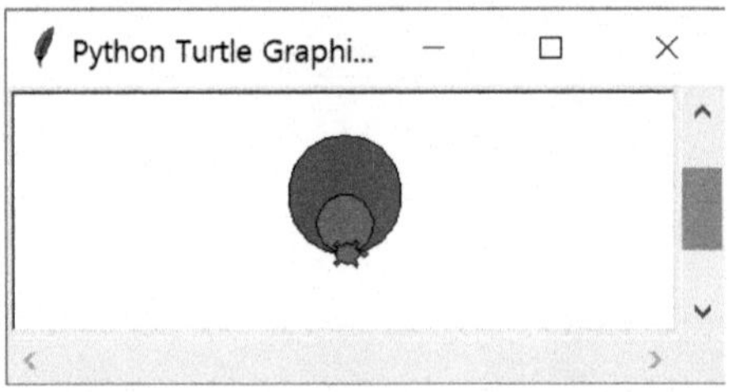

1~4행: turtle 모듈을 import하고 변수와 연결해 준다.

5행: 거북이가 그린 도형에 초록색으로 색을 칠할 것이다.

6행: 거북이가 그린 도형에 초록색으로 색칠하는 것을 시작한다.

7행: 거북이가 반지름 40인 원을 왼쪽(시계 반대 방향)으로 돌며 그린다.

8행: 거북이가 그린 도형에 초록색으로 색칠하는 것을 끝낸다.

9행: 새로운 실행 부분을 구분하기 위하여 빈 줄을 띄운다.

10~13행: 5~8행 반복이다.

■ 세 개의 삼각형에 서로 다른 색

세 개의 삼각형을 만들어 서로 다른 색깔로 색칠한다.

[예제 3.4.3] Python₩ch03₩03_04_03.py

```
import turtle
t1 = turtle.Turtle()
t1.shape("turtle")

t1.fillcolor("blue")
t1.begin_fill()
t1.forward(100)
t1.left(120)
t1.forward(100)
t1.left(120)
t1.forward(100)
t1.end_fill()

t1.fillcolor("green")
t1.begin_fill()
t1.left(120)
t1.forward(60)
```

```
18. t1.left(120)
19. t1.forward(60)
20. t1.left(120)
21. t1.forward(60)
22. t1.end_fill()
23.
24. t1.fillcolor("red")
25. t1.begin_fill()
26. t1.left(120)
27. t1.forward(30)
28. t1.left(120)
29. t1.forward(30)
30. t1.left(120)
31. t1.forward(30)
32. t1.end_fill()
33. turtle.done()
```

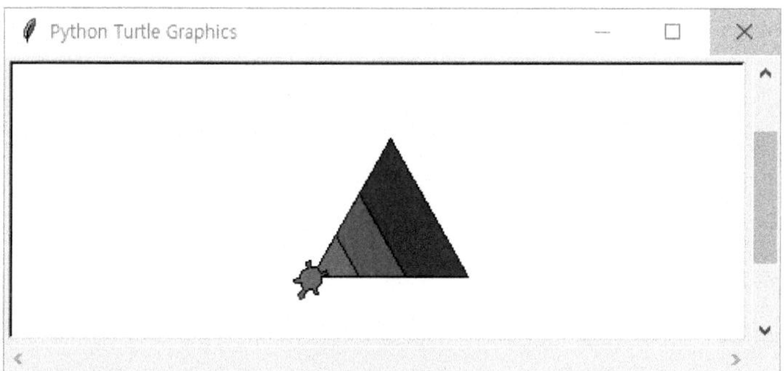

1~4행: turtle 모듈을 import하고 변수와 연결해 준다.

5행: 거북이가 그린 도형에 '파란색'으로 색을 칠할 것이다.

6행: 거북이가 그린 도형에 '파란색'으로 색칠하는 것을 시작한다.

7행: 거북이가 앞으로 100pixel 만큼 전진한다.

8행: 거북이가 왼쪽(반시계방향)으로 90도만큼 머리를 돌린다.

11행: 거북이가 앞으로 100pixel 만큼 전진한다.

색칠하기 원하는 도형을 코딩하는 행이다.

12행: 거북이가 그린 도형에 '파란색'으로 색칠하는 것을 끝낸다.

13행: 새로운 실행 부분을 구분하기 위하여 빈 줄을 띄운다.

14~23행: 5~13행 반복이다. 색은 '초록색'으로 변경된다.

24~32행: 5~12행 반복이다. 색은 '붉은색'으로 변경된다.

파이썬에서 거북이를 사용하여 그림을 그리고 색도 넣어보았다. 연습했던 모든 것을 조합하여 자신만의 화면에 멋진 그림을 그려본다. 화분 위에서 잘 자란 해바라기를 비롯하여 넓은 동산의 푸르름과 나무, 바닷속의 여러 물고기, 밤하늘에 반짝이는 여러 가지 별들과 드넓은 우주를 날아가는 우주선 등 자신만의 멋진 창작의 그림을 만들어본다.

3.5 거북이에서 사용하는 함수들

거북이를 사용하여 그림을 그릴 때 기본 이외에 다양한 함수들을 사용하여 그릴 수 있다. 상세한 것은 각 장에서 자세히 배우기로 하자. 다음 예제에서 파이썬 코드와 미로 그림은 같은 폴더에 위치시키자.

■ 그림 불러오기

거북이를 이용하여 미로 찾기 게임을 하기 전에 미로 그림을 배경으로 불러온다. 그리고 미로의 입구에 거북이를 옮겨놓는다.

[예제 3.5.1] Python\ch03\03_05_01.py

```
import turtle
win = turtle.Screen()
t1 = turtle.Turtle()
t1.shape("turtle")

win.bgpic("maze2.gif")      #미로 그림 불러오기
#거북이를 입구에 위치시키기
t1.penup()
t1.goto(-240, 190)
t1.pendown()
turtle.done()
```

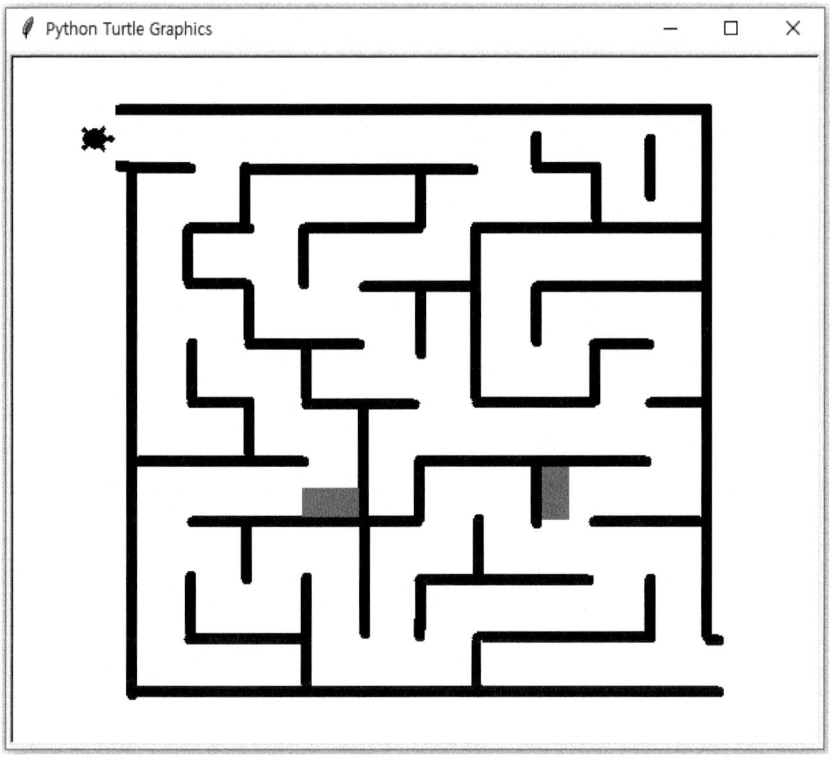

1행: 거북이를 이용하기 위해 turtle 모듈을 import 한다.

2행: 윈도우 생성 후 win이라고 이름을 붙인 것이다.

3행: 변수 t1에 거북이 모듈을 넣어서 사용한다.

4행: 거북이 모양으로 사용하여 그림을 그린다.

5행: 거북이 선언 부분과 실행 부분을 구분하기 위하여 빈 줄을 띄운다.

6행: maze2.gif의 미로 그림을 배경에 불러온다.

7행: 새로운 실행 부분을 구분하기 위하여 빈 줄을 띄운다.

8행: 거북이가 허공으로 올려진다.

9행: 거북이가 x 좌표 −290, y 좌표 190으로 이동한다.

(미로의 입구로 이동하며, 이동할 때 penup() 실행으로 선이 그려지지 않음)

10행: 허공에 있던 거북이가 화면(그림판)으로 내려온다.

11행: 거북이 프로그래밍 실행 후 멈추는 역할을 한다.

■ onclick()

캔버스 윈도우의 onclick() 함수는 마우스의 왼쪽 버튼 클릭할 때 클릭한 위치로 거북이가 움직인다. 클릭한 곳으로 거북이가 이동하며, 미로를 빠져나올 때 유용하게 사용될 코드이다.

[예제 3.5.2] Python₩ch03₩03_05_02.py

```
01. import turtle
02. win = turtle.Screen()
03. t1 = turtle.Turtle()
04. t1.shape("turtle")
05.
06. def mousegoto(x, y):
07.     t1.goto(x, y)
08.
09. win.onclick(mousegoto)
10.
11. win.listen()
12. turtle.mainloop()
```

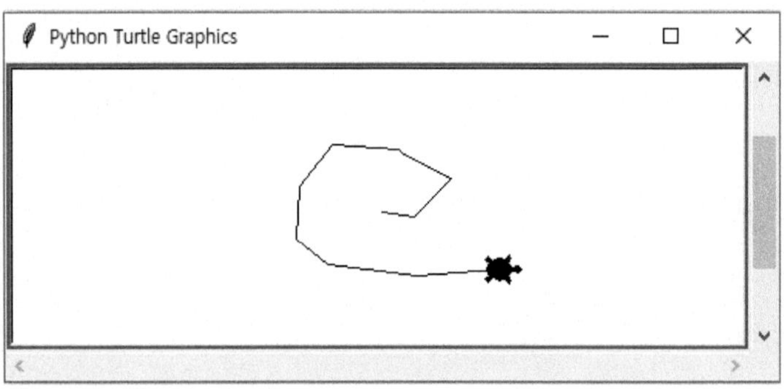

1~6행: turtle 모듈을 import하고 변수와 연결해 준다.

6행 : mousegoto(x, y) 함수로 거북이를 이동시키는 함수이다.

7행 : 거북이를 마우스가 클릭 되는 x 좌표, y 좌표로 이동시킨다.

9행 : onclick() 명령어는 마우스 클릭하는 x 좌표, y 좌표를 mousegoto() 함수에 보낸다.

11행: listen() 함수는 캔버스 윈도우에 속한 함수로 사용자의 키보드 입력을 받기 위하여 활성화하는 것이다.

12행: mainloop() 함수는 turtle 모듈에 속한 함수로, 항시 대기 상태에 있다가 마우스 클릭이 발생하면 거북이를 움직이게 하는 함수이다.

■ 거북이의 위치 확인

화면에서 거북이가 움직이고 멈추었을 때의 거북이 좌표를 알 수 있다. 거북이가 그림을 그리면 그림 화면에서 a 또는 A를 누르면 거북이 좌표값이 나타난다.

[예제 3.5.3] Python₩ch03₩03_05_03.py

```
01. import turtle
02. win = turtle.Screen()
03. t1 = turtle.Turtle()
04. t1.shape("turtle")
05.
06. # 거북이 이동
07. t1.forward(100)
08. t1.right(90)
09. t1.forward(50)
10.
11. #거북이의 x 값, y값 추출
12. def keyhandler():
13.   position = t1.pos()
14.   print("x = ", position[0])
15.   print("y = ", position[1])
16.
17. #거북이 움직이는 화면에서 키보드 a 또는 A를 누르면 좌표가 나타남.
18. win.onkey(keyhandler, 'a')
19. win.onkey(keyhandler, 'A')
20.
21. win.listen()
22. turtle.mainloop()
```

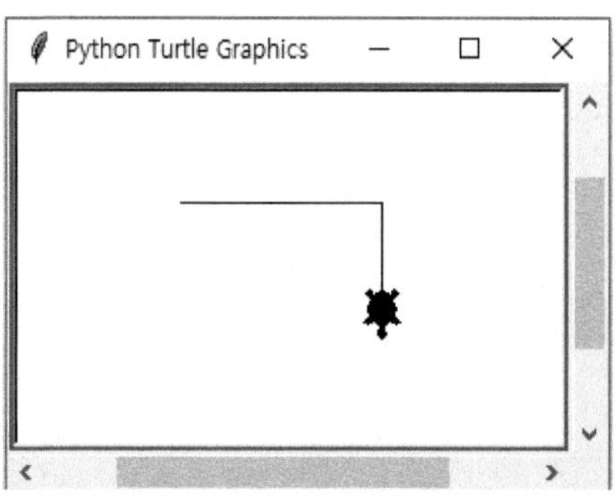

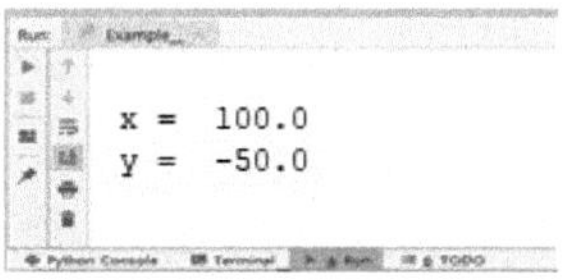

1~6행: turtle 모듈을 import하고 변수와 연결해 준다.

7행 : 거북이를 앞으로 100pixel 만큼 전진한다.

8행 : 거북이를 오른쪽(시계 방향)으로 90도만큼 머리를 돌린다.

9행 : 거북이를 앞으로 100pixel 만큼 전진한다.

12행: 함수 keyhandler()를 선언한다.

13행: pos() 함수는 거북이의 현재 좌표 위치를 position 변수에 넣는다.

14행: position[0]은 거북이의 x 좌표 위치이고, x 좌표값을 출력한다.

15행: position[1]은 거북이의 y 좌표 위치이고, y 좌표값을 출력한다.

18행: onkey()를 사용하여 키보드에서 'a'를 누르면 keyhandler() 함수를 호출한다.

19행: onkey()를 사용하여 키보드에서 'A'를 누르면 keyhandler() 함수를 호출한다.

21행: listen() 함수는 캔버스 윈도우에 속한 함수로 사용자의 키보드 입력을 받기 위하여 활성화하는 것이다.

22행: mainloop() 함수는 turtle 모듈에 속한 함수로, 항시 대기 상태에 있다가 마우스 클릭이 발생하면 거북이를 움직이게 하는 함수이다.

■ 거북이를 키보드 화살표로 움직이기

화면에서 거북이를 키보드 화살표로 움직이도록 한다. 거북이의 좌표 값을 읽고 거북이 위치에서 오른쪽, 왼쪽, 위, 아래로 움직이도록 한다.

[예제 3.5.4] Python₩ch03₩03_05_04.py

```
import turtle
win = turtle.Screen()
t1 = turtle.Turtle()
t1.shape("turtle")

def keyRight():
    position = t1.pos()
    t1.goto(position[0] + 30, position[1])

def keyLeft():
    position = t1.pos()
    t1.goto(position[0] - 30, position[1])

def keyDown():
    position = t1.pos()
    t1.goto(position[0], position[1] - 30)
```

```
17.
18. def keyUp():
19.     position = t1.pos()
20.     t1.goto(position[0], position[1] + 30)
21.
22. # 키보드 화살표
23. win.onkey(keyRight, 'Right')
24. win.onkey(keyLeft,  'Left')
25. win.onkey(keyUp,   'Up')
26. win.onkey(keyDown, 'Down')
27. win.listen()
28. turtle.mainloop()
```

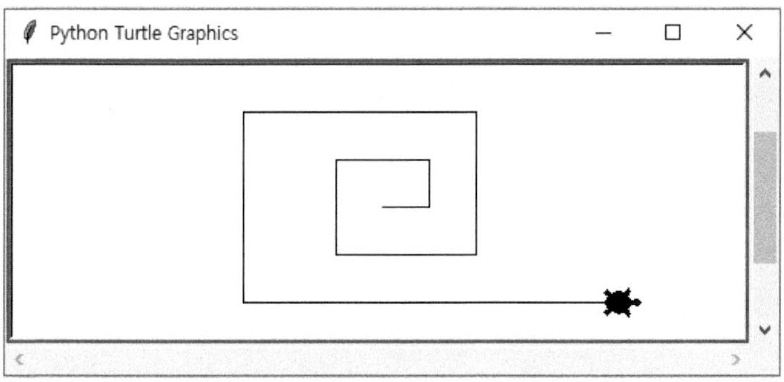

1~5행: turtle 모듈을 import하고 변수와 연결해 준다.

6행 : 함수 keyRight()를 선언한다.

7행 : pos() 함수는 거북이의 현재 좌표 위치를 position 변수에 넣는다.

8행 : goto()를 사용하여 거북이를 움직이는데 position[0]인 x 좌표에서 +30, position[1]인 y 좌표만큼 거북이를 움직인다.

10행: 함수 keyLeft()를 선언한다.

11행: pos() 함수는 거북이의 현재 좌표 위치를 position 변수에 넣는다.

12행: goto()를 사용하여 거북이를 움직이는데 position[0]인 x 좌표에서 –30, position[1]인 y 좌표만큼 거북이를 움직인다.

14행: 함수 keyDown()를 선언한다.

15행: pos() 함수는 거북이의 현재 좌표 위치를 position 변수에 넣는다.

16행: goto()를 사용하여 거북이를 움직이는데 position[0]인 x 좌표, position[1]인 y 좌표에서 –30 만큼 거북이를 움직인다.

18행: 함수 keyUp()를 선언한다.

19행: pos() 함수는 거북이의 현재 좌표 위치를 position 변수에 넣는다.

20행: goto()를 사용하여 거북이를 움직이는데 position[0]인 x 좌표, position[1]인 y 좌표에서 +30 만큼 거북이를 움직인다.

23행: onkey()를 사용하여 키보드에서 'Right'(오른쪽 방향키)를 누르면 keyRight() 함수를 호출한다.

24행: onkey()를 사용하여 키보드에서 'Left'(왼쪽 방향키)를 누르면 keyLeft() 함수를 호출한다.

25행: onkey()를 사용하여 키보드에서 'Up'(위쪽 방향키)를 누르면 keyUp() 함수를 호출한다.

26행: onkey()를 사용하여 키보드에서 'Down'(아래쪽 방향키)를 누르면 keyDown() 함수를 호출한다.

27행: listen() 함수는 캔버스 윈도우에 속한 함수로 사용자의 키보드 입력을 받기 위하여 활성화하는 것이다.

28행: mainloop() 함수는 turtle 모듈에 속한 함수로, 항시 대기 상태에 있다가 마우스 클릭이 발생하면 거북이를 움직이게 하는 함수이다.

응용문제

미로 그림을 만들고 거북이로 미로를 빠져나오는 프로그램을 만들어 본다. 거북이를 움직이는 명령어를 사용하거나, onclick() 또는 onkey()를 사용하여 미로를 빠져나오도록 한다. 붉은색은 함정이다. 나중에 추가 프로그램을 만들어 붉은색의 함정에 빠지면 거북이가 벌칙을 받는 프로그램으로 확장할 것이다.

1. 종이에 미로를 그린다.
2. 종이 그림과 같은 미로를 거북이로 그린다.
3. 완성된 미로를 maze2.gif 로 저장한다.
4. 완성한 maze2.gif 미로 그림을 불러온다.
5. 거북이를 goto() 함수를 사용하여 입구 쪽에 위치시킨다(왼쪽 위).
6. 거북이를 움직여 출구(오른쪽 아래)로 빠져나온다.

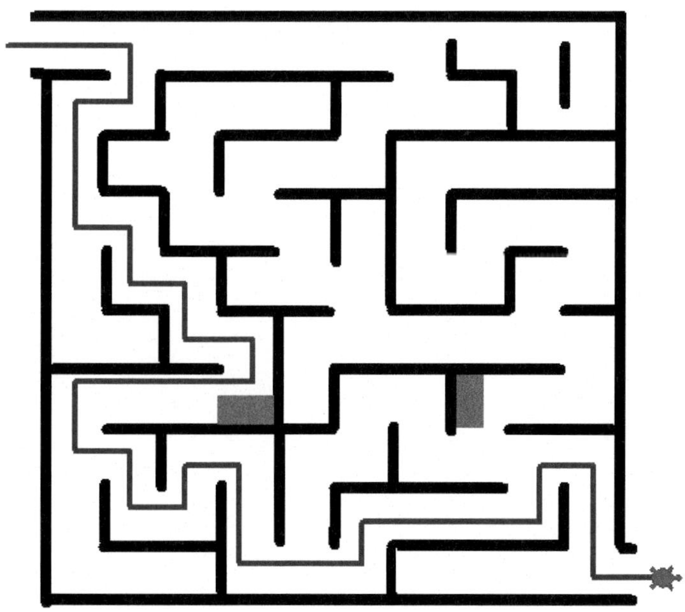

정리하기

3장에서는 파이썬에서 거북이를 사용하여 다양한 명령어로 그림과 도형 그리고 색을 넣어보았다. 그리고 함수를 사용하여서도 거북이로 미로를 탈출해 보았다.

이번 장에서 학습한 내용을 정리한다.

- 거북이를 사용하여 다양한 명령어를 활용하여 그림을 그려보았다. 거북이의 색깔을 변경해 보고, 앞, 뒤로 주어진 거리만큼 움직이며, 방향을 바꾸었다. 또한 거북이가 허공에 뜬 상태로 그림을 그리지 않고 움직여 위치를 바꾸고, 그림을 초기화하고 흥미 있는 글을 쓰도록 프로그래밍 해 보았다(명령어는 [표3-2] 참조).
- 거북이를 사용하여 다양한 도형을 그려보았다. "ㄱ", "ㄴ", "ㄷ", "ㄹ", "ㅁ", "ㅇ", "원", "삼각형", "별"을 프로그래밍하며 거북이의 움직이는 방향을 다양하게 한다.
- 거북이를 사용하여 그림에 색깔을 넣어보았다. "빨간색", "파란색", "초록색" 등 다양한 색을 넣어본다.
- 거북이의 현재 위치를 좌표값으로 알아보았다. 거북이의 현재 위치에서 상대거리로 거북이를 움직여 마우스 클릭 또는 키보드 방향키로 그림을 그려 본다.
- 미로 그림을 불러와서 거북이가 탈출하는 게임을 해보았다. 미로를 탈출하는 거북이는 마우스 클릭, 키보드 방향키 조정을 사용하였다.

연습문제

【 객관식 】

1. 거북이 모듈을 불러오는 코드로 알맞은 것을 고르시오. ( )

① import Turtle ② import math

③ import random ④ import turtle

2. 거북이를 100 pixel만큼 전진시키는 명령어로 알맞은 것을 모두 고르시오. ( )

① backward(100) ② forward(100)

③ bk(100) ④ fd(100)

3. 거북이를 처음 위치와 방향으로 움직이는 명령어로 알맞은 것을 고르시오. ( )

① home() ② exit()

③ onclick() ④ onkey()

4. 거북이가 그린 그림을 모두 지우는 명령어로 알맞은 것을 고르시오. ( )

① eraser() ② left()

③ clear() ④ right()

5. home()과 같은 명령어로 알맞은 것을 고르시오. ( )

① clear() ② goto(0, 0)

③ reset() ④ onkey()

【 단답형 】

6. 거북이의 모양을 변경하려 할 때 사용하는 명령어는 무엇인가?

7. 거북이를 움직일 때 그림이 그려지지 않도록 하는 명령어는 무엇인가?

8. 거북이가 그린 그림을 모두 지우고, 최초의 위치로 옮겨놓는 명령어는 무엇인가?

9. 거북이가 말을 하게 하는 명령어는 무엇인가?

10. 거북이가 움직이는 속도를 빠르게 하려는 명령어는 무엇인가?

【 주관식 】

11. 거북이로 별을 그려본다. (힌트: 각도 144도)

12. 거북이의 색깔을 자신이 좋아하는 색으로 바꾸고, 거북이가 그리는 선의 두께도 두껍게 해본다.

13. 거북이가 크기가 다른 두 개 원을 그리고 색을 칠해 본다.

14. 거북이로 6각형을 그려본다.

15. 거북이를 움직여 반지름이 100인 원을 그리고, 이를 조합하여 오륜기를 그린다.

CHAPTER

04

자료형 및 변수

학습목표

- 파이썬에서 사용하는 자료의 종류에 대해 설명할 수 있다.
- 변수를 만들고 값을 대입할 수 있다.
- 사용자로부터 입력을 받아들여 데이터를 저장할 수 있다.
- 간단한 채팅 로봇을 만들 수 있다.
- 변수를 이용하여 거북이를 프로그래밍 할 수 있다.

4 _ 자료형 및 변수에 대한 이해

본 장에서는 파이썬 프로그램에서 사용되는 자료형 및 변수에 대한 이해를 위해 자료의 종류를 알아본다. 그리고 변수를 만들어 값을 대입 해 보고, 사용자로부터 값을 입력받아 그 값을 저장해 본다.

4.1 자료의 종류

파이썬 프로그램에서 사용할 수 있는 자료형은 크게 3가지가 있다. 문자 자료형, 숫자 자료형, 리스트형이다. 자료형의 타입은 [표 4-1]과 같다.

[표 4-1] 자료형 타입

자료형		타입	예
문자열		string	"Hello Python!", "12345"
숫자	정수	int	..., -1, 0, 1, 2, ...
	실수	float	-10.01, 3.14
리스트		list	[1,2,3,4], ["국어","수학"]

■ 문자열 자료형

문자열 자료형(string)은 문자 혹은 문자열을 표현하는 자료형이다. 큰 따옴표(" ") 혹은 작은 따옴표(' ')를 사용[1]하여 표현한다.

[예제 4.1.1] Python₩ch04₩04_01_01.py

```
print( "파이썬"+'프로그래밍' )
print( "Hello"* 5 )      #Hello가 5번 출력됨
```

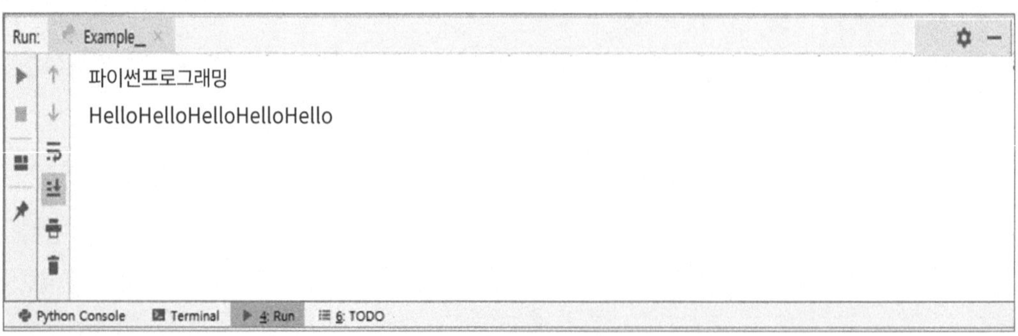

1 print("Hello')와 같이 큰 따옴표와 작은따옴표를 혼용하여 사용하면 에러가 난다.

1행: '+' 연산자는 텍스트와 텍스트를 연결한다.

2행: '*' 연산자는 텍스트를 반복하여 출력한다. Hello가 5번 반복되었다.

■ 정수 자료형

정수형(int)은 소수점이 없는 숫자를 표현하는 자료형이며, 산술 연산자를 이용하여 산술 연산이 가능하다.

[예제 4.1.2] Python₩ch04₩04_01_02.py

```
01. print( 3 )
02. print( 1 + 2 )
```

1행: 정수 3이 출력된다.

2행: 정수 1과 2는 "+" 연산자에 의해 더해져 정수 3이 출력된다.

■ 실수 자료형

실수형(float)은 소수점이 있는 숫자를 표현하는 자료형이며, 산술 연산자를 이용하여 산술 연산이 가능하다.

[예제 4.1.3] Python₩ch04₩04_01_03.py

```
01. print( 3.14 )
02. print( 1.14 + 2.0 )
03. print( 3 + 0.14 )
```

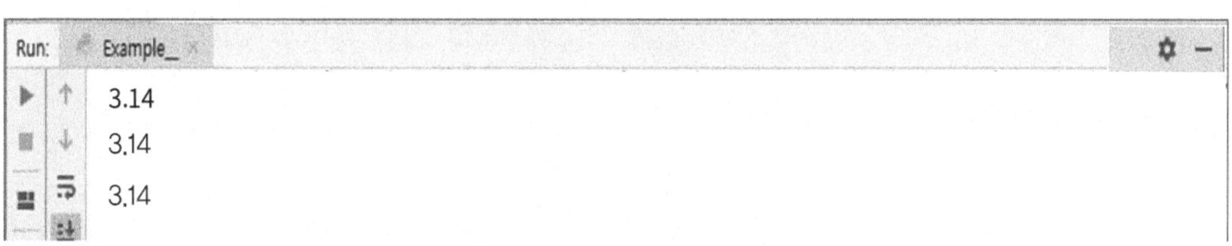

1행: 실수 3.14가 출력된다.

2행: 실수 1.14와 2.0은 "+" 연산자에 의해 더해져 실수 3.14가 출력된다.

3행: 정수 3과 실수 0.14의 연산의 결과는 3.14로 실수가 출력된다.

■ 리스트 자료형

리스트 자료형(list)은 대괄호[]로 묶어서 표현하며, 문자열, 정수, 실수, 리스트 등 모든 자료형이 들어갈 수 있다. 리스트는 순서가 있고, 인덱스, 슬라이싱, 변경(삽입, 삭제, 정렬)이 가능하다. 이 장에서는 기본 사항만 다루고 자세한 사항은 9장에서 다룬다.

[예제 4.1.4] Python₩ch04₩04_01_04.py

```
01. print( ["국어", "영어", "수학"] )
02. print( [1,"호랑이", 3.14] )
03. print( [5+5, 3.14*10] )
04. print( ["호랑이"*3, "아기"+"다람쥐"] )
```

1행: 문자열 리스트는 ["국어","영어","수학"] 과 같이 그대로 출력된다.

2행: 리스트의 각 요소는 다양한 자료형이 들어간다.

3행: 리스트 각 요소는 연산식에서 계산되어진 값이 들어간다.

4행: 리스트 각 요소는 문자열의 '+' 연산과, '*' 연산이 가능하다.

■ 자료형 변환

파이썬에는 기본으로 제공하는 내장함수[2] 중에서 자료형끼리 변환할 수 있는 내장 함수가 있다. 대표적으로 str(), int(), float(), list() 이며, str()은 데이터를 문자열로 변환해 주며, int()는 정수형으로, float()는 실수형으로, list()는 리스트형으로 변환해 주는 함수이다. 다음 코드에서 확인해 본다.

2 파이썬에서 자주 사용되는 함수를 내장함수(Built-in function)라는 이름으로 기본적으로 제공한다.

[예제 4.1.5] Python₩ch04₩04_01_05.py

```
01. print( int(3.14) )
02. print( float(3) )
03. print( str(3.0) )
04. print( list('3.0') )
```

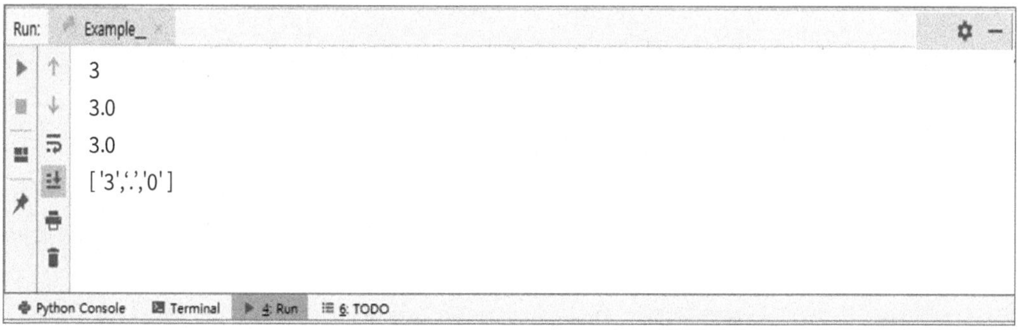

1행: 실수 3.14는 int()에 의해 정수 3으로 변환된다.

2행: 정수 3은 float()에 의해 실수 3.14로 변환된다.

3행: 실수 3.0은 str()에 의해 문자열 '3.0'으로 변환된다.

4행: 문자열'3.0'은 list()에 의해 리스트 ['3', '.' , '0']으로 변환된다.

4.2 변수 만들기

■ 변수란?

컴퓨터가 데이터의 입출력 및 처리를 위해 데이터의 값을 담고 있는 공간이 있다. 프로그래밍에서는 그 공간을 구별하기 위해 이름을 붙여 사용하는데, 이것을 변수(variable)라 한다.

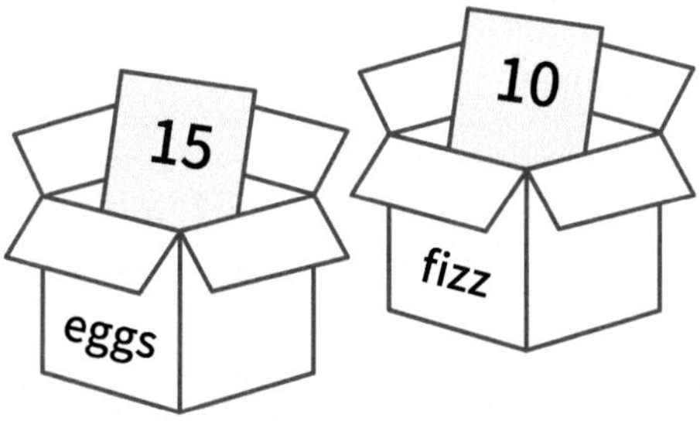

[그림 4-1] 변수

어떤 변수에 값을 넣는 것은 [그림 4-1]와 같이 eggs라는 이름의 상자에 정수 값 15를, fizz라는 상자에 정수 값 10을 담는 것과 같다.

■ 변수명 만들기 규칙

파이썬에서 변수 혹은 함수 등의 이름을 만들 때(naming)는 아래 [표 4-2]에 있는 규칙을 따라야 한다. 이 이름을 식별자(identifier)라고 한다.

[표 4-2] 식별자 규칙

규칙
▪ 영문자(대문자, 소문자), 숫자(0~9), 밑줄문자('_')으로만 이루어진 조합
▪ 단어의 맨 앞에 숫자 사용 불가, 숫자만 사용 불가
▪ 밑줄문자('_')를 제외한 특수문자 사용 불가
▪ 단어의 중간에 공백 사용 불가
▪ 파이썬 프로그래밍 언어에서 미리 정의된 예약어 사용 불가

- 식별자 이름을 정할 때에는 변수 혹은 함수가 사용되는 목적에 따라 의미 있는 이름을 정해서 코드를 볼 때 직관적으로 이해할 수 있도록 한다.
- 여러 단어가 함께 포함된 경우에는 가독성을 높이기 위해서 단어 사이에 밑줄'_'을 이용하거나 연결되는 단어의 첫 글자를 대문자로 표기[3]하여 가독성을 높인다.
- 파이썬의 식별자 명

식별자 명		
적합 식별자	**부적합 식별자**	**부적합한 이유**
Sum_10	2score	숫자가 변수명의 맨 처음에 나옴
_test	id#	'_'이외의 특수문자 '#'이 들어감
sum	test code	변수명의 중간에 공백문자가 들어감
code3data	3	숫자만으로 이루어짐
Name	if	예약어를 사용함

3 count와 Apple 두 단어를 결합하여 이름을 만드는 경우 countApple와 같이 결합되는 단어의 첫 단어를 대문자로 표시하는 것을 말하며, 이 모양이 낙타등과 비슷하다고 하여 카멜(Camel) 표기법이라 한다.

- 파이썬의 예약어

예약어		
True	if	from
False	else	import
None	elif	with
not	for	try
and	while	finally
or	def	continue
break	return	yield

4.3 변수에 값 대입하기

■ 변수 값 대입

변수를 생성하는 식은 아래와 같다. 왼쪽에 변수명이, 가운데에는 '=' 할당연산자[4]가, 그리고 오른쪽에는 변수에 들어갈 값을 적어 표현한다.

변수명 = 값

예) eggs = 15, fizz = 10

위의 예)에서 첫 번째는 정수값 15를 eggs라는 이름의 변수에 대입하였고, 두 번째는 정수값 15는 fizz 라는 변수에 대입하였다. 변수에 대입할 수 있는 값은 파이썬에서 사용하는 모든 자료형이 가능하다. 아래의 소스를 코딩하여 확인해 보자.

[예제 4.3.1] Python₩ch04₩04_03_01.py

```
x = 3
x = 10
y = 3.14
z = "국어"
list = ["호랑이"*3, "아기"+"다람쥐", 3*4 ]
print( x, y, z, list )
```

4 파이썬에서 '='는 할당연산자로 수학에서 사용하는 '='와는 다른 뜻이다. 할당연산자는 연산자 오른쪽의 값을 왼쪽의 변수에 넣는다는 의미이며, 수학에서 '='와 같은 의미의 연산자는 '==' 이다.

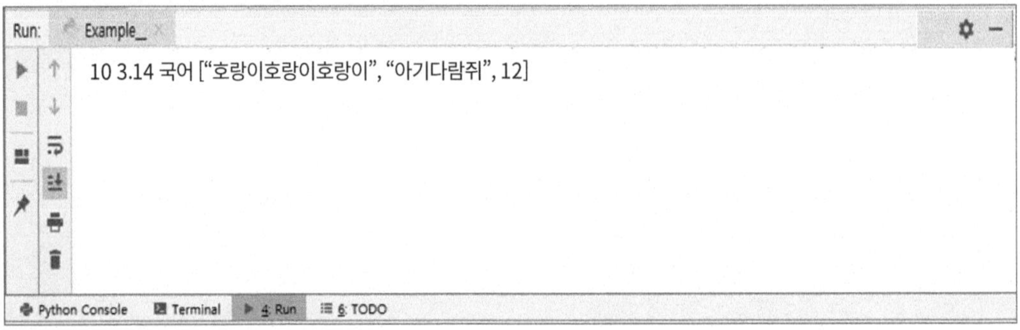

1행: x라는 변수는 정수 값 3을 갖는다.

2행: x라는 변수는 정수 값 10을 갖는다. 마지막에 들어온 값이 할당된다.

3행: y라는 변수는 실수 값 3.14를 갖는다.

4행: z라는 변수는 문자열 값 "국어"를 갖는다.

5행: list라는 변수는 리스트 값 중 첫 번째 "호랑이"*3 은 "호랑이"를 3번 반복한 값을 의미하고, 두 번째 "아기"+"다람쥐"는 문자열을 연결한 값 "아기다람쥐"를 의미하며, 세 번째 3*4는 정수를 연산한 값 12를 의미한다.

6행: 변수를 나열하면 각각의 변수 값이 출력되는 것을 확인할 수 있다.

■ print() 옵션(두 문장을 연결하여 가로로 출력)

end=""는 print() 출력 후 문장의 마지막에 출력되는 문자를 지정하며 "" 안에 지정된 문자가 출력된다.

[예제 4.3.2] Python₩ch04₩04_03_02.py

```
subject = "국어"
score = 90
print( "제일 좋아하는 과목은", subject , "입니다.", end=" 그리고 " )
print( "나의", subject, "점수는", score, "입니다." )
```

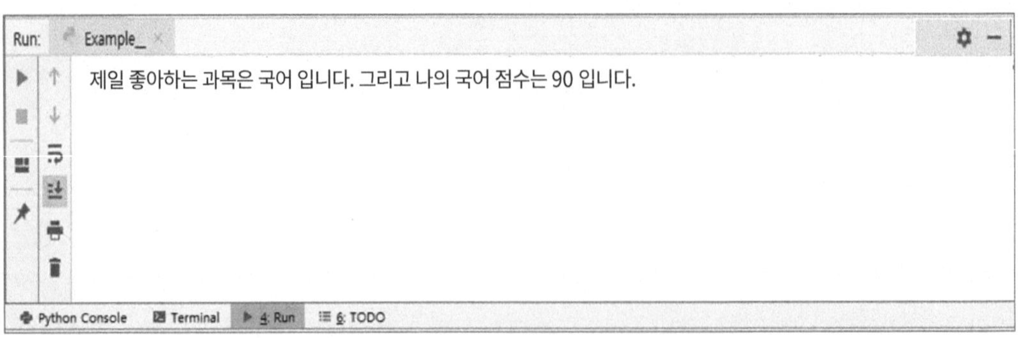

3행: end=""는 3행을 출력한 후, end=""안의 문자열 ' 그리고 '를 출력한다. 그리고 결과와 같이 4행을 가로로 연결하여 출력한다.

■ print() 옵션(여러 항목 출력 1)

print()에서 "" 안의 %s(문자열), %d(정수)는 "" 밖의 %변수의 값으로 대입된다.

[예제 4.3.3] Python₩ch04₩04_03_03.py

```
01. subject = "국어"
02. score = 90
03. print( "제일 좋아하는 과목은 %s 입니다." %subject )
04. print( "나의 %s 점수는 %d 점 입니다." % (subject, score) )
```

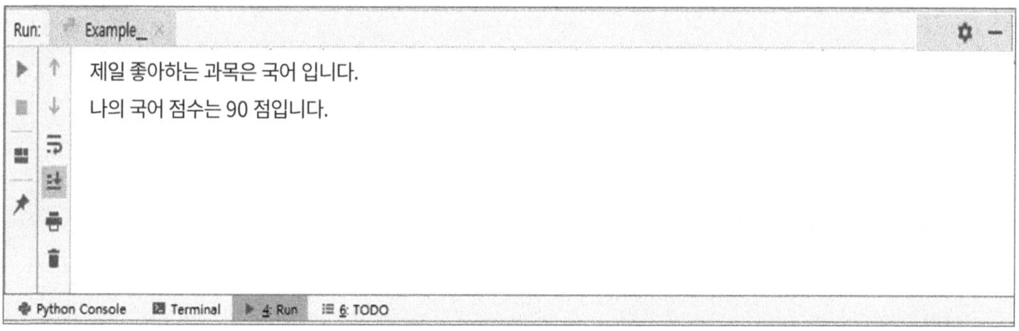

3행: print()에서 따옴표("")안의 %s는 따옴표("")밖 % 다음의 변수 subject의 문자열 값 "국어"로 대입되어 출력된다.

4행: print()에서 따옴표("")안의 %s가 여러 항목인 경우는 따옴표("") 다음에 % (subject, score)안의 변수에 값이 순서대로 대입된다. %s는 변수값이 문자열인 경우 사용하며 %d는 변수값이 숫자형인 경우 사용한다.

■ print() 옵션(여러 항목 출력 2)

print()에서 "" 안의 {}는 "" 밖의 .format(변수)의 값으로 대입된다.

[예제 4.3.4] Python₩ch04₩04_03_04.py

```
01. subject = "국어"
02. score = 90
03. print( "제일 좋아하는 과목은 {0} 입니다.".format(subject) )
04. print( "나의 {0} 점수는 {1} 점 입니다.".format(subject, score) )
```

3행: print()에서 따옴표("")안에 %s 이외에 {}를 사용할 수 있다. 문자열 따옴표("")밖에 .format()에 변수명을 적어야 한다.

4행: print()에서 따옴표("")안에 {}가 여러 항목인 경우 대입되는 변수만큼 0[5]부터 순서대로 붙인다. 문자열 따옴표("") 다음에는 .format(subject, score)안의 변수에 값이 순서대로 대입된다.

■ 거북이 프로그램에서 문자 출력하기

파이썬 기본 프로그램에서 문자를 출력하기 위해서 print()를 사용한다. 거북이 프로그램에서는 문자를 출력하기 위해서 write()를 사용한다. write()에서 ""의 안의 문자를 화면에 그대로 출력한다.

[예제 4.3.5] Python₩ch04₩04_03_05.py

```
01. import turtle
02. t = turtle.Turtle()
03. t.write( "안녕하세요. 저는 거북이 프로그램입니다." )
04. turtle.done()
```

3행: 거북이 프로그램에서 write()는 (" ") 안의 문자열을 출력한다.

4행: 거북이 프로그래밍 실행 후 멈추는 역할을 한다.

4.4 사용자로부터 입력받은 값 저장하기

데이터를 입력받고, 입력받은 데이터를 처리하여 출력하는 것이 컴퓨터의 기본 처리 구조이다. 이때 데이터를 입력받는 방법 중에 사용자가 직접 입력하여 입력받는 방법에 대하여 알아보자.

---

5 우리는 숫자를 표현할 때 1부터 시작하지만, 컴퓨터는 숫자를 인식할 때 0부터 시작한다.

■ 입력문을 이용하여 사용자 입력받기

input()에서 “”안에 입력할 대상에 대한 안내 메시지를 적어 넣는다. 입력되는 문자는 모두 문자열로 인식된다.

[예제 4.4.1] Python₩ch04₩04_04_01.py

```
01. number = input( "숫자를 입력하세요 :" )
02. print(number)
```

결과1

결과2

1행: input() 안의 “”는 사용자에게 입력받기 위한 안내 메시지를 적는다.

실행하면 결과1과 같이 메시지가 보이고 커서가 깜빡이며 사용자의 입력을 기다린다.

사용자가 3을 입력 후 엔터를 치면 number 변수에 문자 값 ‘3’이 저장된다.

2행: number 변수 값이 출력된다.

■ 입력받은 값 숫자로 변환하기

입력받은 값은 문자열로 저장이 된다. 입력받은 값으로 연산하기 위해서는 정수나 실수로 형 변환을 해야 한다. int()는 문자열을 정수로, float()는 문자열을 실수로 변환해 준다.

[예제 4.4.2] Python₩ch04₩04_04_02.py

```
number = input( "숫자를 입력하세요 :" )
print( "정수값 = ", int(number)*3, "실수값 = ", float(number)*3 )
```

1행: input()을 통해 입력된 값은 number 변수에 문자열로 저장된다.

2행: number의 값은 int()로 정수 값으로 변환되고, float()로 실수 값으로 변환된다.

■ 거북이 프로그램에서 사용자 입력받기

거북이 프로그램에서 사용자에게 입력받기 위해서는 turtle.textinput()을 사용한다.

입력창이 뜨며, 입력창의 이름을 변경할 수 있고, 안내 메시지를 넣을 수 있다.

[예제 4.4.3] Python₩ch04₩04_04_03.py

```
01. import turtle
02. turtle.textinput( "inputBox", "정수를 입력하세요 : " )
03. turtle.done()
```

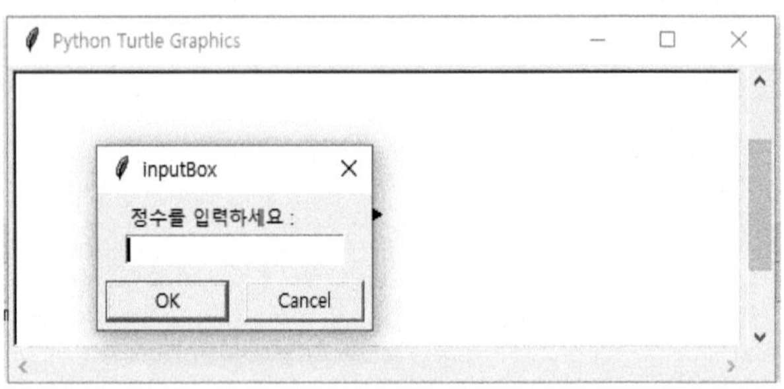

1행: 거북이 프로그램을 이용하기 위해 turtle 모듈을 import 한다.

2행: turtle 모듈의 textinput()을 이용해 사용자 입력을 받는다. 첫 번째 따옴표("")에는 입력창의 이름을 넣고, 두 번째 따옴표("")에는 사용자에게 입력받기 위한 안내 메시지를 적는다. 실행시키면 결과와 같이 'inputBox'라는 이름의 입력창이 뜨며 사용자가 입력할 수 있는 칸 위에 "정수를 입력하세요 : "라는 메시지가 나타난다.

■ 입력받은 값 사용하기

거북이 프로그램에서 사용자의 입력 값을 받고, 그 값에 따라 다른 모양의 도형을 그리는 프로그램을 작성한다.

[예제 4.4.4] Python₩ch04₩04_04_04.py

```
import turtle
t = turtle.Turtle()
shape=turtle.textinput( "inputBox", "도형을 선택하세요\n 1.삼각형 2.원" )
if shape=="1":          #shape가 문자 "1"과 같다면
    t.forward(100)      #삼각형 그리기
    t.right(120)
    t.forward(100)
    t.right(120)
    t.forward(100)
    t.right(120)
if shape=="2":          #shape가 문자 "2"와 같다면
    t.circle(100)       #원 그리기
turtle.done()
```

결과1

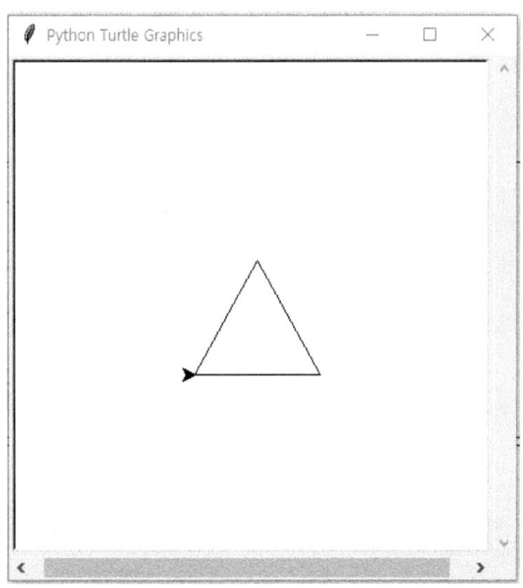

결과2

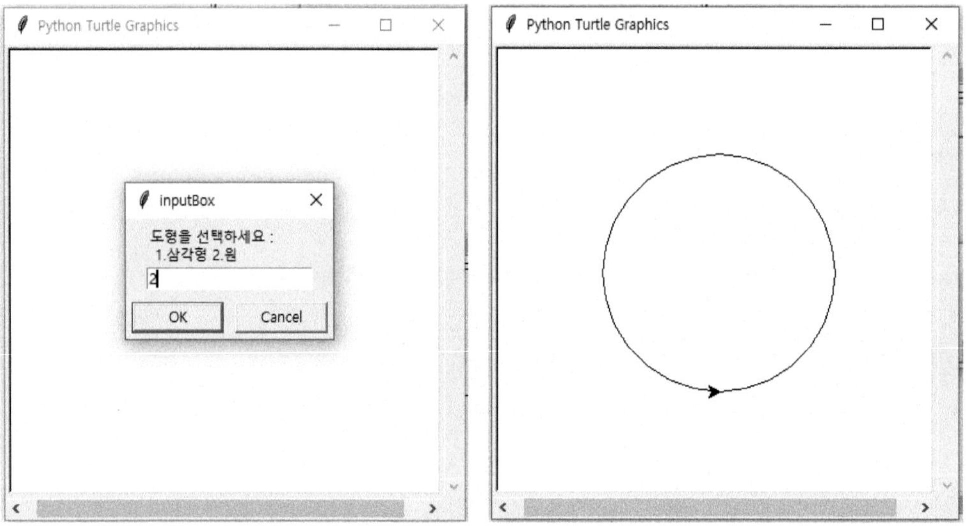

3행: 사용자에게 선택한 입력 값을 shape 변수에 저장한다.

4행: if는 조건문[6]으로 shape가 "1"과 같다면 5~10행을 실행한다는 의미이다. shape에 저장한 값은 입력 받은 후 문자형으로 저장되었다. shape 값을 비교할 때 문자 "1"로 표기해 주어야 한다. shape값이 "1"인 경우 결과1과 같은 삼각형을 그린다.

11행: shape가 "2"와 같다면 12행을 실행한다는 의미이다. shape 값을 비교할 때 문자 "2"로 표기해 주어야 한다. shape값이 "2"인 경우 결과2와 같은 원을 그린다.

4.5 간단한 채팅 로봇 만들기

사용자 입력 값과 변수를 활용하여 세 가지 간단한 채팅 로봇을 만들어 본다.

■ 채팅 로봇 알고리즘[7]

인사하는 채팅

- 입력문을 이용해 이름을 물어본다.
- 입력받은 이름을 변수 name에 저장한다.
- 이름이 저장된 변수 name을 활용하여 인사문구를 출력한다.

---

6 if문은 조건이 만족할 경우 해당 문장을 실행하는 조건문이다. 조건문의 자세한 사항은 6장에서 다룬다.

7 알고리즘은 어떤 문제를 해결하기 위한 일련의 절차나 순서를 나타낸다.

날씨를 알려주는 채팅 로봇

- 입력문을 이용해 날씨를 알고 싶은 날짜를 입력한다.
- 입력받은 지역을 변수 day에 저장한다.
- 입력문을 이용해 날씨를 알고 싶은 도시를 입력한다.
- 입력받은 지역을 변수 city에 저장한다.
- day와 city를 활용해 날씨를 알려주는 문장을 출력한다.

로봇 기자 만들기

- 입력문을 이용해 이긴 팀 이름을 물어본다.
- 입력받은 이긴 팀 이름을 변수 winner에 저장한다.
- 입력문을 이용해 진 팀 이름을 물어본다.
- 입력받은 진 팀 이름을 변수 loser에 저장한다.
- 입력문을 이용해 우수선수 이름을 물어본다.
- 입력받은 우수선수 이름을 변수 vip에 저장한다.
- 입력문을 이용해 스코어를 물어본다.
- 입력받은 스코어를 변수 score에 저장한다.
- 입력받은 변수들(stadium, winner, loser, vip, score)를 이용해 기사 내용을 출력한다.

숫자 맞추기 게임하는 로봇

- 변수 number에 맞출 숫자를 저장한다.
- 입력문을 이용해 숫자를 물어본다.
- 입력받은 숫자를 변수 guess에 정수형으로 저장한다.
- 변수 number와 변수 guess가 같으면 "정답!", 아니면 "오답!"을 출력한다.

■ 채팅 로봇 만들기

인사하는 채팅 로봇

사용자의 이름을 입력받고, 입력받은 이름을 변수에 저장하여, 로봇이 "안녕하세요? OOO님" "저는 채팅로봇 챗봇이라고 합니다."라는 문구를 출력한다.

[예제 4.5.1] Python₩ch04₩04_05_01.py

```
01. name = input( "이름을 입력하세요 :" )
02. print( "안녕하세요?", name, "님")
03. print( "저는 채팅로봇 챗봇이라고 합니다.")
```

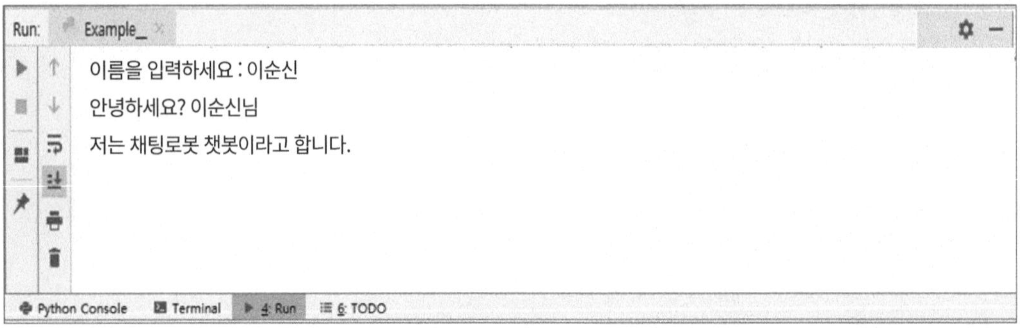

1행: 입력 문을 이용해 이름을 입력받고, 변수 name에 저장한다.

2행: name의 입력 값을 이용해 인사하는 문구를 출력한다.

3행: 챗봇이 소개하는 문구를 출력한다.

날씨를 알려주는 채팅 로봇

날씨 알림 문구를 출력한 후 날씨를 알고 싶은 날짜와 도시를 입력받아 각각 변수 day, city에 저장한 후 변수를 이용하여 날씨를 출력한다.

[예제 4.5.2] Python₩ch04₩04_05_02.py

```
print( "********* 날씨를 알려드립니다 *********")
day = input( "날씨를 알고 싶은 날짜를 입력하세요 :" )
city = input( "날씨를 알고 싶은 도시를 입력하세요 :" )
print( day,city,"은 구름이 많이 끼며, 최고 영상17도, 최저 영상8도입니다" )
print( "일교차가 심하니 감기 걸리지 않도록 조심하세요!" )
```

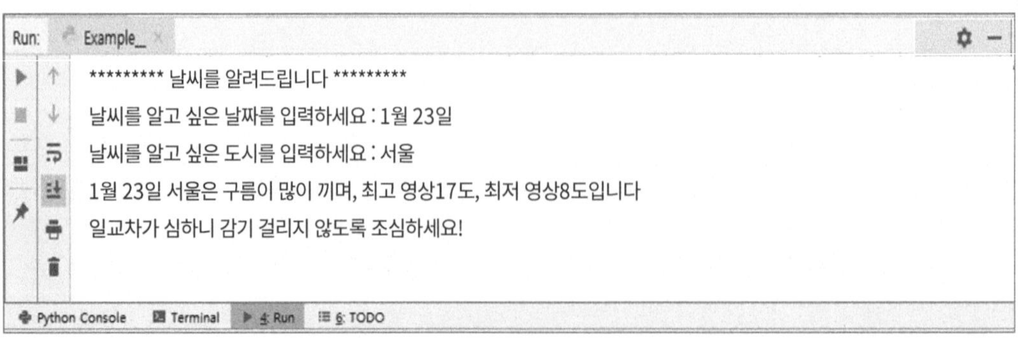

2행: 변수 day에 날짜를 입력받아 저장한다.

3행: 변수 city에 도시명을 입력받아 저장한다.

4행: 변수 day와 city의 입력 값을 이용해 인사하는 문구를 출력한다.

축구경기 기사를 만드는 로봇 기자 만들기

이긴 팀과 진 팀, 최고의 선수, 스코어를 입력받고 각각 변수 winner, loser, vip, score에 저장 후 입력받은 데이터를 활용하여 축구경기 기사를 만든다.

[예제 4.5.3] Python₩ch04₩04_05_03.py

```
01. winner = input("이긴 팀이 어디입니까?")
02. loser = input("진 팀이 어디입니까?")
03. vip = input("최고로 활약한 선수 이름은 무엇입니까?")
04. score = input("스코어는 몇 대 몇입니까?")
05. print( "어제 축구경기를 말씀드리겠습니다. 잉글랜드 프리미어리그에서" )
06. print( winner,"와 ", loser,"의 축구경기가 있었습니다." )
07. print( vip,"의 큰 활약으로 ",winner, "이 승리 하였습니다" )
08. print( "스코어는 ", score, "이었습니다.")
```

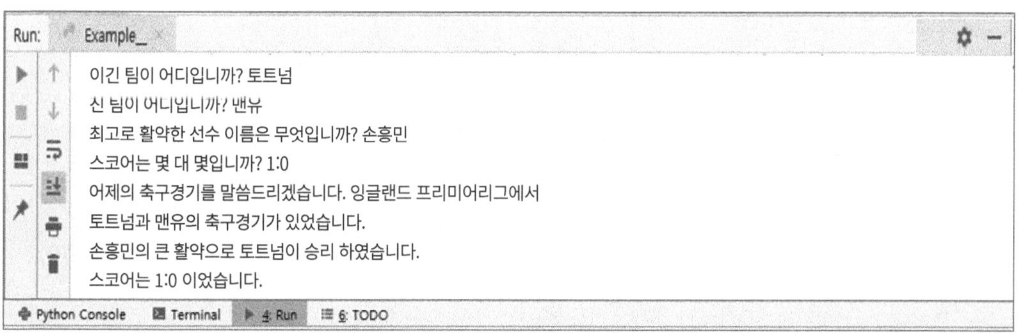

1행: 변수 winner에 이긴 팀의 이름를 입력받아 저장한다.

2행: 변수 loser에 진 팀의 이름을 입력받아 저장한다.

3행: 변수 vip에 우수선수 이름을 입력받아 저장한다.

4행: 변수 score에 스코어를 입력받아 저장한다.

6~9행 : 변수 winner, loser, vip, score를 이용해 축구경기 기사를 출력한다.

숫자 맞추기 게임하는 로봇

number 변수에 숫자를 저장한 후 사용자에게 숫자를 입력받아 guess에 저장한다. 두 숫자를 비교하여 같으면 "정답!" 다르면 "오답!"을 출력한다.

[예제 4.5.4] Python₩ch04₩04_05_04.py

```
01. number = 15
02. guess = int( input( "숫자를 맞춰보세요 :" ) )
03. if number == guess:
04.     print("정답!")
05. else:
06.     print("오답!")
```

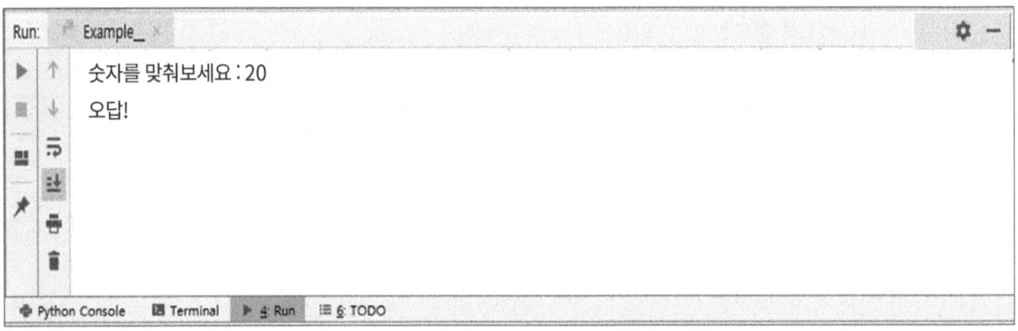

1행: 변수 number에 맞출 숫자를 저장한다.

2행: 입력 문을 이용해 숫자를 입력받고, int()를 이용해 정수형으로 변환 시킨 후 변수 guess에 저장한다.

3행: 변수 number의 값과 guess의 값이 같은지 비교하여 같으면 "정답!"을 아니면 "오답!"을 출력한다.

4.6 변수를 이용한 거북이 프로그래밍

■ 사용자 입력 값을 이용하여 거북이 프로그램으로 그림 그리기

거북이 프로그램을 이용하여 사용자에게 입력받은 데이터를 활용하여 도형을 그리는 프로그램을 작성한다.

선의 두께를 사용자에게 입력받아 삼각형 그리기

거북이 프로그램을 이용하여 사용자에게 선의 두께를 입력받아 다음과 같은 모양의 삼각형을 그려본다.

[예제 4.6.1] Python₩ch04₩04_06_01.py

```
import turtle
t = turtle.Turtle()
t.shape("turtle")
n = int( turtle.textinput("", "펜 두께를 정하세요: (1-30)" ) )
t.pensize(n)
t.forward(100)          #삼각형 그리기
t.left(120)
t.forward(100)
t.left(120)
t.forward(100)
t.left(120)
t.left(120)             #거북이 왼쪽으로 120 회전
t.forward(100)          #삼각형 그리기
t.left(120)
t.forward(100)
t.left(120)
t.forward(100)
t.left(120)
t.left(120)             #거북이 왼쪽으로 120 돌리기
t.forward(100)          #삼각형 그리기
t.left(120)
t.forward(100)
t.left(120)
t.forward(100)
t.left(120)
turtle.done()
```

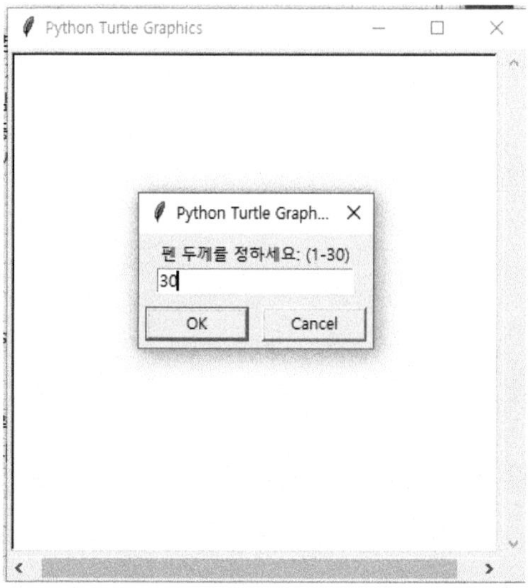

4행 : 사용자로부터 펜 두께에 사용될 1부터 30까지의 숫자 중 하나를 입력받아 int()를 이용해 정수형으로 변환시키고 변수 n에 저장한다.

5행 : 펜 두께를 사용자에게 입력받은 값으로 설정한다.

6~11행 : 삼각형을 그린다.

12행 : 거북이를 왼쪽으로 120도 회전한다.

13~18행 : 삼각형을 그린다.

19행 : 거북이를 왼쪽으로 120도 회전한다.

20~25행 : 삼각형을 그린다.

실행하면 결과와 같은 그림이 그려진다.

도형의 색깔을 사용자에게 입력받아 집 그리기

거북이 프로그램을 이용하여 지붕의 색깔과 벽돌의 색깔을 입력받아 다음과 같은 모양의 집을 그려본다.

[예제 4.6.2] Python₩ch04₩04_06_02.py

```
import turtle
t = turtle.Turtle()
t.shape("turtle")
top = turtle.textinput("", "지붕의 색깔을 정하세요 :")
body = turtle.textinput("", "벽돌의 색깔을 정하세요 :")
t.fillcolor(top)  #지붕 채우기 색상 설정
t.begin_fill()
t.forward(100)    #삼각형 그리기
t.left(120)
t.forward(100)
t.left(120)
t.forward(100)
t.left(120)
t.end_fill()
t.right(90)       #거북이 오른쪽으로 90도 회전
t.fillcolor(body) #벽돌 채우기 색상 설정
t.begin_fill()
t.forward(100)    #사각형 그리기
t.left(90)
t.forward(100)
```

```
21. t.left(90)
22. t.forward(100)
23. t.left(90)
24. t.forward(100)
25. t.left(90)
26. t.end_fill()
27. turtle.done()
```

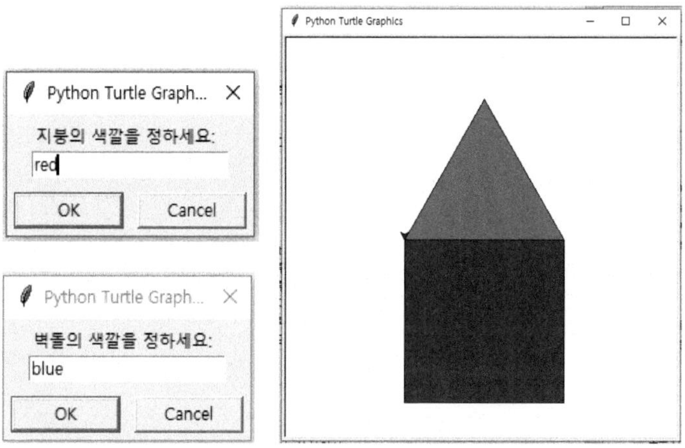

4행 : 사용자로부터 집의 지붕에 색칠할 색깔을 입력받아 변수 top에 저장한다.

5행 : 사용자로부터 집의 벽돌에 색칠할 색깔을 입력받아 변수 body에 저장한다.

6행 : 지붕에 칠할 색상을 top 변수로 설정한다.

7~14행 : 지붕을 그리고 색칠한다.

15행 : 거북이를 오른쪽으로 90도 회전한다.

16행 : 집의 벽돌에 칠할 색상을 body 변수로 설정한다.

17~26행 : 집의 몸체를 그리고 색칠한다.

실행하면 결과와 같은 그림이 그려진다.

각도를 입력받아 회전하며 원 그리기

거북이 프로그램을 이용하여 원 하나를 그리고 오른쪽으로 회전하며 10개의 원을 그려본다. 이때 사용자에게 회전하는 각도를 입력받는다.

[예제 4.6.3] Python₩ch04₩04_06_03.py

```
import turtle
t = turtle.Turtle()
t.shape("turtle")
angle = int( turtle.textinput("", "각도를 정하세요 : ") )
t.circle(100)            #원 그리기
t.right(angle)           #오른쪽으로 angle 각도만큼 회전
t.circle(100)
t.right(angle)
t.circle(100)
t.right(angle)
t.circle(100)
t.right(angle)
t.circle(100)
t.right(angle)
t.circle(100)
t.right(angle)
t.circle(100)
t.right(angle)
t.circle(100)
t.right(angle)
t.circle(100)
t.right(angle)
t.circle(100)            #원 그리기
turtle.done()
```

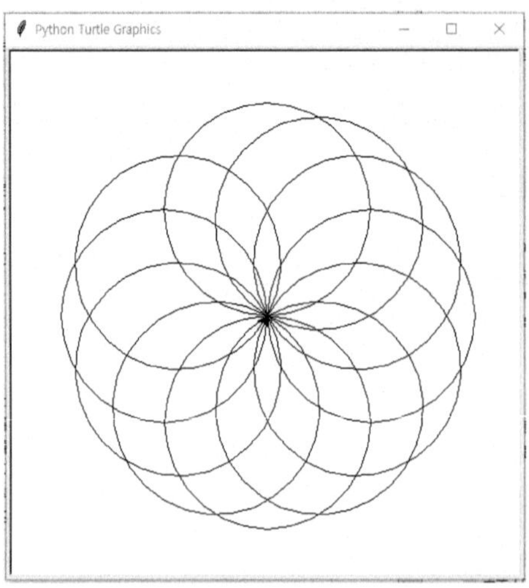

4행 : 각도를 입력받아 int()를 이용해 정수값으로 변환시키고 angle에 저장한다.

5행 : 원을 그린다

6행 : angle 각도만큼 거북이를 오른쪽으로 회전한다.

7~23행 : 원그리기와 거북이 angle 만큼 오른쪽으로 돌리기를 9회 반복한다.

실행하면 결과와 같이 그림이 그려진다.

크기를 입력받아 별 그리기

거북이 프로그램을 이용하여 별을 3개 그린다. 첫 번째 별의 크기를 size 변수에 입력 받아, 20pixel 씩 증가하여 그린다. 별의 위치는 (−100,100), (−100+size, 100+size), (−100+size+size, −100+size+size) 이다.

[예제 4.6.4] Python₩ch04₩04_06_04.py

```
import turtle
t = turtle.Turtle()
t.shape("turtle")
size = int( turtle.textinput("", "별의 사이즈를 정하세요:(50~100)" ) )
t.penup()
t.goto(-100, -100)        #처음 별 그리는 위치로 이동
t.pendown()
t.forward(size)           #size 크기의 첫 번째 별 그리기
t.right(144)
t.forward(size)
t.right(144)
t.forward(size)
t.right(144)
t.forward(size)
t.right(144)
t.forward(size)
t.right(144)
t.penup()
x = -100+size
t.goto(x, x)             #두 번째 별 그리는 위치로 이동
t.pendown()
t.forward(size+20)       #입력받은 size+20 크기의 두 번째 별 그리기
t.right(144)
t.forward(size+20)
```

```
25. t.right(144)
26. t.forward(size+20)
27. t.right(144)
28. t.forward(size+20)
29. t.right(144)
30. t.forward(size+20)
31. t.right(144)
32. t.penup()
33. t.goto(x+size, x+size)  #세 번째 별 그리는 위치로 이동
34. t.pendown()
35. t.forward(size+40)      #입력받은 size+40 크기의 별 그리기
36. t.right(144)
37. t.forward(size+40)
38. t.right(144)
39. t.forward(size+40)
40. t.right(144)
41. t.forward(size+40)
42. t.right(144)
43. t.forward(size+40)
44. t.right(144)
45. turtle.done()
```

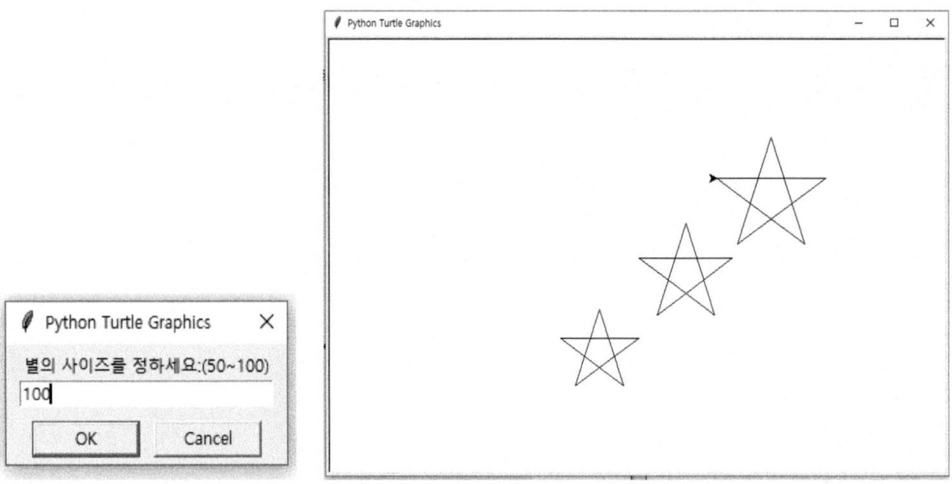

4행 : 별의 한 변의 사이즈를 입력받아 int()를 이용해 정수값으로 변환시키고 size에 저장한다.

6행 : 처음 별을 그릴 위치로 거북이를 이동한다. (–100, –100)

8~18행 : 한 변의 길이가 size인 첫 번째 별을 그린다.

20행 : 거북이를 두 번째 별 그릴 위치로 이동한다(첫 번째 별 위치+size).

22~32행 : 한 변의 길이가 size+20인 두 번째 별을 그린다.

33행 : 거북이를 세 번째 별 그릴 위치로 이동한다(두 번째 별 위치+size).

35~44행 : 한 변의 길이가 size+40인 세 번째 별을 그린다.

응용문제

거북이 프로그램을 이용하여 별을 그린다. 이때, 별의 5가지 색깔을 거북이 프로그램으로 입력받아 리스트로 저장한 후 별을 색깔별로 반복하여 그린다.

1. 거북이 프로그램을 import 한다.

2. 커서를 거북이 모양으로 변경한다.

3. 거북이 입력함수 textinput()를 이용하여 별의 색깔을 입력받는다.

4. 입력받은 색깔을 변수에 저장한다.

5. **3~4**의 작업을 5번 반복한다.

6. colors 리스트에 **5**에서 생성된 변수를 차례대로 넣는다.

7. 리스트의 첫 번째 색상을 펜 색상으로 설정한다.

8. 별 하나를 그린다.

9. 거북이를 왼쪽으로 10도 회전한다.

10. **8~9**를 40번 반복한다. 이때 5가지 펜 색상도 8번 반복하여 설정한다.

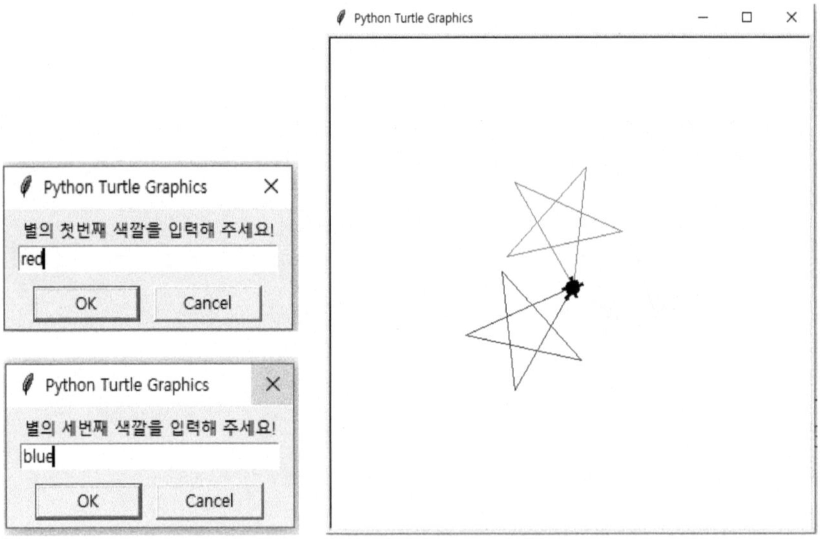

정리하기

4장에서는 파이썬에서 사용하는 자료의 종류와, 변수의 이름을 만드는 규칙을 살펴보았다. 그리고 사용자로부터 입력받은 값을 변수로 저장하는 프로그램을 작성해 보았다.

입력과 출력에 사용되는 함수의 옵션 등도 프로그램을 통해서 실행해 보았다.

이번 장에서 학습한 내용을 정리해 보자.

- 자료의 종류는 크게 3가지가 있다. 문자열 자료형, 숫자 자료형, 리스트형이다
- 변수명을 만드는 규칙은 영문자(대문자, 소문자), 숫자(0~9), 밑줄문자('_')으로만 이루어진 조합으로 숫자가 앞에 오거나, 변수명에 공백이나 특수문자가 들어가면 안된다. 또한 예약어도 불가능하다.
- 변수에 값을 대입하는 식은 '변수명 = 값' 이다. 왼쪽의 값이 할당연산자('=')에 의해 변수명에 대입된다.
- 사용자로부터 입력 받는 함수는 input("입력받을 메시지") 와, 거북이 프로그램에서 사용하는 turtle.textinput("입력창 이름","입력받을 메시지") 가 있다.
- 입력받은 데이터는 무조건 문자열로 저장되므로, 숫자로 사용할 경우는 자료형 변환함수를 사용하여, 자료형을 변환해야 한다.
- 출력문은 print()와 거북이 프로그램에서 사용하는 write()가 있다.
- print()는 자료형에 따라 사용되는 연결형 연산자가 다른 기능을 한다.
- print()의 end="" 옵션은 문장의 마지막에 출력되는 문자를 지정한다.
- print()에서 변수를 사용하여 여러 항목을 표시할 때에는 문자열 따옴표("") 안에 %s 혹은 %d를 사용한다. 문자열 따옴표("") 항목이 여러 개인 경우는 문자열 따옴표("") 다음에 %(변수1, 변수2...) 와 같은 형태로 차례대로 대입된다.

연습문제

【 객관식 】

1. 파이썬에서 변수 m에 10을 넣고 계산하였을 때 결과값으로 60을 출력하려 한다. 올바르게 출력되는 것은? ( )

① m*2+4　② 2*m*3　③ m+2*3　④ m+2*m

2. 다음 파이썬 코드를 실행시킨 결과는? ( )

```
sum = 23 + 44
print("합은", end=" : ")
print(sum)
```

① 합은 : 67　② 합은 = 67　③ 합은 67　④ 합은67

3. 다음 문제 중 참인 것은? ( )

① sum = 0은 변수 sum이 0과 같다는 뜻이다.

② 5 = a는 5라는 값을 변수 a에 할당한다.

③ a = a + 1은 변수 a의 값을 1 증가시킨다.

④ list = {3, "검정", 4.0}에서 list[0]을 출력하면 에러가 난다.

4. 다음 파이썬 코드를 실행시킨 결과는? ( )

```
a = "My name is"
a = a + " "
a = "Turtle"
print(a)
```

① My name is Turtle　② My name is　③ My name isTurtle　④ Turtle

5. 다음 파이썬 코드를 실행시켜 사용자가 입력 값 5를 넣은 경우 결과는? ( )

```
import turtle
t = turtle.Turtle()
x = turtle.textinput("", "숫자를 입력하세요 :")
print(x*5)
turtle.done()
```

① 55555　　② 25　　③ 10　　④ Turtle

【 단답형 】

6. 파이썬에서 자료형 변환에 사용되는 함수 중 문자형으로 변환해 주는 함수의 이름은? (　　)

7. print문을 이용해 다른 형태의 자료를 한꺼번에 출력하는 경우 연결자는 무엇을 사용해야 하나? (　　)

8. 'subject score' 변수명이다. 사용할 수 있는 변수명으로 고치시오. (　　)

9. print문에서 변수를 이용해 여러 항목을 출력하는 코드이다. 문자열의 따옴표("") 안에 숫자를 표시하는 기호는 무엇인가? (　　)

10. 거북이 프로그램에서 사용자 입력을 받는 함수는 turtle.textinput("①","②") 이다. 문자열을 입력하여 입력창의 이름을 정할 수 있는 곳의 번호는? (　　)

【 주관식 】

11. print문에서 변수를 이용하여 여러 항목을 출력하는 옵션을 이용해 이름과 학번 주소를 출력하는 프로그램을 작성해 보자.

12. print문에서 두 문장을 가로로 연결해 출력하되 연결할 때 " -> "를 넣는 프로그램을 작성해 보자.

13. 단리 만기 금액=원금+원금×이자율×기간 이다. 원금과 이자율, 기간을 입력받아 단리 만기 금액을 구하는 프로그램을 작성해 보자.

14. 거북이 프로그램에서 이용해 한 변의 크기를 입력받아 사각형을 2개 그리는 프로그램을 작성해 보자. 두 번째 사각형을 그릴 때 거북이를 회전 각도를 입력받아 거북이를 회전시켜 그리는 프로그램을 작성해 보자

15. 변수명 혹은 함수명 등을 만드는 규칙, 즉 식별자를 만드는 규칙에 대하여 설명해 보자.

CHAPTER

05

연산자

학습목표

- 산술 연산자에 대해 설명할 수 있다.
- 대입 연산자 및 관계, 논리 연산자에 대해 설명할 수 있다.
- 복합 연산자에 대해 설명할 수 있다.
- 연산자 우선순위에 대해 설명할 수 있다.
- 연산자를 이용하여 동전자판기를 프로그래밍할 수 있다.

5 _ 연산자에 대한 이해

본 장에서는 파이썬 프로그램의 수식에서 사용되는 연산자에 대한 이해를 위해 연산자의 종류별로 알아본다. 그리고 연산자의 우선순위에 대해 살펴보고, 다양한 연산자를 활용하여 동전자판기를 프로그래밍해 본다.

5.1 산술 연산자

■ 수식이란?

수식은 피연산자와 연산자의 조합이다. 연산자는 어떤 연산인지를 나타내는 기호이다.

[그림 5-1] 수식

■ 산술 연산자

파이썬 프로그램에서 숫자 자료형에 대해 덧셈, 뺄셈, 곱셈, 나눗셈, 나머지 연산 등의 산술 연산이 가능하며, 산술 연산자의 종류는 [표 5-1]과 같다.

[표 5-1] 산술 연산자의 종류

연산자	기호	사용례	결과 값
덧셈	+	7 + 5	12
뺄셈	-	7 - 5	2
곱셈	*	7 * 5	35
지수	**	7 ** 2	49
실수 나눗셈	/	7 / 5	1.4
정수 나눗셈	//	7 // 5	1
나머지	%	7 % 5	2

■ 덧셈, 뺄셈, 곱셈 연산

덧셈, 뺄셈, 곱셈 연산의 경우 피연산자가 둘 다 정수형이면 결과 값을 정수로 반환하고, 정수와 실수이면 결과 값을 실수로 반환한다.

[예제 5.1.1] Python₩ch05₩05_01_01.py

```
print( 7 + 5 )
print( 7 - 5 )
print( 7 * 5 )
```

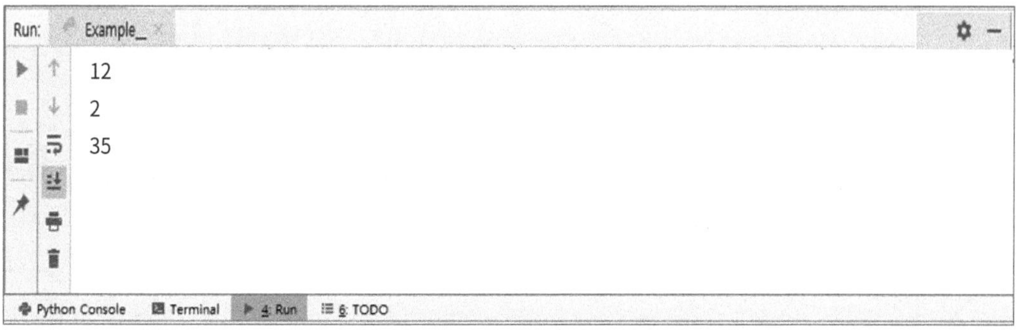

■ 나눗셈과 나머지 연산

나눗셈 연산의 경우 연산자 '/'는 나눗셈한 결과 값을 실수형으로 반환하고, '//'는 나눗셈한 결과 값 중 몫만 정수형으로 반환한다. 그리고 '%'는 나눗셈한 결과 값 중 나머지 값만 반환한다.

[예제 5.1.2] Python₩ch05₩05_01_02.py

```
print( 7 / 5 )
print( 7 // 5 )
print( 7 % 5 )
```

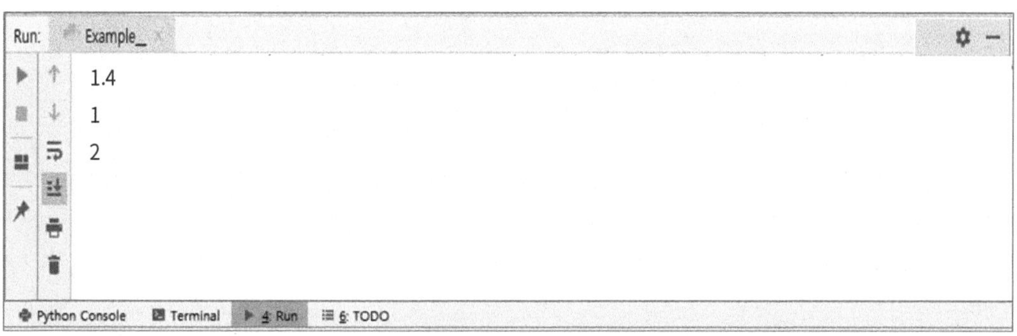

■ 지수 연산

지수 연산은 수학식에서 거듭제곱에 해당한다. 연산자를 '**'로 표시하며 결과는 거듭제곱된 값을 반환한다.

[예제 5.1.3] Python₩ch05₩05_01_03.py

```
print( 7 ** 2 )
```

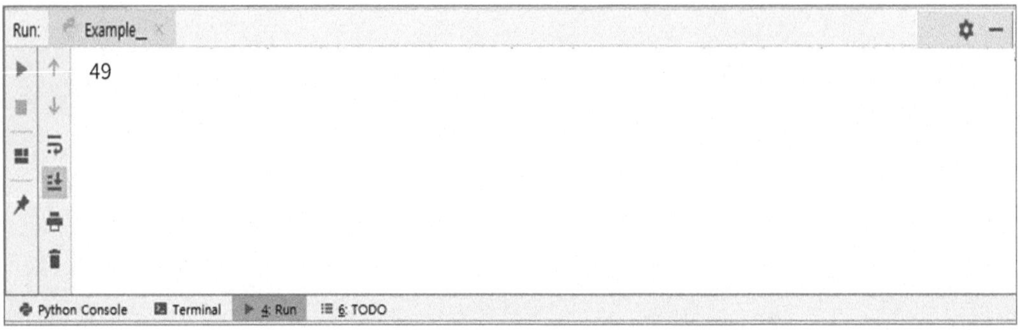

■ 학생의 성적을 입력받아 성적표를 만드는 프로그램

- 학생의 이름을 입력받고, 과목명과 과목 점수를 입력받아 변수에 저장한다.
- 모든 과목의 점수를 더하고 과목수로 나누어 평균을 구한 다음 성적표를 출력한다.

[예제 5.1.4] Python₩ch05₩05_01_04.py

```
name = input("이름을 입력하세요 : ")
subject1 = input("과목의 이름을 입력 하세요 : ")
score1 = int(input("점수를 입력하세요 : "))
subject2 = input("과목의 이름을 입력하세요 : ")
score2 = int(input("점수를 입력하세요 : "))
subject3 = input("과목의 이름을 입력하세요 :")
score3 = int(input("점수를 입력하세요 : "))
sum = score1 + score2 + score3
avg = sum/3
print("************ 2019학년도 2학기 성적표 ***********")
print(name,"님의 ",subject1," 점수는 ",score1, "점 입니다.")
print(name,"님의 ",subject2," 점수는 ",score2, "점 입니다.")
print(name,"님의 ",subject3," 점수는 ",score3, "점 입니다.")
print(name,"님의 ", "세과목 평균점수는 ",avg, "점 입니다.")
```

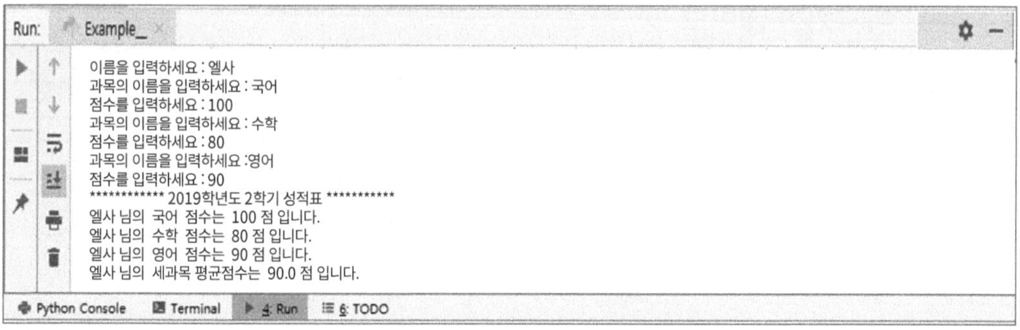

8행: score1과 score2와 score3 더한 값을 계산해서 변수 sum에 저장한다.

9행: sum 값을 3(과목 수)으로 나눈 값을 변수 avg에 저장한다.

■ 사용자가 입력한 숫자가 홀수인지 짝수인지 맞추는 게임

숫자를 입력받아 그 숫자가 짝수인지 홀수인지를 출력하는 프로그램을 작성해 본다. 짝수인지 홀수인지의 판단에 나머지 연산자를 사용한다.

[예제 5.1.5] Python₩ch05₩05_01_05.py

```
01. num = int(input("숫자를 입력하세요!!"))
02. if num%2 == 0:                         #홀수인지 짝수인지를 판단
03.     print("입력하신 숫자는 짝수입니다.")
04. else:
05.     print("입력하신 숫자는 홀수입니다.")
```

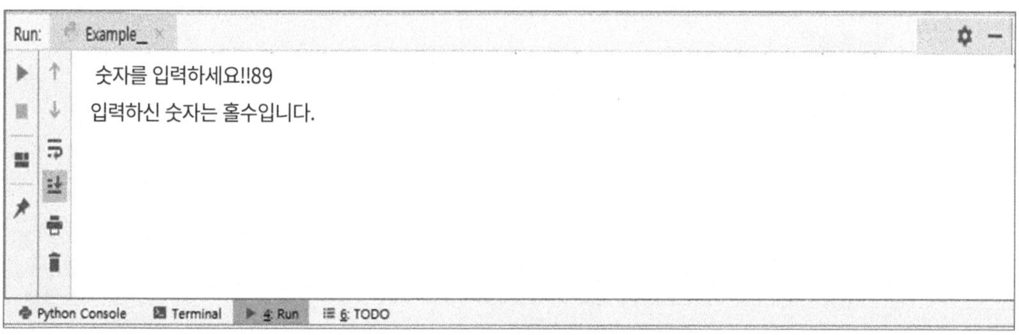

2행: num%2 == 0 연산은 입력받은 값 num을 2로 나눈 나머지 연산의 결과가 0과 같은지를 묻는 조건문이다.

5.2 대입 연산자와 대입문

■ 대입 연산자란?

파이썬 프로그램에서 기호'='[1]는 대입 연산자이다. 이것은 두 가지 목적으로 사용된다.

아래 1~2의 대입문을 살펴보자.

첫 번째는 다음과 같이 이름을 붙이는데 사용된다. 다음 예제의 대입연산자('=')는 오른쪽에서 생성한 거북이 객체[2]에 t 라는 변수 이름을 붙인다.

변수명 = 객체

예) t = turtle.Turtle()

다음은 대입 연산자를 활용한 거북이 프로그램이다. 대입 연산자의 역할을 살펴본다.

[예제 5.2.1] Python₩ch05₩05_02_01.py

```
01. import turtle
02. t = turtle.Turtle()      #거북이 객체에 이름 붙이기
03. t.shape("turtle")
04. t.pensize(5)
05. turtle.done()
```

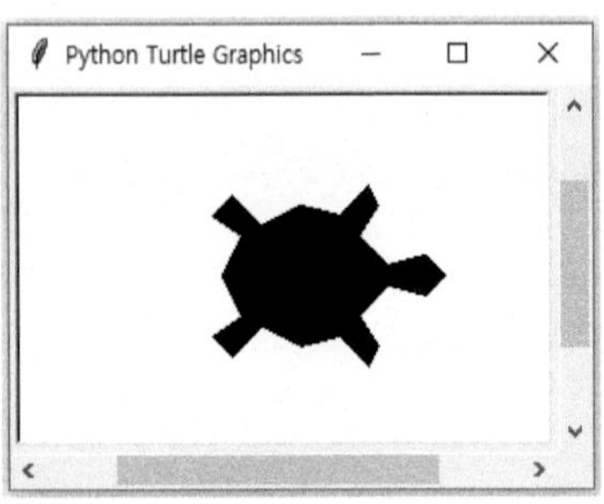

2행: 거북이 프로그램의 거북이 객체를 생성하여 t라는 이름을 붙인다.

3행: 거북이 객체의 속성에서 포인터 모양을 "turtle" 거북이 모양으로 변경한다.

1 4장에서도 언급한 적이 있듯이 프로그래밍에서 이 기호는 '할당 연산자'이다. 수학에서와 같은 의미를 지닌 기호는 '=='이다.

2 객체란 보통 속성과 기능을 함께 가지고 있는 프로그래밍 요소이다. turtle.Screen()은 캔버스를 포함하는 윈도우를 만들어낸다. 윈도우 객체에는 윈도우 크기, 색 등 상태 정보 즉 속성을 가지고 있고, 그 속성을 이용해서 요청한 기능을 수행하는 명령을 포함하고 있다.

4행: 거북이 모듈의 속성에서 펜의 두께를 5로 한다.

5행: 거북이 프로그래밍 실행 후 멈추는 역할을 한다.

두 번째는 다음과 같이 변수에 값을 할당하는데 사용된다.

다음의 예)에서 대입연산자('=')는 오른쪽의 정수 값 90을 math 변수에 할당한다.

변수명 = 값

예) math = 90

다음은 대입 연산자를 활용한 프로그램이다. 대입 연산자의 역할을 살펴본다.

[예제 5.2.2] Python₩ch05₩05_02_02.py

```
01. name = "김연아"          #변수에 값 할당하기
02. kor = 100
03. math = 90
04. eng = 89
05. print(name, "학생의 성적 : 국어=", kor, " 영어=", eng, " 수학=", math)
```

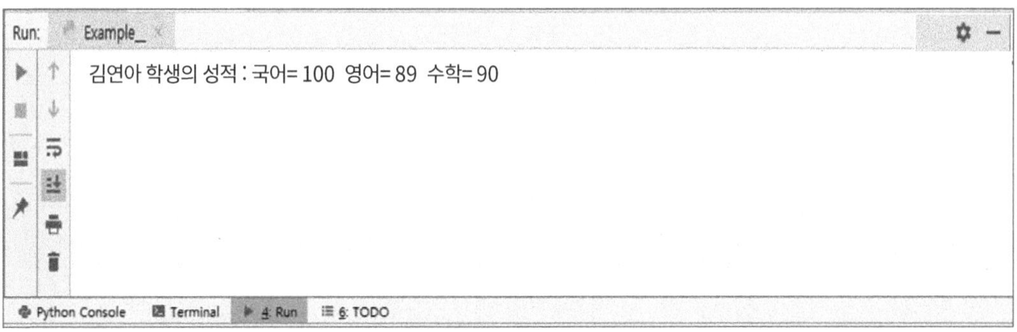

2행: name 변수에 "김연아" 문자열 값을 할당한다.

3행: kor 변수에 정수 값 100을 할당한다.

4행: math 변수에 정수 값 90을 할당한다.

5행: eng 변수에 정수 값 89을 할당한다.

5.3 관계 및 논리 연산자

■ 조건 표현식이란?

파이썬 프로그램에서 조건 표현식(expression)은 두 가지의 경우가 있다. 조건 표현식은 조건식이라 줄여 부르기도 한다. 이하 조건식이라 한다.

[그림 5-2] 조건식 1

첫 번째는 [그림 5-2]와 같이 관계 연산자를 이용해 두 수의 대소 관계 및 특정 조건을 비교하는 식의 경우이다. [그림 5-2]의 결과 값은 대소 관계의 비교 연산된 값이나 특정 조건의 값에 따라서 True 혹은 False가 반환된다.

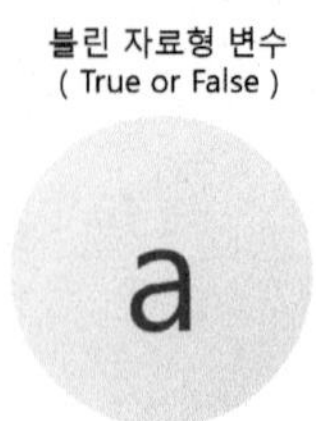

[그림 5-3] 조건식 2

두 번째는 [그림 5-3]과 같이 불린 자료형[3]의 값을 가지고 있는 변수, 그 자체가 식이 되는 경우이다. 변수의 값은 True와 False의 논리 값이다.

■ 관계 연산자

관계 연산자를 '비교 연산자'라고도 하며, 조건식에서 사용된다. [표 5-2]는 관계 연산자의 종류와 기호, 의미, 결과 값을 나타내는 표이다.

---

3 파이썬의 자료형 중 하나이다. True(참) 혹은 False(거짓)의 논리 값을 갖는다.

[표 5-2] 관계 연산자의 종류

관계 연산자	기호	의미
크다	a > b	a가 b보다 크다.
작다	a < b	a가 b보다 작다.
크거나 같다	a >= b	a가 b보다 크거나 같다.
작거나 같다	a <= b	a가 b보다 작거나 같다.
같다	a == b	a가 b와 같다.
같지 않다	a != b	a가 b와 같지 않다.

다음 프로그램에서 관계 연산자를 이용하여 비교 연산한 결과를 확인해 본다.

[예제 5.3.1] Python₩ch05₩05_03_01.py

```
01. a=10
02. b=5
03. print(a>b)
04. print(a<b)
05. print(a>=b)
06. print(a<=b)
07. print(a==b)
08. print(a!=b)
```

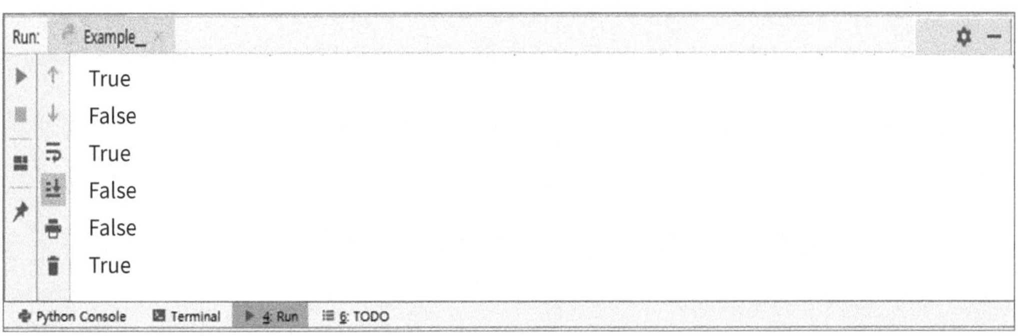

3행: '10은 5보다 크다'는 참이므로 True값 반환

4행: '10은 5보다 작다'는 거짓이므로 False값 반환

5행: '10은 5보다 크거나 같다'는 참이므로 True값 반환

6행: '10은 5보다 작거나 같다'는 거짓이므로 False값 반환

7행: '10은 5와 같다'는 거짓이므로 False값 반환

8행: '10은 5와 같지 않다'는 참이므로 True값 반환

■ 논리 연산자

복잡한 조건은 관계 연산자만으로 표현할 수 없다. 이러한 복잡한 조건을 표현하려면 논리 연산자를 사용하여야 한다. 논리 연산자는 여러 개의 조건을 조합하여 참인지 거짓인지를 판단할 때 사용된다. 논리연산자의 종류는 [표 5-3]과 같다.

[표 5-3] 논리 연산자의 종류

논리 연산자	기호	의미
논리곱	x and y	x와 y가 참이면 참, 그렇지 않으면 거짓
논리합	x or y	x나 y중 하나가 참이면 참, 모두 거짓이면 거짓
논리부정	not x	x가 참이면 거짓, x가 거짓이면 참

변수에 논리 값을 대입해 본다.

[예제 5.3.2] Python₩ch05₩05_03_02.py

```
01. x=True
02. y=False
03. print(x)
04. print(y)
```

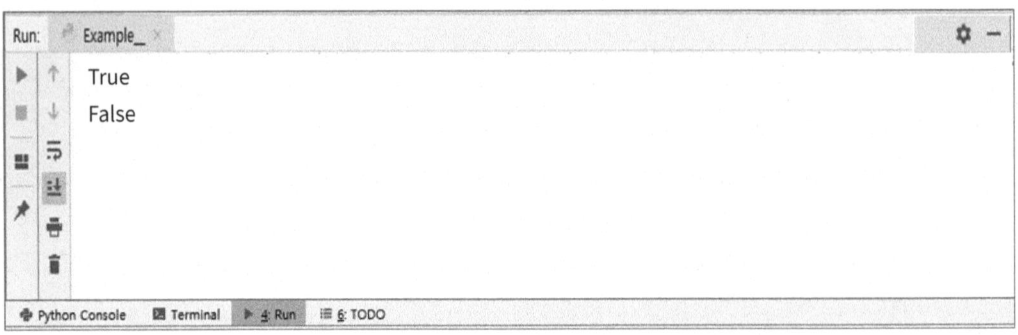

1행: 논리 값 참을 대입하는 경우 따옴표 없이 True로 표현한다. 파이썬에서는 대소문자를 구별하기 때문에 true로 표현하면 오류가 발생한다.

2행: 논리 값 거짓을 대입하는 경우 따옴표 없이 False로 표현한다. 파이썬에서는 대소문자를 구별하기 때문에 false로 표현하면 오류가 발생한다.

논리곱을 이용하여 논리 연산을 해 보자.

[표 5-4] 논리곱(x and y)의 논리 연산

x	y	결과 값
True	True	True
True	False	False
False	True	False
False	False	False

논리곱은 x와 y가 참이면 참, 그렇지 않으면 거짓이다. 논리곱을 이용하여 논리 연산한 결과를 표로 정리하면 위의 [표 5-4]와 같다. 논리곱을 이용해 연산한 결과를 아래 소스를 실행해 확인해 보자.

[예제 5.3.3] Python₩ch05₩05_03_03.py

```
x=True
y=False
print(x and x)          #True and True
print(x and y)          #True and False
print(y and x)          #False and True
print(y and y)          #False and False
```

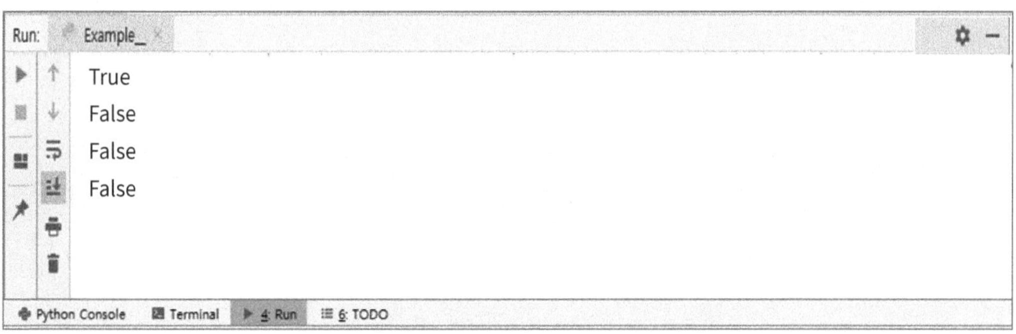

논리합을 이용하여 논리 연산을 해 보자.

[표 5-5] 논리합(x or y)의 논리 연산

x	y	결과 값
True	True	True
True	False	True
False	True	True
False	False	False

논리합은 x나 y중 하나가 참이면 참, 모두 거짓이면 거짓이다. 논리합을 이용하여 논리 연산한 결과를 표로 정리하면 위의 [표 5-5]와 같다. 논리합을 이용해 연산한 결과를 아래 프로그램을 실행해 확인해 보자.

[예제 5.3.4] Python₩ch05₩05_03_04.py

```
x=True
y=False
print(x or x)            #True or True
print(x or y)            #True or False
print(y or x)            #False or True
print(y or y)            #False or False
```

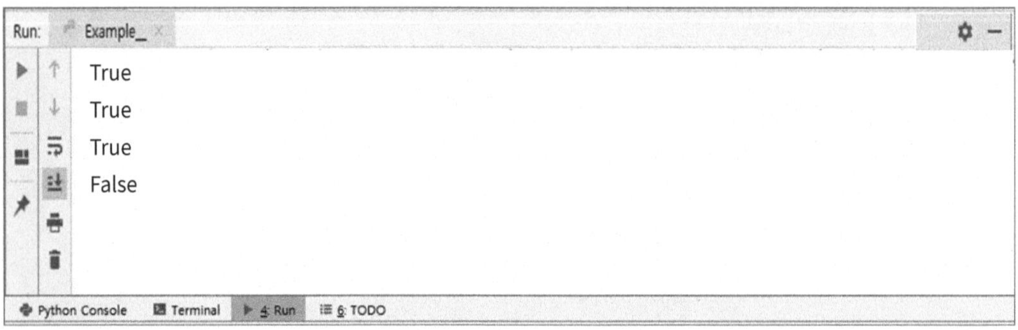

논리부정을 이용하여 논리 연산을 해 보자.

[표 5-6] 논리부정(~x)의 논리 연산

~x	결과 값
True	False
False	True

논리부정은 x가 참이면 거짓, 거짓이면 참이다. 논리부정을 이용하여 논리 연산한 결과를 표로 정리하면 위의 [표 5-6]과 같다. 논리부정을 이용해 연산한 결과를 아래 프로그램을 실행해 확인해 보자.

[예제 5.3.5] Python₩ch05₩05_03_05.py

```
x=True
print(~x)            #~(True)
x=False
print(~x)            #~(False)
```

5.4 복합 연산자

■ 복합 연산자

복합 연산자는 대입 연산자와 산술 연산자를 합친 것이다. 다시 말해, 변수에 자신의 값과 다른 상수 값 혹은 변수의 값을 산술 연산을 하여 다시 자신에게 저장하는 것을 줄여 쓸 수 있도록 한 것이다. 복합 연산자의 종류는 [표 5-7]과 같다.

[표 5-7] 복합연산자의 종류

복합연산자	수식	의미
+=	a+=1	a = a + 1의 식과 같다
-=	a-=1	a = a - 1의 식과 같다
*=	a*=2	a = a * 2의 식과 같다
/=	a/=2	a = a / 2의 식과 같다
%=	a%=2	a = a % 2의 식과 같다
//=	a//=2	a = a // 2의 식과 같다

다음 프로그램을 실행하여 복합 연산자를 이용한 산술 연산 결과를 확인해 본다.

[예제 5.4.1] Python₩ch05₩05_04_01.py

```
a=3
a+=1
print(a)
b=3
b-=1
print(b)
c=3
c*=2
print(c)
d=3
```

```
11. d/=2
12. print(d)
13. e=3
14. e%=2
15. print(e)
16. f=3
17. f//=2
18. print(f)
```

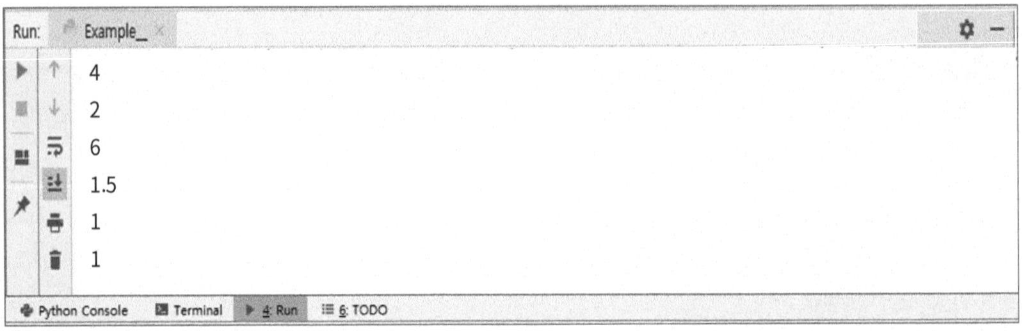

2행: a에 1을 더한 값을 a에 저장한다.

5행: b에 1을 뺀 값을 b에 저장한다.

8행: c에 2를 곱한 값을 c에 저장한다.

11행: d에서 2를 나눈 값을 d에 저장한다.

14행: e에서 2를 나누고 난 나머지 값을 e에 저장한다.

17행: f에서 2를 나눈 몫을 f에 저장한다.

복합 연산자를 사용하여 1부터 10까지 증가하는 프로그램을 작성해 본다.

[예제 5.4.2] Python₩ch05₩05_04_02.py

```
sum = 0
for i in range(1,11):    #i를 1부터 10까지 증가시키면서 반복[4]
    sum += i
print( "1부터 10까지 합은", sum, "입니다." )
```

4 for문은 횟수 제어 반복문으로 i 변수 값을 증가시키면서 range() 함수의 범위만큼 반복시킨다. 횟수 제어 반복문의 자세한 사항은 7장에서 다룬다.

2행: 횟수 제어 반복문에서 i는 range(1,11)로 인해 1부터 10까지 증가한다.

3행: sum에 증가한 값 i를 반복할 때마다 더한다.

5.5 연산자 우선순위

계산을 하는 수식에 2개 이상의 연산자를 가지고 있는 경우 어떤 연산자가 먼저 수행되는지에 대한 규칙이 있다. 이것을 연산자 우선순위라 한다.

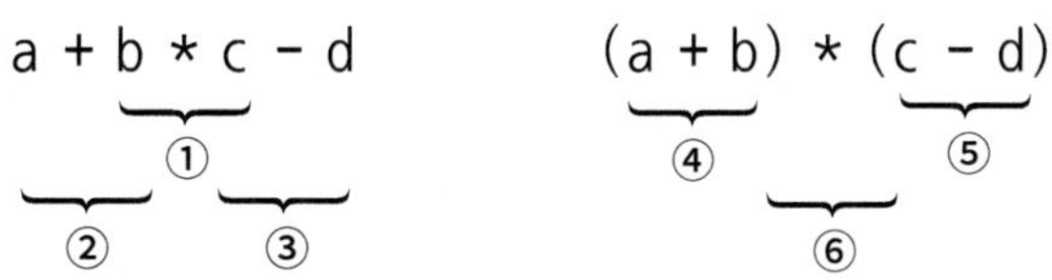

- 왼쪽 수식에서는 ①이 먼저 계산된다. 이것은 ②의 연산자 +보다 ①의 연산자 *가 우선순위가 높기 때문이다. ①이 계산된 후 ②와 ③의 연산자는 우선순위가 같기 때문에 수식의 왼쪽부터 순서대로 ②와 ③이 순서로 계산된다.
- 우선순위가 있지만 다른 순서대로 계산하고 싶은 경우 오른쪽 수식에서와 같이 괄호를 사용한다. 괄호가 두 개 인 경우 왼쪽부터 순서대로 ④,⑤,⑥의 순서로 계산된다.

■ 연산자 우선순위

파이썬에서 사용되는 중요한 연산자를 우선순위가 높은 것부터 표로 정리하였다.

[표 5-8] 연산자 우선순위

우선순위	연산자	설명
1	( )	괄호
2	**	지수
3	~ + -	비트반전, 부호+,-
4	* / % //	곱하기,나누기,나머지,몫

우선순위	연산자	설명
5	+ -	덧셈과 뺄셈
6	>> <<	좌우 비트 시프트
7	& ^ ¦	비트(AND XOR OR)
8	<= < > >=	비교 연산자
9	<> == !=	동등 연산자
10	= %= /= //= -= += *= **=	할당 연산자
11	and or not	논리 연산자

아래 프로그램에서 연산자 우선순위가 적용되어 계산되는 결과를 확인해 본다.

■ 부채꼴을 그리고 그 넓이를 출력하는 프로그램

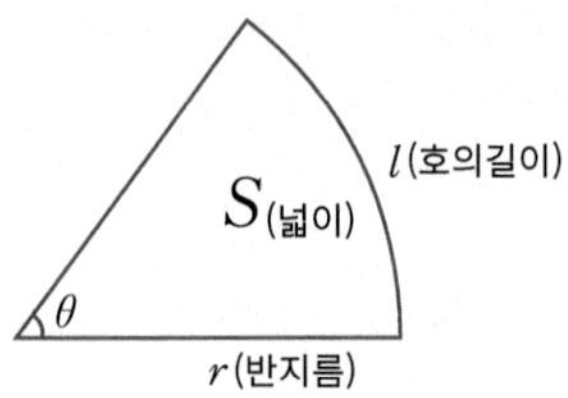

부채꼴의 넓이를 구하는 공식

$$S = \pi r^2 \times \frac{\theta}{360^\circ}$$

π는 3.14159265359

[예제 5.5.1] Python₩ch05₩05_05_01.py

```
import turtle
t = turtle.Turtle()
radius = int(input("원의 반지름을 입력하세요 : "))
angle = int(input("호의 각도를 입력하세요 : "))
t.goto(radius,0)                    #부채꼴 그리기
t.left(angle)
t.circle(radius, angle)             #호 그리기
t.goto(0,0)                         #선분 그리기
t.penup()
t.goto(0,-20)
t.pendown()
a = angle/360                       #θ = 부채꼴의각도/360
s = (radius**2)*3.14159265359*a     #부채꼴의 넓이
t.write("부채꼴의 넓이는 %s 입니다." %s)
turtle.done()
```

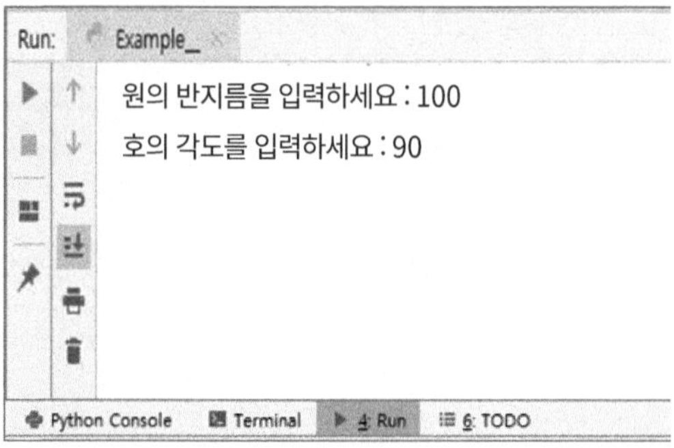

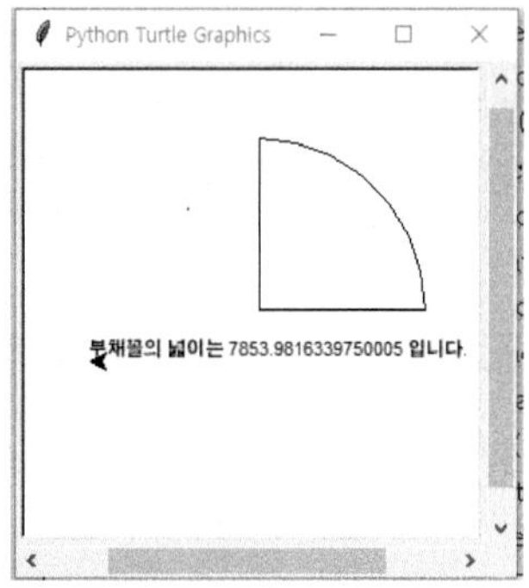

3~4행: 원의 반지름과 호의 각도를 결과 첫 번째 그림과 같이 입력받는다.

5~8행: 입력받은 반지름과 호의 각도를 이용해 부채꼴을 그린다.

12행: 호의 angle 각도를 360으로 나눈 값 θ를 계산해 a에 저장한다.

13행: radius의 제곱에 π값과 θ값을 곱해 부채꼴의 넓이를 구한다.

14행: t.write()안에 문자열을 넣기 위해 %s 옵션을 사용하고, 거북이 프로그램에서 문자를 출력한다.

■ 사용자로부터 x 값을 입력받아 수식을 계산하는 프로그램

$$y = \frac{7x}{2x + 4(x^2 + 4)}$$

[예제 5.5.2] Python₩ch05₩05_05_02.py

```
x = int(input("x 값을 입력해 주세요 : "))
y = 7*x / (2*x+4*(x**2+4))
print( "y 값은", y, "이다" )
```

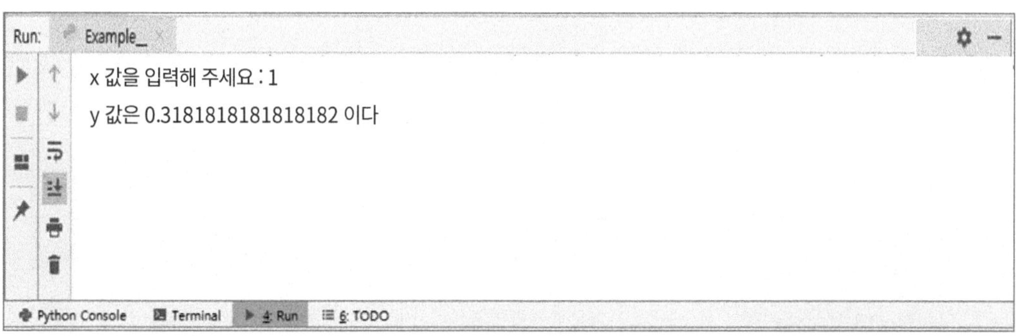

5.6 동전자판기 프로그래밍

연산자를 이용해서 동전자판기 프로그램을 작성해 본다.

■ 동전자판기 프로그램에서 거스름돈 계산하기

자판기에서 음료수를 사 먹기 위해 지폐를 넣으면 물건 값을 제외한 거스름돈을 계산해 주는 프로그램을 작성해 본다.

[예제 5.6.1] Python₩ch05₩05_06_01.py

```
01. coke=600
02. fanta=550
03. coffee=370
04. cherryCoke=850
05. money = int(input("지폐를 넣어 주세요 : "))
06. s=input("[coke,fanta,coffee,cherryCoke]\n음료를 선택해 주세요 : ")
07. if s=="coke":                          #비교연산
08.     mod = money - coke                 #산술연산
09. if s == "fanta":
10.     mod = money - fanta
11. if s == "coffee":
12.     mod = money - coffee
13. if s == "cherryCoke":
14.     mod = money - cherryCoke
15. print("나머지 금액은 ", mod , "입니다.")
```

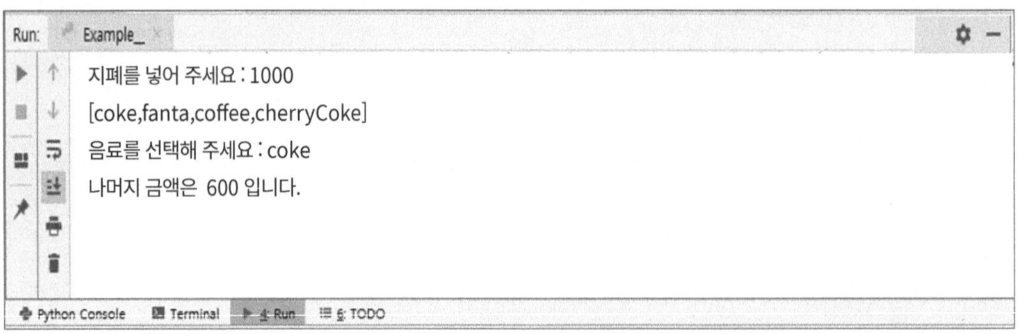

7,9,11,13행: 입력받은 상품명이 목록에 있는지 비교 연산자('==')로 비교 연산을 수행한다.

8,10,12,14행: 산술 연산자('−')를 사용해 산술 연산을 수행한 후 잔돈을 mod에 저장한다.

■ 동전자판기 프로그램에서 거스름돈 동전으로 계산하기

위 프로그램에서는 전체 금액에서 잔돈을 계산하여 잔돈이 얼마인지만을 출력하였다. 그러면 거스름돈을 동전으로 나누어 주는 프로그램을 추가로 작성해 본다.

[예제 5.6.2] Python₩ch05₩05_06_02.py

```
coke=600
fanta=550
coffee=370
cherryCoke=850
money = int(input("지폐를 넣어 주세요 : "))
s=input("[coke,fanta,coffee,cherryCoke]\n음료를 선택해 주세요 : ")
if s=="coke":                    #선택한 음료수
    mod = money - coke           #거스름 금액
if s == "fanta":
    mod = money - fanta
if s == "coffee":
    mod = money - coffee
if s == "cherryCoke":
    mod = money - cherryCoke
change = mod                     #거스름 금액을 change에 할당
s1000=mod//1000                  #거스름 금액에 대해서 1000원짜리 지폐 개수를 계산
mod%=1000                        #1000원짜리 지폐 금액을 제외한 나머지 금액
s500=mod//500
mod%=500
s100=mod//100
mod%=100
s50=mod//50
mod%=50
s10=mod//10
mod%=10
print("잔돈:"change,"원, 1000원:",s1000,"개", " 500원:", s500,"개", " 100원:", s100,"개", " 50원:", s50,"개", " 10원:", s10,"개")
```

```
Run: Example_
지폐를 넣어 주세요 : 10000
[coke,fanta,coffee,cherryCoke]
음료를 선택해 주세요 : coffee
잔돈:9630원, 1000원: 9개 500원: 1개 100원: 1개 50원: 0개 10원: 3개
```

7~8행: 선택한 음료수의 이름을 비교하여 이름이 같은 경우 총 금액(s)에서 음료수 값을 뺀 거스름 금액을 계산한다.

15행: mod는 지폐 계산에 사용하기 위하여 mod 값을 change 변수에 할당한다.

16행: 거스름 금액에서 1000원짜리 지폐의 수를 계산한다.

17행: 거스름 금액에서 1000원짜리 지폐의 합산 금액을 제외한 나머지 금액을 계산한다.

18~19행: 16~17행과 같이 500원 짜리 동전의 수와 나머지 금액을 계산한다.

20~21행: 16~17행과 같이 100원 짜리 동전의 수와 나머지 금액을 계산한다.

22~23행: 16~17행과 같이 50원 짜리 동전의 수와 나머지 금액을 계산한다.

24~25행: 16~17행과 같이 10원 짜리 동전의 수와 나머지 금액을 계산한다.

■ 거북이 두 마리 사이의 거리 구하기

거북이를 두 마리를 랜덤하게 찍어낸 후 두 마리 사이의 거리를 구하는 프로그램을 작성해 본다. 거리 구하는 공식 D를 활용하고 연산자 우선순위를 주의깊게 살펴보자.

거리 구하는 공식

$$D = \sqrt{(x2 - x1)^2 + (y2 - y1)^2}$$

[예제 5.6.3] Python₩ch05₩05_06_03.py

```
import turtle
import random
import math

t1=turtle.Turtle()
t1.shape("turtle")
t1.shapesize(2)
t1.color("pink")
t1.penup()
x1 = random.randint(-200, 200)
x2 = random.randint(x1 + 1, 200)        #pink 거북이 좌표
y1 = random.randint(-200, 200)
y2 = random.randint(y1 + 1, 200)        #blue 거북이 좌표
t1.goto(x1, y1)
t1.stamp()                              #pink 거북이 그리기
t1.pendown()
t1.color("blue")                        #거북이 색상 바꾸기
```

```
18. t1.goto(x2, y2)                        #blue 거북이 그리기
19. t2=turtle.Turtle()
20.
21. D = math.sqrt((x2-x1)**2+(y2-y1)**2)   #거리 구하는 공식
22. t2.hideturtle()                        #글자 쓰는 거북이
23. t2.goto(0, 0)
24. t2.write("거리는 %s 입니다." %D, font=("Arial", 15, "normal"))
25.
26. turtle.done()
```

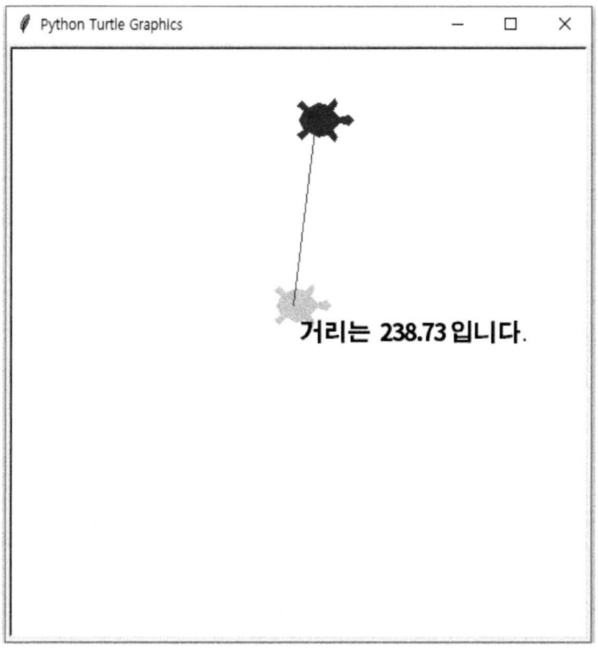

1~3행: turtle과 math 모듈을 import 한다.

5~9행: 변수와 연결하고 거북이 모양과 선 굵기 그리고 거북이 색깔을 pink로 설정한다.

10~11행: 분홍색 거북이가 이동할 출발 지점인 x 좌표를 저장한다.

12~13행: 파란색 거북이가 이동할 목표 지점인 y 좌표를 저장한다.

14~19행: 변수와 연결하고 목표지점으로 이동할 거북이를 파란색으로 설정하고 움직인다.

21~24행: 두 거북이의 거리를 공식 D 값으로 구하고 움직인 거리를 나타낸다.

응용문제

잠자는 악어 이빨 뽑기 게임입니다. 거북이 프로그램을 이용하여 악어에게 물린 사람이 지는 복불복 게임을 작성해 보세요. 1번부터 10번까지 악어 이빨의 번호를 입력받아 악어 이빨을 뽑는 게임입니다.

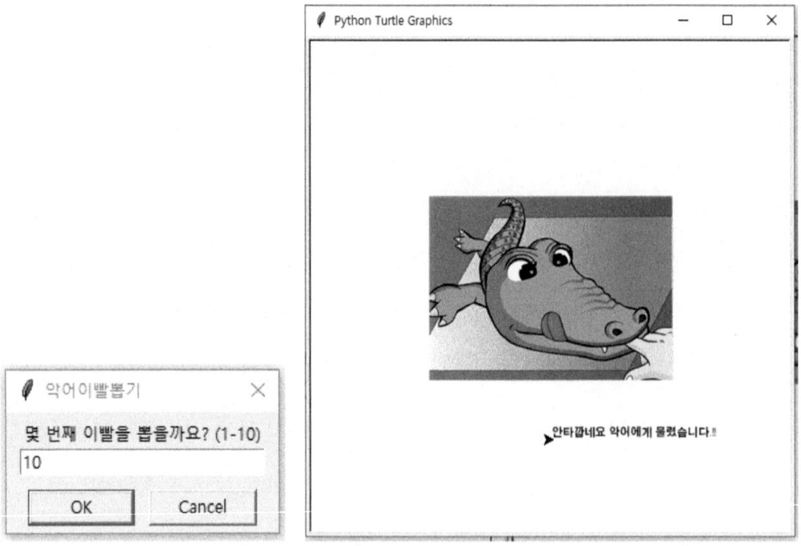

정리하기

5장에서는 파이썬에서 사용하는 연산자의 종류와 연산자의 우선순위에 대해 살펴보았다. 그리고 연산자를 이용한 동전자판기 프로그램 등을 작성해 보았다. 이번 장에서 학습한 내용을 정리해 본다.

- 연산자의 종류는 산술 연산자, 대입 연산자, 관계 연산자, 논리 연산자, 복합 연산자가 있다.
- 산술 연산자는 수식에서 사용하며 주로 계산에 사용한다. 산술 연산자의 종류와 표현은 [표 5-1]을 참고한다.
- 대입 연산자는 생성한 모듈에 이름(변수명)을 붙이거나 변수에 데이터 값을 할당 할 때 사용한다.
- 관계 연산자는 두 수의 대소 관계 및 특정 조건을 비교하는 식에서 사용한다. 이 조건식의 결과 값은 True나 False가 된다. 관계 연산자의 종류와 표현은 [표 5-2]를 참고한다.
- 논리 연산자는 조건식에서 사용된다. True나 False 값을 가지고 연산자에 따라서 결과 값이 True나 False가 된다. 논리 연산자의 종류와 표현은 [표 5-3]을 참고한다.
- 복합 연산자는 대입 연산자와 산술 연산자를 합친 것이다. 변수에 자신의 값과 다른 상수 값 혹은 변수의 값을 가지고 산술 연산을 수행하여 다시 자신에게 저장하는 것을 줄여 쓴 것이다. 복합 연산자의 종류와 표현은 [표 5-6]을 참고한다.
- 연산자 우선순위란 계산을 하는 수식에 2개 이상의 연산자를 가지고 있는 경우, 어떤 연산자가 먼저 수행되는지에 대한 규칙을 말한다. 연산자 우선순위는 [표 5-7]을 참고한다.
- 수식에서 연산자 우선순위가 있지만 다른 순서대로 계산하고 싶은 경우는 괄호를 사용한다.

연습문제

【 객관식 】

1. 다음 파이썬의 수식과 결과가 올바르게 연결된 것은?

식	결과
a. 2.5 / 5	ㄱ. 100
b. 3 / 2 * 2	ㄴ. 3.0
c. 0 % 10 * 4	ㄷ. 0
d. 10 % 3 + 7	ㄹ. 0.5
	ㅁ. 8
	ㅂ. 1

① a와 ㄱ　　② b와 ㄷ　　③ c와 ㅂ　　④ d와 ㅁ

2. 다음 파이썬 프로그램에 대하여 사용자로부터 3, 4 라는 값이 입력되었을 때의 출력 결과는? (연산자 우선순위를 고려하여 계산한다.)

```
a = float(input())
b = float(input())
c = a + b
d = 1 + a / b * c + 2
e = c + d
c += d + e
e -= 1
d -= c + d % c
print(c, "," , d, "," , e)
```

① −30.5, 30.5, 14.25　　② 30.5 , −30.5 , 14.25

③ 7.0, −9.0, 17.0　　④ 38.0 , −38.0 , 18.0

3. a는 True 값을 가지고 b는 False 값을 가질 경우, ~((a or b) and (a and b))의 결과 값은?

① and　　② or　　③ True　　④ False

4. 다음 중에서 조건식 혹은 조건식의 값인 경우 출력 결과가 다른 하나는?

① 10 〉 2 ② True ③ 1 ④ 0

5. a는 False 값을 가지고 b는 False 값을 가질 경우, (a or ~b) or (a and b)의 결과 값은?

① and ② or ③ True ④ False

【 단답형 】

6. 다음은 홀수와 짝수를 구분하는 프로그램이다. 변수 c의 값은?( )

```
n = 89
c = n%2 == 0
if c:
  print(n,"은 짝수이다.")
else:
  print(n,"은 홀수이다.")
```

7. 조건식의 피연산자 논리 값이 모두 True인 경우만 조건식의 결과 값이 True가 되는 논리 연산자의 종류는? ( )

8. 산술 연산자 중에서 나머지 값을 이용하여 연산할 수 있는 연산자는? ( )

9. 수식에서 연산자 우선순위와 상관없이 계산을 하고 싶은 경우 사용하는 것은? ( )

10. 대입 연산자('=')는 변수에 값을 할당해 주는데 사용되기도 하지만 모듈을 생성한 후 이것을 붙여주는데 사용된다. 이것이란 무엇인가? ( )

【 주관식 】

11. 숫자 up & down 게임 프로그램을 작성해 보자.

맞추는 숫자는 1~100 사이로 랜덤하게 정한다. 그리고 사용자에게 숫자를 입력받는다. 컴퓨터가 정한 숫자와 사용자가 입력한 숫자를 비교하여 사용자에게 정답인지 확인해 주고 정답과의 차이를 힌트로 출력하는 프로그램을 작성해 보자.

12. 논리 연산자의 종류에는 어떤 것들이 있는지 나열하고 각각의 특징에 대해 설명 해 보자.

13. 사용자로부터 x 값을 입력받아 다음 수식의 결과를 출력하는 파이썬 프로그램을 작성해 보자.

$$y = \sqrt{x}\,(x^3 + x^2)$$

14. 자신의 나이를 입력하고 입력받은 나이를 총 개월 수로 출력하는 프로그램을 작성해 보자.

15. 연산자 우선순위가 높은 순에서 낮은 순으로 번호를 나열해 보자.

① ~ + − (비트 반전 부호)

② 〈= 〈 〉 〉= (비교 연산자)

③ not or and (논리 연산자)

④ = 할당 연산자

⑤ ** (지수 연산자)

⑥ * / % // (산술 연산자)

CHAPTER

06

조건문

학습목표

- 조건문에 대해 설명할 수 있다.
- if문을 이해하고 사용할 수 있다.
- if-else문을 이해하고 사용할 수 있다.
- 다중 if문을 이해하고 사용할 수 있다.
- 조건문을 이용하여 거북이를 프로그래밍할 수 있다.

6 _ 조건문

본 장에서는 파이썬 프로그램에서 사용되는 조건문에 대한 이해를 위해 조건문에 대해 알아본다. if문과 if-else문, 다중 if문을 프로그래밍 해 본다. 거북이를 이용한 다양한 조건문을 프로그래밍 해 본다.

6.1 조건문의 이해

■ 조건문이란?

프로그램의 기본적인 제어구조에는 순차구조, 선택구조, 반복구조가 있다. 그 중 선택구조는 질문한 후에 결정하는 것이다. 선택구조에서 질문에 해당되는 것이 조건문이며, [그림 6-1]과 같이 조건문의 결과가 참이면 실행문 1을 실행하고, 거짓이면 실행문 2를 실행한다.

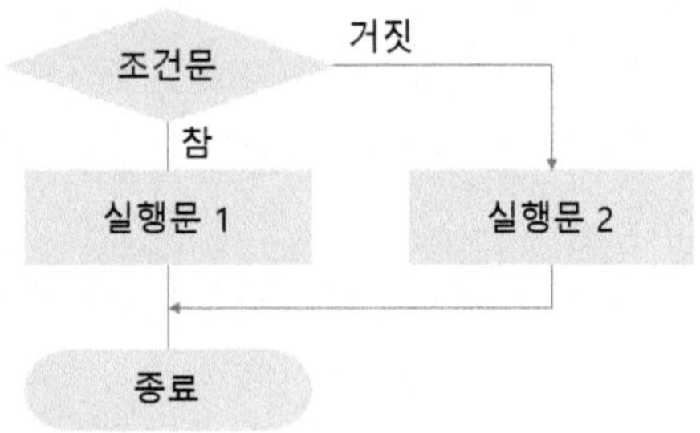

[그림 6-1] 선택구조

파이썬 프로그램에서 사용하는 조건문은 if문, if-else문, 다중 if문이 있다. 조건문은 관계 연산자 혹은 논리 연산자로 연산된 결과의 논리 값(참 혹은 거짓)을 갖는다. 파이썬의 조건문의 종류와 표현에 대하여 하나씩 알아보자.

6.2 if문

■ if문

조건문의 경우 결과 값이 참인 경우만 실행되며, 구조는 [그림 6-2]와 같다. if문을 프로그램에서 코드로 표현하려면 [그림 6-3]과 같다.

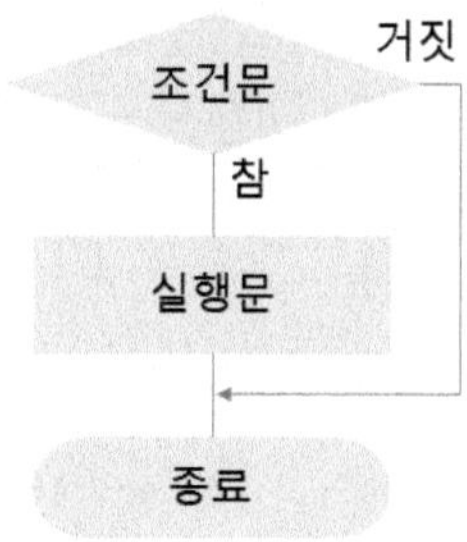

[그림 6-2] if문의 구조

[그림 6-3]에서 표현된 if문의 문법은 다음과 같다. if 다음에 조건식이 나오고, 조건식 마지막에 콜론이 붙는다. 조건식이 참인 경우 실행되는 if문장 다음 행에 일정간격의 들여쓰기를 한 후 표기한다. 조건식 n%2==0에서 n의 값에 어떤 정수가 입력되느냐에 따라 참과 거짓의 결과를 산출한다. 참인 경우 print("짝수")를 출력하며 조건식이 거짓일 경우에는 실행되는 문장이 없다.

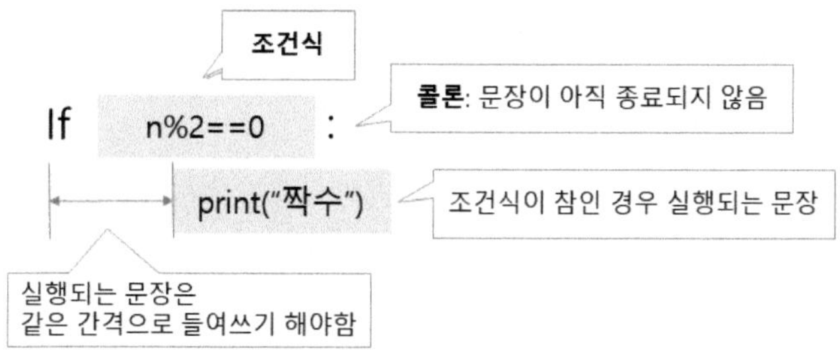

[그림 6-3] if문의 문법 I

나이가 성인인지를 판단하는 프로그램

입력받은 나이가 성인인지 판단하여 출력하는 프로그램을 작성해 본다.

[예제 6.2.1] Python₩ch06₩06_02_01.py

```
n = int(input("나이를 입력하세요 :"))
if n>=19:
    print( n, "세는 성인입니다." )
```

2행: 입력된 정수가 19 이상이면 3행을 실행하고 19 미만이면 실행되는 문장이 없다.

조건문이 참인 경우 실행되는 실행문 1과 실행문 2는 같은 간격으로 들여쓰기 해야 한다.

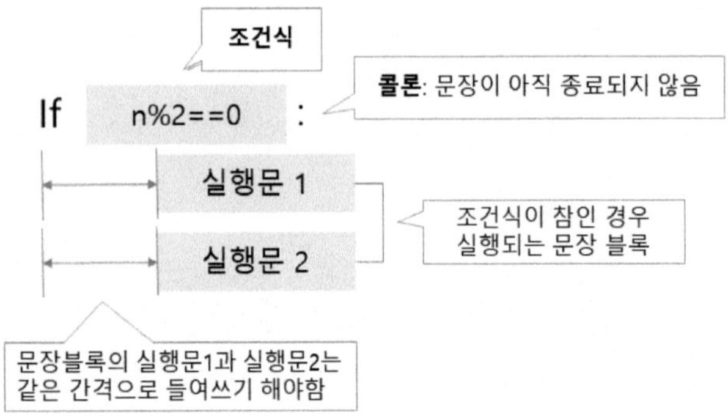

[그림 6-4] if문의 문법 II

조건문의 문장 블록이 여러 개인 경우 들여쓰기 간격을 아래와 같이 서로 다르게 작성하면 프로그램에서 오류가 난다.

[예제 6.2.2] Python₩ch06₩06_02_02.py

```
01. n = int(input("나이를 입력하세요 :"))
02. if n>=19:
03.     print( "입력하신 나이는", n,"세 입니다." )
04.    print( n, "세는 성인입니다." )
```

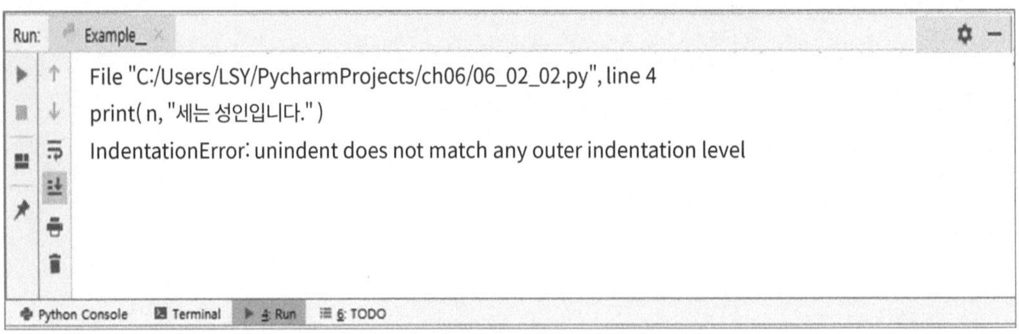

3행: 참일 때 실행되는 문장으로 들여쓰기를 4칸 하였다.

4행: 참일 때 실행되는 문장으로 들여쓰기를 3칸 하였다. 3행과 4행의 들여쓰기 칸수가 일치해야 오류가 나지 않는다.

6.3 if-else문

■ if-else문

조건문의 경우 결과 값이 참과 거짓에 따라서 서로 다른 실행문이 실행될 수 있다. 이때 if-else문을 사용하며, 구조는 [그림 6-1]과 같다. if-else문을 프로그램에서 코드로 표현하려면 [그림 6-5]과 같다.

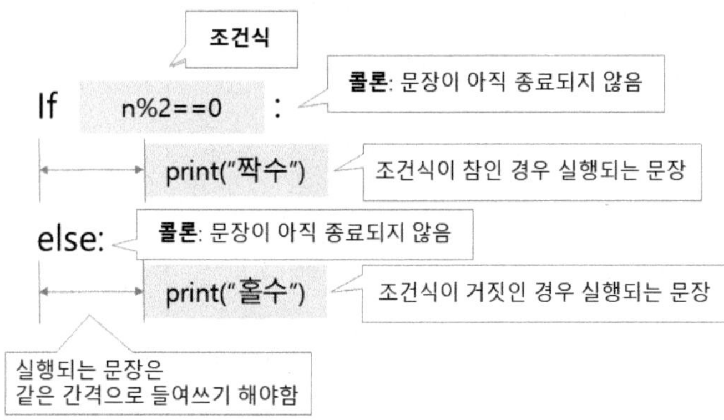

[그림 6-5] if-else문의 문법

■ 나이가 성인인지를 판단하는 프로그램

입력받은 나이가 성인인지 아닌지를 출력하는 프로그램을 작성해 본다.

[예제 6.3.1] Python₩ch06₩06_03_01.py

```
age = int(input("나이를 입력하세요 :"))
if age>=19:
    print( age, "세는 성인입니다." )
else:
    print( age, "세는 성인이 아닙니다." )
```

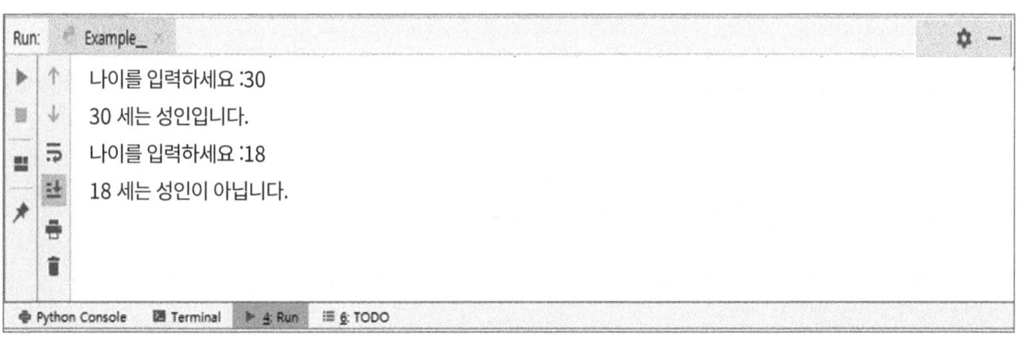

2행: 입력된 정수가 19 이상이면 3행을 수행한다.

4행: 입력된 정수가 19 미만이면, 5행을 수행한다.

■ 거북이 프로그램으로 시간에 따라 낮과 밤의 그림을 보여주는 프로그램

[그림 6-6] 낮의 그림

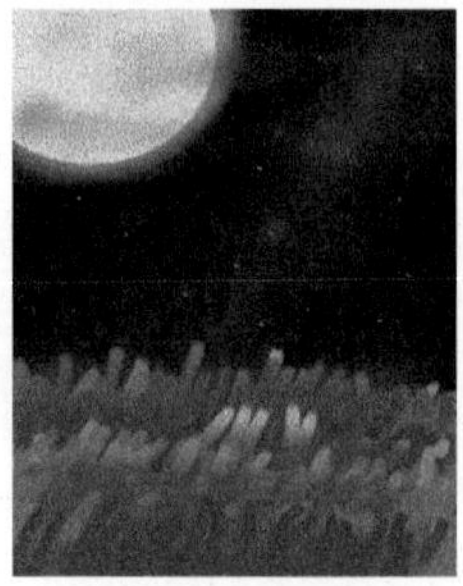

[그림 6-7] 밤의 그림

거북이 프로그램을 이용하여 시간에 따라 낮과 밤의 그림을 보여주는 프로그램을 작성해 본다(아침 6시~18시: 낮의 그림, 18시~아침 6시: 밤의 그림).

[예제 6.3.2] Python₩ch06₩06_03_02.py

```
import turtle
t=turtle.Turtle()
s=turtle.Screen()
sun = "c:\\sum.gif"
moon = "c:\\moon.gif"
s.addshape(sun)                 #이미지 추가
s.addshape(moon)                #이미지 추가
n = int(turtle.textinput("inputBox", "시간을 입력하세요 : (0~24)"))
if n>=6 and n<18:
    t.shape(sun)                #거북이 모양(낮 그림) 설정
    t.stamp()
else:
    t.shape(moon)               #거북이 모양(밤 그림) 설정
    t.stamp()
turtle.done()
```

9행: 입력된 시간이 6이상 18미만이면 10~11행을 실행한다. 9행의 조건에 맞지 않으면 13~14행을 실행한다.

10행: 거북이 모양을 낮 그림의 이미지 모양으로 바꾼다.

11행: 낮 그림의 이미지 모양으로 스탬프[1]를 찍는다.

13행: 거북이 모양을 밤 그림의 이미지 모양으로 바꾼다.

14행: 밤 그림의 이미지 모양으로 스탬프를 찍는다.

15행: 거북이 프로그래밍 실행 후 멈추는 역할을 한다.

■ 신호등의 색깔에 따라 차가 출발하는 프로그램

신호등 색깔이 파란불인 경우 차가 출발하는 프로그램을 작성해 본다.

[예제 6.3.3] Python₩ch06₩06_03_03.py

```
import random
light=random.choice(["파란불","빨간불","노란불"])
if light=="파란불":
    print( light,"입니다. 출발 하세요!" )
else:
    print( light,"입니다. 멈추세요!" )
print("안전 운행하세요")
```

```
Run: Example_
노란불 입니다. 멈추세요!
안전 운행하세요
```

1 turtle.stamp()는 거북이 프로그램의 포인터의 모양을 현재 거북이 위치에서 캔버스에 스탬프로 찍는다. 캔버스를 사용하기 위해서 turtle.Screen()을 사용한다.

2행: random.choice() 함수에 의해 리스트에 있는 세 가지 색상 중 하나가 light 변수에 할당된다.

3행: light가 "파란불" 이면 4행의 메시지를 출력한다.

5행: light가 "파란불"이 아니면 6행의 메시지를 출력한다.

7행: else문의 다음 행에 같은 간격으로 들여쓰기 한 문장이 문장블록에 해당한다. 따라서 else문의 실행문은 6행이다. 7행은 if문이 실행된 후 실행되어 출력된다.

■ 삼항 조건 연산자

if–else문을 짧게 줄여 사용할 때 사용된다. 모든 if–else문을 줄일 수 있는 것은 아니고 아래처럼 조건에 따라 변수의 값을 넣는 경우에 대해서 삼항 조건 연산자를 이용해서 줄일 수 있다.

```
if condition
    r = 10
else:
    r = 20
```

if-esle문

```
r = 10 if condition else 20
```

삼항 조건 연산

6.4 다중 if문

■ 다중 if문(if문 안의 if문)

다중 if문중 if문 안에 if문이 있는 경우는 [그림 6–8]과 같은 구조를 갖는다. 조건문 1이 참인 경우 조건문 2의 조건을 다시 물어 참일 때 실행문 1을 실행하고 거짓일 때 실행문 2을 실행한다. 조건문 1이 거짓일 때 실행문 3을 실행하는 구조이다.

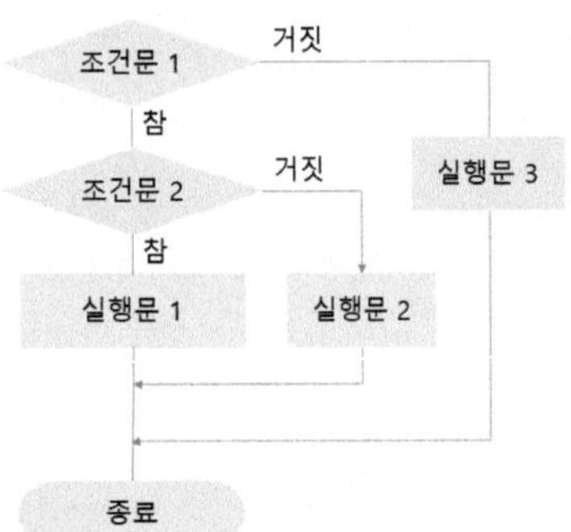

[그림 6–8] 다중 if문(if문 안의 if문)의 구조

이 다중 if문을 프로그램에서 코드로 표현하려면 [그림 6–9]와 같다.

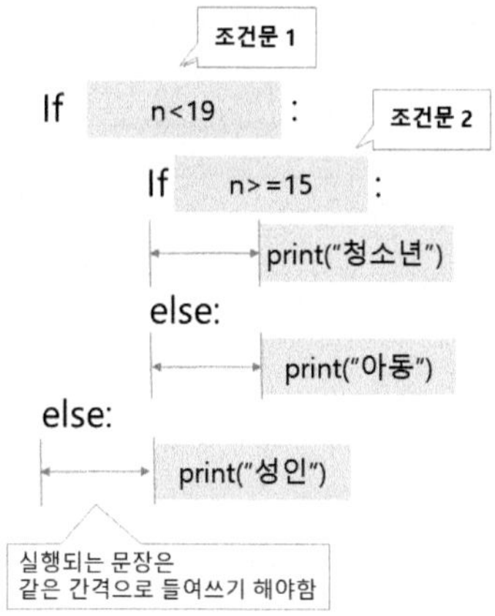

[그림 6-9] 다중 if문(if문 안의 if문)의 문법

■ 다중 if문(if문 안의 if문)을 사용하여 연령의 기준을 출력하는 프로그램

다중 if문을 사용하여 연령의 기준을 출력하는 프로그램을 작성해 본다. 입력받은 나이에서 19세 이상을 성인으로, 15세 이상이고 19세 미만을 청소년으로, 15세 미만을 아동으로 분류하여 출력하는 프로그램을 작성해 본다.

[예제 6.4.1] Python₩ch06₩06_04_01.py

```
n = int(input("나이를 입력하세요 :"))
if n<19:
    if n>=15:
        print( n, "세는 청소년입니다." )
    else:
        print( n, "세는 아동입니다." )
else:
    print( n, "세는 성인입니다." )
```

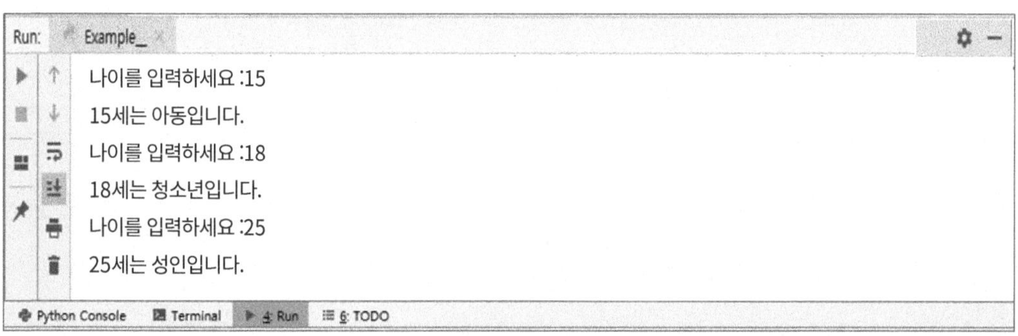

1행: 입력 값을 15, 18, 25로 했을 경우 세 가지를 결과에 모두 표현하였다.

2행: 청소년과 아동은 19세 미만이므로 조건식을 n<19로 작성함

3행: n이 19세 미만이면서 15세 이상인 조건이 참이면 4행을 실행한다.

5행: n이 19세 미만이면서 15세 이상인 조건이 거짓이면 6행을 실행한다.

7행: n이 19세 이상인 조건이 참이면 8행을 실행한다.

■ 다중 if문(if문 안의 if문)을 사용하여 성적표를 출력하는 프로그램

다중 if문을 사용하여 성적표를 출력하는 프로그램을 작성해 본다. 평균 점수를 입력받아 등급을 50점 미만을 F로, 50점 이상 60점 미만을 E로, 60점 이상 70점 미만을 D로, 70점 이상 80점 미만을 C로, 80점 이상 90점 미만을 B로, 90점 이상 100점을 A로 출력하는 프로그램을 작성해 본다.

[예제 6.4.2] Python₩ch06₩06_04_02.py

```
jumsu = int(input("점수를 입력하세요 : "))
if jumsu >= 50:
    if jumsu < 60:
      print("점수 = ", jumsu, " 등급 = E" )
    if jumsu >= 60 and jumsu < 70:
      print("점수 = ", jumsu, " 등급 = D" )
    if jumsu >= 70 and jumsu < 80:
      print("점수 = ", jumsu, " 등급 = C" )
    if jumsu >= 80 and jumsu < 90:
      print("점수 = ", jumsu, " 등급 = B" )
    if jumsu >= 90 and jumsu <=100:
      print("점수 = ", jumsu, " 등급 = A" )
else:
  print("점수 = ", jumsu, " 등급 = F" )
```

```
Run: Example_
점수를 입력하세요 : 45
점수 = 45 등급 = F
점수를 입력하세요 : 78
점수 = 78 등급 = C
점수를 입력하세요 : 95
점수 = 95 등급 = A
Python Console   Terminal   4: Run   6: TODO
```

1행: 입력 값을 45, 78, 95로 했을 경우 세 가지를 결과에 모두 표현하였다.

3행: jumsu가 50점 이상이면서 60점 미만인 조건이 참이면 4행을 실행한다.

5행: jumsu가 60점 이상이면서 70점 미만인 조건이 참이면 6행을 실행한다.

7행: jumsu가 70점 이상이면서 80점 미만인 조건이 참이면 8행을 실행한다.

9행: jumsu가 80점 이상이면서 90점 미만인 조건이 참이면 10행을 실행한다.

11행: jumsu가 90점 이상이면서 100점 이하인 조건이 참이면 12행을 실행한다.

13행: jumsu가 50점 이상인 조건이 거짓이면 14행을 실행한다.

■ 다중 if문(if–elif문)

다중 if문 중 if–elif문의 경우는 [그림 6–10]과 같은 구조를 갖는다. 조건문 1이 참일때는 실행문 1을 실행하고, 거짓인 경우 조건문 2의 조건을 다시 물어 참일 때 실행문 2를 실행하고, 거짓일 때 실행문 3을 실행하는 구조이다.

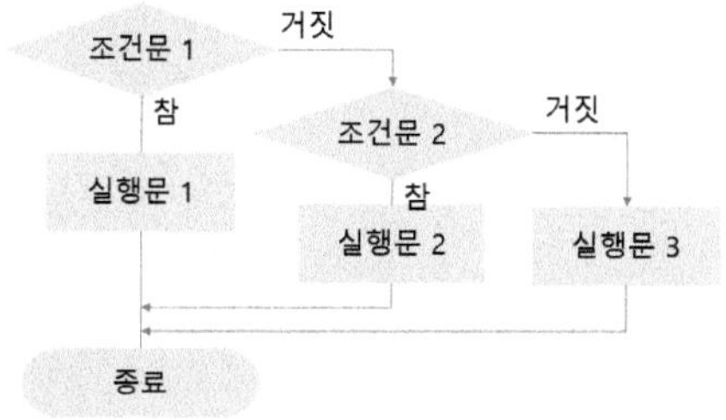

[그림 6–10] 다중 if문(if–elif문)의 구조

이 다중 if문을 프로그램에서 코드로 표현하려면 [그림 6–11]과 같다.

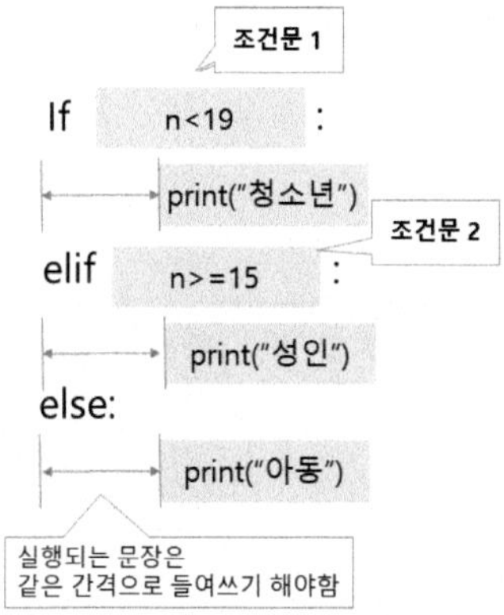

[그림 6–11] 다중 if문(if–elif문)의 문법

■ 다중 if문(if–elif문)을 사용하여 연령의 기준을 출력하는 프로그램

다중 if문(if–elif문)을 사용하여 연령을 출력하는 프로그램을 작성해 본다. 입력받은 나이에서 19세 이상을 성인으로, 15세 이상 19세 미만을 청소년으로, 15세 미만을 아동으로 분류하여 출력하는 프로그램을 작성해 본다.

[예제 6.4.3] Python₩ch06₩06_04_03.py

```
01. n = int(input("나이를 입력하세요 :"))
02. if n>=19:
03.     print(n, "세는 성인입니다.")
04. elif n>=15:
05.     print( n, "세는 청소년입니다." )
06. else:
07.     print( n, "세는 아동입니다." )
```

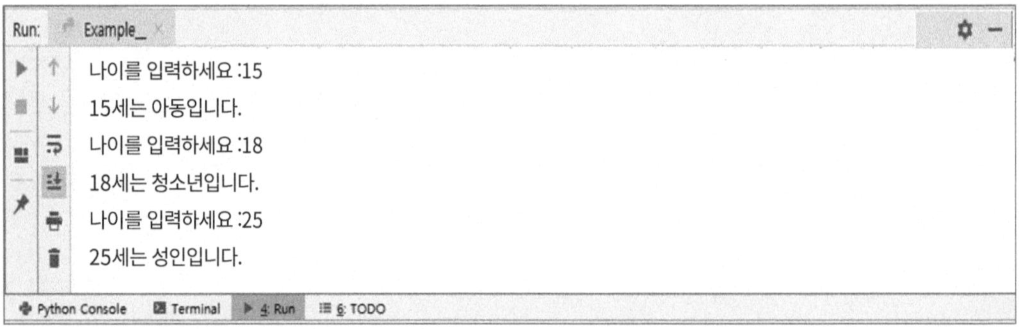

1행: 입력 값을 15, 188, 25로 했을 경우 세 가지를 결과에 모두 표현하였다.

2행: n이 19세 이상인 조건식이 참이면 성인이다.

4행: n이 19세 미만이면서 15세 이상인 조건이 참이면 5행을 실행한다.

6행: n이 19세 미만이면서 15세 이상인 조건이 거짓이면 7행을 실행한다.

■ 다중 if문(if–elif문)을 사용하여 성적표를 출력하는 프로그램

다중 if문(if–elif문)을 사용하여 성적을 출력하는 프로그램을 작성해 본다. 평균 점수를 입력받아 등급을 50점 미만을 F로, 50점 이상 60점 미만을 E로, 60점 이상 70점 미만을 D로, 70점 이상 80점 미만을 C로, 80점 이상 90점 미만을 B로, 90점 이상 100점을 A로 출력하는 프로그램을 작성해 본다.

[예제 6.4.4] Python₩ch06₩06_04_04.py

```
01. jumsu = int(input("점수를 입력하세요 : "))
02. if jumsu < 50:
03.   print("점수 = ", jumsu, " 등급 = F" )
04. elif jumsu < 60:
05.   print("점수 = ", jumsu, " 등급 = E" )
06. elif jumsu < 70:
07.   print("점수 = ", jumsu, " 등급 = D" )
08. elif jumsu < 80:
09.   print("점수 = ", jumsu, " 등급 = C" )
10. elif jumsu < 90:
11.   print("점수 = ", jumsu, " 등급 = B" )
12. elif jumsu <=100:
13.   print("점수 = ", jumsu, " 등급 = A" )
```

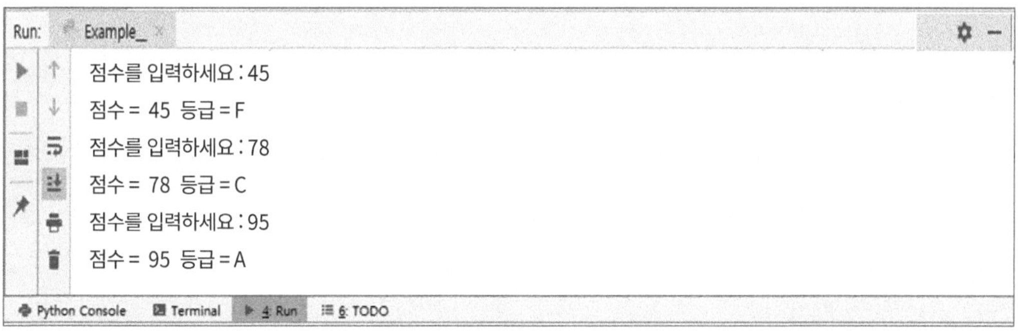

1행: 입력 값을 45, 78, 95로 했을 경우 세 가지를 결과에 모두 표현하였다.

2행: jumsu가 50점 미만인 조건이 참이면 3행을 실행하고, 거짓(50점 이상)이면 4~13을 실행한다.

4행: jumsu가 50점 이상이면서 60점 미만인 조건이 참이면 5행을 실행한다.

6행: jumsu가 50점 이상이면서 60점 미만인 조건이 거짓이고 jumsu가 70점 미만인 조건이 참이면 7행을 실행한다.

8행: jumsu가 50점 이상이면서 70점 미만인 조건이 거짓이고 jumsu가 80점 미만인 조건이 참이면 9행을 실행한다.

10행: jumsu가 50점 이상이면서 80점 미만인 조건이 거짓이고 jumsu가 90점 미만인 조건이 참이면 11행을 실행한다.

12행: jumsu가 50점 이상이면서 90점 미만인 조건이 거짓이고 jumsu가 100점 이하인 조건이 참이면 13행을 실행한다.

6.5 거북이를 이용한 조건문 프로그램

■ 입력받은 숫자로 n각형 도형을 그리는 프로그램

거북이 프로그램을 활용하여 n각형의 도형을 그리는데, n값을 사용자로부터 입력받아 도형을 그린다. n값은 3에서 6까지의 값만 받는다.

[예제 6.5.1] Python₩ch06₩06_05_01.py

```
import turtle
t = turtle.Turtle()
n=int(turtle.textinput( "inputBox", "몇 각형 도형을 그릴까요?(3-6)" ))
if n==3:                #n이 3이면
    t.forward(100)      #삼각형 그리기
    t.left(360/n)
    t.forward(100)
    t.left(360/n)
    t.forward(100)
    t.left(360/n)
if n==4:                #n이 4이면
    t.forward(100)      #사각형 그리기
    t.left(360/n)
    t.forward(100)
    t.left(360/n)
    t.forward(100)
    t.left(360/n)
    t.forward(100)
    t.left(360/n)
if n==5:                #n이 5이면
    t.forward(100)      #오각형 그리기
    t.left(360/n)
    t.forward(100)
    t.left(360/n)
    t.forward(100)
    t.left(360/n)
    t.forward(100)
    t.left(360/n)
    t.forward(100)
    t.right(360/n)
if n==6:                #n이 6이면
    t.forward(100)      #육각형 그리기
```

```
33.     t.left(360/n)
34.     t.forward(100)
35.     t.left(360/n)
36.     t.forward(100)
37.     t.left(360/n)
38.     t.forward(100)
39.     t.left(360/n)
40.     t.forward(100)
41.     t.left(360/n)
42.     t.forward(100)
43.     t.right(360/n)
44. turtle.done()
```

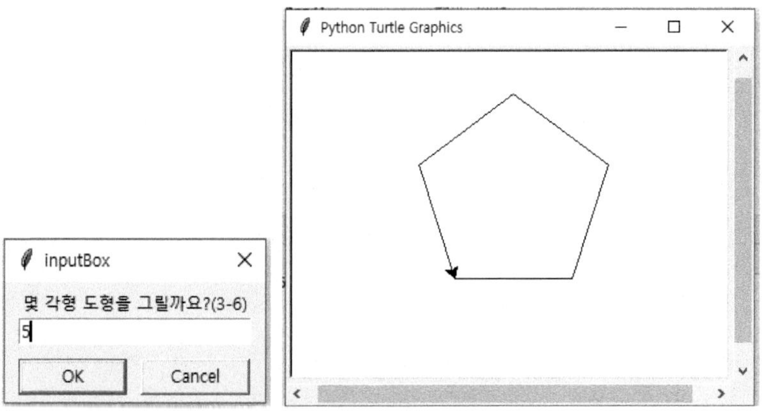

3행: 입력받은 n을 숫자로 연산하기 위해서 int()로 형 변환을 해준다.

4, 11, 20, 31행: if 조건문이 참인 경우 삼각형, 사각형, 오각형, 육각형 도형을 그린다.

6행: 거북이가 n각형의 도형을 그릴 때 360/n의 각도로 회전한다.

■ 문자를 입력받아 입력받은 글씨 그리는 프로그램

거북이 프로그램에서 키보드로 입력을 받아, 입력받은 글씨를 그리는 프로그램을 작성해 본다(키보드는 R과 L을 입력받는다).

[예제 6.5.2] Python₩ch06₩06_05_02.py

```
import turtle
t = turtle.Turtle()
t.width(10)
key = turtle.textinput("","R 혹은 L 키를 누르세요")
if key == "R":                    #입력 값이 R인 경우
    t.right(90)                   #R 그리기
    t.forward(200)
    t.backward(70)
    t.left(30)
    t.forward(80)
    t.penup()
    t.goto(0,0)
    t.pendown()
    t.left(60)
    t.circle(-65, 180)
else:                             #입력 값이 R이 아닌 경우
    t.right(90)                   #L 그리기
    t.forward(200)
    t.left(90)
    t.forward(100)
turtle.done()
```

결과1

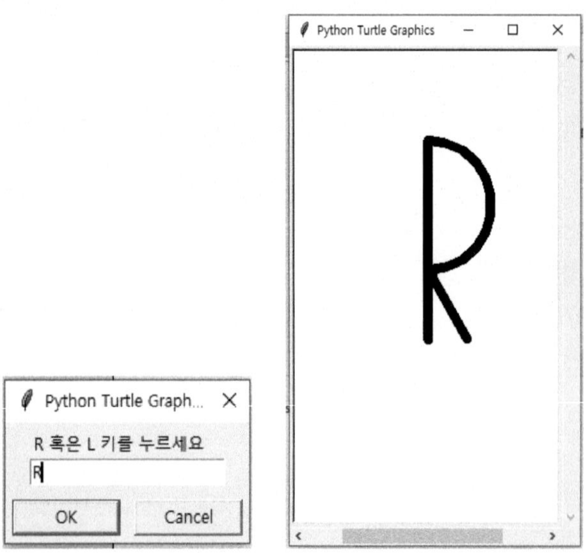

결과2

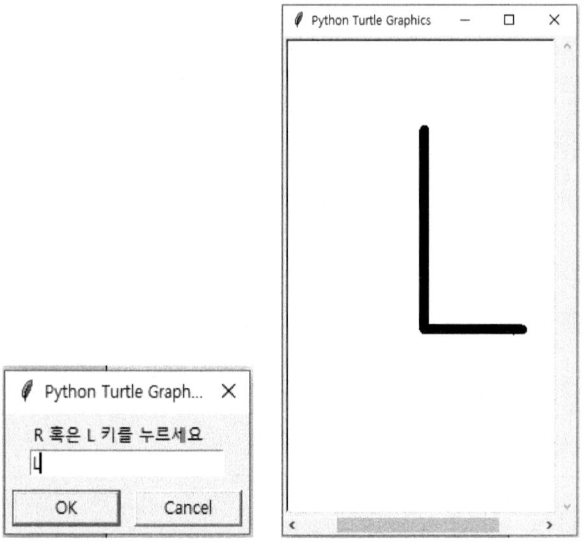

5행: 입력받은 key 값이 R인 경우 6~15행을 실행하여 R자를 그린다.

16행: 입력받은 key 값이 R이 아닌 경우 17~20행을 실행하여 L자를 그린다.

■ 숫자 맞추기 프로그램

number 변수에 1~10사이의 숫자를 저장한 후 사용자에게 숫자를 입력받아 guess에 저장한다. 두 숫자를 비교하여 맞추고자 하는 숫자(number 변수의 값)가 더 크면 UP을 작으면 DOWN을 출력하고, 맞추면 폭죽 그림과 함께 "축하합니다."를 출력한다.

[예제 6.5.3] Python₩ch06₩06_05_03.py

```
import turtle
import random
t = turtle.Turtle()
s = turtle.Screen()
firecracker = "c:\\firecracker.gif"
s.addshape(firecracker)
number = random.randint(1,10)
while True:
    guess = int(turtle.textinput("", "숫자를 입력하세요(1-10 : "))
    if number != guess:
        t.clear()
```

```
12.         if number > guess:
13.             t.write("UP")
14.         else:
15.             t.write("DOWN")
16.     else:
17.         t.shape(firecracker)
18.         t.stamp()
19.         t.write("축하합니다.")
20. turtle.done()
```

8행: 입력을 계속 받기 위해서 무한 반복문[2]을 사용하였다.

10행: 맞춰야할 숫자 number가 사용자가 생각한 guess 와 같지 않으면 11~14행을 실행한다.

11행: number가 guess보다 크면 12행을 출력한다.

13행: number가 guess보다 작으면 14행을 출력한다.

15행: number와 guess와 같으면 16~19행을 실행한다.

■ 거북이 위치를 구하고 해당하는 사분면에 색칠하기

거북이를 난수를 이용해 랜덤하게 위치시킨다. 위치 값을 읽어 해당하는 사분면의 색깔을 변경시키고, x, y좌표를 화면에 출력하는 프로그램을 작성해 본다.

2 while문을 활용한 반복문은 8장에서 자세히 다룬다. while 문의 조건문이 True인 경우 무한 반복된다.

[예제 6.5.4] Python₩ch06₩06_05_04.py

```
import turtle
import random
t = turtle.Turtle()
turtle.setup(700,700)
s = turtle.Screen()
x = random.randint(-300,300)
y = random.randint(-300,300)
if x > 0 and y > 0:                #1사분면
    t.color("yellow")
    t.begin_fill()
    t.forward(300)
    t.left(90)
    t.forward(300)
    t.left(90)
    t.forward(300)
    t.left(90)
    t.forward(300)
    t.end_fill()
elif x < 0 and y > 0:              #2사분면
    t.color("blue")
    t.begin_fill()
    t.forward(300)
    t.right(90)
    t.forward(300)
    t.right(90)
    t.forward(300)
    t.right(90)
    t.forward(300)
    t.end_fill()
elif x < 0 and y < 0:              #3사분면
    t.color("pink")
    t.begin_fill()
    t.backward(300)
    t.left(90)
    t.forward(300)
    t.right(90)
    t.forward(300)
    t.right(90)
    t.forward(300)
    t.end_fill()
```

```
41. elif x > 0 and y < 0:                 #4사분면
42.     t.color("green")
43.     t.begin_fill()
44.     t.backward(300)
45.     t.left(90)
46.     t.forward(300)
47.     t.right(90)
48.     t.forward(300)
49.     t.right(90)
50.     t.forward(300)
51.     t.end_fill()
52. t.write("x= %s y= %s"%(x,y))
53. turtle.done()
```

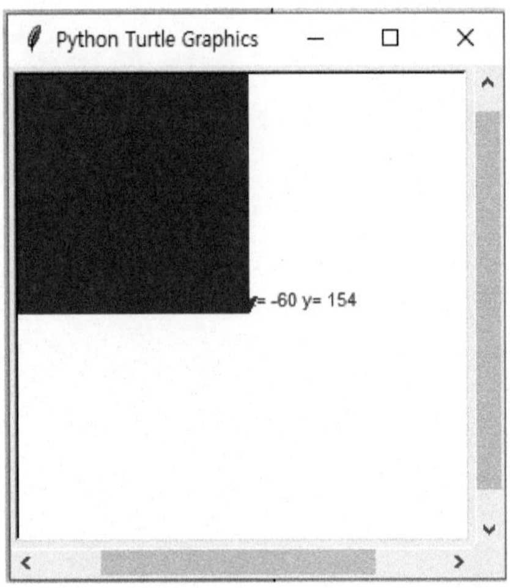

8행: x, y값이 둘 다 양수이면 1사분면에 yellow색을 칠한다.

19행: 1사분면이 아니고 x는 음수, y는 양수이면 2사분면에 blue색을 칠한다.

30행: 1, 2사분면이 아니고 x는 음수, y는 음수이면 3사분면 pink색을 칠한다.

41행: 1, 2, 3 사분면이 아니고 x는 양수, y는 음수이면 4사분면 green색을 칠한다.

52행: x, y 좌표를 화면에 출력한다.

응용문제

사용자로부터 연도 값을 입력받아 윤년인지 확인하는 프로그램을 작성해 보자.

1. 사용자에게 연도를 입력받는다.
2. 윤년 조건 1: 연도가 4로 나누어 떨어진다.
3. 윤년 조건 2: 100으로 나누어 떨어지는 연도는 제외한다.
4. 윤년 조건 3: 400으로 나누어 떨어지는 연도는 윤년이다.

정리하기

6장에서는 파이썬에서 사용하는 조건문에 대해 살펴보았다. 그리고 조건문을 활용한 거북이 프로그램을 프로그래밍 해 보았다. 이번 장에서 학습한 내용을 정리해 본다.

- 프로그램의 기본구조 중 선택구조에 해당하는 조건문의 종류에는 if문, if–else문, 다중 if문(if문 안에 if문), 다중 if문(if–elif문)이 있다.
- if문은 조건식 뒤에 콜론을 붙이고, 다음 행에는 조건이 참일 때 실행하는 문장 블록이 온다. 문장 블록 내의 명령문들은 들여쓰기 간격이 같아야 한다.
- if–else문은 조건식: 다음 행에 조건이 참일 때 실행하는 문장 블록이 오고, else: 다음 행에는 조건이 거짓일 때 실행하는 문장 블록이 온다.
- if–else문을 줄여서 삼항 조건문을 사용할 수 있다.
- 다중 if문은 if문 안에 if문이 있는 경우가 있다. 첫 if문의 조건이 참일 때 다음 조건을 다시 묻는 구조이다.
- 또한 다중 if문은 if–elif문이 있는 경우가 있다. 첫 if문의 조건이 거짓일 때 elif의 조건을 다시 묻는 구조이다.
- 나머지 변수의 결과 값을 이용해 1인 경우는 참으로 0인 경우는 거짓으로 조건문의 True와 False를 같이 사용할 수 있다.
- 조건문은 관계 연산자에 의해 결과 값이 True 혹은 False의 논리 값을 갖는다.
- 복잡한 조건문의 경우는 비교 연산자 이외에 논리 연산자도 함께 사용한다.

연습문제

【 객관식 】

1. 다음 코드에서 1행을 실행하고 3행인 y += 1이 수행되는 경우는 언제인가?( )

```
01. if x == 3:
02.     x1 = "DCU"
03. y += 1
```

① 변수 x가 3이라는 값을 가지고 있을 때

② 변수 x1이 "DCU"라는 값을 가지고 있을 때

③ 변수 x가 3 이외에 다른 값을 가지고 있을 때

④ 모든 경우에 수행

2. 다음 코드에서 x=0, y=1인 경우 y값은?( )

```
if (x and y) or (x or y):
  y += 1
else:
  y = 3 * y
```

① y = 2　② y = 1　③ y = 3　④ y = 4

3. 다음 파이썬 코드에서 변수 a가 2의 값을 가지는 경우에 x 값은? ( )

```
x = 4
if a == 1:
    x = x + 5
elif a == 2:
    x = x - 2
elif a == 3:
    x = x - 9
else:
    x = x + 3
x += 10
```

① x = 2　② x = 12　③ x = 17　④ x = 19

4. 다음 코드에서 x=1일 때 x의 결과 값은?( )

```
if x % 2 == 0:
    x = 0
else:
    x *= 3
```

① x = 2　　② x = 1　　③ x = 3　　④ x = 4

5. if-else문은 어떤 경로에 명령문 블록을 포함하는가? ( )

① True 경로

② True와 False 경로

③ False 경로

④ 포함하지 않는다.

【 단답형 】

6. 파이썬에서 복잡한 조건문에서 사용되는 연산자의 종류 중 원래 가지고 있는 논리값의 반대 값을 갖는 연산자는? ( )

7. if문에서 조건문 뒤에 아직 문장이 끝나지 않았다는 것을 표시하는 기호는? ( )

8. 다중 if문에서 if문의 조건 값이 거짓인 경우 다시 조건을 묻는 경우 사용하는 예약어는? ( )

9. 조건문에서 0이나 1의 값이 결과 값으로 나와 조건식에서 자주 쓰이는 산술연산자는? ( )

10. if-else문을 짧게 줄여 사용할 수 있는데 이것을 무엇이라 하나? ( )

【 주관식 】

11. 아래 순서도에 맞게 파이썬 프로그램을 작성해 보자.

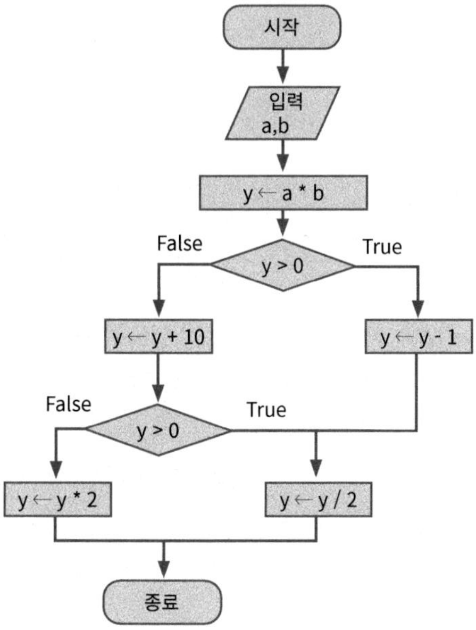

12. 다음 파이썬 프로그램을 if문만을 사용하여 재작성해 보자.

```
a = float(input())
b = float(input())
c = float(input())
if a > 10:
    if b < 500:
        if c != 10:
            d = (a + b + c) / 12
            print("결과: ", d)
else:
    print("오류!")
```

13. 최근 조사에 따르면 현재 가장 많이 사용되는 태블릿용 운영체제는 안드로이드, iOS, 윈도우즈 순서이다. 프로그램이 효율적으로 동작하도록 작성해 보자.

14. 파이썬 프로그램을 다중 if문(if문 안에 if문)을 사용하여 재작성해 보자.

```
print("1. 빨간색")
print("2. 녹색")
print("3. 파란색")
print("4. 흰색")
print("5. 검정색")
color = int(input("색을 선택하시오: "))
print("선택한 색에 대한 RGB 코드: ")
if color == 1:
    print("FF0000")
elif color == 2:
    print("00FF00")
elif color == 3:
    print("0000FF")
elif color == 4:
    print("FFFFFF")
elif color == 5:
    print("000000")
```

15. 어떤 슈퍼마켓에서 다음 표에 근거하여 구매수량에 따라 할인을 제공하고 있다.
총 금액과 구매수량을 입력받아, 할인율이 적용된 총 금액을 구해보자.

구매수량의 범위	할인율
구매수량 < 50	0%
50 ≤ 구매수량 < 100	1%
100 ≤ 구매수량 < 200	2%
250 ≤ 구매수량	3%

CHAPTER

07

반복문 I

학습목표

- 횟수 제어 반복문에 대해 설명할 수 있다.
- for문을 활용할 수 있다.
- for문을 이용하여 이중 반복문을 작성할 수 있다.
- for문을 이용하여 구구단을 프로그램을 작성할 수 있다.
- for문을 활용하여 거북이를 프로그램을 작성할 수 있다.

7 _ 반복문 I

프로그램의 기본적인 제어구조에는 순차구조, 선택구조, 반복구조가 있다. 그 중 반복구조에는 횟수제어 반복문과 조건제어 반복문이 있다. 본 장에서는 횟수제어 반복문인 for문에 대해 알아본다. for문을 활용하는 방법과 이중 for문에 대해 살펴보고, 구구단 만들기 프로그램, 반복문을 활용한 거북이 프로그램을 작성해 본다.

7.1 횟수제어 반복문의 이해

■ 횟수제어 반복문이란?

정해진 횟수만큼 반복하는 문장을 말한다. 반복하는 횟수를 미리 아는 경우 사용한다.

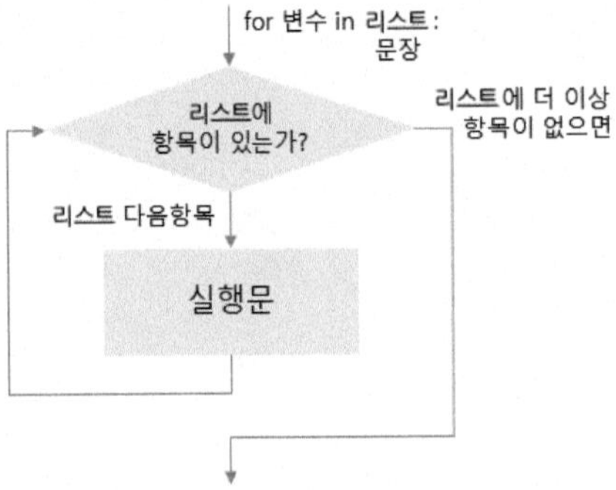

[그림 7-1] 횟수제어 반복문의 구조

[그림 7-1]과 같이 반복문이 반복될 때마다 변수에 리스트의 항목을 하나씩 대입한다. 리스트에 항목이 더 이상 없으면 종료된다.

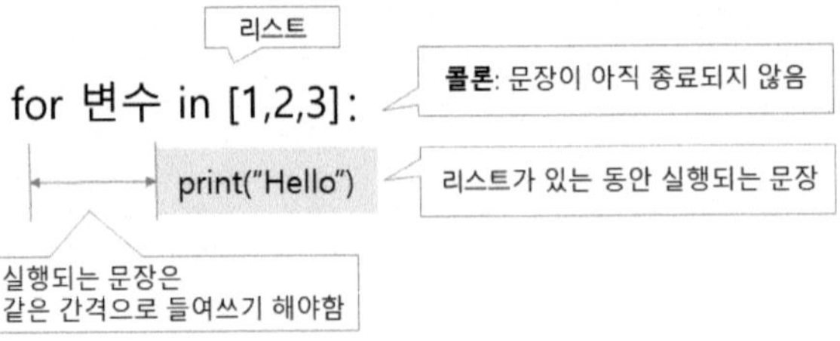

[그림 7-2] 반복문 for문의 문법

[그림 7-2]에서 변수를 i라고 했을 경우, 리스트 [1,2,3]에 의해 i=1일 때 print ("Hello")를 실행하고, i=2일 때 print ("Hello")를 실행하고, i=3일 때 print ("Hello")를 실행하여 총 세 번 실행한다.

7.2 for문의 활용

for문이 반복되면서 변하는 변수 값을 확인해 본다.

[예제 7.2.1] Python₩ch07₩07_02_01.py

```
01. list = ["강감찬","이순신","권율"]
02. for i in list:
03.     print(i, "는(은) 영웅 입니다.")
```

2행: 1행의 리스트 list의 항목 수만큼 3번 반복한다.

3행: 변수 i의 값은 첫 번째에 list[0]의 값 "강감찬"이, 두 번째 반복에서는 list[1]의 값 "이순신"이, 세 번째 반복에서는 list[2]의 값 "권율"이 순서대로 출력된다.

■ for문에서 리스트를 활용한 9단 출력 프로그램

for문의 변수 값을 이용하여 구구단의 9단을 출력해 본다.

[예제 7.2.2] Python₩ch07₩07_02_02.py

```
01. for i in [1,2,3,4,5]:
02.     print("9*", i, "는", 9*i, "입니다.")
```

1행: for문은 리스트의 항목 수만큼 5번 반복한다.

3행: 변수 i의 값은 반복하면서 1~5까지 증가한다. 이를 이용해 구구단을 출력한다.

■ for문에서 range()를 이용하여 출력하는 프로그램

range()는 연속된 숫자(정수)를 만들어주는 함수로 [그림 7-3]과 같이 사용한다. range(stop), range(start, stop), range(start, stop, step)의 세 가지 형태로 사용할 수 있다.

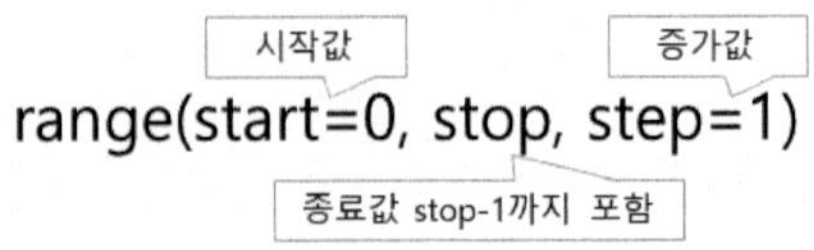

[그림 7-3] range()의 문법

for문에서 range()를 이용하여 출력하는 프로그램을 작성해 본다.

■ range(stop)

종료 값만 있는 range()를 출력하는 프로그램을 작성해 본다. 시작 값이 생략된 경우는 0부터 시작한다. 종료 값은 stop−1까지이다.

[예제 7.2.3] Python₩ch07₩07_02_03.py

```
01. for i in range(10):
02.     print( "i 값은", i, "입니다.")
```

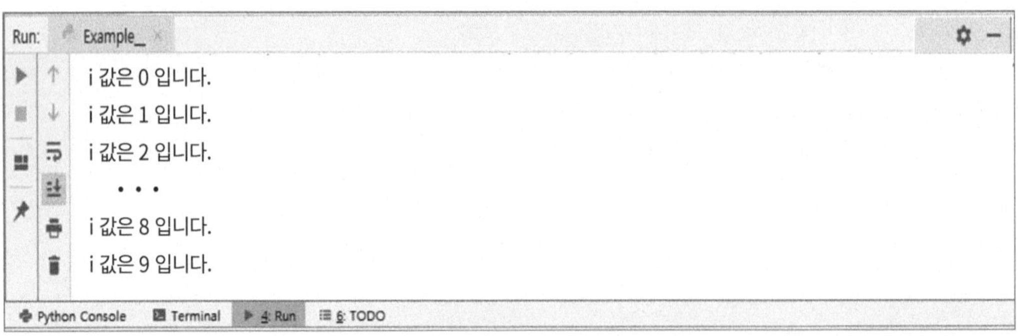

1행: range(10)은 i를 시작값 0부터 10−1번째까지 증가한다.

2행: i값이 1씩 증가되면서 10번 출력된다.

■ range(start, stop)

시작 값, 종료 값이 있는 range()를 출력하는 프로그램을 작성해 본다. 증가 값이 생략된 경우 증가 값은 1이다.

[예제 7.2.4] Python₩ch07₩07_02_04.py

```
01. for i in range(1, 5):
02.     print( i, end=" " )
```

```
Run: Example_
1 2 3 4
```

1행: range()에서 시작값=1, 종료값=5-1 이다.

2행: i값은 1씩 증가되면서 출력된다. print() 옵션 end=" "로 가로로 출력된다.

■ range(start, stop, step)

시작 값, 종료 값, 증가 값이 모두 있는 range()를 출력하는 프로그램을 작성해 본다.

[예제 7.2.5] Python₩ch07₩07_02_05.py

```
01. for i in range(1, 5, 2):
02.     print( i, end=" " )
```

```
Run: Example_
1 3
```

1행: range()에서 시작값=1, 종료값=5-1, 증가값=2 이다.

2행: print() 옵션 end=" "로 가로로 출력된다.

■ for문을 이용하여 별 그리기

거북이 프로그램을 이용하여 3가지 색의 별을 그려보자.

[예제 7.2.6] Python₩ch07₩07_02_06.py

```
import turtle
t = turtle.Turtle()
colors = ["red","yellow","blue"]
t.begin_fill()
t.fillcolor(colors[0])
```

```
06. for i in range(5):                          #range(종료값)
07.     t.forward(100)
08.     t.left(144)
09. t.end_fill()
10. t.left(120)
11. t.begin_fill()
12. t.fillcolor(colors[1])
13. for i in range(1,6):                        #range(시작값,종료값)
14.     t.forward(100)
15.     t.left(144)
16. t.end_fill()
17. t.left(120)
18. t.begin_fill()
19. t.fillcolor(colors[2])
20. for i in range(0,5,1):                      #range(시작값,종료값,증가값)
21.     t.forward(100)
22.     t.left(144)
23. t.end_fill()
24. turtle.done()
```

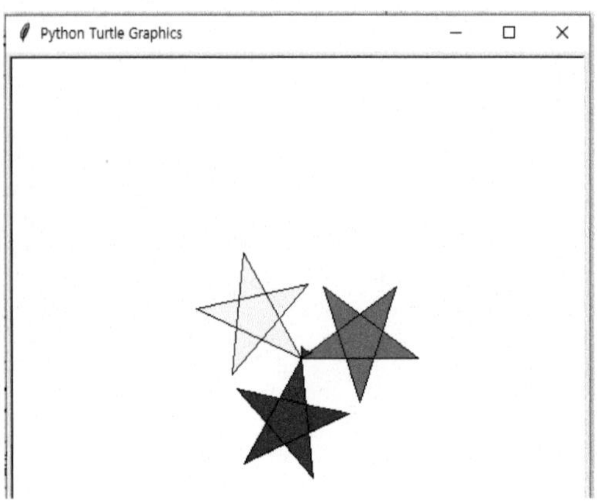

6행: range(5)는 0~4까지 5회 반복하여 6~8행의 문장을 실행한다.

13행: range(1,6)는 1~5까지 5회 반복하여 13~15행의 문장을 실행한다.

20행: range(0,5,1)는 0~4까지 5회 반복하여 20~22행의 문장을 실행한다.

■ '*'을 이용하여 도형 그림 그리기 I

'*'과 공백을 반복 출력하여 도형을 그리려고 한다. 이때, 반복시키는 변수를 for문의 변수를 사용하여 프로그램을 작성해 본다.

[예제 7.2.7] Python₩ch07₩07_02_07.py

```
01. j = 9
02. for i in range(1,10):
03.     print("*"*i, " "*j)
04.     j-=1
```

2행: i는 1부터 9까지 9회 반복한다.

3행: 첫 번째는 print("*"*1, " "*9)가 실행되고 아홉 번째는 print("*"*9, " "*1)이 실행된다.

4행: 실행될 때마다 j를 1씩 감소시키는 문장

■ "*"을 이용하여 도형 그림 그리기 II

위의 도형에 좌우 대칭 되는 별을 그리는 프로그램을 작성해 본다.

[예제 7.2.8] Python₩ch07₩07_02_08.py

```
01. j = 9
02. for i in range(1,10):
03.     print(" "*j, "*"*i)
04.     j-=1
```

3행: 첫 번째는 print(" "*9, "*"*1)이 실행되고 아홉 번째는 print(" "*1, "*"*9)가 실행된다.

■ 엘리베이터 프로그램

가고자 하는 층 수를 입력했을 때 현재 층에서부터 가는 층 수를 출력하는 프로그램을 작성해 본다.

[예제 7.2.9] Python₩ch07₩07_02_09.py

```
01. now = 5
02. floor = int(input("가는 층 수를 입력해 주세요(1~10) : "))
03. print("현재 5층 입니다")
04. if now > floor:                          #현재 층이 높은 경우
05.     for i in range(1, now-floor+1): #엘리베이터가 내려감
06.         print(now-i,"층 입니다")
07. else:                                    #현재 층이 낮은 경우
08.     for i in range(1, floor-now+1): #엘리베이터가 올라감
09.         print(now+i,"층 입니다")
```

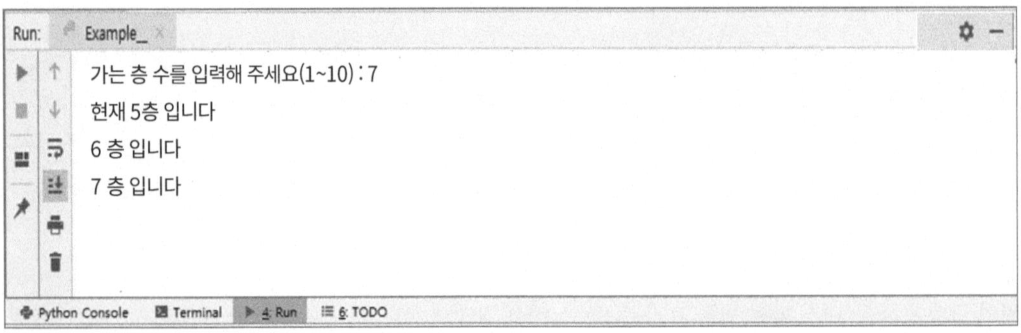

4행: 현재 층이 가는 층보다 높으면 엘리베이터가 내려가야 한다

5행: range()에서 3행에서 현재 층이 출력되었으므로, 시작 값에 1을 넣어야 6행에서 현재 층을 반복해서 출력하지 않는다. 반복되는 횟수는 now-floor이므로 종료 값에는 1을 더한 값을 표기한다.

8행: 현재 층이 가는 층보다 높지 않으면 엘리베이터가 올라가야 한다

9행: range()에서 3행에서 현재 층이 출력되었으므로, 시작 값에 1을 넣어야 9행에서 현재 층을 반복해서 출력하지 않는다. 반복되는 횟수는 floor-now이므로 종료 값에는 1을 더한 값을 표기한다.

7.3 이중 for문

■ 이중 for문이란?

이중 for문이란 for문을 중첩해서 사용하는 것을 말하며, [그림 7-4]와 같은 구조를 갖는다. for문과 중첩되어 사용되는 for문의 변수는 달라야 한다.

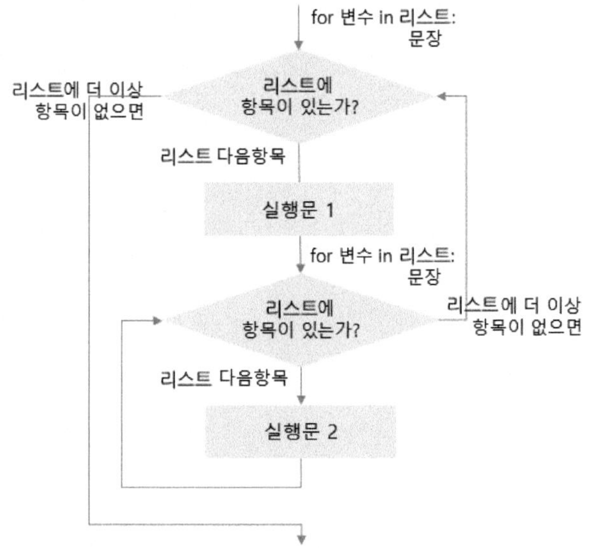

[그림 7-4] 이중 for문의 구조

[그림 7-4]와 같이 첫 번째 for문의 실행문 1을 실행한 후 두 번째 for문의 리스트의 항목 수만큼 실행문 2를 모두 실행한 후, 리스트에 더 이상 항목이 없으면 첫 번째 for문의 두 번째 반복을 실행한다. 이런 방법으로 리스트 항목이 더 이상 없을 때까지 반복한다.

[그림 7-5] 이중 for문의 문법

[그림 7−5]에서 첫 번째 for문의 i=1일 때 print("Hello")가 실행되고, 두 번째 for문의 j가 1,2일 때 print("world")가 두 번 실행된다. 다시 i=2가 되고 print("Hello")가 실행된 후 j가 1,2일 때 print("world")가 두 번 실행된다. 마지막으로 i=3이 되고 print("Hello")가 실행된 후 j가 1,2일 때 print("world")가 두 번 실행된다.

■ 이중 for문을 이용한 프로그램 I

이중 for문을 이용한 프로그램에서 반복되는 변수의 값을 확인해 본다.

[예제 7.3.1] Python₩ch07₩07_03_01.py

```
01. for i in range(3):
02.     print(i, "는 첫 번째 반복문의 i 값입니다.")
03.     for j in range(2):
04.         print(j, "는 두 번째 반복문의 j 값입니다.")
```

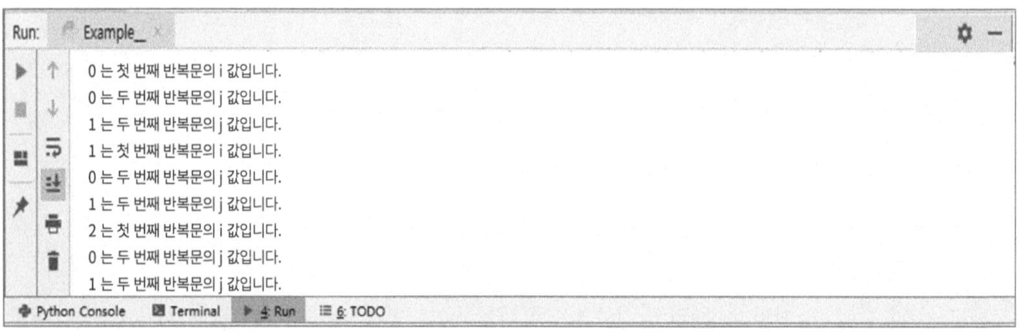

1행: i는 0~2까지 2행 문장을 세 번 반복한다.

3행: j는 0~1까지 4행 문장을 두 번 반복한다.

■ 이중 for문을 이용한 프로그램 II

이중 for문을 이용한 프로그램에서 반복되는 변수의 값을 확인해 본다.

[예제 7.3.2] Python₩ch07₩07_03_02.py

```
for i in range(2):
    print("i 값은", i, "입니다.")
    for j in range(10, 0, -2):
        print("j 값은", j, "입니다.")
```

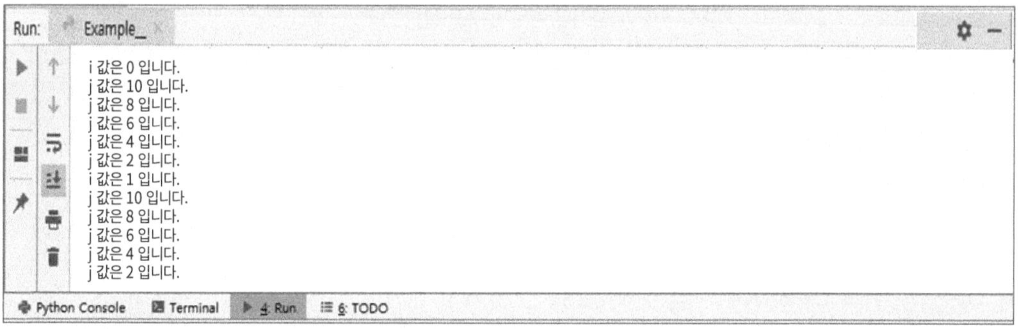

1행: range(2)은 i를 0~1까지 증가시키며 두 번 반복한다.

3행: range(10, 0, −2)은 j를 10~0까지 2씩 감소시키며 다섯 번 반복한다.

■ 이중 for문을 이용하여 별 그리기

거북이 프로그램으로 3가지 색의 별을 그려본다.

[예제 7.3.3] Python₩ch07₩07_03_03.py

```
import turtle
t = turtle.Turtle()
colors = ["red","yellow","blue"]
for i in range(3):                  #별 그리기 반복횟수
    t.begin_fill()
    t.fillcolor(colors[i])          #별을 채울 색상
    for j in range(5):              #별 그리기
        t.forward(100)
        t.left(144)
    t.end_fill()
    t.left(120)
turtle.done()
```

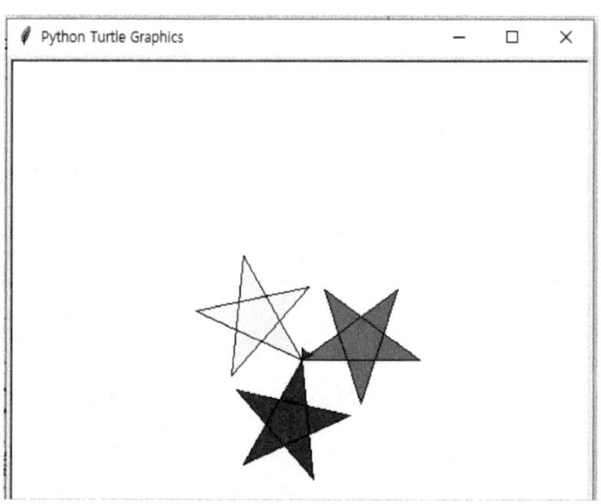

4행: range(3)는 0~2까지 3회 반복하여 5~11행의 명령문 블록을 실행한다.

6행: t.fillcolor(colors[i])는 반복되면서 colors[0], colors[1], colors[2]의 값이 사용된다.

7행: range(5)는 0~4까지 5회 반복하여 별을 그리는 명령문이다.

11행: 별 하나를 그리고 거북이를 왼쪽으로 120도 방향을 전환한다.

■ 이중 for문을 이용하여 "*"로 도형 그림 그리기 I

"*"과 공백을 반복 출력하여 도형을 그리려고 한다. 이때, 반복시키는 변수를 이중 for문의 변수를 사용하여 프로그램을 작성해 본다.

[예제 7.3.4] Python₩ch07₩07_03_04.py

```
01. for i in range(2):
02.     k=1
03.     for j in range(3):
04.         print(" "*(4-j),"*"*k," "*(4-j))
05.         k+=2
```

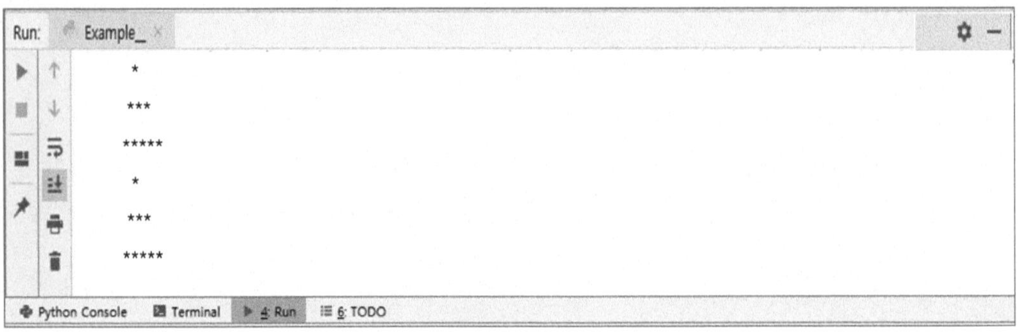

1행: 3~5행에서 그린 삼각형 모양을 두 번 반복한다.

3행: "*"과 공백을 활용한 출력을 3번 반복한다.

4행: 공백은 4개에서 1개씩 감소하고 "*"은 1개에서 2씩 증가하며, 다시 공백이 4개에서 1개씩 감소하는 출력을 실행한다.

■ 이중 for문을 이용하여 '*'로 도형 그림 그리기 II

위의 도형에 상하 대칭이 되는 별을 그리는 프로그램을 작성해 본다. 이중 for문을 이용하여 작성한다.

[예제 7.3.5] Python₩ch07₩07_03_05.py

```
01. for i in range(2):
02.     k=5
03.     for j in range(3):
04.         print(" "*j,"*"*k," "*j)
05.         k-=2
```

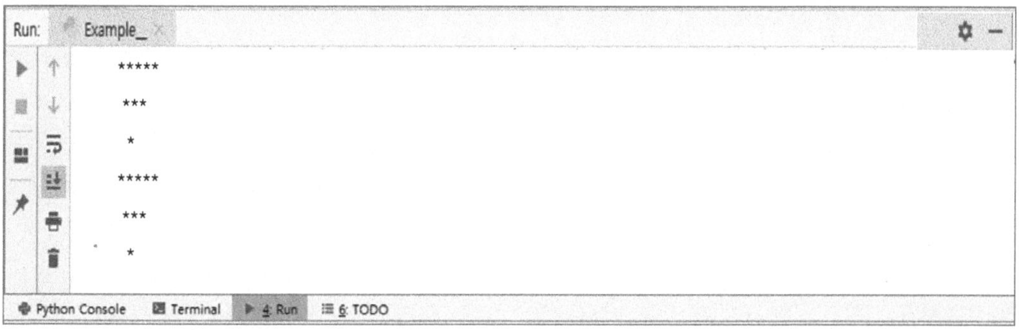

1행: 3~5행에서 그린 삼각형 모양을 두 번 반복한다.

3행: '*'과 공백을 활용한 출력을 3번 반복한다.

4행: 공백은 0개에서 1개씩 증가하고 '*'은 5개에서 2개씩 감소하며, 다시 공백이 0개에서 1개씩 증가하는 출력을 실행한다.

■ 다중 for문을 이용한 프로그램

다중 for문에서 각각의 변수 값을 확인해 본다.

[예제 7.3.6] Python₩ch07₩07_03_06.py

```
for i in [1,2,3]:
    print("i=", i)
    for j in [4,5]:
        print("j=", j, end=" ")
        for k in [6,7]:
            print("k=", k, end=" ")
print("\n")
```

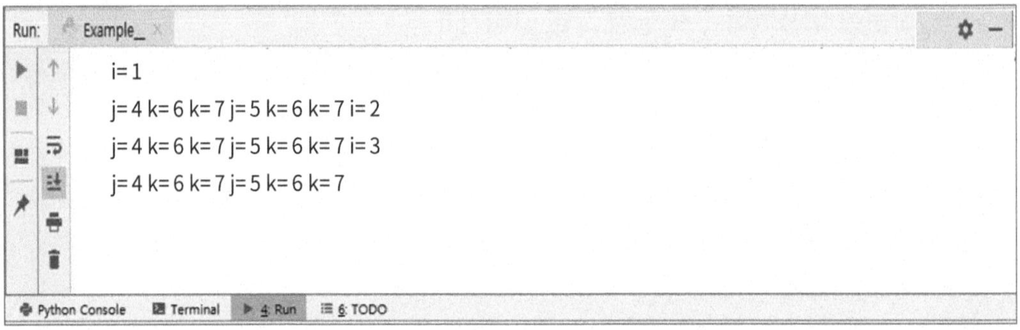

1행: i는 기본적으로 3번 반복된다.

3행: j는 기본적으로 2번 반복된다. i가 3번 반복되면서 j는 6번 반복된다.

5행: k는 기본적으로 2번 반복된다. j가 2번 반복되면서 k는 4번 반복되고, i가 3번 반복되면서 j가 6번 반복되면서 k는 12번 반복된다.

■ 햄버거 만들기 프로그램

햄버거 전문점에서 햄버거를 만든다. 빵은 "모닝빵", "옥수수빵", "우유빵"이 있고, 고기는 "소고기 패티", "소시지", "치킨", "불고기"가 있다. 야채는 "양상추", "토마토", "오이"이다. 모든 주재료를 하나씩은 넣어서 햄버거를 만들 수 있는 모든 조합을 출력하는 프로그램을 작성해 본다.

[예제 7.3.7] Python₩ch07₩07_03_07.py

```
breads = ["모닝빵","옥수수빵","우유빵"]
meats = ["소고기 패티","소시지","치킨","불고기"]
vegits = ["양상추","토마토","오이"]
sauces = ["마요네즈","허니 머스터드","칠리"]
for b in breads:
    for m in meats:
        for v in vegits:
            for s in sauces:
                print(b,"+",m,"+",v,"+",s)
```

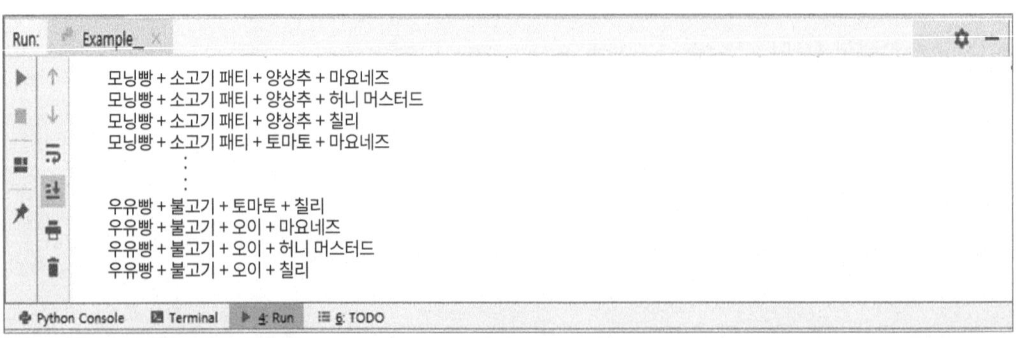

5행: breads 리스트의 첫 번째 항목 모닝빵이 b에 할당된다.

6행: meats 리스트의 첫 번째 항목 소고기 패티가 m에 할당된다.

7행: vegits 리스트의 첫 번째 항목 양상추가 v에 할당된다.

8행: sauces 리스트의 첫 번째 항목 마요네즈가 s에 할당된다.

9행: 첫 번째 조합(모닝빵 + 소고기 패티 + 양상추 + 마요네즈)이 출력된다. 이후(모닝빵 + 소고기 패티 + 양상추)의 조합과 sauces 리스트의 모든 항목이 차례로 출력된다.

7.4 구구단 만들기 프로그램

for문을 활용하여 구구단을 출력하는 프로그램을 작성하여 본다. 위의 [예제 7.2.2]에서 9단의 일부를 출력하는 프로그램을 작성해 보았다. 이번에는 range()를 이용하여 9단을 출력해 본다. 또한 이중 for문을 활용하여 2단부터 9단까지 출력하는 프로그램을 작성해 본다.

■ for문으로 9단을 출력하는 프로그램

for문에서 range()를 이용하여 9단 전체를 출력하는 프로그램을 작성한다.

[예제 7.4.1] Python₩ch07₩07_04_01.py

```
01. for i in range(1, 10):
02.     print("9 *", i ," = ", 9*i)
```

```
Run: Example_
9 * 1 = 9
9 * 2 = 18
9 * 3 = 27
9 * 4 = 36
9 * 5 = 45
9 * 6 = 54
9 * 7 = 63
9 * 8 = 72
9 * 9 = 81
Python Console   Terminal   4: Run   6: TODO
```

1행: 9*1부터 시작해야 하므로 range() 시작 값을 1로, 9*9로 끝나야 해서 종료값을 10으로 작성한다.

2행: "9 *"+i값+" = "+9*i의 계산 값이 출력된다. 이때 i 값은 1~9까지 1씩 증가하며 반복되어 출력된다.

■ 이중 for문을 이용하여 구구단을 출력하는 프로그램 I

이중 for문을 이용하여 구구단 전체를 출력하는 프로그램을 작성한다.

[예제 7.4.2] Python₩ch07₩07_04_02.py

```
01. for i in range(2, 10):             # i는 단을 결정
02.     for j in range(1, 10):         # j는 단에 곱하는 수
03.         print(i, "*", j ," = ", i*j)
```

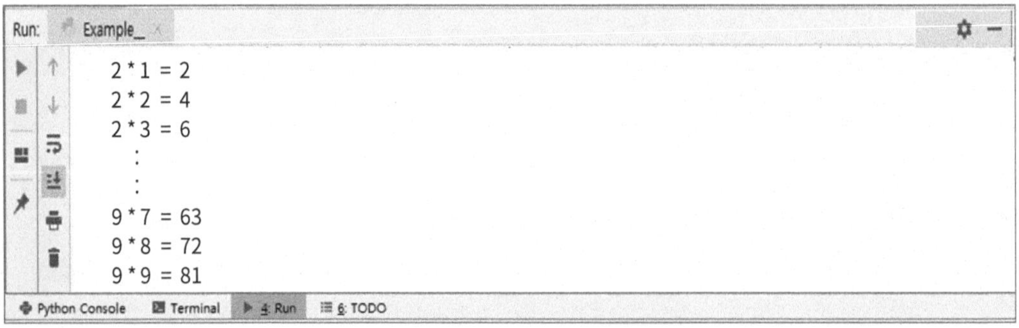

1행: i는 단을 결정한다. 2단부터 9단까지 출력하므로 range(2,10)으로 적는다.

3행: j는 단에 곱하는 수를 결정한다. 1부터 9까지 곱하므로 range(1,10)으로 적는다.

■ 이중 for문을 이용하여 구구단을 출력하는 프로그램 II

이중 for문을 이용하여 구구단을 단별로 한 줄 띄어 출력하는 프로그램을 작성한다.

[예제 7.4.3] Python₩ch07₩07_04_03.py

```
for i in range(2, 10):             # i는 단을 결정
    for j in range(1, 10):         # j는 단에 곱하는 수
        print(i, "*", j ," = ", i*j)
    print("\n")
```

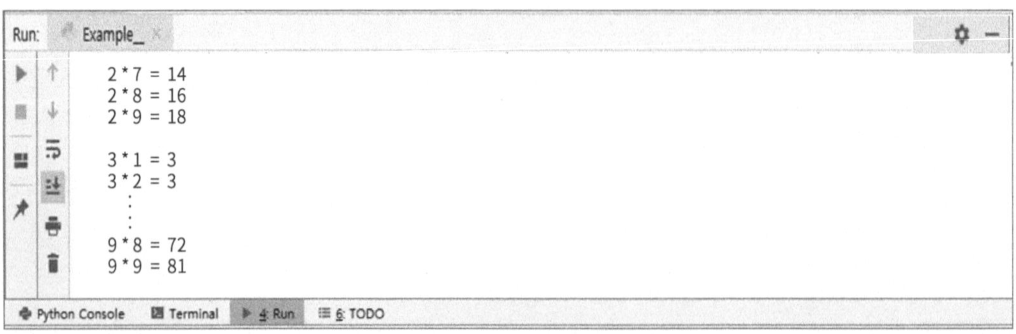

1행: i는 단을 결정한다. 2단부터 9단까지 출력하므로 range(2,10)으로 적는다.

2행: j는 단에 곱하는 수를 결정한다. 1부터 9까지 곱하므로 range(1,10)으로 적는다.

4행: 단을 하나 출력한 후 print("₩n") 옵션에 의해서 한 줄 띄어쓰기가 출력된다.

7.5 for문을 활용한 거북이 프로그램

거북이 프로그램을 이용해서 for문을 활용하는 다양한 프로그램을 작성해 본다.

■ for문으로 스파이럴 그리기

거북이 프로그램을 사용하여 다음 모양의 스파이럴을 그리는 프로그램을 작성한다.

[예제 7.5.1] Python₩ch07₩07_05_01.py

```
01. import turtle
02. colors = [ “ red ” , “ blue ” , “ green ” , “ yellow ” , “ white ” ]
03. t = turtle.Turtle()
04. turtle.bgcolor("black")               # 배경색 검정
05. t.speed(0)                            # 거북이 속도(0 최대)
06. t.width(35)                           # 거북이 선의 두께
07. for i in range(15, 500, 2):
08.     t.forward(i)                      # i만큼 전진
09.     t.pencolor(colors[i%5])           # 선의 색상을 변경
10.     t.right(78)                       # 78도 오른쪽으로 회전
```

7행: i는 거북이가 전진하는 거리이며 거리의 범위는 range(15, 500, 2)에 의해 시작 값 15, 종료 값 500, 증가 값 2이다.

9행: i변수가 15에서 2씩 증가하므로 나머지 연산자를 이용하여 선의 색상을 변경한다.

10행: 거북이를 오른쪽으로 78도 회전하면서 스파이럴을 그린다.

■ for문으로 3~6각형 도형 그리기

거북이 프로그램으로 3~6각형의 도형을 반복하여 그리는 프로그램을 작성한다.

[예제 7.5.2] Python₩ch07₩07_05_02.py

```
import turtle
t = turtle.Turtle()
turtle.bgcolor("yellow")          # 배경색 노랑
turtle.setup(1000,400)            # 그래픽 화면 크기 설정
t.width(3)                        # 거북이 선의 두께
t.pencolor("white")
t.penup()
t.goto(-400,0)
t.pendown()
for i in range(3,7):              # 도형
    for j in range(i+1):          # i각형 i만큼 반복
        t.forward(100)            # 한 변의 길이
        t.left (360/i)            # i각형의 한 변의 각도
    t.setheading(0)
    t.penup()
    t.forward(120)
    t.pendown()
turtle.done()
```

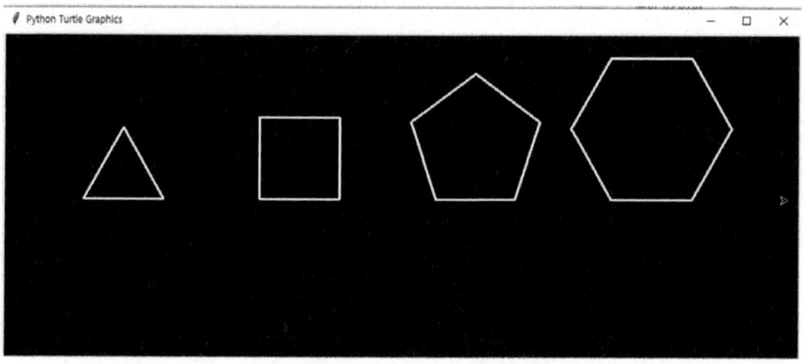

3행: 배경색을 노랑으로 한다.

4행: setup(x, y) 는 거북이 그래픽 화면의 크기를 설정한다.

5행: 거북이 선의 두께를 설정한다.

8행: 도형을 그리고 오른쪽에 그리기 위해 거북이를 왼쪽으로 이동시킨다.

10행: 3~6각형의 도형을 그리기 위한 반복문이다.

11행: i각형을 그리기 위해 12~13행을 i번 반복한다.

13행: i각형의 한 각의 크기는 360/i를 적용한다.

15~17행: 하나의 도형을 그리고 다음 도형을 그리기 위해 오른쪽으로 이동한다.

■ for문으로 시계 그리기

1~12시의 위치에 빨간색 거북이 모양으로 도장을 찍고 파란색으로 시간을 그리는 프로그램을 작성해 본다.

[예제 7.5.3] Python₩ch07₩07_05_03.py

```
import turtle
t = turtle.Turtle()
turtle.setup(500,500)
t.shape("turtle")
t.color("red")
t.stamp()
move = 30
for i in range(12):             # 12번 반복
    t.left(60)                  # 1시를 그릴 위치
    t.penup()
    t.forward(50)
    t.pendown()
```

```
13.     t.forward(25)
14.     t.penup()
15.     t.forward(15)
16.     t.stamp()                       # 거북이 도장 찍기
17.     t.color("blue")                 # 글자색깔 파란색
18.     t.write("   %s 시" %(i+1))       # 시간 표시
19.     t.color("red")                  # 거북이도장색깔 빨간색
20.     t.home()
21.     t.right(move)                   # 시간 간격 각도
22.     move = move+30                  # 도장 찍을 위치
23. turtle.done()
```

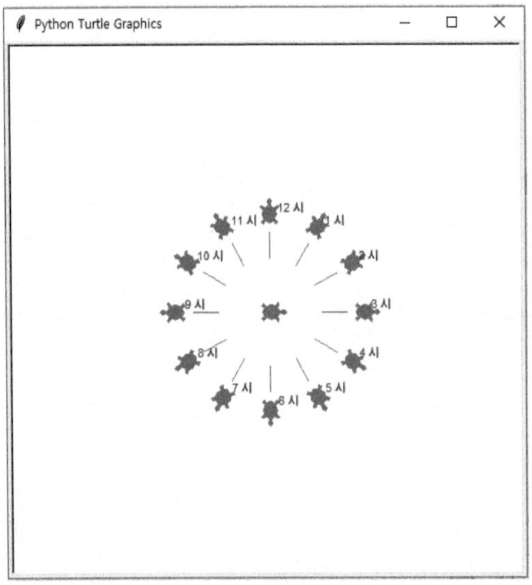

8행: 빨간색 거북이 도장과 해당하는 시간을 12회 반복하면서 그린다.

9행: 1시를 그릴 위치로 거북이 방향을 정한다.

16행: 빨간색 거북이 도장을 찍는다.

17행: 펜 색상을 글자 색상을 파랑색으로 변경한다.

18행: 변수 i를 활용하여 시간을 1시부터 12시까지 출력한다. i의 시작 값이 0이므로 i+1로 설정한다.

19행: 거북이 도장의 색상을 빨간색으로 변경한다.

21행: 다음 시간을 찍을 위치로(30도 오른쪽) 회전한다.

22행: 다음 시간을 찍을 위치를 move에 지정한다. 20행에서 거북이가 처음 위치(0,0)로 이동하기 때문에 move에 변경된 각도를 누적시켜 준다.

■ 색상과 별의 개수를 입력받고 마우스로 클릭한 위치에 별 그리기

별의 색상과 별의 개수를 입력받고 마우스로 클릭한 위치에 별을 그리는 프로그램을 작성한다. 별을 하나 그리고 거북이를 오른쪽으로 360/개수의 각도만큼 회전하여 그린다.

[예제 7.5.4] Python₩ch07₩07_05_04py

```
import turtle
t = turtle.Turtle()
s = turtle.Screen()
turtle.setup(500,500)
t.shape("turtle")
color = turtle.textinput("", "색상을 입력하세요:\n (red,yellow,blue)")
n = int(turtle.textinput("", "별의 개수를 입력하세요 : "))
def draw_star(x,y):                     #마우스로 클릭할 때 실행
    t.penup()
    t.goto(x, y)
    t.pendown()
    t.fillcolor(color)                  #입력받은 색상으로 채우기
    t.begin_fill()
    for j in range(n):                  #별을 n번 반복해서 그림
        for i in range(5):              #별 하나 그림
            t.forward(100)
            t.right(144)
        t.right(360/n)                  #별 하나 그린 후 오른쪽으로 회전
    t.end_fill()
s.onscreenclick(draw_star)
turtle.done()
```

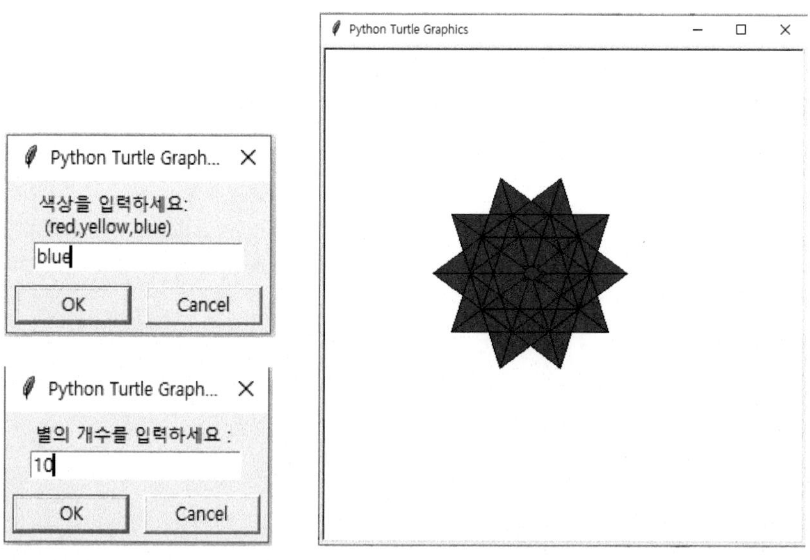

6행: color에 거북이 색상을 입력받는다.

7행: n에 거북이 개수를 입력받는다. 반복하기 위해 int()로 형변환 한다.

8행: draw_star()[1]는 20행의 onscreenclick(draw_star)에 의해 실행된다.

12행: 별의 색상을 입력받은 색상으로 설정한다.

14행: 별의 개수를 입력받은 수로 반복하여 출력한다.

15~17행: 한 변의 길이가 100픽셀인 별 하나를 그린다.

18행: 별 하나를 그리고 거북이를 360/n 도 오른쪽으로 회전시킨다.

20행: 마우스로 클릭한 위치에 8~19행을 실행한다.

---

1 def로 정의된 draw_star(x,y) 함수에 대한 자세한 내용은 10장 함수에서 다룬다. onscreenclick (draw_star)에 의해서 실행된다. 마우스로 클릭하면 클릭한 위치의 x,y좌표가 반환된다.

응용문제

10층 건물의 엘리베이터 프로그램으로 아래와 같이 출력된다. 현재 층은 랜덤값을 이용해서 정하고, 가려는 층을 입력받아 현재 층부터 가려는 층까지 이동한다. 이동하는 동안 층 수를 출력해 주고, 층 수를 잘못 입력한 경우는 오류 메시지를 출력한다.

1. 현재 층을 랜덤하게 구한다.
2. 가고자 하는 층을 입력받는다.
3. 현재 층과 가려는 층을 비교한다.
4. 현재 층이 높으면 엘리베이터가 내려간다.
5. 현재 층이 낮으면 엘리베이터가 올라간다.

출력 예)

```
몇 층에 가시나요?(1-10층)5
floor= 5 now = 1
현재 층은 1 층입니다.
현재 층은 2 층입니다.
현재 층은 3 층입니다.
현재 층은 4 층입니다.
현재 층은 5 층입니다.
도착하였습니다. 안녕히 가세요!
```

정리하기

7장에서는 파이썬에서 사용하는 반복문 for문에 대해 살펴보았으며, 반복문 for문과 다중 for문을 활용해 보았다. 그리고 for문을 활용해 구구단 만들기 프로그램과 거북이 프로그램 등을 프로그래밍해 보았다. 이번 장에서 학습한 내용을 정리해 본다.

- 프로그램의 기본구조 중 반복구조에 해당하는 반복문의 종류 중 횟수제어 반복문인 for문은 단일 for문과 이중 for문, 다중 for문이 있다.
- for문은 리스트에 항목의 횟수만큼 반복되며, 변수에는 리스트의 항목 값이 순차적으로 할당된다.
- for문의 마지막에 콜론(:)이 있어 문장이 끝나지 않음을 표시한다. 반복되는 명령문 블록은 들여 쓰기를 해야 하는데 이때 모든 명령문에 대해서 동일해야 한다.
- 이중 for문의 경우는 첫 번째 for문과 두 번째 for문의 변수를 각각 사용해야 한다.
- 첫 번째 for문 변수에 리스트의 첫 번째 항목이 할당되고, 두 번째 for문 변수에 리스트의 모든 항목이 반복된 이후 첫 번째 for문 리스트의 다음 항목이 할당된다.
- for문을 활용하여 구구단을 출력하는 프로그램을 작성해 보았고, 거북이 프로그램으로 그림을 그리는 프로그램을 작성해 보았다.

연습문제

【 객관식 】

1. 다음 코드에 대한 설명으로 옳지 않은 것은? ( )

```
names = ["영희", "철수", "호동", "호순"]
for i in range(3, 0, -1):
    print(names[i])
```

① print()문은 3번 반복된다.

② "호순" "호동" "철수" 순으로 출력된다.

③ i의 값은 3, 2, 1 이다.

④ "호순" "호동" "철수" "영희" 순으로 출력된다.

2. 다음 코드를 실행시키면 출력되는 결과는?( )

```
s=0
for i in range(0, 10):
    i += 1
    s += i
print("s=", s)
```

① s=55 ② s=54 ③ s=10 ④ s=9

3. 다음 명령문 s = s + i * j는 몇 번 수행되는가? ( )

```
01. s = 0
02. for i in range(1, 5):
03.     for j in range(3, i - 1, -1):
04.         s = s + i * j
05. print(s)
```

① 4번 ② 5번 ③ 6번 ④ 7번

4. 위의 소스에서 5행에서 출력되는 값은? ( )

① 25 ② 16 ③ 12 ④ 6

5. "안녕! 길동" 메시지가 정확히 100번 출력될 수 있도록 다음 코드의 빈칸에 들어갈 값은? ( )

```
for a in range(0, ______, 5):
    for b in range(10, 20):
        print("안녕 길동")
```

① 10 ② 50 ③ 25 ④ 20

【 단답형 】

6. 파이썬에서 횟수제어 반복문에 사용되는 예약어는 ? ( )

7. for i ___ range(1,10): 에서 변수i 다음에 사용되는 예약어는? ( )

8. 이중 for문에서 두 번째 실행문의 반복횟수는 첫 번째 실행문의 반복횟수 * 두 번째 실행문의 반복횟수와 같다. 거짓인지 참인지 쓰시오. ( )

9. range()의 인자가 세 개인 경우 반복할 경우 증감을 나타내는 인자는 몇 번째 인가? ( )

10. range(2,100)는 반복문을 실행하는 횟수가 몇 번 인가? ( )

【 주관식 】

11. 노래 경연대회에 참여한 가수는 자신이 원하는 노래를 부를 수 있다. 5명의 심사위원과 15명의 가수가 있고, 가수는 자신의 공연에 대해 심사를 받는다. 심사위원 및 가수 이름, 가수가 부른 노래 제목, 가수마다 심사위원으로부터 받은 점수를 사용자로부터 입력받는 파이썬 프로그램을 작성하시오. 파이썬 프로그램은 다음을 출력해야 한다.

a. 가수별 이름, 노래 제목, 총 점수

b. 심사위원별 이름과 각 가수에게 준 평균 점수

12. 하루 동안 20개 도시에 대해서 매 시간마다 측정한 온도를 사용자로부터 입력 받아 모든 도시의 평균 온도가 섭씨 −10도 보다 낮을 때의 시간을 출력하는 파이썬 프로그램을 작성하시오.

13. 2명의 선수로 구성된 농구팀이 3경기를 갖는다. 개별 선수가 경기당 획득한 점수를 사용자로부터 입력받는 파이썬 프로그램을 작성하시오. 파이썬 프로그램은 다음을 출력해야 한다.

a. 선수별 총 득점

b. 경기별 총 득점

14. '*'를 이용해 아래 그림을 출력하는 프로그램을 작성해 보자

```
    *
   ***
  *****
 *******
*********
 *******
  *****
   ***
    *
```

15. a = [3, 6, 10, 1, 4, 12, 2] 리스트에 숫자를 하나씩 출력하고 제일 작은 숫자가 무엇인지 출력하는 프로그램을 작성해 보자.

CHAPTER

08

반복문 II

학습목표

- 조건제어 반복문에 대해 설명할 수 있다.
- while문을 활용할 수 있다.
- while문과 if문으로 무한루프를 프로그래밍할 수 있다.
- while문을 활용하여 구구단 프로그램을 작성할 수 있다.
- while문을 활용하여 거북이 프로그램을 작성할 수 있다.

8 _ 반복문 II

본 장에서는 파이썬 프로그램에서 사용되는 조건제어 반복문인 while문에 대해 알아본다. while문을 활용하는 방법과 while문과 if문을 활용한 무한루프에 대해 살펴보고, while문을 이용한 구구단 만들기 프로그램, while문을 활용한 거북이 프로그램을 작성해 본다.

8.1 조건제어 반복문의 이해

■ 조건제어 반복이란?

조건제어 반복은 특정한 조건이 만족되는 동안 계속 반복한다. [그림 8-1]은 조건제어 반복문의 구조를 나타낸다.

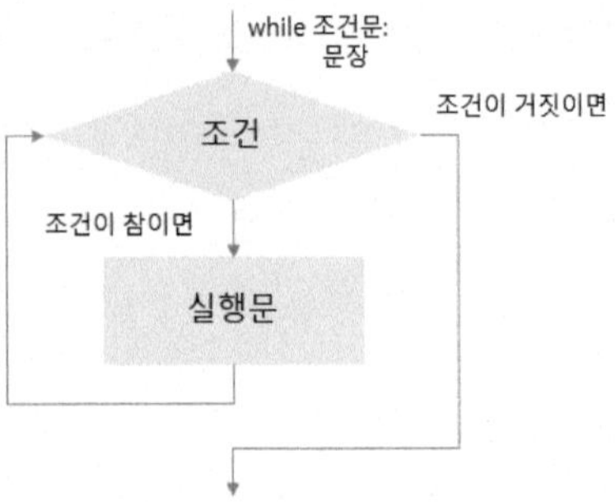

[그림 8-1] 조건제어 반복문의 구조

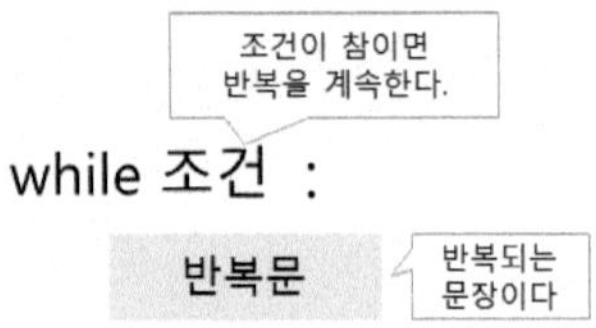

[그림 8-2] 조건제어 반복문의 문법

파이썬에서 조건을 나타내는 수식으로 관계연산자, 논리연산자 등이 사용되며, 변수를 사용할 수도 있다. [그림 8-2]는 조건제어 반복문의 문법을 나타낸다. 조건의 결과 값은 참이나 거짓 중에 하나이며, 조건이 참인 경우에만 반복문을 반복한다.

[그림 8-3]은 조건제어 반복문과 횟수제어 반복문을 비교한 것이다.

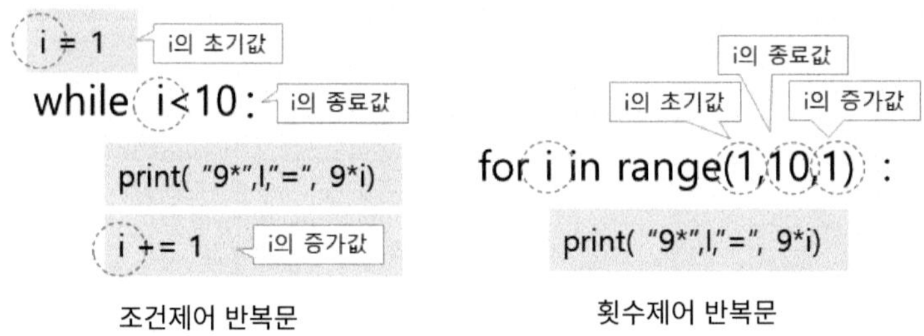

[그림 8-3] while문과 for문의 문법 비교

while문의 조건에 사용되는 변수는 while문 위에 초기 값이 선언되어야 하고, 조건문에서 종료 값이 선언되며, 실행되는 반복문의 마지막에 증가 값을 선언해 주어야 한다.

for문은 for 다음에 변수를 선언한 후 range()에서 초기 값, 종료 값, 증가 값을 선언할 수 있다. 리스트를 사용하는 경우, 리스트의 인덱스 0번째 값이 i의 초기 값이고, 마지막 값이 종료 값이며, 증가 값은 1이다.

8.2 while문 활용

■ 입력한 숫자를 반복 출력하는 프로그램

while문을 이용하여 입력한 숫자가 3인 경우 반복 출력하는 프로그램을 작성해 본다.

[예제 8.2.1] Python₩ch08₩08_02_01.py

```
01. i = int(input("숫자를 입력 하세요(1-10) :"))
02. while i == 3:
03.     print( "입력하신 숫자는 3입니다." )
```

※ 파이참에서 무한루프에 빠지면 왼쪽의 붉은색 네모 버튼(■)을 눌러 실행을 멈출 수 있다.

1행: 입력된 숫자를 정수 값으로 변환한 후 변수 i에 할당된다.

2~3행: i가 3과 같으면 "입력하신 숫자는 3입니다."가 계속 반복되어 출력된다.

i가 3과 같지 않으면 아무것도 출력되지 않는다.

■ 구구단을 출력하는 프로그램

while문을 이용하여 구구단을 출력하는 프로그램을 작성해 본다.

[예제 8.2.2] Python₩ch08₩08_02_02.py

```
01. gugu = int(input("원하는 단은 :"))
02. i = 1
03. while i <= 9:
04.     print( "%s*%s=%s" %(gugu, i, gugu*i) )
05.     i = i + 1
```

```
Run: Example_
원하는 단은 :3
3*1=3
3*2=6
 :
3*8=24
3*9=27
```

1행: gugu 변수에 입력받은 단의 수가 정수형으로 변환되어 할당된다.

2행: i변수는 while문에서 조건을 비교하기 위한 변수이다.

3행: i가 1에서부터 9까지인 경우 4~5행을 실행한다.

5행: i 값을 1 증가시킨다.

■ password를 확인하여 로그인하는 프로그램

while문을 이용하여 password를 확인하는 프로그램을 작성해 본다.

[예제 8.2.3] Python₩ch08₩08_02_03.py

```
pw = ""
while pw != "123&abc" :
    pw = input("비밀번호를 입력하시오 :")
print("로그인 성공")
```

```
Run: Example_
비밀번호를 입력하시오 :12121&2
비밀번호를 입력하시오 :123&ab
비밀번호를 입력하시오 :123&abc
로그인 성공
```

2행: pw가 "123&abc"가 아니면 3행을 실행한다.

3행: pw에 입력된 비밀번호를 할당한다.

4행: pw가 "123&abc"와 같을 경우 실행된다.

■ while문을 이용하여 별 그리기

거북이 프로그램을 이용하여 3가지 색의 별을 그려본다.

[예제 8.2.4] Python₩ch08₩08_02_04.py

```
import turtle
t = turtle.Turtle()
colors = ["red","yellow","blue"]
t.begin_fill()
t.fillcolor(colors[0])
i=0
while i<5:                    #별그리기
    t.forward(100)
    t.left(144)
    i+=1
t.end_fill()
t.left(120)
t.begin_fill()
t.fillcolor(colors[1])
j=1
while j<6:                    #별그리기
    t.forward(100)
    t.left(144)
    j+=1
t.end_fill()
t.left(120)
t.begin_fill()
t.fillcolor(colors[2])
k=0
while k<=4:                   #별그리기
    t.forward(100)
    t.left(144)
    k+=1
t.end_fill()
turtle.done()
```

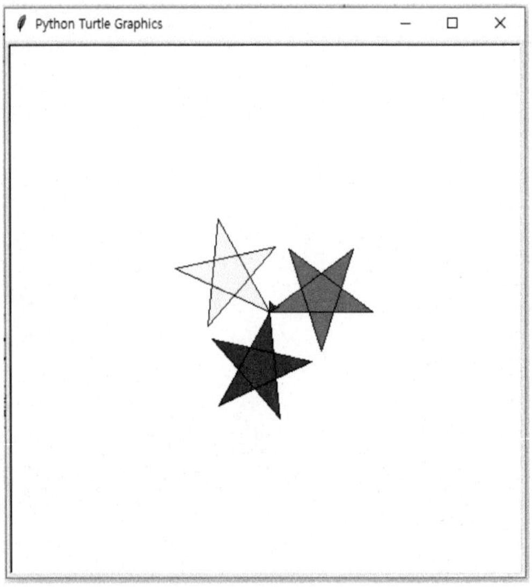

7행: i는 0~4까지 5회 반복하여 8~10행의 문장블록을 실행한다.

10행: i 값을 증가시키는 증가식

16행: j는 1~5까지 5회 반복하여 17~19행의 문장블록을 실행한다.

19행: j 값을 증가시키는 증가식

25행: k는 0~4까지 5회 반복하여 26~28행의 문장블록을 실행한다.

28행: k값을 증가시키는 증가식

■ '*'을 이용하여 도형 그림 그리기 I

'*'과 공백을 반복 출력하여 도형을 그리려고 한다. 이때, while문의 조건에서 사용한 변수를 print()문에 사용하여 프로그램을 작성해 본다.

[예제 8.2.5] Python₩ch08₩08_02_05.py

```
j = 9
i=1
while i<10 :
    print("*"*i, " "*j)
    i+=1
    j-=1
```

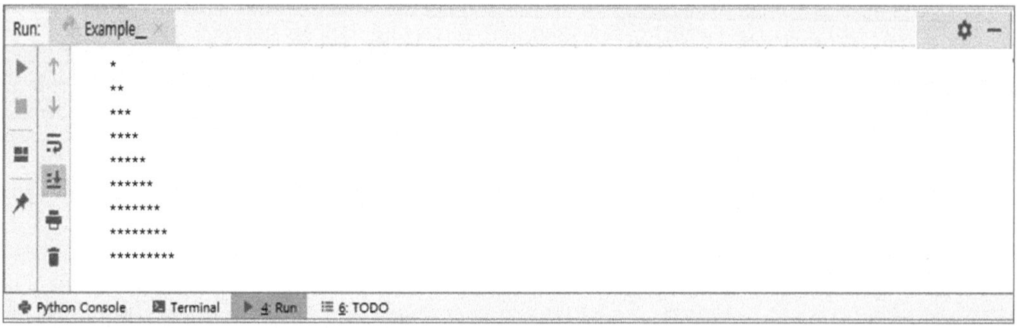

3행: i는 1부터 9까지 9회 반복한다.

4행: 첫 번째는 print("*"*1, " "*9)가 실행되고 아홉 번째는 print("*"*9, " "*1)이 실행된다.

5행: 실행될 때마다 i를 증가시키는 명령문이다.

6행: 실행될 때마다 j를 감소시키는 명령문이다.

■ '*'을 이용하여 도형 그림 그리기 II

위의 도형에 좌우 대칭되는 별을 그리는 프로그램을 작성해 본다.

[예제 8.2.6] Python₩ch08₩08_02_06.py

```
01. j = 9
02. i=1
03. while i<10 :
04.     print(" "*j, "*"*i)
05.     i+=1
06.     j-=1
```

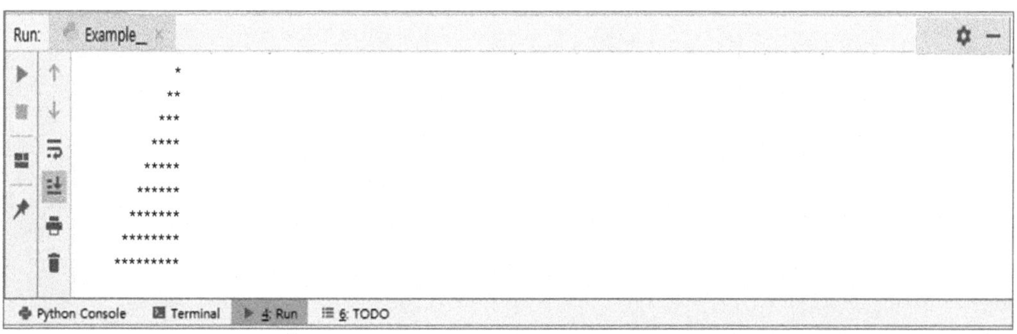

3행: i는 1부터 9까지 9회 반복한다.

4행: 첫 번째는 print(" "*9, "*"*1)이 실행되고 아홉 번째는 print(" "*1, "*"*9)가 실행된다.

5행: 실행될 때마다 i를 증가시키는 명령문이다.

6행: 실행될 때마다 j를 감소시키는 명령문이다.

■ 엘리베이터 프로그램

가고자 하는 층 수를 입력했을 때 현재 층에서부터 가는 층 수를 출력하는 프로그램을 작성해 보자.

[예제 8.2.7] Python₩ch08₩08_02_07.py

```
01. now = 5
02. floor = int(input("가는 층 수를 입력해 주세요(1~10) : "))
03. print("현재 5층 입니다")
04. if now > floor:                          #현재 층이 높은 경우
05.     i=1
06.     while i <= (now-floor):               #엘리베이터가 내려감
07.         print(now-i,"층 입니다")
08.         i+=1
09. else:
10.     i=1                                   #현재 층이 낮은 경우
11.     while i <= (floor-now):               #엘리베이터가 올라감
12.         print(now+i,"층 입니다")
13.         i+=1
```

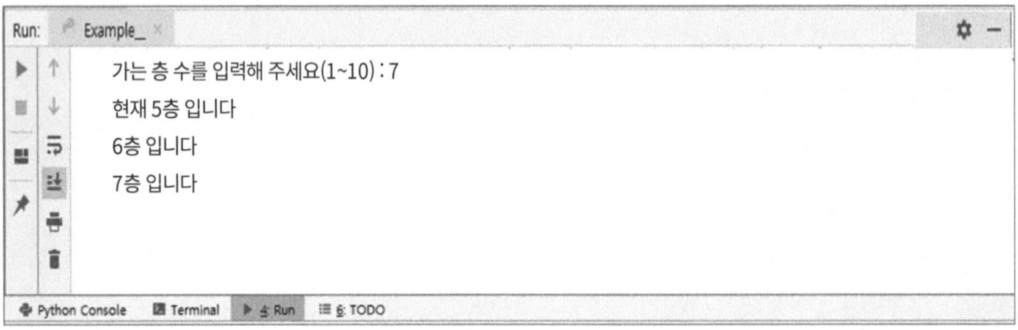

4행: 현재 층이 가는 층보다 높으면 엘리베이터가 내려가야 한다

6행: 3행에서 현재 층을 출력한 후, 현재 층보다 i만큼 높은 층 수를 출력한다. 이것을 now–floor번 반복하되, i는 반복할 때마다 1씩 증가한다.

9행: 현재 층이 가는 층보다 낮으면 엘리베이터가 올라가야 한다.

11행: 3행에서 현재 층을 출력한 후, 현재 층보다 i만큼 낮은 층 수를 출력한다. 이것을 floor–now번 반복하되, i는 반복할 때마다 1씩 증가한다.

8.3 while문과 if문을 이용한 무한 루프 프로그램

■ 무한 루프

조건제어 루프[1]에서 가끔 프로그램이 무한이 반복하는 일이 발생한다. 이것을 무한 루프(infinite loop)라 한다. 무한 반복이 생기면 프로그램을 빠져 나올 수 없기 때문에 if문을 사용해 루프를 빠져 나오도록 만들어야 한다. [그림 8-4]는 무한 루프의 문법을 나타낸다.

```
while True :
        실행문
    If 조건:
        break
```

[그림 8-4] 무한 루프의 문법

■ 무한 루프를 활용한 프로그램 I

신호등 제어 프로그램에서 무한 루프를 사용해 보자. 신호등 색상을 입력받고 신호등이 초록색일 때 빠져나오는 프로그램을 작성해 본다.

[예제 8.3.1] Python₩ch08₩08_03_01.py

```
while True:
    light = input("신호등 색상을 입력하시오(red,yellow,green) : ")
    if light =="green":
        break
print("전진!!")
```

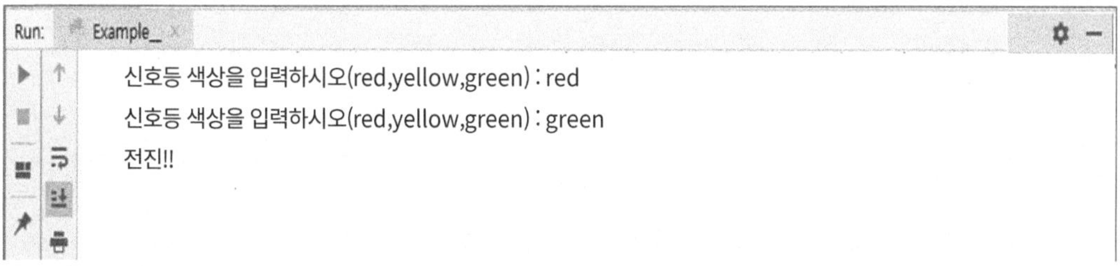

1 프로그래밍에서 반복을 루프(loop)라고 한다. 프로그램이 반복할 때 이전 단계로 되돌아가는데 이것이 동그라미를 그리는 것처럼 보이기 때문이다.

1행: while문에서 조건이 True이면 무한 루프가 된다.

3행: light가 "green"일 경우 4행의 break에 의해 무한 루프를 빠져나올 수 있다.

5행: 무한 루프를 빠져나오고 난 후 실행되는 명령문이다.

■ 무한 루프를 활용한 프로그램 II

수학 문제를 연습시키는 프로그램을 작성해 본다. 1에서 100까지의 숫자 중에 랜덤하게 나온 수를 더하는 계산 문제이다.

[예제 8.3.2] Python₩ch08₩08_03_02.py

```
01. import random
02. while True:
03.     x = random.randint(1,100)
04.     y = random.randint(1,100)
05.     print(x,"+",y,"=", end=" ")
06.     answer = int(input())
07.     if answer==x+y:
08.         print("참 잘했어요.")
09.         stopOk=input("오늘은 그만 할까요?(yes,no)")
10.         if stopOk=="yes":
11.             break
12.     else:
13.         print("다음번에는 잘할 수 있죠?")
```

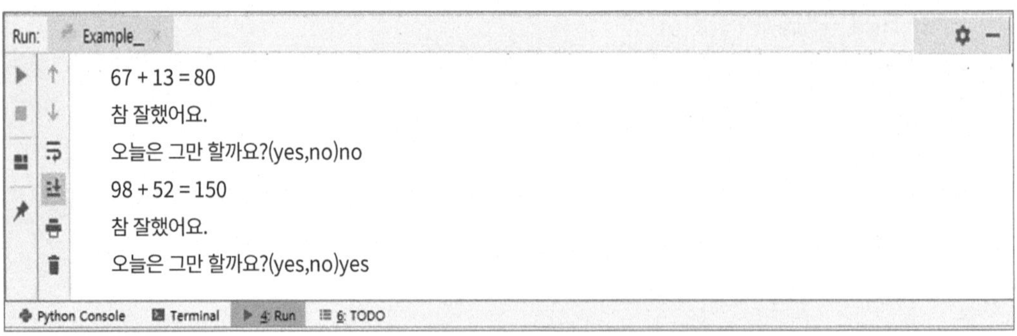

2행: while문에서 조건이 True이면 무한 루프가 된다.

7행: answer==x+y인 경우는 정답을 나타내며, 이때 8~11행을 실행한다.

10행: stopOk=="yes"일 때 11행을 실행한다.

11행: answer==x+y and stopOk=="yes"이 참일 때 무한 루프를 빠져 나온다.

8.4 while문을 이용한 구구단 프로그램

■ 이중 while문이란?

이중 while문이란 while문을 중첩해서 사용하는 것을 말하며, [그림 8-5]와 같은 구조를 갖는다. while문과 중첩되어 사용되는 while문의 변수는 서로 달라야 한다.

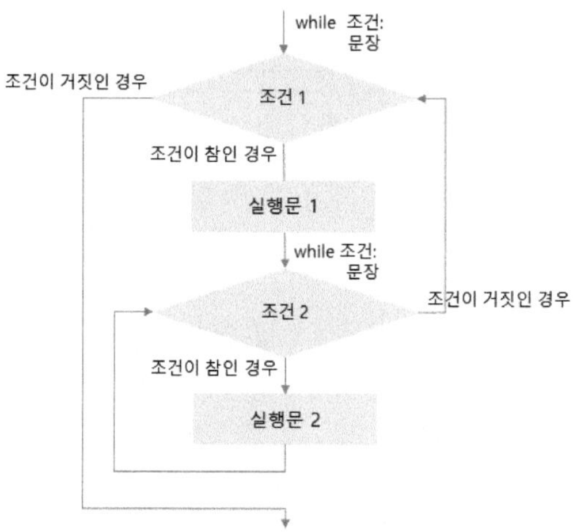

[그림 8-5] 이중 while문의 구조

[그림 8-5]와 같이 조건 1이 참인 경우 실행문 1을 실행하고, 조건 2가 참일 경우는 실행문 2를 반복한다. 조건 2가 거짓일 때 조건 1이 참인지 확인한 후 조건 1이 거짓 일 때까지 실행문 1을 반복한다.

```
while  j<10:
    i = 1           i의 초기값
    while  i<10:    i의 종료값
        print( i,"*", j ,"=", i*j)
        i += 1      i의 증가값
    j += 1
```

■ while문으로 구구단을 출력하는 프로그램

while문을 활용하여 구구단을 출력하는 프로그램을 작성해 본다. 위의 [예제 8.2.2]에서 9단의 일부를 출력하는 프로그램을 작성해 보았다. 이번에는 2단부터 9단까지 출력하는 프로그램을 작성해 본다.

이중 while문을 이용하여 구구단 전체를 출력하는 프로그램을 작성한다.

[예제 8.4.1] Python₩ch08₩08_04_01.py

```
01. i=2
02. while i < 10:              # i는 단을 결정
03.     j=1
04.     while j < 10:          # j는 단에 곱하는 수
05.         print(i, "*", j ," = ", i*j)
06.         j+=1
07.     i+=1
```

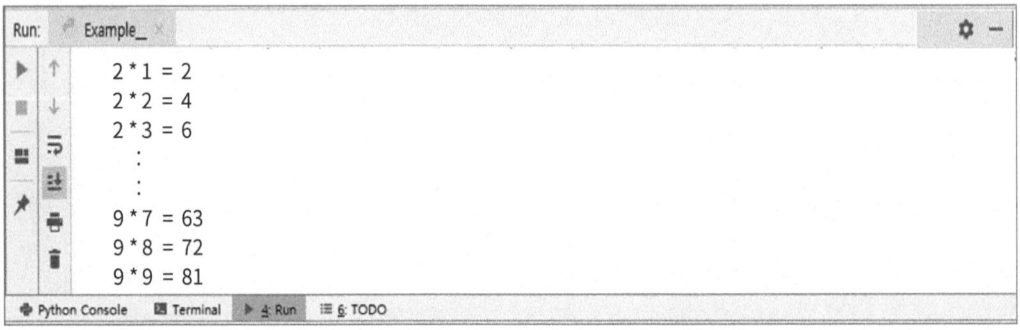

1~2행: i는 단을 결정한다. 2단부터 9단까지 출력하므로 조건은 2<=i<10 이다.

3~4행: j는 단에 곱하는 수를 결정한다. 1부터 9까지 곱하므로 1<=j<10 이다.

6행: j 값을 1 증가시킨다.

7행: i 값을 1 증가시킨다.

이중 while문으로 구구단을 단별로 한 줄 띄어 출력하는 프로그램을 작성한다.

[예제 8.4.2] Python₩ch08₩08_04_02.py

```
i=2
while i < 10:              # i는 단을 결정
    j=1
    while j < 10:          # j는 단에 곱하는 수
        print(i, "*", j ," = ", i*j)
        j+=1
    print("")              # 한 단 출력 후 엔터삽입
    i+=1
```

1~2행: i는 단을 결정한다. 2단부터 9단까지 출력하므로 조건은 2<=i<10 이다.

3~4행: j는 단에 곱하는 수를 결정한다. 1부터 9까지 곱하므로 1<=j<10 이다.

6행: j 값을 1 증가시킨다.

7행: 단을 하나 출력한 후, print("") 명령문에 의해서 한 줄 띄어쓰기가 실행된다.

8행: i 값을 1 증가시킨다.

■ 조건제어 반복문과 횟수제어 반복문 I

[그림 8-6]은 이중 반복문에서 조건제어 반복문과 횟수제어 반복문을 함께 표현하기 위한 문법을 보여준다.

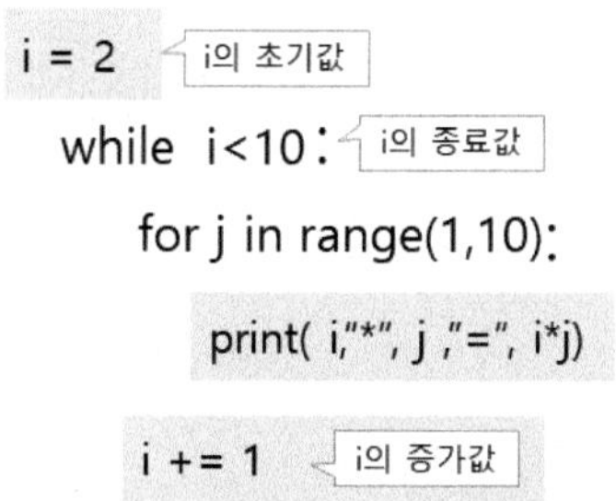

[그림 8-6] 조건제어와 횟수제어 반복문의 문법

■ while-for문을 활용한 구구단 프로그램

이중 반복문으로 구구단을 단별로 한 줄 띄어 출력하는 프로그램을 작성한다. [그림 8-6]과 같이 while-for문으로 작성한다.

[예제 8.4.3] Python₩ch08₩08_04_03.py

```
01. i=2
02. while i < 10:                    # i는 단을 결정
```

```
03.     for j in range(1,10):         # j는 단에 곱하는 수
04.         print(i, "*", j ," = ", i*j)
05.     print("")
06.     i+=1
```

1~2행: i는 단을 결정한다. 2단부터 9단까지 출력하므로 조건은 2<=i<10 이다.

3행: j는 단에 곱하는 수를 결정한다. 1부터 9까지 곱하므로 range(1,10)을 사용한다.

5행: 단을 하나 출력한 후, print("") 명령문에 의해서 한 줄 띄어쓰기가 실행된다.

6행: j의 반복문을 모두 실행한 후, i 값을 1 증가시킨다.

■ 조건제어 반복문과 횟수제어 반복문 II

[그림 8-7]은 이중 반복문에서 조건제어 반복문과 횟수제어 반복문을 함께 표현하기 위한 문법을 보여준다.

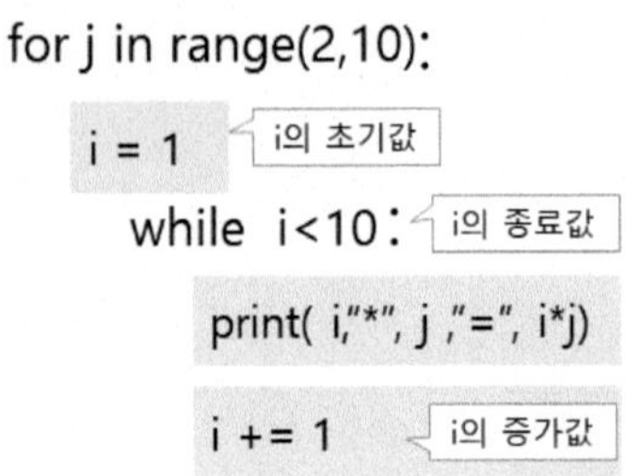

[그림 8-7] 횟수제어와 조건제어 반복문의 문법

■ for-while문을 활용한 구구단 프로그램

이중 반복문으로 구구단을 단별로 한 줄 띄어 출력하는 프로그램을 작성한다.

[예제 8.4.4] Python₩ch08₩08_04_04.py

```
01. for j in range(2,10):          # j는 단을 결정
02.     i=1
03.     while i < 10:              # i는 단에 곱하는 수
04.         print(j, "*", i ," = ", j*i)
05.         i+=1
06.     print("")
```

1행: j는 단을 결정한다. 2단부터 9단까지 출력하므로 range(2,10)을 사용한다.

2~3행: i는 단에 곱하는 수를 결정한다. 1부터 9까지 곱하므로 1<=i<10 이다.

5행: i 값을 1 증가시킨다.

6행: 단을 하나 출력한 후, print("") 명령문에 의해서 한 줄 띄어쓰기가 실행된다.

8.5 while문을 활용한 거북이 프로그램

거북이 프로그램을 이용해서 조건문을 활용하는 다양한 프로그램을 작성해 본다.

■ while문으로 스파이럴 그리기

거북이 프로그램을 사용하여 아래와 같이 스파이럴을 그리는 프로그램을 작성한다.

[예제 8.5.1] Python₩ch08₩08_05_01.py

```
import turtle
colors = ["red", "blue", " green", "yellow", "white"]
t = turtle.Turtle()
turtle.bgcolor("black")                 # 배경색 검정
t.speed(0)                              # 거북이 속도(0 최대)
```

```
06. t.width(35)                       #거북이 선의 두께
07. i=15
08. while i < 500:
09.     t.forward(i)                  # i만큼 전진
10.     t.pencolor(colors[i%5])       # 선의 색상을 변경
11.     t.right (78)                  # 78도 오른쪽으로 회전
12.     i+=2
13. turtle.done()
```

7행: i는 거북이가 전진하는 거리이며 거리의 시작 값은 15이다.

8행: 거북이가 전진하는 거리의 종료 값은 500-1이다.

9행: 거북이를 i 값만큼 전진시킨다.

10행: i 변수가 15에서 2씩 증가하므로 나머지 연산자를 이용하여 선의 색상을 변경한다.

11행: 거북이를 오른쪽으로 78도 회전하면서 스파이럴을 그린다.

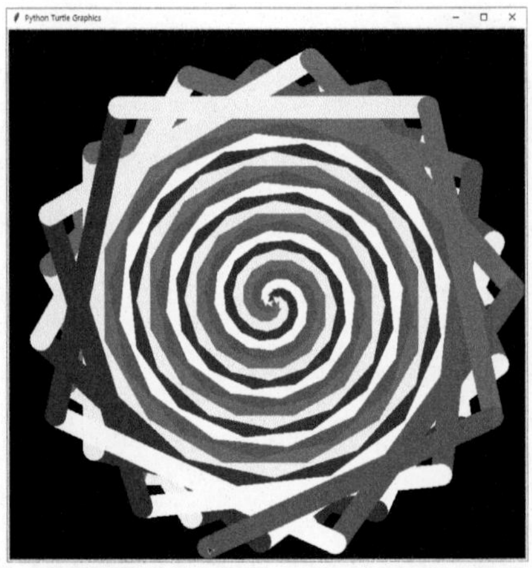

■ while문으로 3~6각형 도형 그리기

거북이 프로그램으로 3~6각형의 도형을 반복하여 그리는 프로그램을 작성한다.

[예제 8.5.2] Python₩ch08₩08_05_02.py

```
import turtle
t = turtle.Turtle()
turtle.bgcolor("yellow")              # 배경색 노랑
turtle.setup(1000,400)                # 그래픽 화면 크기 설정
t.width(3)                            # 거북이 선의 두께
t.pencolor("white")
t.penup()
t.goto(-400,0)
t.pendown()
i=3
while i<7:
    j=1                               # 도형
    while j<i+1:                      # i각형 i만큼 반복
        t.forward(100)                # 한 변의 길이
        t.left(360/i)                 # i각형의 한 변의 각도
        j+=1
```

```
17.     i+=1
18.     t.setheading(0)
19.     t.penup()
20.     t.forward(150)
21.     t.pendown()
22. turtle.done()
```

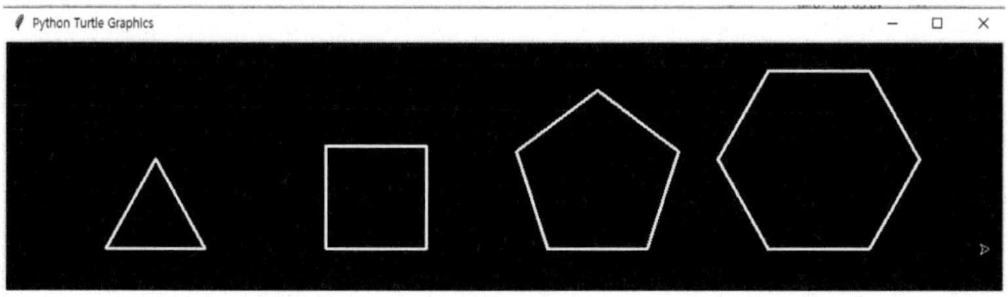

3행: 배경색을 노랑으로 한다.

4행: setup(x, y) 는 거북이 그래픽 화면의 크기를 설정한다.

5행: 거북이 선의 두께를 설정한다.

8행: 도형을 그리고 오른쪽에 그리기 위해 거북이를 왼쪽으로 이동시킨다.

10행: 3각형부터 그리기 위해 i 변수에 3을 할당한다.

11행: 3~6각형의 도형을 그리기 위한 반복문이다.

13행: i각형을 그리기 위해 13~16행을 i번 반복한다.

15행: i각형의 한 각의 크기는 360/i를 적용한다.

18~21행: 하나의 도형을 그리고 다음 도형을 그리기 위해 오른쪽으로 이동한다.

■ while문으로 시계 그리기

1~12시의 위치에 빨간색 거북이 모양으로 도장을 찍고 파란색으로 시간을 그리는 프로그램을 작성해 본다.

[예제 8.5.3] Python₩ch08₩08_05_03.py

```
import turtle
t = turtle.Turtle()
turtle.setup(500,500)
t.shape("turtle")
```

```
05. t.color("red")
06. t.stamp()
07. move = 30
08. i=0
09. while i < 12:                    # 12번 반복
10.     t.left(60)                   # 1시를 그릴 위치
11.     t.penup()
12.     t.forward(50)
13.     t.pendown()
14.     t.forward(25)
15.     t.penup()
16.     t.forward(15)
17.     t.stamp()                    # 거북이 도장 찍기
18.     t.color("blue")              # 글자색 파란색
19.     t.write("   %s 시" %(i+1))   # 시간 표시
20.     t.color("red")               # 거북이 도장색 빨간색
21.     t.home()
22.     t.right(move)                # 시간 간격 각도
23.     move = move+30               # 도장 찍을 위치
24.     i+=1
25. turtle.done()
```

9행: 빨간색 거북이 도장과 해당하는 시간을 12회 반복하면서 그린다.

10행: 1시를 그릴 위치로 거북이 방향을 정한다.

17행: 빨간색 거북이 도장을 찍는다.

18행: 펜 색상을 글자 색상을 파랑색으로 변경한다.

19행: 변수 i를 활용하여 시간을 1시부터 12시까지 출력한다. i의 초기값이 0이므로 i+1로 설정한다.

20행: 거북이 도장색을 빨간색으로 변경한다.

22행: 다음 시간을 찍을 위치로(30도 오른쪽) 회전한다.

23행: 다음 시간을 찍을 위치를 move에 지정한다. 21행에서 거북이가 처음 위치(0,0)로 이동하기 때문에 move에 변경된 각도를 누적시킨다.

■ 색상과 별의 개수를 입력받고 마우스로 클릭한 위치에 별 그리기

별의 색상과 별의 개수를 입력받고 마우스로 클릭한 위치에 별을 그리는 프로그램을 작성한다. 별을 하나 그리고 거북이를 오른쪽으로 360/개수의 각도만큼 회전하여 그린다.

[예제 8.5.4] Python₩ch08₩08_05_04py

```
import turtle
t = turtle.Turtle()
s = turtle.Screen()
turtle.setup(500,500)
t.shape("turtle")
color = turtle.textinput("", "색상을 입력하세요:\n (red,yellow,blue)")
n = int(turtle.textinput("", "별의 개수를 입력하세요 : "))
def draw_star(x,y):                  #마우스로 클릭할 때 실행
    t.penup()
    t.goto(x, y)
    t.pendown()
    t.fillcolor(color)               #입력받은 색상으로 채우기
    t.begin_fill()
    j=0
    while j < n:                     #별을 n번 반복해서 그림
        i=0
        while i < 5:                 #별 하나 그림
            t.forward(100)
            t.right(144)
            i+=1
        t.right(360/n)              #별 하나 그린 후 오른쪽으로 회전
        j+=1
    t.end_fill()
s.onscreenclick(draw_star)
turtle.done()
```

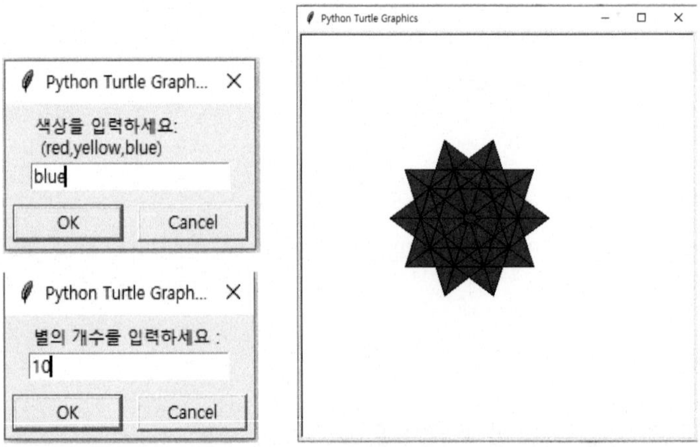

6행: 거북이 색상을 입력받고 color에 할당한다.

7행: 별의 개수를 입력받고 n에 할당한다. 반복하기 위해 int()로 형변환한다.

8행: draw_star()[2]는 24행의 onscreenclick(draw_star)에 의해 실행된다.

12행: 별의 색상을 입력받은 색상으로 설정한다.

15행: 별을 입력받은 수로 반복하여 그린다.

16~20행: 한 변의 길이가 100픽셀인 별 하나를 그린다.

21행: 별 하나를 그리고 난 후, 거북이를 360/n 도 오른쪽으로 회전시킨다.

24행: 마우스로 클릭한 위치에 8~23행을 실행한다.

2 def로 정의된 draw_star(x,y)에 관한 자세한 내용은 10장 함수에서 다룬다. onscreenclick (draw_star)에 의해서 실행된다. 마우스로 클릭하면 클릭한 위치의 x,y좌표가 반환된다.

응용문제

거북이 프로그램으로 거북이가 랜덤하게 움직이면서 랜덤한 크기의 원을 그리는 프로그램을 작성하시오.

1. 걸어갈 길이를 랜덤하게 구한다.
2. 앞으로 움직인다
3. 거북이가 회전할 각도를 랜덤하게 구한다.
4. 원의 반지름 길이를 랜덤하게 구한다.
5. 위의 행동들을 30번 반복한다.

정리하기

8장에서는 파이썬에서 사용하는 반복문으로 while문에 대해 알아보았고, while문과 다중 while문을 활용해 보았다. while문과 if문을 이용한 무한 루프 프로그램과 while문을 이용한 구구단 프로그램, while문을 활용한 다양한 거북이 프로그램을 작성해 보았다. 이번 장에서 학습한 내용을 정리해 본다.

- 무한 루프(infinite loop)는 무한 반복이 생기면 프로그램을 빠져 나올 수 없기 때문에 if문과 break를 사용해 루프를 빠져 나온다.
- 조건제어 반복문은 특정한 조건이 만족되는 동안 계속 반복하는 구조이다.
- while문에서 횟수로 반복하기 위해서 변수를 사용하는데, 이전 행에 변수의 시작 값, 조건에 종료 값, 반복문의 마지막에 증감 값을 표시한다.
- while문의 마지막에 콜론(:)이 있어 문장이 끝나지 않음을 표시한다. 반복되는 문장블록은 들여쓰기를 해야 하는데 이때 모든 문장이 동일해야 한다.
- 이중 while문의 경우는 첫 번째 while문과 두 번째 while문의 변수를 각각 다르게 사용해야 한다.
- 이중 반복문의 형태는 while–for, for–while, for–for, while–while 네 가지 종류가 있다.
- while문을 활용하여 구구단을 출력하는 프로그램을 작성해 보았고, 거북이 프로그램으로 그림을 그리는 프로그램을 작성해 보았다.

연습문제

【 객관식 】

1. 파이썬에서 for i in range(1,10)을 while문으로 변경하고자 할 때 while문의 조건식에 들어가기에 가장 적합하지 않은 것은? ( )

① i < 10 ② i <= 9 ③ i != 10 ④ i == 10

2. 다음 파이썬 코드를 실행시킨 결과는? ( )

```
n=1000
sum = 0
while n>0:
    d=n%10
    sum=sum+d
    n=n//10
print(sum)
```

① 1 ② 2 ③ sum+digit ④ sum

3. 다음 문제에 대해서 거짓인 것은? ( )

① for문과 for문은 중첩해서 사용할 수 있다.

② while문과 for문도 중첩해서 사용할 수 있다.

③ range()는 while문에서 사용되며, 논리값을 반환하는 함수이다.

④ while문 다음 조건문에 True가 오면 무한 루프가 된다.

4. 다음 파이썬 코드를 실행시킨 결과는? ( )

```
sum = 0
i = 1
while i < 10:
    sum += 1
i+=1
print("sum is",sum)
```

① 1 ② 무한 반복됨 ③ 55 ④ 54

5. 2부터 100사이의 모든 짝수를 출력하는 반복 루프를 작성한다. ①에 해당하는 수식은? ( )

```
i=1
while i < 101:
    if( ①==0 ):
        print("i is",i)
    i+=1
```

① i%2 ② i//2 ③ i/2 ④ i*2

【 단답형 】

6. 파이썬 프로그램에서 반복문의 종류 중 특정한 조건을 만족하면서 반복하는 반복문은 무엇인가? ( )

7. 무한 루프는 조건에 무엇이 있을 때 가능한가? ( )

8. while문에서 무한 루프를 빠져 나오기 위해 if문을 사용한다. 이때 함께 사용하는 예약어는? ( )

9. while은 조건제어 반복문이다. 조건문 다음에 오는 것은? ( )

10. while문에서 조건문의 결과 값이 참일 때는 1 또는 True이다. 그럼 결과 값이 거짓일 때는 0 또는 무엇인가? ( )

【 주관식 】

11. n을 입력으로 받아서 1부터 n까지의 합, 다시 말해서, 1+2+3+⋯+ n을 출력하는 프로그램을 작성하시오.

12. while문을 이용하여서 팩토리얼을 계산해 보자. 팩토리얼 n!은 1부터 n까지의 정수를 모두 곱한 것을 의미한다. 즉, $n! = 1\times2\times3\times\cdots\cdots\times(n-1)\times n$이다.

13. 100부터 200까지 정수 중 홀수들의 합을 출력하는 프로그램을 작성하시오.

14. 거북이 프로그램을 이용해서 아래 그림과 같이 출력하는 프로그램을 작성하시오.

아래 그림은 각도를 조금씩 변경하면서 원을 60번 그린 그림이다.

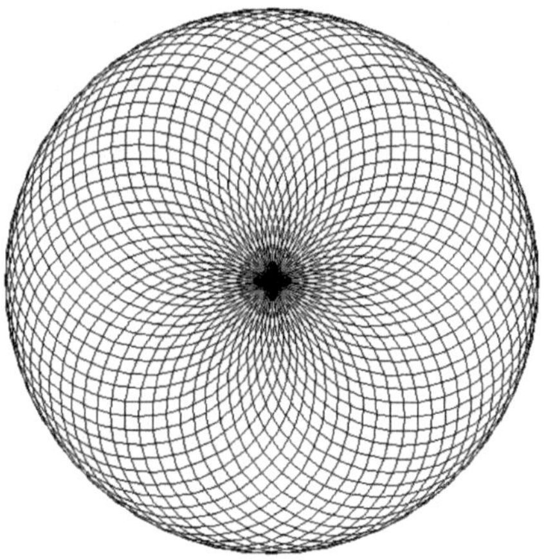

15. 거북이 프로그램을 이용해서 아래 그림과 같이 출력하는 프로그램을 작성하시오.

아래 그림은 한 변의 길이를 1부터 5씩 증가시키고 종료 값이 200 미만이 되도록 하고, 각도를 90도 돌려가며 40번 반복해서 그린 그림이다.

CHAPTER

09

리스트와 딕셔너리

학습목표

- 리스트에 관해 설명할 수 있다.
- 리스트를 사용해 프로그래밍을 할 수 있다.
- 딕셔너리에 대해 설명할 수 있다.
- 딕셔너리를 사용해 프로그래밍을 할 수 있다.
- 리스트와 딕셔너리를 활용해 간단한 프로그래밍을 할 수 있다.

9 _ 리스트와 딕셔너리

본 장에서는 변수를 확장하는 개념으로 리스트(list)와 딕셔너리(dictionary)를 배워본다. 리스트와 딕셔너리를 활용하여 효율적이고 조직적으로 자료를 저장할 수 있다. 리스트 안에 저장된 각각의 데이터는 항목(item) 또는 요소(element)라고 하며, 항목의 분리는 ','를 사용하여 구분한다.

9.1 리스트의 이해

파이썬에서 리스트[1]는 값을 저장하는 방법으로 유용하게 사용되는 데이터의 저장 방식이다. 파이썬을 배우면서 이전까지는 값을 저장하기 위하여 변수를 사용하였다.

일반적으로 변수 한 개에 하나의 값을 넣었다. 그런데 만약 학생이 30명이라면 name1, name2, ..., name30 이 필요할 것이다. 학생이 300명이라면 변수가 300개 필요하게 된다. 그러나 이러한 방식으로 프로그램을 작성하는 것은 비효율적이다. 그러면 이러한 문제를 어떻게 해결해야 할까?

파이썬에서 리스트를 사용하면 하나의 변수로 여러 개의 숫자 및 문자에 접근할 수 있게 된다. 그래서 리스트를 사용하면 아무리 학생의 이름이 많아도 효율적으로 코드를 만들 수 있다.

리스트에서는 인덱스(index)로 항목을 관리한다. 인덱스는 리스트 안에 들어있는 항목의 위치로 생각할 수 있다. 인덱스의 첫 번째가 [0]으로 시작한다는 것에 주의한다. 리스트 안에 항목의 위치는 항상 [0]부터 시작하며 [1], [2], [3], ... 으로 순서대로 인덱스가 증가한다. 리스트의 인덱스로 항목을 나타내면 [그림 9-1]과 같다.

index	name[0]	name[1]	name[2]
항목	kerbo0	kerbo1	kerbo2
	첫 번째	두 번째	세 번째
index	mean[0]	mean[1]	mean[2]
항목	80	81	82

[그림 9-1] 인덱스 항목의 위치

■ 리스트 예제 1

각각의 변수를 쓰지 않고 리스트 하나에 값을 넣어 프로그램을 만들어 본다.

1 다른 프로그래밍 언어에서는 이러한 기능을 배열(array)이라 부르기도 한다.

[예제 9.1.1] Python₩ch09₩09_01_01.py

```
01. # 학생의 성적
02. names = ["kerbo0", "kerbo1", "kerbo2"]
03. means = [80, 81, 82]
```

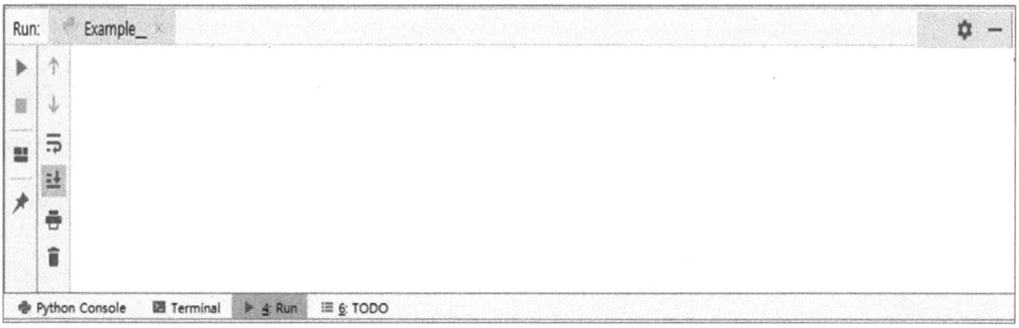

2행: names 변수에 리스트 항목 "kerbo", "kerbo1", "kerbo2"를 할당한다.

3행: means 변수에 리스트 항목 80, 81, 82를 할당한다.

■ 리스트 예제 2

리스트 안에 들어있는 항목을 인덱스를 사용하여 하나씩 프린트해 본다. names의 리스트 항목의 인덱스와 mcans의 리스트 항목의 인덱스를 하나하나 살펴본다.

[예제 9.1.2] Python₩ch09₩09_01_02.py

```
# 학생의 성적
names = ["kerbo0", "kerbo1", "kerbo2"]
means = [80, 81, 82]

print("첫번째 index 이름 names[0]:", names[0])
print("첫번째 index 평균 means[0]:", means[0])
print("두번째 index 이름 names[1]:", names[1])
print("두번째 index 평균 means[1]:", means[1])
print("세번째 index 이름 names[2]:", names[2])
print("세번째 index 평균 means[2]:", means[2])
```

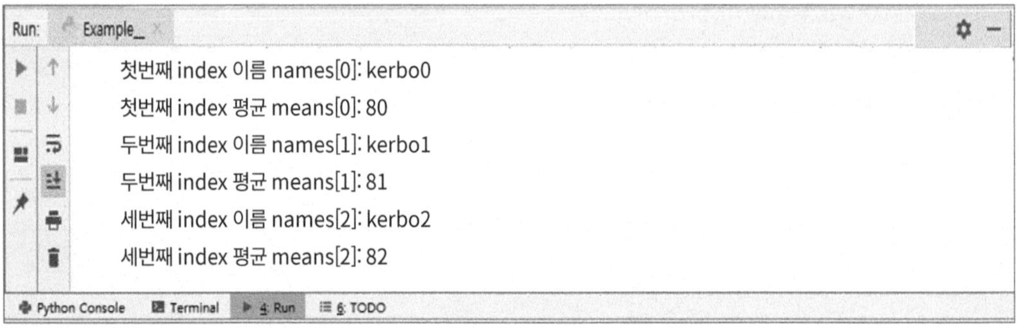

1~3행: 이름과 성적의 값을 리스트에 할당한다.

5행 : 첫 번째 인덱스 위치에 해당하는 names[0]에 kerbo0 값을 할당한다.

6행 : 첫 번째 인덱스 위치에 해당하는 means[0]에 80 값을 할당한다.

7행 : 두 번째 인덱스 위치에 해당하는 names[1]에 kerbo1 값을 할당한다.

8행 : 두 번째 인덱스 위치에 해당하는 means[1]에 81 값을 할당한다.

9행 : 세 번째 인덱스 위치에 해당하는 names[2]에 kerbo2 값을 할당한다.

10행: 세 번째 인덱스 위치에 해당하는 means[2]에 82 값을 할당한다.

9.2 리스트의 활용

리스트는 프로그램을 작성하는데 변수를 낭비하지 않고 문제를 효율적으로 해결할 수 있다. 이제 리스트를 만들고 사용하는 방법을 배워본다. [표 9-1]은 리스트에서 사용하는 명령어이다. 리스트 명령어를 사용하여 다양한 프로그램을 만들어 본다.

[표 9-1] 리스트 명령어

사용법	내용	비고
[ ]	빈 리스트 생성	
.append(항목)	리스트 마지막에 항목 추가	
.insert(인덱스, 항목)	리스트 중간에 항목 추가	
.remove(항목)	리스트 항목 지우기	
del[인덱스]	인덱스를 사용하여 리스트 항목 지우기	
.pop(항목)	리스트 마지막 항목 지우기	
.sort()	리스트 순정렬	
.sort(reverse = True)	리스트 역정렬	

사용법	내용	비고
.index(항목)	리스트 항목 위치	
len(변수)	리스트 항목 개수	
max(변수)	리스트 항목 중 가장 큰 항목	
min(변수)	리스트 항목 중 가장 작은 항목	
sum()	리스트 항목 합계	
[start : end]	리스트의 start 위치부터 end-1 위치까지의 항목	
[start :]	리스트의 start 위치부터 리스트의 마지막 위치까지의 항목	
[: end]	리스트의 처음 위치부터 end-1 위치까지의 항목	
[:]	리스트의 처음 위치부터 리스트의 마지막 위치까지의 항목	

■ 리스트 만들기

파이썬에서 리스트도 변수에 저장할 수 있다. 리스트는 대괄호([ ])를 사용하여 만들 수 있다. 리스트에 항목을 추가하거나 삭제하고자 할 때 먼저 리스트가 생성되어 있어야 한다. 실생활에서도 마트에서 물건을 사려면 커다란 빈 봉투를 준비하는 것과 같다. 아무 항목도 들어가지 않은 공백 리스트(empty list)를 만들어 본다.

[예제 9.2.1] Python₩ch09₩09_02_01.py

```
01. names = []
02. means = []
03. print(names)
04. print(means)
```

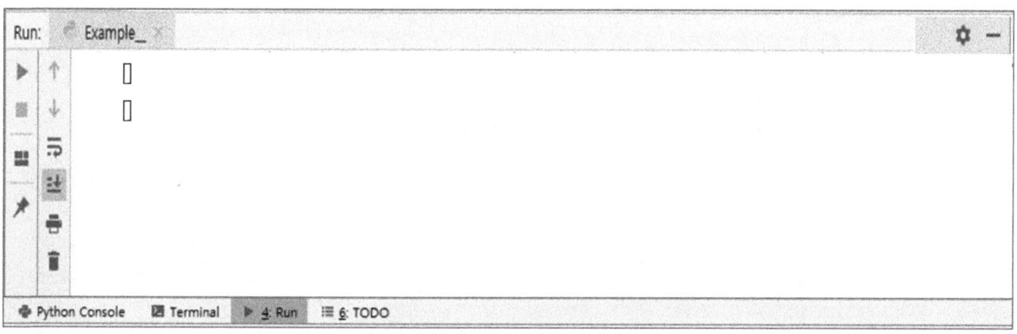

1~2행: names 변수와 means 변수에 아무 항목도 없는 공백 리스트를 만든다.

3~4행: 공백 리스트를 출력한다.

■ 리스트 항목 구분

리스트에 여러 개의 항목을 만들고자 한다면, 각 항목을 ',' 로 구분하면 된다. 다음 예제와 같이 문자열과 숫자 항목을 두 개씩 넣어서 만들어 본다.

[예제 9.2.2] Python₩ch09₩09_02_02.py

```
01. names = ["kerbo0", "kerbo1"]
02. means = [80, 81]
03. print(names)
04. print(means)
```

1행: names 변수에 리스트 항목 "kerbo0", "kerbo1"를 할당한다.

2행: means 변수에 리스트 항목 80, 81를 할당한다.

3~4행: names와 means의 리스트 항목을 출력한다.

■ 리스트 맨 끝에 추가

리스트를 만들었으니, 만들어진 리스트에 항목을 추가해 본다. append(항목)는 리스트 안에 항목을 추가할 수 있는데, 처음이나 중간에는 넣을 수 없고 언제나 맨 끝에만 덧붙여 추가할 수 있다.

index	name[0]	name[1]	name[2]
항목	kerbo0	kerbo1	kerbo2
	첫 번째	두 번째	세 번째
index	mean[0]	mean[1]	mean[2]
항목	80	81	82

[그림 9-2] append()로 리스트 마지막에 추가

append()으로 리스트 맨 끝에 추가해 본다

[예제 9.2.3] Python₩ch09₩09_02_03.py

```
01. names = ["kerbo0", "kerbo1"]
02. means = [80, 81]
03. print(names)
04. print(means)
05.
06. names.append("kerbo2")
07. means.append(82)
08. print(names)
09. print(means)
```

1행: names 변수에 리스트 항목 "kerbo0", "kerbo1" 를 할당한다.

2행: means 변수에 리스트 항목 80, 81 를 할당한다.

3~4행: names와 means의 리스트 항목을 출력한다.

6행: names 변수에 리스트 항목 "kerbo2"를 추가한다.

7행: means 변수에 리스트 항목 82를 추가한다.

8~9행: names와 means의 리스트 항목을 출력한다.

■ 리스트 중간에 추가

만들어진 리스트에 항목을 중간에 추가할 수 있다. insert(인덱스, 항목)는 리스트 중간에 인덱스를 사용하여 인덱스에 해당하는 위치에 항목을 추가할 수 있다.

index	name[0]	**name[1]**	name[2]	name[3]
항목	kerbo0	kerbo0.5	kerbo1	kerbo2
	첫 번째	**두 번째**	세 번째	네 번째
index	mean[0]	**mean[1]**	mean[2]	mean[3]
항목	80	80.5	81	82

[그림 9-3] insert()로 리스트 중간에 추가

insert()를 사용하여 리스트 중간에 항목을 추가해 본다.

[예제 9.3] Python₩ch09₩09_02_04.py

```
01. names = ["kerbo0", "kerbo1", "kerbo2"]
02. means = [80, 81, 82]
03. print(names)
04. print(means)
05.
06. names.insert(1, "kerbo0.5")
07. means.insert(1, 80.5)
08. print(names)
09. print(means)
```

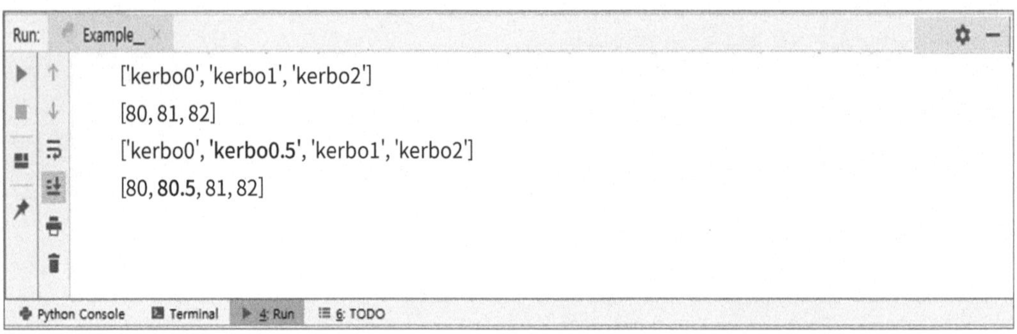

1행: names 변수에 리스트 항목 "kerbo0", "kerbo1", "kerbo2" 를 할당한다.

2행: means 변수에 리스트 항목 80, 81, 82 를 할당한다.

3~4행: names와 means의 리스트 항목을 출력한다.

6행: names 변수에 리스트 항목 "kerbo0.5"를 names[1]에 추가한다. 즉, names 리스트의 항목 두 번째에 위치하게 추가한다.

7행: means 변수에 리스트 항목 80.5를 means[1]에 추가한다. 즉, means 리스트의 항목 두 번째에 위치하게 추가한다.

8~9행: names와 means의 리스트 항목을 출력한다.

■ 리스트 항목 삭제 1

리스트에 항목을 추가하는 방법을 배웠다. 이번에는 리스트에서 항목을 삭제해 본다. 삭제하는 방법은 remove(), del, pop() 이 주로 사용된다. remove(항목)은 리스트에 있는 해당 항목을 삭제한다. remove(항목)을 사용할 때 주의할 점은 리스트에 없는 항목을 넣으면 오류가 발생한다.

[예제 9.2.5] Python₩ch09₩09_02_05.py

```
01. names = ["kerbo0", "kerbo0.5", "kerbo1", "kerbo2"]
02. means = [80, 80.5, 81, 82]
03. print(names)
04. print(means)
05.
06. names.remove("kerbo0.5")
07. means.remove(80.5)
08. print(names)
09. print(means)
```

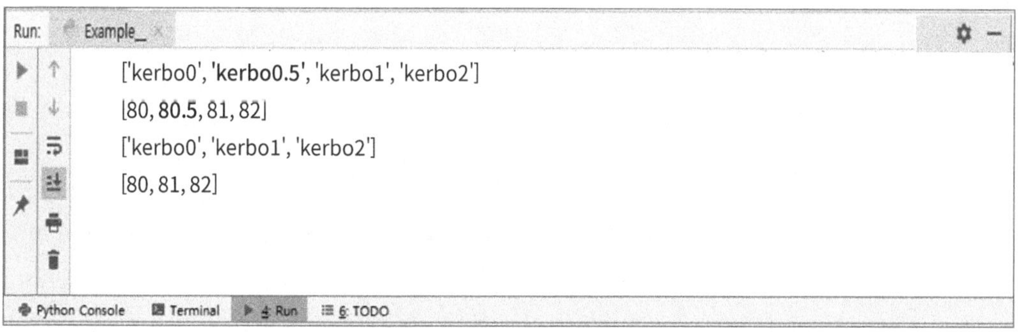

1행: names 변수에 리스트 항목 "kerbo0", "kerbo0.5", "kerbo1", "kerbo2"를 할당한다.

2행: means 변수에 리스트 항목 80, 80.5, 81, 82를 할당한다.

3~4행: names와 means의 리스트 항목을 출력한다.

6행: names 변수에서 리스트 항목 "kerbo0.5"를 삭제한다.

7행: means 변수에서 리스트 항목 80.5를 삭제한다.

8~9행: names와 means의 리스트 항목을 출력한다.

만약, 리스트 항목에 없는 항목을 remove()로 지우려 하면 다음과 같은 오류가 나타나므로 주의하자. 항상 지우기 전에는 출력하여 항목을 확인해 보고 항목을 지운다.

[예제 9.2.5-1] Python₩ch09₩09_02_05-1.py

```
01. names = ["kerbo0", "kerbo0.5", "kerbo1", "kerbo2"]
02. means = [80, 80.5, 81, 82]
03. print(names)
04. print(means)
05.
06. names.remove("kerbo0.6")
07. print(names)
```

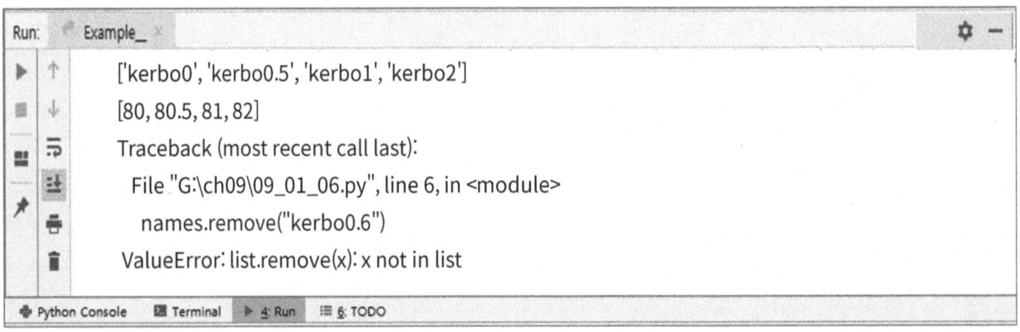

오류의 내용은 파일 "G:₩ch09₩09_01_06.py"의 line 6에서 오류가 있으며, 오류는 names. remove ("kerbo0.6")를 실행하는데 ValueError가 있다는 것을 나타낸다. 여기서 ValueError는 list. remove(x)를 실행하는데 리스트에 x가 없기 때문에 발생한다(x not in list). x는 "kerbo0.6"을 의미한다. 프로그래밍을 하면서 많은 오류 메시지를 만나는데 오류 라인이 만들어진 줄의 숫자를 주의깊게 확인하면 수정하는데 도움이 된다.

■ 리스트 항목 삭제 2

del을 사용할 때는 인덱스와 함께 사용한다. 리스트에 있는 항목을 인덱스와 함께 사용하여 del로 삭제해 보자. del을 사용할 때도 리스트에 없는 항목을 넣으면 오류가 발생한다.

[예제 9.2.6] Python₩ch09₩09_02_06.py

```
01. names = ["kerbo0", "kerbo1", "kerbo2", "kerbo3", "kerbo4"]
02. means = [80, 81, 82, 83, 84]
03. print(names)
04. print(means)
05.
06. del names[0]
07. del means[0]
08. print(names)
09. print(means)
```

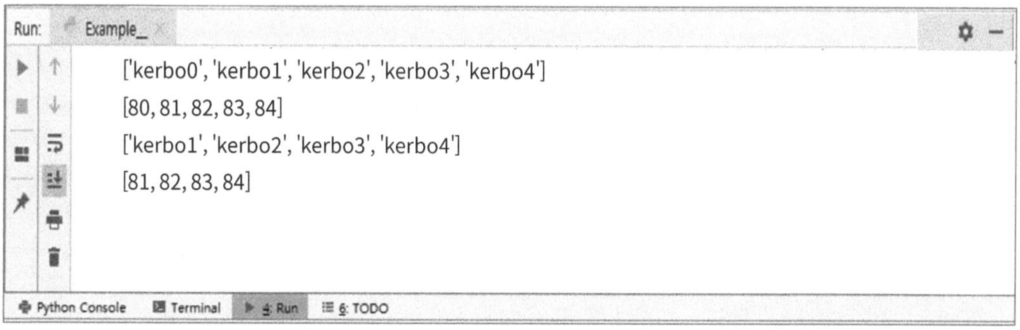

1행: names 변수에 리스트 항목 "kerbo0", "kerbo1", "kerbo2", "kerbo3", "kerbo4" 를 할당한다.

2행: means 변수에 리스트 항목 80, 81, 82, 83, 84를 할당한다.

3~4행: names와 means의 리스트 항목을 출력한다.

6행: names 변수에서 리스트 항목 names[0]을 삭제한다. 즉, names 리스트의 첫 번째 항목인 "kerbo0"을 삭제한다.

7행: means 변수에서 리스트 항목 means[0]을 삭제한다. 즉, means 리스트의 첫 번째 항목인 80을 삭제한다.

8~9행: names와 means의 리스트 항목을 출력한다.

■ 리스트 항목 삭제 3

pop()은 리스트에서 마지막 항목을 삭제한다. append()로 항목을 추가할 때와 정반대이다.

[예제 9.2.7] Python₩ch09₩09_02_07.py

```
names = ["kerbo0", "kerbo1", "kerbo2", "kerbo3", "kerbo4"]
means = [80, 81, 82, 83, 84]
print(names)
print(means)

```

```
06. names.pop()
07. means.pop()
08. print(names)
09. print(means)
```

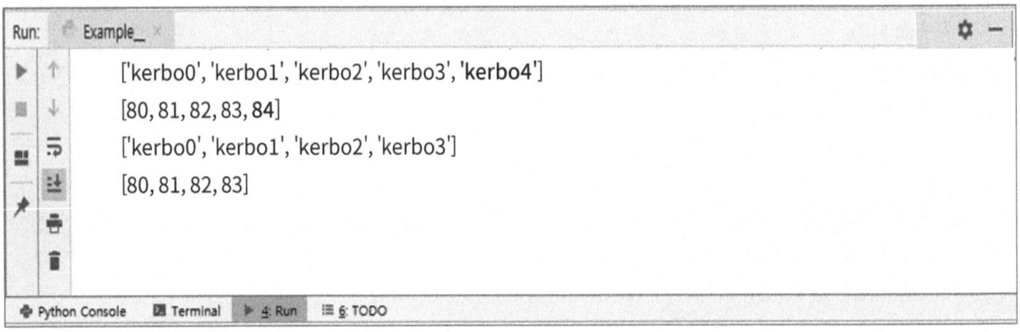

1~4행: names와 means 변수에 리스트 항목을 할당하고 출력한다.

6행: names 변수에서 마지막 항목을 삭제한다. 즉, 리스트의 맨 끝에 있는 항목 'kerbo4'를 삭제한다.

7행: means 변수에서 마지막 항목을 삭제한다. 즉, 리스트의 맨 끝에 있는 항목 84를 삭제한다.

8~9행: names와 means의 리스트 항목을 출력한다.

■ 리스트 항목 순정렬

리스트의 항목을 추가할 수도 있고 삭제할 수도 있다. 이번에는 리스트 항목을 정렬(sorting)해 보자.

[예제 9.2.8] Python₩ch09₩09_02_08.py

```
names = ["kerbo4", "kerbo2", "kerbo3", "kerbo1", "kerbo0"]
means = [83, 84, 82, 81, 80]
print(names)
print(means)

names.sort()
means.sort()
print(names)
print(means)
```

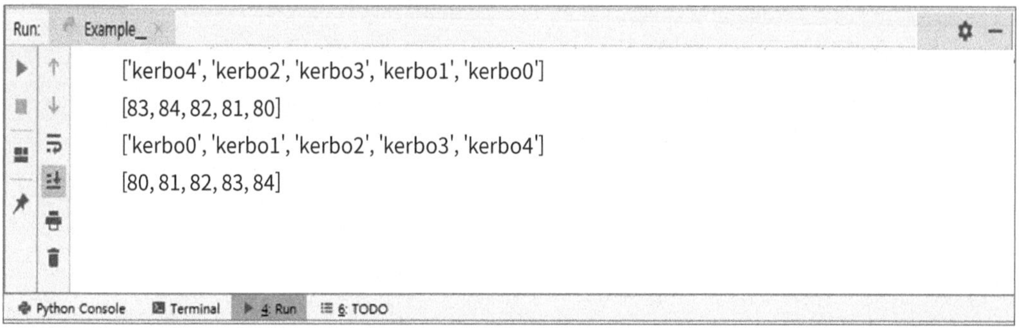

1행: names 변수에 리스트 항목 "kerbo4", "kerbo2", "kerbo3", "kerbo1", "kerbo0" 를 할당한다.

2행: means 변수에 리스트 항목 83, 81, 82, 84, 80를 할당한다.

3~4행: names와 means의 리스트 항목을 출력한다.

6~7행: names 변수와 means 변수에 리스트 항목을 순서대로 정렬한다.

8~9행: names와 means의 리스트 항목을 출력한다.

한글과 알파벳이 섞여 있어도 영어와 한글 순으로 순서대로 정렬된다.

[예제 9.2.8-1] Python₩ch09₩09_02_08-1.py

```
01. names = ["akerbo4", "bkerbo2", "커보", "거보", "사보", "ckerbo3"]
02. print(names)
03.
04. names.sort()
05. print(names)
```

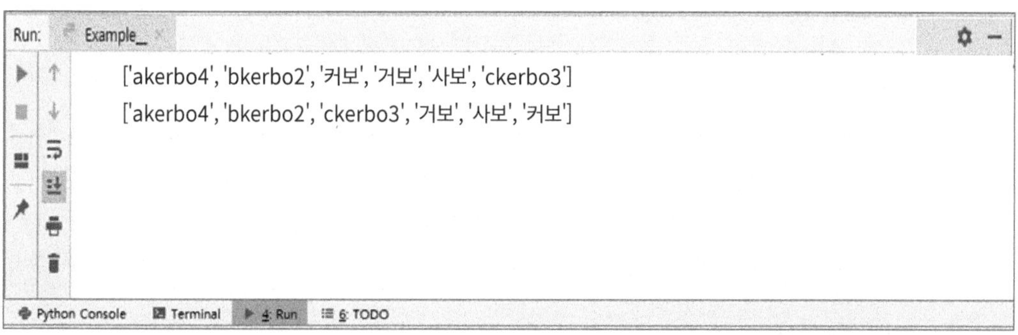

1행: names 변수에 리스트 항목 "akerbo4", "bkerbo2", "커보", "거보", "사보", "ckerbo3" 를 할당한다.

2행: names의 리스트 항목을 출력한다.

4행: names 변수에 리스트 항목을 순서대로 정렬한다.

5행: names의 리스트 항목을 출력한다.

■ 리스트 항목 역정렬

리스트 항목의 역정렬은 sort(reverse=True) 명령어를 사용한다.

[예제 9.2.8-2] Python₩ch09₩09_02_08-2.py

```
01. names = ["akerbo4", "bkerbo2", "커보", "거보", "사보", "ckerbo3"]
02. print(names)
03.
04. names.sort(reverse=True)
05. print(names)
```

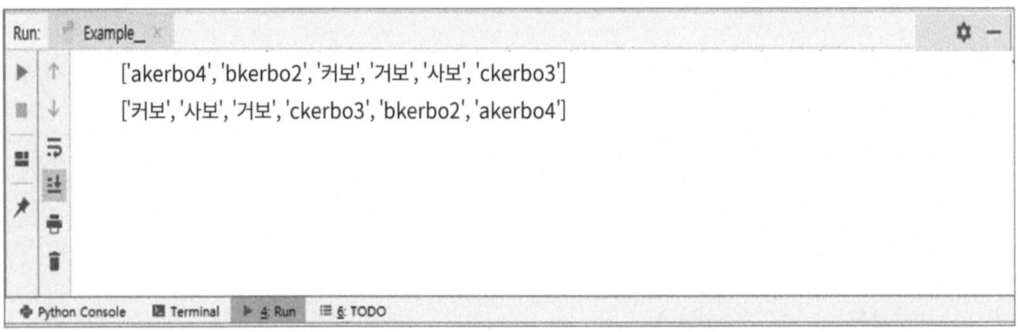

1~2행: names 변수에 리스트 항목을 할당하고 출력한다.

4행: names 변수에서 리스트 항목을 거꾸로 정렬한다.

5행: names의 리스트 항목을 출력한다.

■ 리스트 탐색

리스트에서 항목을 찾기 위해서 index 명령어를 사용한다. 즉, index(항목) 명령어를 사용하면 리스트의 몇 번째에 항목이 존재하는지 인덱스 값을 알려준다.

[예제 9.2.9] Python₩ch09₩09_02_09.py

```
names = ["kerbo4", "kerbo2", "kerbo3", "kerbo1", "kerbo0"]
means = [83, 81, 82, 84, 80]
```

```
03. print(names)
04. print(means)
05.
06. where_names = names.index("kerbo4")
07. where_means = means.index(80)
08. print(where_names)
09. print(where_means)
```

```
Run: Example_
['kerbo4', 'kerbo2', 'kerbo3', 'kerbo1', 'kerbo0']
[83, 81, 82, 84, 80]
0
4
```

1행: names 변수에 리스트 항목 "kerbo4", "kerbo2", "kerbo3", "kerbo1", "kerbo0" 를 할당한다.

2행: means 변수에 리스트 항목 83, 81, 82, 84, 80 를 할당한다.

3~4행: names와 means의 리스트 항목을 출력한다.

6행: names 변수에 "kerbo4" 항목의 인덱스 값을 where_names에 할당한다.

7행: means 변수에 80 항목의 인덱스 값을 where_menas에 할당한다.

8~9행: where_names와 where_means의 값을 출력한다.

■ 리스트 길이 탐색

리스트에 항목이 몇 개 있는지 len 명령어를 사용하여 확인할 수 있다.

[예제 9.2.10] Python₩ch09₩09_02_10.py

```
names = ["kerbo0", "kerbo1", "kerbo2", "kerbo3", "kerbo4"]
means = [80, 81, 82, 83, 84, 85, 86, 87, 88, 89]
print(names)
print(means)

num_of_names = len(names)
num_of_means = len(means)
print(num_of_names)
print(num_of_means)
```

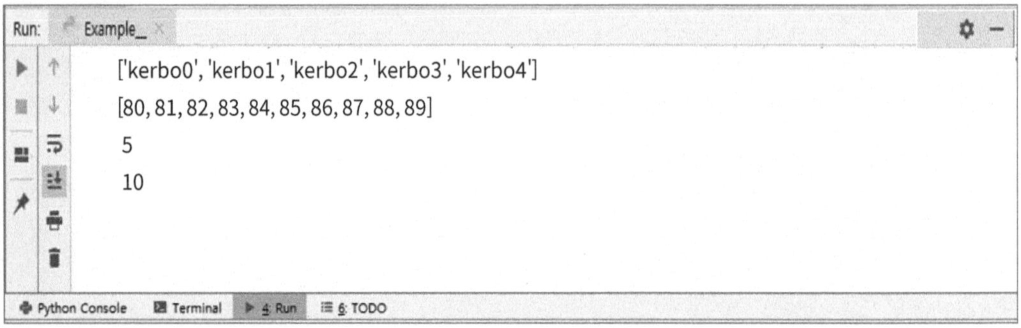

1행: names 변수에 리스트 항목 "kerbo0", "kerbo1", "kerbo2", "kerbo3", "kerbo4" 를 할당한다.

2행: means 변수에 리스트 항목 80, 81, 82, 83, 84, 85, 86, 87, 88, 89를 할당한다.

3~4행: names와 means의 리스트 항목을 출력한다.

6행: names 변수에 리스트 항목이 몇 개 있는지 num_of_names에 할당한다.

7행: means 변수에 리스트 항목이 몇 개 있는지 num_of_means에 할당한다.

8~9행: num_of_names와 num_of_means의 값을 출력한다.

■ 리스트 크기 탐색

리스트에 항목 중 가장 큰 값, 가장 작은 값이 무엇인지 max(), min()을 사용하여 확인할 수 있다.

[예제 9.2.10-1] Python₩ch09₩09_02_10-1.py

```
means = [80, 81, 82, 83, 84, 85, 86, 87, 88, 89]
print(means)

max_of_means = max(means)
min_of_means = min(means)
print(max_of_means)
print(min_of_means)
```

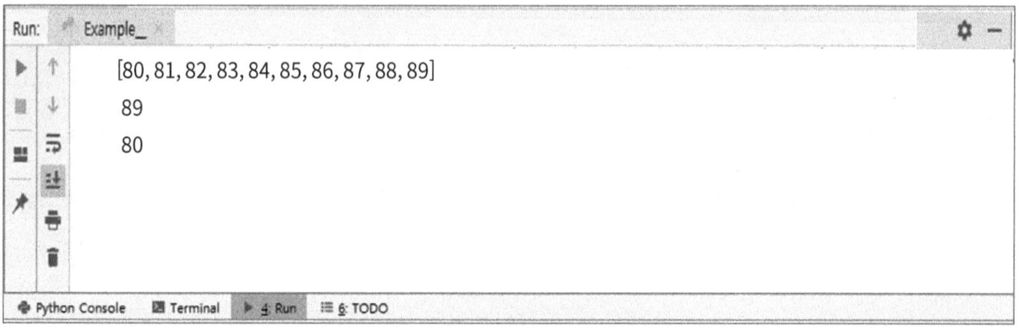

1행: means 변수에 리스트 항목 80, 81, 82, 83, 84, 85, 86, 87, 88, 89를 할당한다.

4행: means 변수의 리스트 항목 중 가장 큰 항목을 max_of_means에 할당한다.

5행: means 변수의 리스트 항목 중 가장 작은 항목을 min_of_means에 할당한다.

6~7행: max_of_means와 min_of_means의 값을 출력한다.

■ 리스트 합계

리스트에 항목을 모두 더한 값이 무엇인지 sum 명령어를 사용하여 확인할 수 있다.

[예제 9.2.10-2] Python₩ch09₩09_02_10-2.py

```
01. means = [80, 81, 82, 83, 84, 85, 86, 87, 88, 89]
02. print(means)
03.
04. tot = sum(means)
05. print(tot)
```

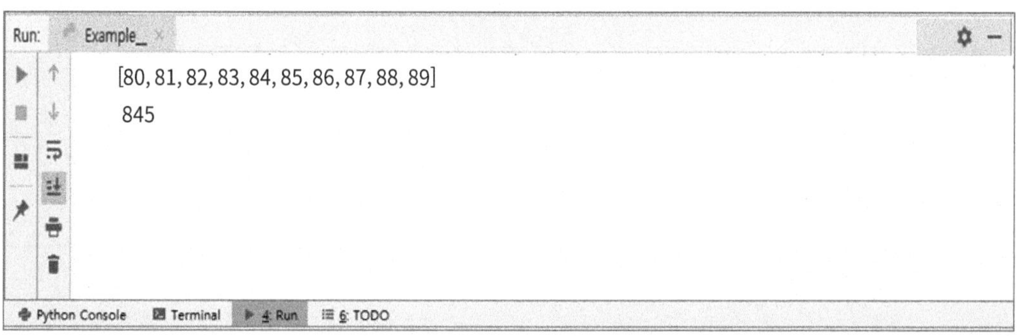

1~2행: means 변수에 리스트 항목을 할당하고 출력한다.

4행: means 변수의 리스트 항목을 모두 더해서 tot 변수에 할당한다.

5행: tot 변수의 값을 출력한다.

■ 리스트 슬라이싱 1

[start : end]를 사용하여 리스트에서 원하는 항목만을 선택하여 슬라이싱할 수 있다. 주의할 점은 end 인덱스에 해당하는 항목은 포함되지 않는 것에 주의해야 한다.

[예제 9.2.11] Python₩ch09₩09_02_11.py

```
01. means = [80, 81, 82, 83, 84, 85, 86, 87, 88, 89]
02. print(means)
03.
04. choice = means[0:3]          # means[ : 3]과 같음
05. print(choice)
```

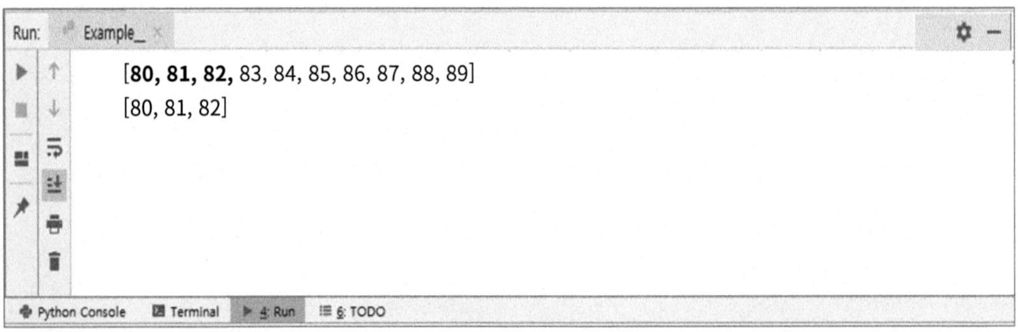

1~2행: means 변수에 리스트 항목을 할당하고 출력한다.

4행: means 변수의 리스트 항목에서 인덱스 0부터 인덱스 3 이전까지 항목을 choice 변수에 할당한다. 즉, 첫 번째 항목부터 세 번째 항목까지 할당된다.

5행: choice 변수의 값을 출력한다.

인덱스(index)는 항목의 위치를 나타낸다는 것을 이미 배웠다. [0:3]은 인덱스 0부터 시작하여 3 바로 앞(end 인덱스의 바로 앞 인덱스, 즉 end - 1)에서 중지한다.

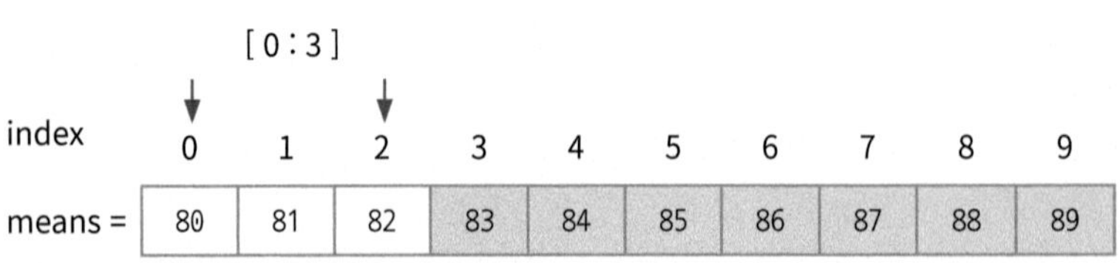

[그림 9-4] 리스트에서 인덱스(index) 항목 위치

■ 리스트 슬라이싱 2

[: end]를 사용하여 start 부분을 생략하면 리스트의 처음부터 end 인덱스 이전까지 나타낸다.

[예제 9.2.11-1] Python₩ch09₩09_02_11-1.py

```
01. means = [80, 81, 82, 83, 84, 85, 86, 87, 88, 89]
02. print(means)
03.
04. choice = means[ :3]        # means[0:3]과 같음
05. print(choice)
```

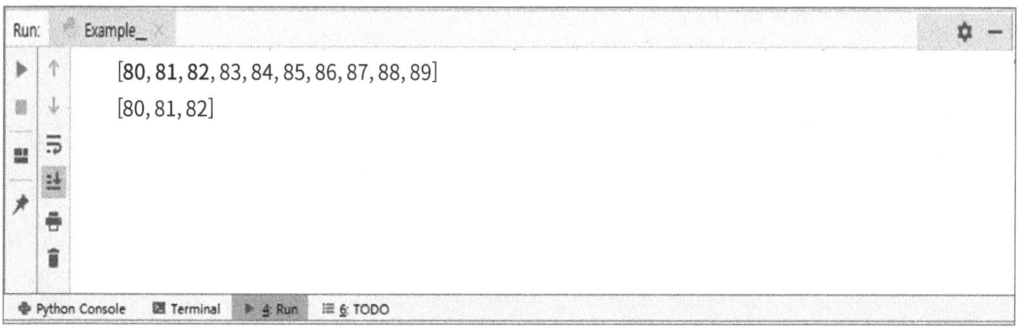

1~2행: means 변수에 리스트 항목을 할당하고 출력한다.

4행: means 변수의 리스트 항목에서 처음부터 인덱스 2까지의 항목을 choice 변수에 할당한다. 즉, 처음부터 세 번째 항목까지 choice 변수에 할당한다.

5행: choice 변수의 값을 출력한다.

■ 리스트 슬라이싱 3

[start :]를 사용하여 end 부분을 생략하면 리스트의 마지막을 나타낸다.

[예제 9.2.11-2] Python₩ch09₩09_02_11-2.py

```
means = [80, 81, 82, 83, 84, 85, 86, 87, 88, 89]
print(means)

choice = means[3: ]
print(choice)
```

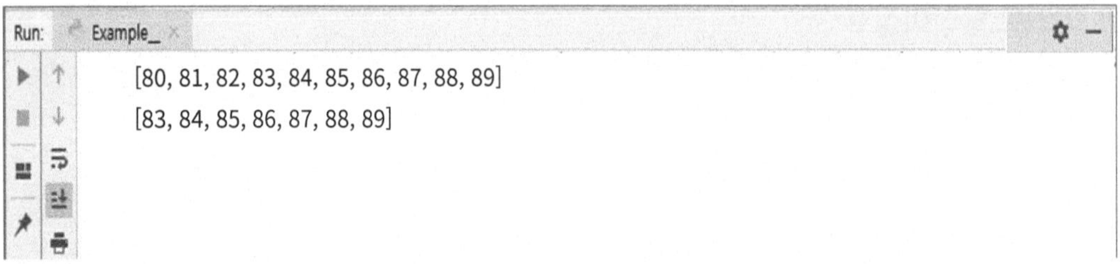

1~2행: means 변수에 리스트 항목을 할당하고 출력한다.

4행: means 변수의 리스트 항목에서 인덱스 3부터 마지막 항목까지 choice 변수에 할당한다. 즉, 네 번째 항목부터 마지막 항목까지 choice 변수에 할당한다.

5행: choice 변수의 값을 출력한다.

■ 리스트 슬라이싱 4

[:]를 사용하여 start 부분과 end 부분을 모두 생략하면 리스트 전체를 나타낸다.

[예제 9.2.11-3] Python₩ch09₩09_02_11-3.py

```
01. means = [80, 81, 82, 83, 84, 85, 86, 87, 88, 89]
02. print(means)
03.
04. choice =  means[ : ]
05. print(choice)
```

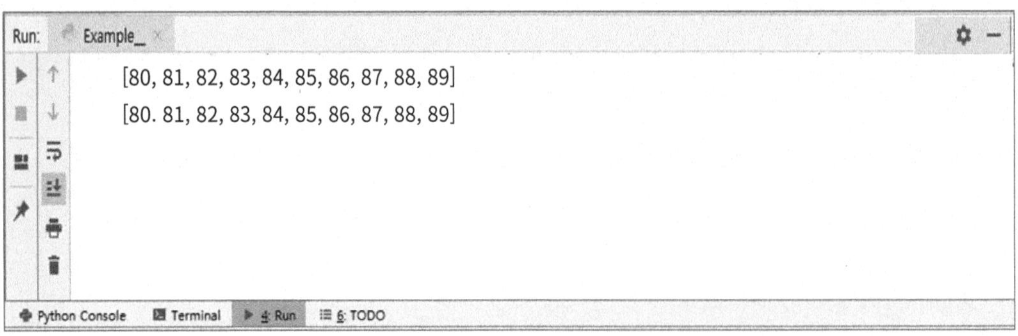

1~2행: means 변수에 리스트 항목을 할당하고 출력한다.

4행: means 변수의 리스트 항목 처음부터 마지막 항목까지 choice 변수에 할당한다.

5행: choice 변수의 값을 출력한다.

■ 반복문과 리스트 사용

리스트는 for 반복문을 사용하여 리스트의 내용을 확인할 수 있다.

[예제 9.2.12] Python₩ch09₩09_02_12.py

```
01. names = ["kerbo0", "kerbo1", "kerbo2"]
02. means = [80, 81, 82]
03.
04. for i in range(3):
05.     print("name_of_index", i, "에는", names[i], "가 위치합니다.")
06. print("============================================")
07.
08. for j in range(3):
09.     print("menas_of_index", j, "에는", means[j], "이 위치합니다.")
```

```
name_of_index 0 에는 kerbo0 가 위치합니다.
name_of_index 1 에는 kerbo1 가 위치합니다.
name_of_index 2 에는 kerbo2 가 위치합니다.
============================================
menas_of_index 0 에는 80 이 위치합니다.
menas_of_index 1 에는 81 이 위치합니다.
menas_of_index 2 에는 82 이 위치합니다.
```

1행: names 변수에 리스트 항목 "kerbo0", "kerbo1", "kerbo2"를 할당한다.

2행: means 변수에 리스트 항목 80, 81, 82를 할당한다.

4행: for 반복문을 사용하여 인덱스 0부터 2까지 반복한다.

5행: 인덱스 i 값과 인덱스 i에 해당하는 항목인 names[i]를 출력한다.

6행: 출력을 구분하기 위하여 줄을 출력한다.

8행: for 반복문을 사용하여 인덱스 0부터 2까지 반복한다.

9행: 인덱스 i 값과 인덱스 i에 해당하는 항목인 means[i]를 출력한다.

리스트의 항목 수가 너무 많아서 알고 있지 못할 때는 리스트의 길이 탐색에서 배운 len()를 사용해 보자. len(변수)를 사용하면 리스트의 항목 수가 몇 개인지 알 수 없을 때 사용하기 편리하다.

[예제 9.2.12-1] Python₩ch09₩09_02_12-1.py

```
names = ["kerbo0", "kerbo1", "kerbo2"]
means = [80, 81, 82]

for i in range(len(names)):
    print("name-index", i, "에는", names[i], "가 위치합니다.")
print("====================================================")

for j in range(len(means)):
    print("menas-index", j, "에는", means[j], "이 위치합니다.")
```

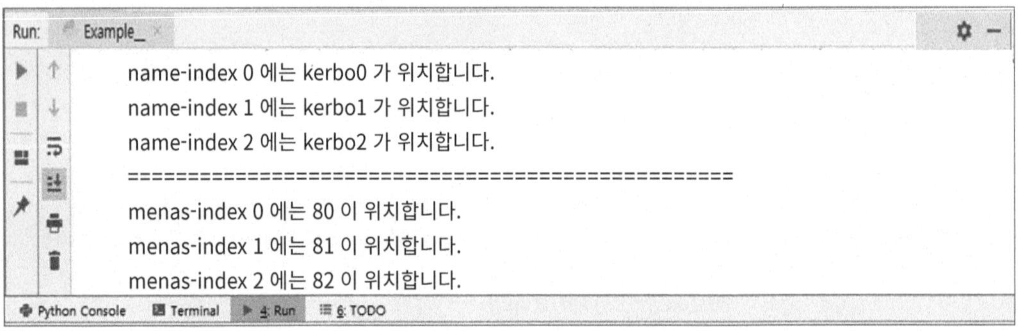

■ 리스트 안에 리스트 사용

리스트 안에 리스트를 넣음으로써 효율성을 더욱 높일 수 있다. 아래 프로그램은 리스트 안에 2개의 리스트를 사용하였다. 3개나 4개, 그 이상을 사용해도 같은 원리이다.

[예제 9.2.13] Python₩ch09₩09_02_13.py

```
n_means = [["kerbo0", "kerbo1", "kerbo2", "kerbo3"], [80, 81, 82, 83]]

for ij in n_means :
    print(ij)
```

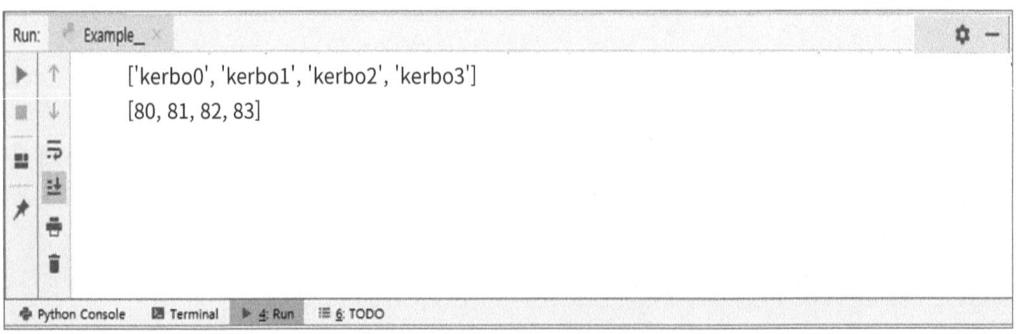

1행: n_means 변수에 리스트 항목 ["kerbo0", "kerbo1", "kerbo2", "kerbo3"], [80, 81, 82, 83]을 할당한다.

3행: for 반복문을 사용하여 리스트 ij[0]부터 ij[1]까지 반복한다.

4행: n_means의 리스트 항목을 하나씩 출력한다.

리스트 안에 리스트에서 항목의 위치를 나타내면 다음 그림과 같다.

index	n_means[0][0]	n_means[0][1]	n_means[0][2]	n_means[0][3]
항목	kerbo0	kerbo1	kerbo2	kerbo3

index	n_means[1][0]	n_means[1][1]	n_means[1][2]	n_means[1][3]
항목	80	81	82	83

[그림 9-5] 리스트 안의 리스트 항목 위치

리스트 안에 리스트에서 항목의 위치를 출력하여 확인한다.

[예제 9.2.13-1] Python₩ch09₩09_02_13-1.py

```
01. n_means = [["kerbo0", "kerbo1", "kerbo2", "kerbo3"], [80, 81, 82, 83]]
02.
03. print(n_means[0][0], n_means[0][1], n_means[0][2], n_means[0][3] )
04. print(n_means[1][0], n_means[1][1], n_means[1][2], n_means[1][3] )
```

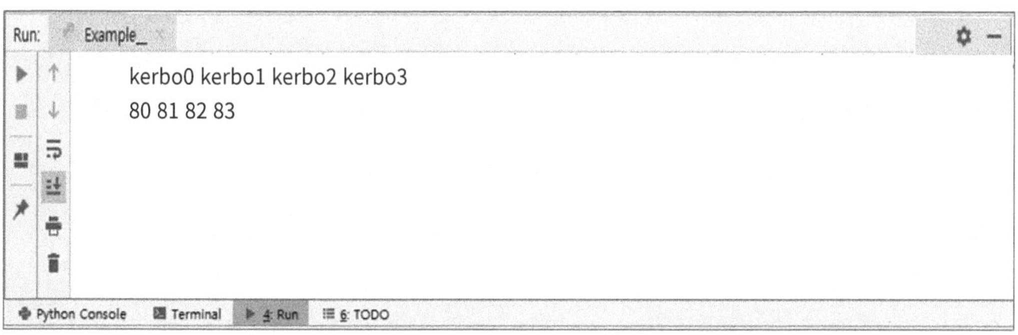

1행: n_means 변수에 리스트 항목 ["kerbo0", "kerbo1", "kerbo2", "kerbo3"], [80, 81, 82, 83]을 할당한다.

3행: print문을 사용하여 리스트 n_means[0][0]부터 n_means[0][3]까지 출력한다.

4행: print문을 사용하여 리스트 n_means[1][0]부터 n_means[1][3]까지 출력한다.

9.3 딕셔너리의 이해

파이썬에서 딕셔너리도 리스트와 같이 값을 저장하기 위하여 사용한다. 그러나 리스트와 다른 점은 딕셔너리는 키(key)와 값(value)이 연결되어 사용된다는 점이다. 딕셔너리는 키를 사용하여 빠르게 값을 검색, 삭제, 수정할 수 있다. 예를 들어, 딕셔너리는 학생-학생번호, 학생-전화번호, 물건-가격 등 사용하는 방법이 다양하다.

딕셔너리의 키와 값을 그림으로 나타내면 다음과 같다.

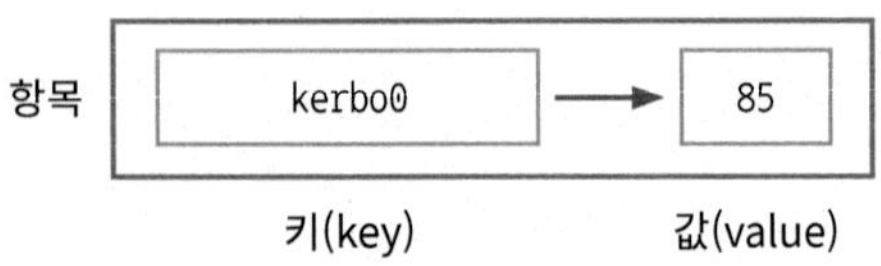

[그림 9-6] 딕셔너리의 키와 값

■ 딕셔너리의 예제

간단하게 키와 값이 있는 딕셔너리를 만들어 프로그래밍해 본다.

[예제 9.3.1] Python₩ch09₩09_03_01.py

```
01. # 학생의 성적
02. student = {"kerbo": 85}
03. print(student)
```

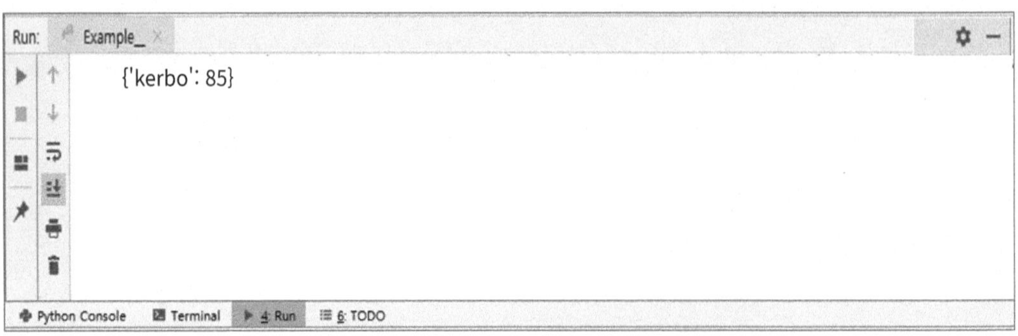

2행: student 변수는 "kerbo"라는 학생 이름의 키와 85라는 값을 쌍으로 할당한다.

3행: student 변수의 키와 값을 출력한다.

9.4 딕셔너리의 활용

딕셔너리는 키와 값이 쌍으로 되어 있어 많은 곳에 활용된다. 학생-학생번호, 학생-전화번호, 물건-가격 등 다양한 활용을 할 수 있다.

■ 딕셔너리 만들기

파이썬에서 딕셔너리를 만드는 방법은 {}를 사용하여 만들 수 있다.

[예제 9.4.1] Python₩ch09₩09_04_01.py

```
01. # 딕셔너리 만들기
02. students = { }
```

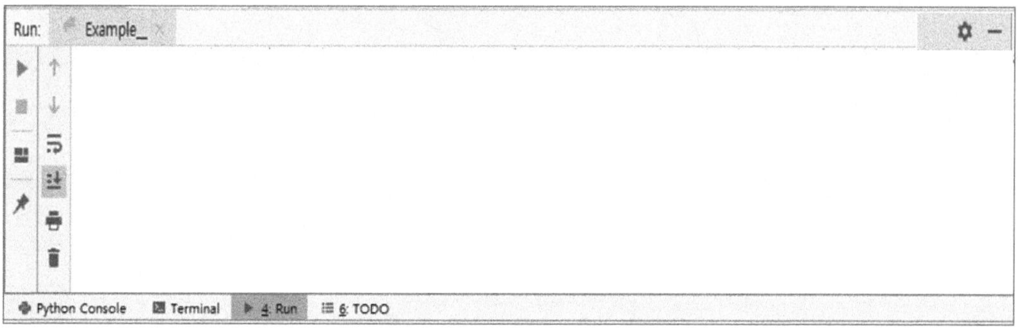

2행: students 변수에 빈 딕셔너리를 할당한다.

■ 딕셔너리 추가

딕셔너리를 생성하였으니, 만들어진 딕셔너리에 키와 값을 저장해 본다.

[예제 9.4.2] Python₩ch09₩09_04_02.py

```
students = { }

students["kerbo0"] = 80
students["kerbo1"] = 81
students["kerbo2"] = 82

print(students)
```

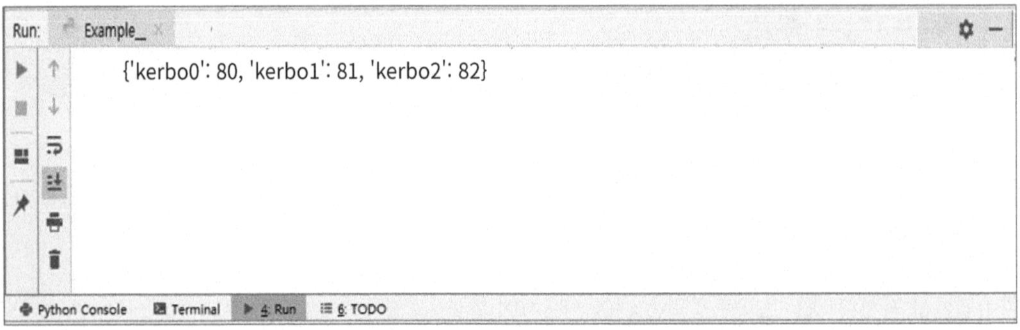

1행: students 변수에 빈 딕셔너리를 할당한다.

3행: students 딕셔너리에 "kerbo0" 키와 80 값을 추가한다.

4행: students 딕셔너리에 "kerbo1" 키와 81 값을 추가한다.

5행: students 딕셔너리에 "kerbo2" 키와 82 값을 추가한다.

7행: students 딕셔너리를 출력한다.

■ 딕셔너리 키 탐색

딕셔너리에 포함된 키를 찾아보자.

[예제 9.4.3] Python₩ch09₩09_04_03.py

```
students = { }

students["kerbo0"] = 80
students["kerbo1"] = 81
students["kerbo2"] = 82
print(students)

k = students.keys()
print(k)
```

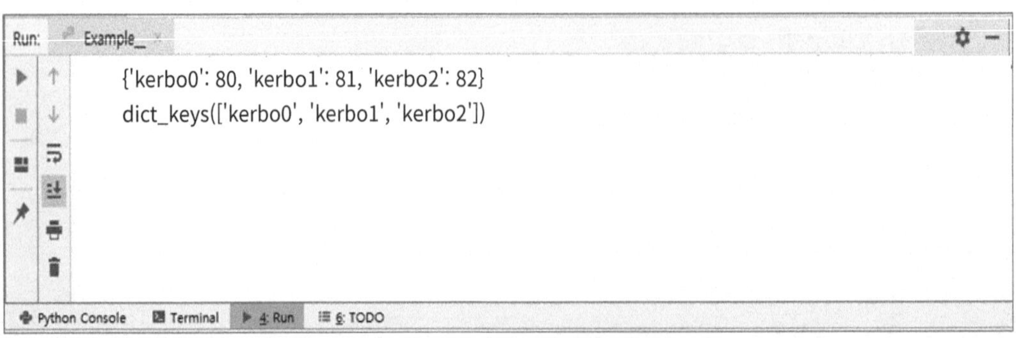

1~6행: students 딕셔너리에 키와 값을 추가하고 출력한다.

8행: k 변수에 students 딕셔너리의 모든 키들을 할당한다.

9행: k 변수의 값(딕셔너리의 모든 키)을 출력한다.

■ 딕셔너리 값 탐색

딕셔너리에 포함된 값을 찾아보자.

[예제 9.4.4] Python₩ch09₩09_04_04.py

```
01. students = { }
02.
03. students["kerbo0"] = 80
04. students["kerbo1"] = 81
05. students["kerbo2"] = 82
06. print(students)
07.
08. v = students.values()
09. print(v)
```

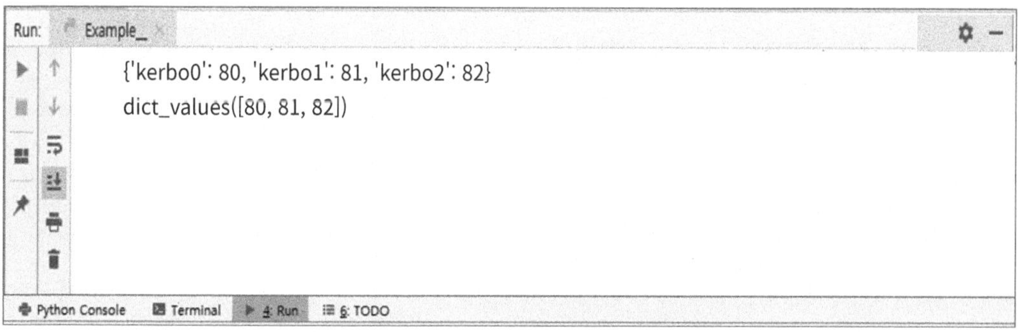

1~6행: students 딕셔너리에 키와 값을 추가하고 출력한다.

8행: v 변수에 students 딕셔너리의 모든 값들을 할당한다.

9행: v 변수의 값(딕셔너리의 모든 값)을 출력한다.

■ 딕셔너리 키로 값 탐색

딕셔너리에 생성된 키로 원하는 값을 찾아보자. 딕셔너리에서 키로 원하는 값을 찾을 수 있지만, 값으로 키를 찾을 수는 없다.

[예제 9.4.5] Python₩ch09₩09_04_05.py

```
01. students = {"kerbo0": 80, "kerbo1": 81, "kerbo2": 82 }
02. print(students)
03.
04. kv = students["kerbo0"]
05. print(kv)
```

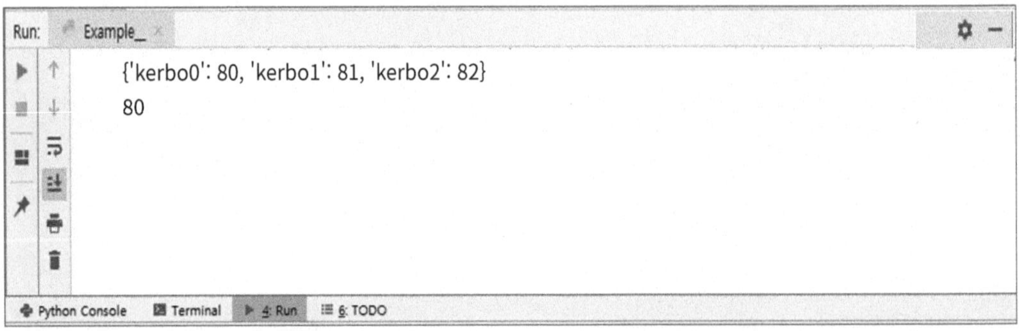

1행: students 딕셔너리에 "kerbo0": 80, "kerbo1": 81, "kerbo2": 82를 키와 값의 쌍으로 할당한다.

2행: students 딕셔너리를 출력한다.

4행: students 딕셔너리에 "kerbo0"키에 대응하는 값을 kv 변수에 할당한다.

5행: kv 변수의 값을 출력한다.

■ 딕셔너리 데이터 지우기

딕셔너리에 생성된 데이터를 del을 사용하여 지워보자.

[예제 9.4.6] Python₩ch09₩09_04_06.py

```
students = {"kerbo0": 80, "kerbo1": 81, "kerbo2": 82 }
print(students)

del students["kerbo0"]
print(students)
```

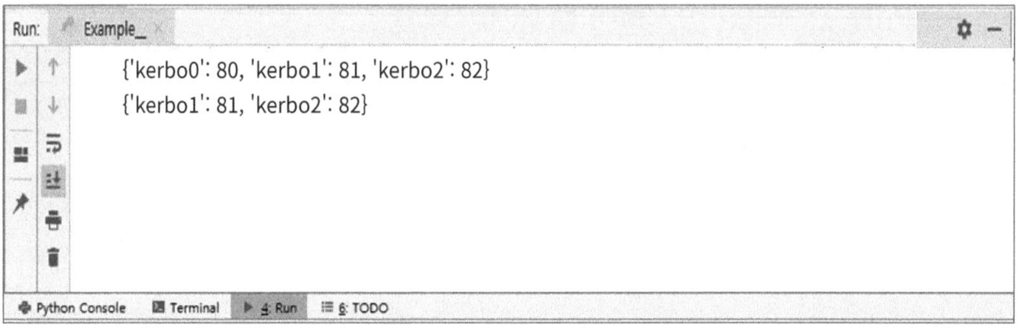

1~2행: students 딕셔너리에 키와 값을 할당하고 출력한다.

4행: students 딕셔너리에서 "kerbo0"키에 해당하는 항목을 지운다.

5행: students 딕셔너리를 출력한다.

■ 딕셔너리의 항목 모두 지우기

딕셔너리에 포함된 항목 모두를 clear( )를 사용하여 지워보자.

[예제 9.4.7] Python₩ch09₩09_04_07.py

```
01. students = {"kerbo0": 80, "kerbo1": 81, "kerbo2": 82 }
02. print(students)
03.
04. students.clear()
05. print(students)
```

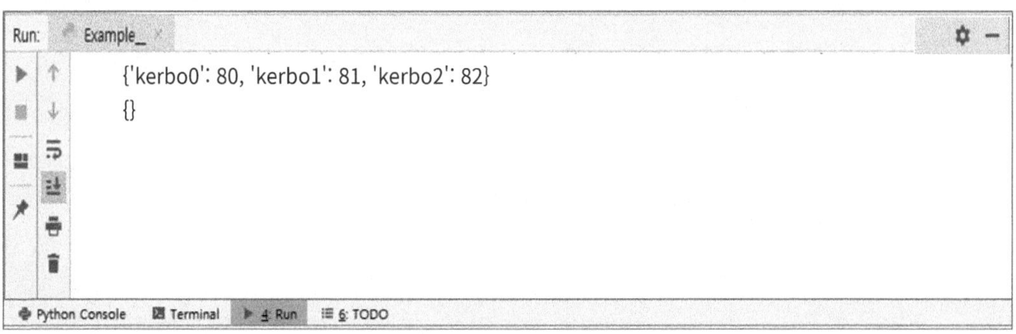

1~2행: students 딕셔너리에 키와 값을 할당하고 출력한다.

4행: students 딕셔너리 항목 모두를 지운다.

5행: students 딕셔너리를 출력한다.

9.5 거북이를 사용해서 리스트와 딕셔너리 활용

거북이를 사용하여 그림을 그릴 때 리스트와 딕셔너리를 활용하여 그림을 그려보자.

■ 리스트를 사용한 오륜기 그리기

3장 거북이 그래픽 프로그래밍 연습문제 15번에서 거북이가 반지름 100인 원으로 오륜기를 그렸다. 리스트를 사용하여 오륜기 프로그램을 재작성하고 오륜기를 그려보자.

[예제 9.5.1] Python₩ch09₩09_05_01.py

```
import turtle
t1 = turtle.Turtle()
t1.shape("turtle")
t1.pensize(10)
t1.speed(10)

def turtle_move(x1, y1):
    t1.penup()
    t1.goto(x1, y1)
    t1.pendown()
    return (x1, y1)

def olympic_flags():
    positions = [ [  0,    0, "blue"  ],
                  [100, -100, "yellow"],
                  [200,    0, "black" ],
                  [300, -100, "green" ],
                  [400,    0, "red"   ] ]

    for x, y, c in positions:
        turtle_move(x, y)
        print(x, y)
        t1.pencolor(c)
        t1.circle(100)

olympic_flags()
turtle.done()
```

1행: 거북이를 이용하기 위해 turtle 모듈을 import 한다.

2행: 변수 t1에 거북이 모듈을 넣어서 사용한다.

3행: 거북이 모양으로 사용하여 그림을 그린다.

4행: 거북이 선의 두께를 10으로 설정한다.

5행: 거북이 움직이는 속도를 10으로 설정한다.

7행: turtle_move() 함수를 선언한다. 매개변수로 x1 좌표, y1 좌표 값을 받는다.

8행: 거북이를 허공으로 띄운다.

9행: 거북이를 x1, y1 좌표로 이동시킨다.

10행: 그림 그리기 위하여 거북이를 허공에서 내려 놓는다.

11행: x1 좌표, y1 좌표 값을 반환한다.

13행: olympic_flags() 함수를 선언한다.

14~18행: positions 리스트를 만들고, 만들어진 리스트안에 x 좌표, y 좌표, 색상을 하나의 리스트로 만들어 넣는다. 오륜기는 다섯 개 원이므로 다섯 개의 리스트가 만들어진다.

20행: for 반복문을 사용하여 positions 리스트의 다섯 개 리스트를 순서대로 하나씩 반복한다.

21행: turtle_move() 함수를 호출한다. 인수로 x 좌표, y 좌표를 사용한다.

22행: x 좌표, y 좌표 값을 출력한다.

23행: c 값으로 색상을 지정한다.

24행: 거북이가 반지름 100인 원을 그린다.

26행: olympic_flags() 함수를 호출한다.

27행: 거북이의 화면을 보여준다.

■ 딕셔너리에 input을 사용하여 데이터 입력받기

거북이가 상점에 취직하여 재고정리를 하고 있다. 진열된 상품의 이름과 가격을 키보드로 입력하는데 마지막 5개만 입력하면 된다. 딕셔너리를 이용하여 데이터를 만들어 보자.

[예제 9.5.2] Python₩ch09₩09_05_02.py

```
01. # 상점 물건 입력하기
02. turtle_store = {"연필":100}
03.
04. while True:
05.     names = input("물건의 이름을 입력하세요: ")
06.     if names == "stop": break
07.     price = int(input("물건의 가격을 입력하세요: "))
08.     turtle_store[names] = price
09.     print(turtle_store)
10.
11. print(turtle_store)
```

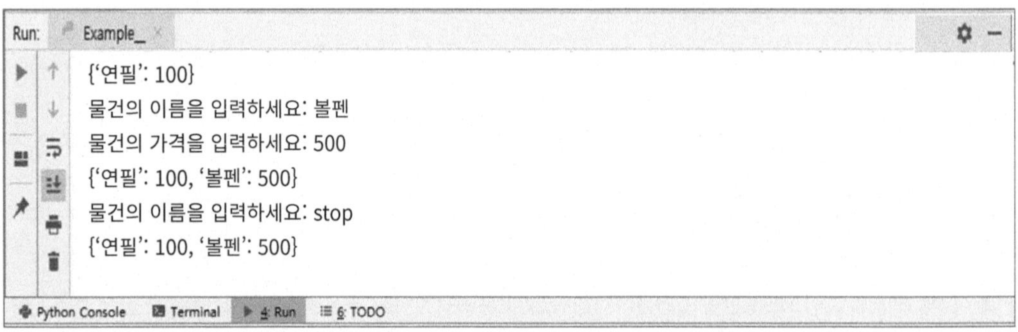

2행: turtle_store 딕셔너리에 "연필" 키가 100 값을 쌍으로 갖고 있다.

4행: while문을 사용하였으며, 조건문이 True이므로 무한 반복된다.

5행: names 변수에 물건의 이름을 키보드로 입력받는다.

6행: if 문을 사용하여 만약 "stop" 문자열이 들어오면 while문을 빠져 나간다.

7행: 물건의 가격을 입력받고 그 값을 price 변수에 할당한다.

8행: turtle_store 변수에 names키와 price 값의 쌍을 추가한다.

9행: 입력이 잘 되었는지 출력한다.

11행: turtle_store 딕셔너리를 출력한다.

응용문제

1. 리스트를 사용하여 여러 가지 색의 막대사탕 원을 만들어 본다.

1) random과 거북이 프로그램을 import 한다.

2) 커서를 거북이 모양으로 변경한다.

3) 거북이가 움직이는 함수를 만든다. 매개변수를 두 개 만든다.

4) 거북이가 막대사탕 원을 그리며 색을 넣는 함수를 만든다. 매개변수를 세 개 만든다. 거북이가 움직이는 함수를 호출한다.

5) for문을 사용하여 다양한 색을 리스트에 넣고 사용한다.

6) random.randint로 x, y 좌표값을 정한다.

7) 막대사탕 원을 그리는 함수를 호출한다. 인수를 세 개 만든다. random을 사용하기 때문에 매번 다른 그림이 만들어진다.

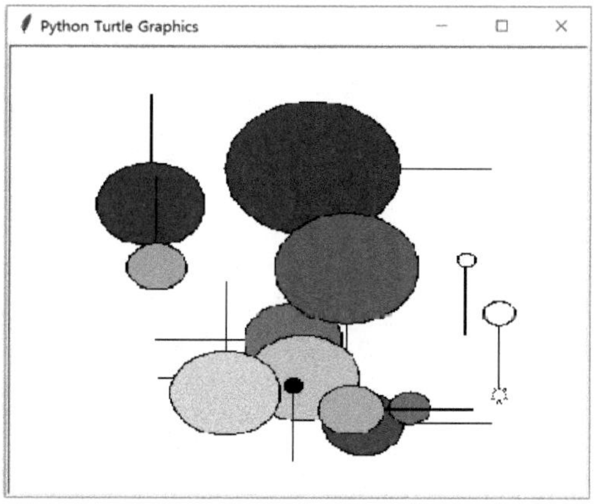

2. 딕셔너리를 사용하여 같은 반 학생의 전화번호부를 만들어본다.

1) 딕셔너리를 만들고 빈 딕셔너리를 출력한다.

2) while문을 사용하여 이름을 입력받는다.

3) if문을 사용하여 "stop"과 입력받은 변수가 같으면 프로그래밍을 끝낸다.

4) 전화번호를 입력받는다.

5) 이름과 전화번호를 매번 출력하여 입력이 잘 되었는지 확인한다.

6) 딕셔너리를 출력하여 이름과 전화번호가 잘 입력되었는지 확인한다.

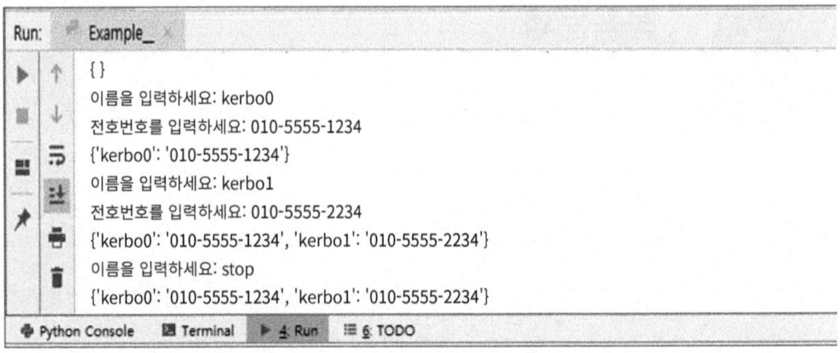
Run: Example_
{}
이름을 입력하세요: kerbo0
전호번호를 입력하세요: 010-5555-1234
{'kerbo0': '010-5555-1234'}
이름을 입력하세요: kerbo1
전호번호를 입력하세요: 010-5555-2234
{'kerbo0': '010-5555-1234', 'kerbo1': '010-5555-2234'}
이름을 입력하세요: stop
{'kerbo0': '010-5555-1234', 'kerbo1': '010-5555-2234'}
Python Console
Terminal
4: Run
6: TODO

정리하기

9장에서는 변수를 확장하는 개념으로 파이썬에서 사용하는 리스트와 딕셔너리를 만들고, 항목을 추가, 삭제, 슬라이싱하는 방법을 살펴보았다. 프로그래밍의 효율성을 위하여 리스트와 딕셔너리는 중요한 개념이다. 이번 장에서 학습한 내용을 정리한다.

- 리스트는 항목들을 ','로 구분하며 하나의 리스트 변수에 넣을 수 있고, 딕셔너리는 키와 값의 쌍으로 항목이 존재한다.
- 리스트에서 인덱스를 사용하여 항목을 추가, 삭제, 지우기, 그리고 슬라이싱을 하였다. index[0]는 첫 번째 항목이고, index[3]은 네 번째 항목이며, 슬라이싱에서는 end 인덱스에 해당하는 항목이 포함되지 않는 것에 주의해야 한다. [표 9-1] 리스트 명령어를 사용하여 다양한 프로그래밍을 해 본다.
- max(), min()을 사용하여 리스트의 항목 중 가장 큰 값, 가장 작은 값을 찾아보고, 모든 항목을 순정렬, 역정렬 해 본다. 리스트안에 리스트를 사용하여 모든 항목들을 출력해 본다.
- 딕셔너리 키로 데이터를 찾아보고, 값을 탐색하며, 키로 값을 탐색해 본다. 딕셔너리의 항목은 언제나 키와 값의 쌍으로 이루어져 있다.
- 딕셔너리를 만들고, 키와 값을 추가, 탐색, 지우기를 하였다. 딕셔너리는 학생-학생번호, 학생-전화번호, 물건-가격 등 다양한 활용을 할 수 있다.

연습문제

【 객관식 】

1. 많은 변수를 사용하여 프로그램 효율성이 떨어질 때 대처하는 방법은? (　)

① 변수 끝에 번호사용　　② 유사변수 사용

③ 딕셔너리 사용　　④ 리스트 사용

2. 키와 값의 쌍으로 이루어진 데이터를 사용하려 할 때 방법은? (　)

① 변수 끝에 번호사용　　② 딕셔너리 사용

③ 유사변수 사용　　④ 리스트 사용

3. 인덱스 3은 항목의 몇 번째를 나타내는가? (　)

① 네 번째 항목　　② 세 번째 항목

③ 두 번째 항목　　④ 다섯 번째 항목

4. 리스트 항목에서 마지막 항목을 지우려 할 때 사용하는 명령어는? (　)

① remove　　② sort

③ pop　　④ del

5. 리스트 항목에서 항목을 정렬할 때 사용하는 명령어는? (　)

① remove　　② sort

③ pop　　④ del

【 단답형 】

6. 리스트에서 세 번째 학생의 이름을 찾기 위한 인덱스 값은 무엇인가?

7. 리스트의 맨 마지막에 항목을 추가하는 명령어는 무엇인가?

8. 리스트 항목의 세 번째에 "kerbo2" 항목을 삽입하려 할 때 사용하는 명령어는 무엇인가?

9. 리스트에서 항목을 정확히 찾아 삭제하는 명령어는 무엇인가?

10. 딕셔너리에서 생성된 데이터를 모두 지우는 명령어는 무엇인가?

【 주관식 】

11. 다음 코드는 리스트 cau의 모든 요소의 값을 출력하는 것이다. 빈 곳을 채우시오.

```
dcu = [10, 20, 30, 40, 50]
for i in (          ):
    print(i)
```

12. 다음 코드는 30을 출력하는 것이다. 빈 곳을 채우시오.

```
score = [20, 50, 10, 30, 15]
print(          )
```

13. 다음 두 개의 코드가 같은 결과를 나오게 하려 한다. 빈 곳을 채우시오.

```
u = [3, 6, 10, 2, 4, 12, 1]
for i in range(    ):
    print(u[i])
```

```
u = [3, 6, 10, 2, 4, 12, 1]
for i in range(len(u)):
    print(u[i])
```

14. students 딕셔너리에서 "kerbo4"키로 값을 찾으려 한다. 명령어를 써 보시오.

15. 영한사전 프로그램을 만들려 한다. 무엇을 사용해야 하는가?

CHAPTER

10

함수 1: 기능을 재사용

학습목표

- 함수가 무엇인지를 이해한다.
- 함수를 선언하고 호출한다.
- 함수를 사용하여 프로그래밍한다.
- 함수를 사용하여 거북이로 그림을 그린다.
- 함수를 이용해서 함수 1을 활용한다.

10 _ 함수 1: 기능을 재사용

본 장에서는 함수(function)를 알아본다. 함수는 복잡한 프로그램 중 반복적인 부분을 따로 분리해 낸 작은 코드 덩어리로 생각할 수 있다. 커다란 프로그램을 분해하고 작은 부분으로 나열함으로써 프로그램의 효율성을 높일 수 있다.

10.1 함수의 이해

함수는 하나의 상자로 생각할 수 있다. 하나의 상자를 블록처럼 쌓아서 커다란 벽을 만들 수 있듯이 함수를 사용하여 연결하면 복잡한 프로그램도 편리하게 나누어 프로그램을 만들어 낼 수 있다. 그리고 함수는 반복적인 코드를 재사용하여 프로그램을 단순화할 수 있다.

```
①   ②               ③        ④
def functionName (parameter list) :
    함수 코드1
    함수 코드2
    return 반환값 ⑤

     ⑥            ⑦
functionName(argument list)
```

[그림 10-1] 함수를 정의하기 위한 문법

함수를 정의한 문법을 살펴보면 다음과 같다.

1. def: 함수를 정의하는 키워드로 함수를 만든다.
2. functionName: 함수의 이름이다. 변수 이름을 생성하는 것과 동일한 규칙으로 함수의 이름을 만든다.
3. parameter list: 매개변수(parameter)는 호출하는 인수(argument)와 연결된다. 매개변수는 옵션으로 있을 수도 있고, 없을 수도 있다.
4. 콜론(:): 함수 정의의 끝에 붙인다. 콜론 뒤에서 엔터를 치면 들여쓰기(indentation)가 함수 코드1, 함수 코드2에서 볼 수 있듯이 자동으로 수행된다.
5. 함수 코드에서 프로그램이 완성되면 return으로 결과값을 반환한다. return이 실행되면 함수는 종료된다.
6. 함수 이름을 적음으로써 함수가 호출된다.
7. 함수의 매개변수와 연결되는 변수이며, 옵션으로 있을 수도 있고, 없을 수도 있다.

■ 인수와 매개변수

함수를 호출할 때 값을 전달하는 것을 인수(argument)라고 한다. 그리고 인수에서 전달한 값을 함수에서 전달받는 변수를 매개변수(parameter)라고 한다. 함수로부터 되돌아 오는 값을 반환 값이라고 하며 return으로 돌려준다. 인수와 매개변수를 사용하여 여러 개의 변수에 할당된 값을 함수로 전달하고 함수로부터 받을 수도 있다.

간단한 예를 살펴본다. 변수의 구분을 위하여 인수의 변수는 맨 앞에 a를 붙이고, 매개변수의 변수는 맨 앞에 p를 붙여 사용하였다.

[예제 10.1.1] Python₩ch10₩10_01_01.py

```
01. def calArea(pr):                #pr: 매개변수(parameter)
02.     p_area = 2 * 3.14 + pr
03.     return p_area
04.
05. ar = 20
06. a_area= calArea(ar)             #ar: 인수(argument)
07. print(a_area)
```

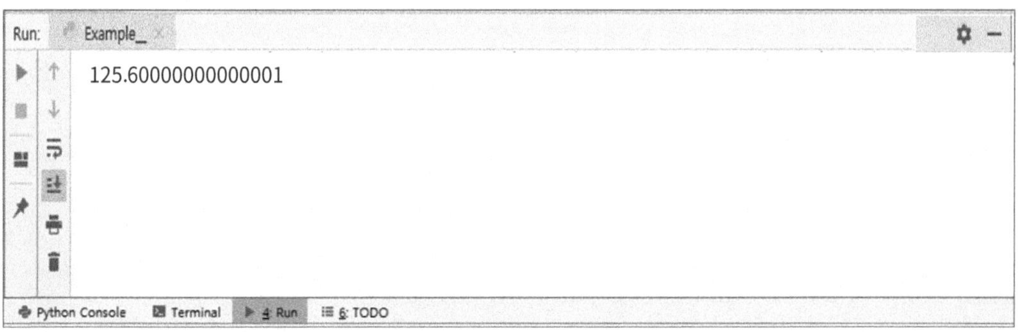

1행: 함수 정의를 위해 def 선언을 하고 calArea(pr)라는 함수 이름을 만든 후 콜론(:)을 마지막에 붙인다. 콜론(:)에서 엔터를 누르면 4칸 들여쓰기(indentation)가 다음 줄에 자동으로 실행된다. 매개변수 pr은 인수로부터 오는 값을 받는다

2행: 원주를 구하는 공식으로 계산하고 계산 결과를 p_area의 변수에 할당한다.

3행: p_area의 값을 return으로 반환한다.

5행: ar 변수에 20을 할당한다.

6행: calArea(ar) 함수를 호출하며 인수 ar의 값을 매개변수 pr에게 전달한다.

return으로 돌아온 값을 a_area 변수에 할당한다.

7행: a_area 변수의 값을 출력한다.

■ 전역변수와 지역변수

전역변수(global variable)는 모든 함수, 모든 프로그램 안에서 사용할 수 있는 변수이며, 지역변수(local variable)는 선언된 함수 안에서만 사용되는 변수이다. [예제 10.1.1]의 프로그램을 조금 변형하여 살펴본다.

[예제 10.1.2] Python₩ch10₩10_01_02.py

```
01. def calArea(pr):
02.     pi = 3.14                    #pi: 지역변수(local variable)
03.     p_area = 2 * pi + ar         #ar: 전역변수(global variable)
04.     return p_area
05.
06. ar = 20
07. a_area= calArea(ar)              #ar: 전역변수(global variable)
08. print(a_area)
```

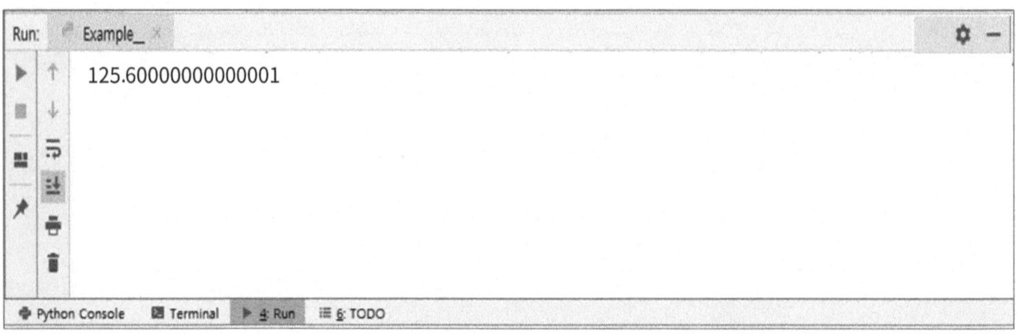

2행: pi 변수는 지역변수이다. def calarea(pr) 함수 안에서만 허용되는 변수이다. 즉, def 함수 밖으로 나가면 pi의 값을 사용할 수 없다.

6행: ar 변수는 전역변수이다. def 함수 안에서 또는 밖에서도 사용할 수 있는 변수이다. 즉, 프로그램 어디에서나 사용할 수 있다.

10.2 함수의 선언과 호출

파이썬에서 함수는 다음과 같이 정의한다.

[예제 10.2.1] Python₩ch10₩10_02_01.py

```
01. def print_PhoneBooks() :
02.     print("kerbo")
03.     print("010-5555-1234")
04.
05. print_PhoneBooks()
```

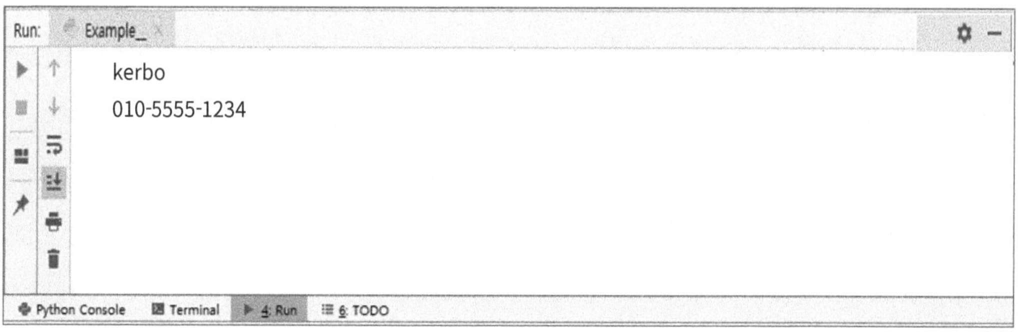

1행: 함수 정의를 위해 def 선언을 하고 print_PhoneBooks()라는 함수 이름을 만든 후 콜론(:)을 한다. 콜론(:)에서 엔터를 누르면 4칸 들여쓰기(indentation)가 다음 줄에 자동으로 실행된다.

2행: "kerbo" 이름을 출력한다.

3행: 전화번호를 출력한다.

5행: print_PhoneBooks() 함수를 호출한다.

함수는 입력과 출력이 있다. 입력과 출력이 있거나 없는 경우에 따라 총 네 가지 종류의 함수를 사용한다. 네 가지 종류의 함수를 각각 살펴보자.

[표 10-1] 함수의 종류

이름	입력 (parameter)	출력 (return 반환값)
함수 1	없음(x)	없음(x)
함수 2	있음(0)	없음(x)
함수 3	없음(x)	있음(0)
함수 4	있음(0)	있음(0)

■ 함수 1 : 입력 없고, 출력 없는 함수

함수 1은 입력이 없고, 출력도 없는 함수로 가장 단순한 함수이다. 함수를 호출할 때 인수도 없고, 매개변수도 없는 함수이다. 단순 작업을 간단히 하기 위해서 사용된다. 3장의 거북이 그림을 기억하며 [예제 3.3.1] 코드를 재사용하며 응용해 본다.

[예제 10.2.2] Python₩ch10₩10_02_02.py

```
01. import turtle
02. t1 = turtle.Turtle()
03. t1.shape("turtle")
04.
05. def han_One():
06.     t1.forward(100)
07.     t1.right(90)
08.     t1.forward(100)
09.
10. han_One()
11. turtle.done()
```

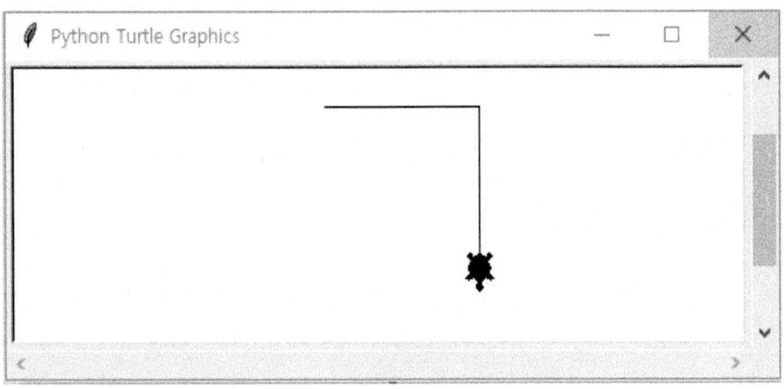

1~4행: turtle 모듈을 import하고 변수와 연결해 준다.

5행: han_One() 함수를 만든다. 매개변수가 없어서 입력이 없는 함수이다.

6~8행: 거북이가 'ㄱ'을 그린다. return이 없어서 결과가 없는 함수이다.

10행: han_One() 함수를 호출한다. 인수가 없다.

11행: 거북이 프로그래밍 실행 후 멈추는 역할을 한다.

■ 함수 2: 입력 있고, 출력 없는 함수

함수 2는 입력이 있고, 출력은 없는 함수이다. 함수를 호출할 때 인수가 있고 매개변수가 있지만, return이 없는 함수이다. 3장의 거북이 코드를 응용한다.

[예제 10.2.3] Python₩ch10₩10_02_03.py

```
01. import turtle
02. t1 = turtle.Turtle()
03. t1.shape("turtle")
04.
05. def han_One(pd, pa):
06.     t1.forward(pd)
07.     t1.right(pa)
08.     t1.forward(pd)
09.
10. ad = 100
11. aa = 90
12. han_One(ad, aa)
13. turtle.done()
```

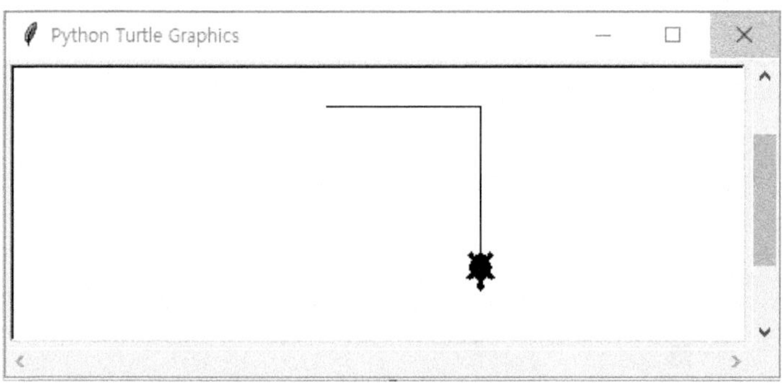

1~4행: turtle 모듈을 import하고 변수와 연결해 준다.

5행: han_One(pd, pa) 함수를 만든다. 매개변수 pd, pa가 있어서 인수로부터 전달된 100과 90 값을 받기 때문에 입력이 있는 함수이다.

6~8행: 거북이가 'ㄱ'을 그린다.

10행: ad 변수에 100을 할당한다.

11행: aa 변수에 90을 할당한다.

12행: han_One(ad, aa) 함수를 호출한다. 인수로 ad, aa가 있어서 100과 90 값을 매개변수 pd, pa에게 전달한다.

13행: 거북이 프로그래밍 실행 후 멈추는 역할을 한다.

■ 함수 3: 입력 없고, 출력 있는 함수

함수 3은 입력은 없고, 출력이 있는 함수이다. 함수를 호출할 때 인수와 매개변수가 없으나, return이 있는 함수이다. 3장의 거북이 코드를 응용한다.

[예제 10.2.4] Python₩ch10₩10_02_04.py

```
01. import turtle
02. t1 = turtle.Turtle()
03. t1.shape("turtle")
04.
05. def han_One():
06.     pdm = (40+50+60)/3
07.     pam = (80+90+100)/3
08.     t1.forward(pdm)
09.     t1.right(pam)
10.     t1.forward(pdm)
11.     return pdm, pam
12.
13. adm = han_One()
14. print(adm)
15. turtle.done()
```

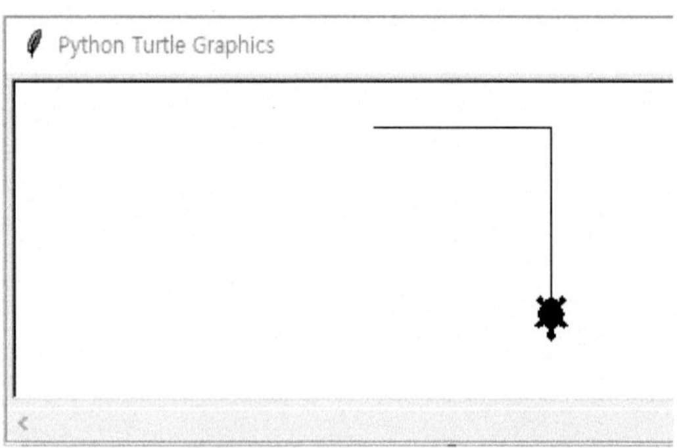

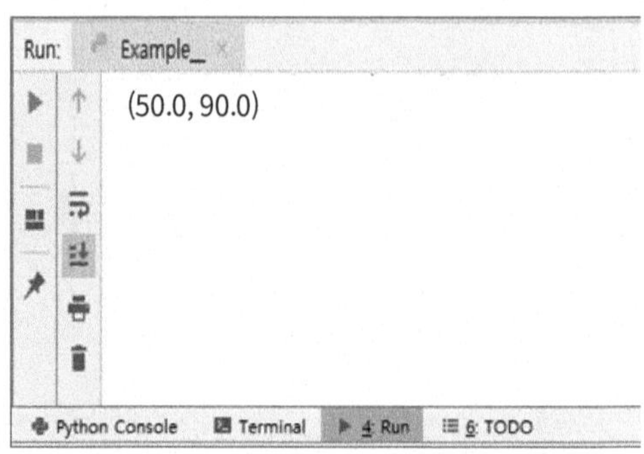

1~4행: turtle 모듈을 import하고 변수와 연결해 준다.

5행: han_One() 함수를 만든다. 매개변수가 없어서 입력이 없는 함수이다.

6행: 거북이가 세 번 움직인 거리의 평균을 pdm에 할당한다.

7행: 거북이가 세 번 움직인 각도의 평균을 pam에 할당한다.

8~10행: 거북이가 'ㄱ'을 그린다.

11행 : return으로 pdm, pam 결과값을 반환한다. 출력이 있는 함수이다.

13행: han_One() 함수를 호출하여 return된 값 pdm, pam을 adm에 할당한다.

14행: adm 변수의 값을 출력한다.

15행: 거북이 프로그래밍 실행 후 멈추는 역할을 한다.

■ 함수 4: 입력 있고, 출력 있는 함수

함수 4는 입력도 있고, 출력도 있는 함수이다. 가장 많이 활용되는 함수의 형태이다. 함수를 호출할 때 인수로 값을 주면, 함수는 매개변수로 받아서 함수 안에서 계산하고, 그 결과를 rerun을 사용하여 돌려준다.

[예제 10.2.5] Python₩ch10₩10_02_05.py

```
import turtle
t1 = turtle.Turtle()
t1.shape("turtle")

def han_One(pd, pa, pc):
    t1.pencolor(pc)
    t1.forward(pd)
    t1.right(pa)
    t1.forward(pd)
    return pd, pa, pc

ad = 100
aa = 90
ac = "red"
han_One(ad, aa, ac)
turtle.done()
```

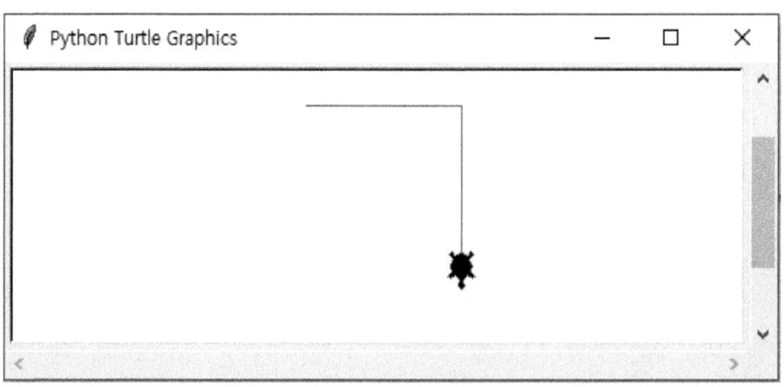

1~4행: turtle 모듈을 import하고 변수와 연결해 준다.

5행: han_One() 함수를 만든다. 매개변수 pd, pa, pc 가 있어서 인수로부터 전달된 100과 90, "red" 값을 받는 입력이 있는 함수이다.

6행: 거북이가 움직일 때 선의 색을 pc 값으로 설정한다.

7~9행: 거북이가 'ㄱ'을 그린다.

10행: return으로 pd, pa, pc 결과값을 반환한다. 출력이 있는 함수이다.

12행: ad 변수에 100을 할당한다.

13행: aa 변수에 90을 할당한다.

14행: ac 변수에 "red"를 할당한다.

15행: han_One(ad, aa, ac) 함수를 호출한다. 인수로 ad, aa, ac가 있어서 100과 90, "red" 값을 매개변수 pd, pa, pc 에게 전달한다.

16행: 거북이 프로그래밍 실행 후 멈추는 역할을 한다.

10.3 함수의 사용

함수를 정의하는 방법과 함수의 종류를 알아보았으니, 이제까지 배운 내용을 활용하여 함수를 사용하고 프로그램을 만들어 본다.

■ 함수 사용 프로그램 1

거북이 그래픽 프로그램에서 다양한 그림을 각각 그려보았다. 코드를 재사용하여 프로그램을 가져와 함수로 만들어 본다. 반복문인 while 문을 포함하였다.

[예제 10.3.1] Python₩ch10₩10_03_01.py

```
#한글 자음을 거북이를 활용하여 함수로 그려보자.
import turtle
t1 = turtle.Turtle()
t1.shape("turtle")

def han_One():            #거북이가 'ㄱ'을 그린다.
    t1.forward(100)
    t1.right(90)
    t1.forward(100)

```

```
def han_Two():              #거북이가 'ㄴ'을 그린다.
    t1.right(90)
    t1.forward(100)
    t1.left(90)
    t1.forward(100)

def han_Three():            #거북이가 'ㄷ'을 그린다.
    t1.backward(100)
    t1.right(90)
    t1.forward(100)
    t1.left(90)
    t1.forward(100)

def han_clear():            #거북이를 처음 위치로 옮기고 그림을 지운다.
    t1.penup()
    t1.home()
    t1.clear()
    t1.pendown()

while True:
    select = input("1 ~ 3중 원하는 번호를 입력하세요: ")

    if select == "stop":     # while 문을 종료한다.
        print("그림을 종료합니다. ")
        break
    elif select == '1':
        han_One()
        han_clear()
    elif select == '2':
        han_Two()
        han_clear()
    elif select == '3':
        han_Three()
        han_clear()

turtle.done()
```

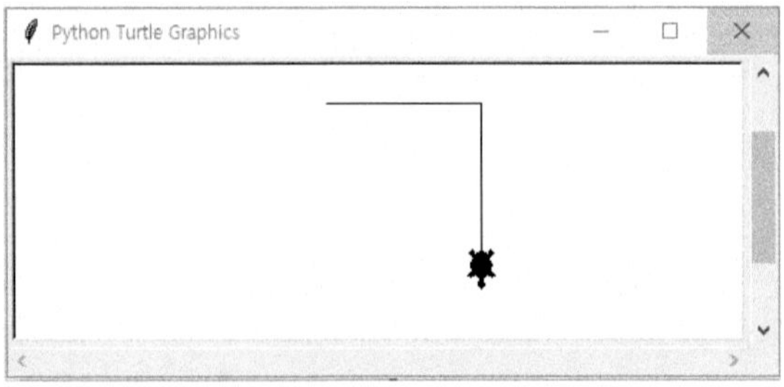

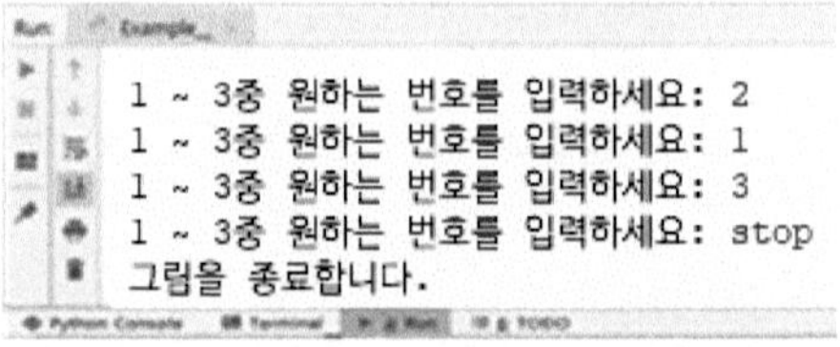

6 ~9행: 거북이가 'ㄱ'을 그린다.

11~15행: 거북이가 'ㄴ'을 그린다.

17~22행: 거북이가 'ㄷ'을 그린다.

24~28행: 거북이를 처음 위치로 옮기고 그림을 모두 지운다.

30행: while 반복문을 사용하여 조건이 True이므로 무한루프로 반복한다.

31행: 사용자 입력으로 input() 함수를 사용하고 select 변수에 키보드로 입력된 값을 할당한다.

33행: if 조건문으로 select 변수의 값이 "stop"이면 while 문의 무한루프를 종료한다.

34행: "그림을 종료합니다." 문구를 출력한다.

35행: break 문으로 while 무한루프를 빠져 나온다.

36행: 그렇지 않으면 select 변수의 값이 '1'인지를 검사한다.

37행: han_One()을 호출한다.

38행: han_clear()를 호출한다.

39행: 그렇지 않으면 select 변수의 값이 '2'인지를 검사한다.

40행: han_Two()를 호출한다.

41행: han_clear()를 호출한다.

42행: 그렇지 않으면 select 변수의 값이 '3'인지를 검사한다.

43행: han_Three()를 호출한다.

44행: han_clear()를 호출한다.

46행: 거북이 프로그래밍 실행 후 멈추는 역할을 한다.

■ 함수 사용 프로그램 2

거북이 그래픽 프로그램에서 다양한 그림을 각각 그려보았다. 코드를 재사용하여 프로그램을 가져와 함수로 만들어 본다. 반복문인 for 문을 포함하였다.

[예제 10.3.2] Python₩ch10₩10_03_02.py

```
#한글 자음을 거북이를 활용하여 함수로 그려보자.
import turtle
t1 = turtle.Turtle()
t1.shape("turtle")

def han_Four():                    #거북이가 'ㄹ'을 그린다.
    t1.forward(100)
    t1.right(90)
    t1.forward(50)
    t1.right(90)
    t1.forward(100)
    t1.left(90)
    t1.forward(50)
    t1.left(90)
    t1.forward(100)

def han_Five():                    #거북이가 'ㅁ'을 그린다.
    t1.forward(100)
    t1.right(90)
    t1.forward(100)
    t1.right(90)
    t1.forward(100)
    t1.right(90)
    t1.forward(100)

def han_Six():                     #거북이가 'ㅇ'을 그린다.
    t1.circle(100)

def han_clear():                   #거북이를 처음 위치로 옮기고 그림을 지운다.
    t1.penup()
    t1.home()
    t1.clear()
    t1.pendown()

for i in range(6):
    select = input("a ~ c 중 원하는 번호를 입력하세요: ")

    if select == "stop":           # for 문을 종료한다.
        print("그림을 종료합니다. ")
        break
```

```
41.     elif select == 'a':
42.         han_Four()
43.         han_clear()
44.     elif select == 'b':
45.         han_Five()
46.         han_clear()
47.     elif select == 'c':
48.         han_Six()
49.         han_clear()
50.
51. turtle.done()
```

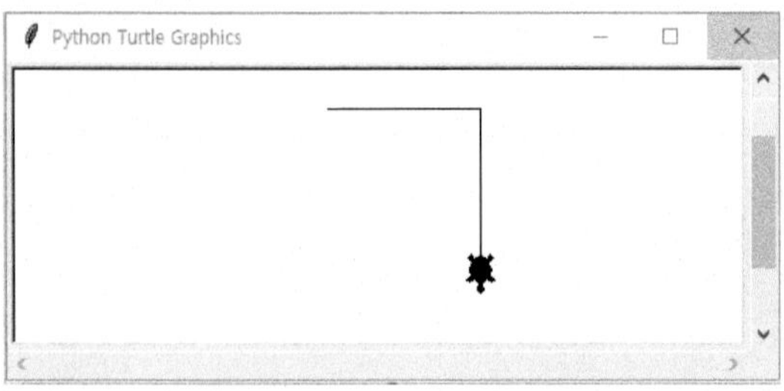

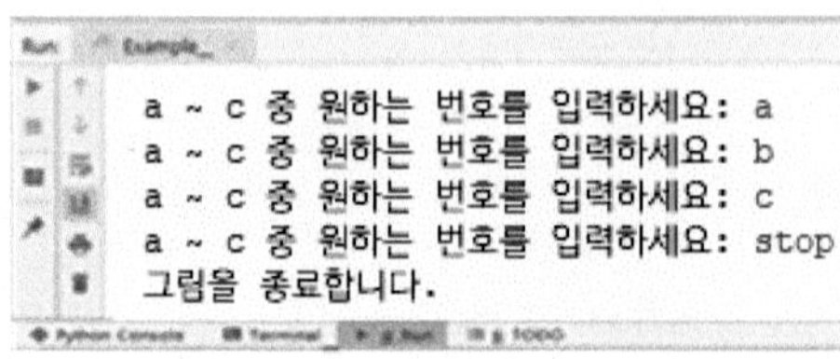

1~4행: turtle 모듈을 import하고 변수와 연결해 준다.

6 ~15행: 거북이가 'ㄹ'을 그린다.

17~24행: 거북이가 'ㅁ'을 그린다.

26~27행: 거북이가 'ㅇ'을 그린다.

29~33행: 거북이를 처음 위치로 옮기고 그림을 모두 지운다.

35행: for 반복문을 사용하여 6번 반복한다.

36행: 사용자 입력으로 input() 함수를 사용하고 select 변수에 키보드로 입력된 값을 할당한다.

38행: if 조건문으로 select 변수의 값이 "stop"이면 for 문의 반복을 강제로 종료한다.

39행: "그림을 종료합니다." 문구를 출력한다.

40행: break 문으로 for 문을 빠져 나온다.

41행: 그렇지 않으면 select 변수의 값이 'a'인지를 검사한다.

42행: han_Four()를 호출한다.

43행: han_clear()를 호출한다.

44행: 그렇지 않으면 select 변수의 값이 'b'인지를 검사한다.

45행: han_Five()를 호출한다.

46행: han_clear()를 호출한다.

47행: 그렇지 않으면 select 변수의 값이 'c'인지를 검사한다.

48행: han_Six()를 호출한다.

49행: han_clear()를 호출한다.

51행: 거북이 프로그래밍 실행 후 멈추는 역할을 한다.

while과 for 반복문을 함께 함수를 사용하여 프로그램을 만들었다. while 문과 for 문을 비교하고, select에서 숫자 또는 문자로 선택을 하는 것도 비교해 본다.

3장에서 거북이가 만든 각각의 그림들을 def 함수를 사용하여 한 번에 모두 만들 수 있다. 그리고 선택만 하면 그림을 호출하여 거북이가 그림을 그릴 수 있다. 3장의 그림 뿐만이 아니라 도형 역시 함수를 사용하여 원하는 도형을 그릴 수 있다.

10.4 거북이 그래픽 재사용하기

함수를 이용하여 거북이가 그린 그림에 색을 선택한다. 3장에서 배운 [예제 3.4.1]을 재사용하고 함수를 적용하여 프로그래밍해 본다.

[예제 10.4.1] Python₩ch10₩10_04_01.py

```
import turtle
t1 = turtle.Turtle()
t1.shape("turtle")

def pic_Circle(p_color):            #거북이가 원을 그린다.
    t1.fillcolor(p_color)
    t1.begin_fill()
    t1.circle(40)                   # begin_fill()과 end_fill() 사이에 있는 도형을 색칠하면서 그린다.
    t1.end_fill()

color = "green"
pic_Circle(color)
turtle.done()
```

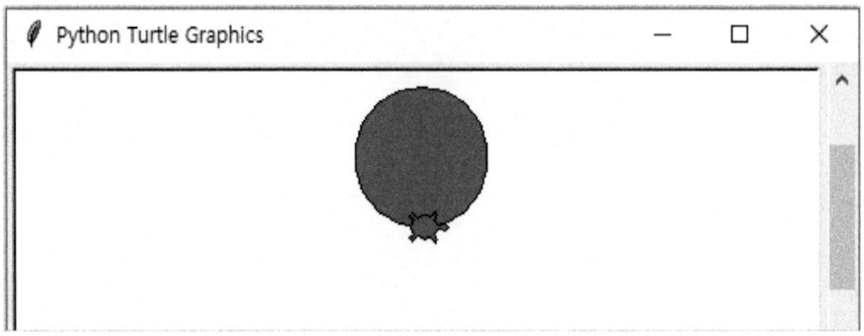

1~4행: turtle 모듈을 import하고 변수와 연결해 준다.

5행: 함수를 만들기 위해 def 선언을 하고 pic_Circle(p_color)라고 함수 이름을 만든다.

6~7행: 매개변수 p_color로 받은 값으로 거북이가 그린 도형에 색칠을 시작한다.

8행 : 거북이가 반지름 40인 원을 왼쪽(시계 반대 방향)으로 돌며 그린다. 색칠하기 원하는 도형을 코딩하는 행이다.

9행 : 거북이가 그린 도형에 색칠하는 것을 끝낸다.

11행: color 변수에 "green" 값을 할당한다.

12행: pic_circle(color)함수를 호출하며 인수 color의 값을 매개변수 p_color에게 전달한다.

13행: 거북이 프로그래밍 실행 후 멈추는 역할을 한다.

■ 두 개의 원에 서로 다른 색

두 개의 원을 만들어 서로 다른 색을 선택한다. 3장에서 배운 [예제 3.4.2]를 재사용하고 함수를 적용하여 프로그래밍해 본다.

[예제 10.4.2] Python₩ch10₩10_04_02.py

```
#함수를 사용하여 두 개의 원에 서로 다른 색을 칠한다.
import turtle
t1 = turtle.Turtle()
t1.shape("turtle")

def c_color1(p_c1, p_length):
    t1.fillcolor(p_c1)
    t1.begin_fill()
    t1.circle(p_length)
    t1.end_fill()

def c_color2(p_c2, p_length):
    t1.fillcolor(p_c2)
    t1.begin_fill()
```

```
15.     t1.circle(p_length-20)
16.     t1.end_fill()
17.
18. c1 = "green"
19. c2 = "red"
20. length = 40
21.
22. c_color1(c1, length)
23. c_color2(c2, length)
24. turtle.done()
```

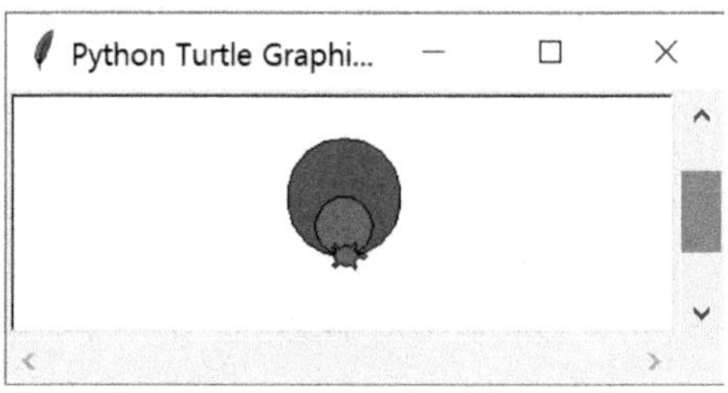

6행: 함수를 만들기 위해 def 선언을 하고 c_color1(p_c1, p_length)라고 함수 이름을 만든다.

7~8행: 매개변수 p_c1으로 받은 값으로 거북이가 그린 도형에 색칠을 시작한다.

9행 : 거북이가 반지름 40인 원을 왼쪽(시계 반대 방향)으로 돌며 그린다. 색칠하기 원하는 도형을 코딩하는 행이다.

10행 : 거북이가 그린 도형에 색칠하는 것을 끝낸다.

12~16행: 6행~10행과 같다. color는 매개변수 p_c2의 값으로 설정한다. p_length의 길이를 20 줄인 반지름 값으로 원을 그린다.

18행: c1 변수에 초록색을 할당한다.

19행: c2 변수에 빨간색을 할당한다.

20행: length 변수에 40을 할당한다.

22행: c_color1(c1, length) 함수를 호출한다. 인수로 c1, length가 있어서 "green"과 40 값으로 매개변수 p_c1, p_length에게 전달한다.

23행: c_color2(c2, length) 함수를 호출한다. 인수로 c2, length가 있어서 "red"와 40 값으로 매개변수 p_c2, p_length에게 전달한다.

24행:거북이 프로그래밍 실행 후 멈추는 역할을 한다.

■ 세 개의 삼각형에 서로 다른 색

세 개의 삼각형을 만들어 서로 다른 색을 선택한다. 3장에서 배운 [예제 3.4.3]을 재사용하고 함수를 적용하여 프로그래밍해 본다.

[예제 10.4.3] Python₩ch10₩10_04_03.py

```
import turtle
t1 = turtle.Turtle()
t1.shape("turtle")

def pic_triangle1(p_c1, p_angle, p_length):
    t1.fillcolor(p_c1)
    t1.begin_fill()
    for i in range(3):
        t1.forward(p_length)
        t1.left(p_angle)
    t1.end_fill()

def pic_triangle2(p_c2, p_angle, p_length):
    t1.fillcolor(p_c2)
    t1.begin_fill()
    for i in range(3):
        t1.forward(p_length-40)
        t1.left(p_angle)
    t1.end_fill()

def pic_triangle3(p_c3, p_angle, p_length):
    t1.fillcolor(p_c3)
    t1.begin_fill()
    for i in range(3):
        t1.forward(p_length-70)
        t1.left(p_angle)
    t1.end_fill()

c1 = "blue"
c2 = "green"
c3 = "red"
angle = 120
length = 100

pic_triangle1(c1, angle, length)
pic_triangle2(c2, angle, length)
```

```
37. pic_triangle3(c3, angle, length)
38. turtle.done()
```

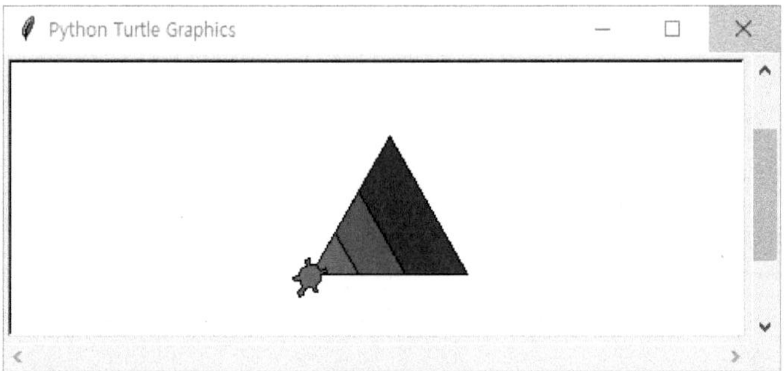

5행: 함수를 만들기 위해 def 선언을 하고 pic_triangle1(p_c1, p_angle, p_length)라고 함수 이름을 만든다.

6~7행: 매개변수 p_c1으로 받은 값으로 거북이가 그린 도형에 색칠을 시작한다.

8행 : for 문에서 range(3)에 의해 9~10행을 3번 반복한다.

9행: 거북이가 p_length만큼 앞으로 간다.

10행: 거북이가 p_angle만큼 왼쪽(시계 반대 방향)으로 머리를 돌린다.

11행: 거북이가 그린 도형에 색칠하는 것을 끝낸다.

13~19행: 6행~11행과 같다. 매개변수 p_c2로 받은 색으로 색칠한다. p_length의 길이를 40 줄인 변의 값으로 삼각형을 그린다.

21~27행: 6행~11행과 같다. 매개변수 p_c3로 받은 색으로 색칠한다. p_length의 길이를 70 줄인 변의 값으로 삼각형을 그린다.

29행: c1 변수에 파란색을 할당한다.

30행: c2 변수에 초록색을 할당한다.

31행: c3 변수에 빨간색을 할당한다.

32행: angle 변수에 120 값을 할당한다.

33행: length 변수에 100 값을 할당한다.

35행: pic_triangle1(c1, angle, length) 함수를 호출한다. 인수로 c1, angle, length가 있어서 "blue", 120, 100 값으로 매개변수 p_c1, p_angle, p_length에게 전달한다.

36행: 35행과 같다. c2 색은 초록색으로 할당한다.

37행: 35행과 같다. c3 색은 빨간색으로 할당한다.

38행: 거북이 프로그래밍 실행 후 멈추는 역할을 한다.

파이썬에서 거북이를 사용하여 그림을 그리고 색도 넣어 보았다. 연습했던 모든 것을 조합하여 자신만의 화면에 멋진 그림을 그려본다. 화분 위에서 잘 자란 해바라기를 비롯하여 넓은 동산의 푸르름과 나무, 바닷속의 여러 물고기, 밤하늘에 반짝이는 여러 가지 별들과 드넓은 우주를 날아가는 우주선 등 자신만의 멋진 창작의 그림을 만들어 본다.

10.5 거북이를 이용해서 함수 1 활용

거북이를 사용하여 그림을 그릴 때 기본 이외에 다양한 함수들을 사용하여 그릴 수 있다.

■ 거북이 이용 함수 1

거북이 그래픽 프로그램에서 다양한 그림을 각각 그려보았다. 코드를 재사용하여 프로그램을 가져와 함수로 만들어 본다.

[예제 10.5.1] Python₩ch10₩10_05_01.py

```
# 원과 사각형을 거북이를 활용하여 함수로 그려보자.
import turtle
t1 = turtle.Turtle()
t1.shape("turtle")

def pic_Circle(p_c1, p_c2):       # 거북이가 원을 그린다. 파라미터로 p_c1, p_c2를 사용함
    t1.fillcolor(p_c1)
    t1.begin_fill()
    t1.circle(40)                 # 색칠하고 싶은 도형을 코딩함
    t1.end_fill()

    t1.fillcolor(p_c2)
    t1.begin_fill()
    t1.circle(20)                 # 색칠하고 싶은 도형을 코딩함
    t1.end_fill()

#거북이가 'ㅁ'을 그린다. 파라미터로 length, p_a1, p_c1, p_c2를 사용함
def pic_Square(p_length, p_a1, p_c1, p_c2):
    t1.fillcolor(p_c1)
    t1.begin_fill()
    for i in range(4):
        t1.forward(p_length)
        t1.left(p_a1)
    t1.end_fill()

```

```
    t1.fillcolor(p_c2)
    t1.begin_fill()
    for i in range(4):
        t1.forward(p_length-30)           # 반지름을 p_length-30으로 설정함
        t1.left(p_a1)
    t1.end_fill()

def han_clear():                          # 거북이를 처음 위치로 옮기고 그림을 지움
    t1.penup()
    t1.home()
    t1.clear()
    t1.pendown()

length = 100
a1 = 90
c1 = "green"
c2 = "blue"

while True:
    select = input("1 ~ 2중 원하는 번호를 입력하세요: ")

    if select == "stop":
        print("그림을 종료합니다. ")
        break
    elif select == '1':
        pic_Circle(c1, c2)
        han_clear()
    elif select == '2':
        pic_Square(length, a1, c1, c2)
        han_clear()

turtle.done()
```

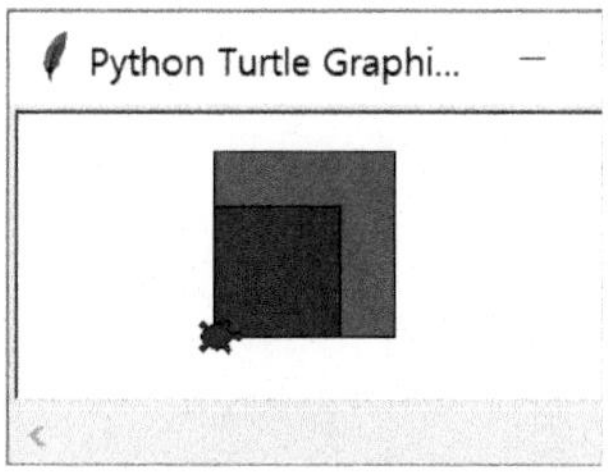

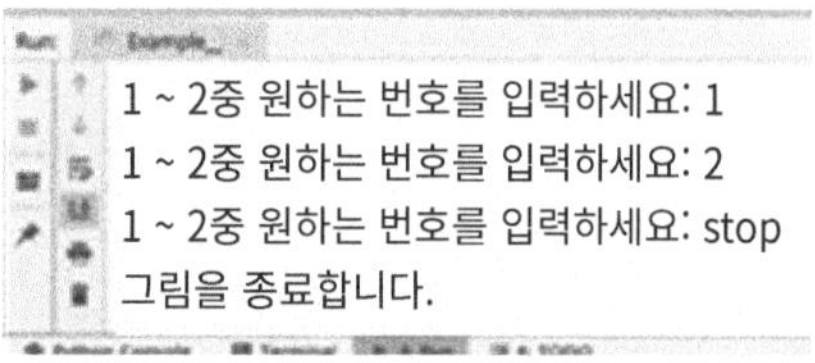

1~4행: turtle 모듈을 import하고 변수와 연결해 준다.

6행: 함수를 만들기 위해 def 선언을 하고 pic_Circle(p_c1, p_c2)라고 함수 이름을 만든다.

7~8행: 매개변수 p_c1으로 받은 값으로 거북이가 그린 도형에 색칠을 시작한다.

9행 : 거북이가 반지름 40인 원을 왼쪽(시계 반대 방향)으로 돌며 그린다.

색칠하기 원하는 도형을 코딩하는 행이다.

10행 : 거북이가 그린 도형에 색칠하는 것을 끝낸다.

12~13행: 매개변수 p_c2로 받은 값으로 거북이가 그린 도형에 색칠을 시작한다.

14행 : 거북이가 반지름 20인 원을 왼쪽(시계 반대 방향)으로 돌며 그린다.

색칠하기 원하는 도형을 코딩하는 행이다.

15행 : 거북이가 그린 도형에 색칠하는 것을 끝낸다.

17행: 거북이가 'ㅁ'을 그린다는 주석을 사용한다.

18행: 함수를 만들기 위해 def 선언을 하고 pic_Square(p_length, p_a1, p_c1, p_c2)라고 함수 이름을 만든다.

19~20행: 매개변수 p_c1으로 받은 값으로 거북이가 그린 도형에 색칠을 시작한다.

21행: for 문에서 range(4)에 의해 22~23행을 4번 반복한다.

22행: 거북이가 p_length만큼 앞으로 간다.

23행: 거북이가 왼쪽(시계 반대 방향)으로 머리를 돌린다.

24행: 거북이가 그린 도형에 색칠하는 것을 끝낸다.

26~27행: 매개변수 p_c2로 받은 값으로 거북이가 그린 도형에 색칠을 시작한다.

28행: for 문에서 range(4)에 의해 29~30행을 4 번 반복한다.

29행: 거북이가 p_length-30만큼 작게 앞으로 간다.

30행: 거북이가 왼쪽(시계 반대 방향)으로 머리를 돌린다.

31행: 거북이가 그린 도형에 색칠하는 것을 끝낸다.

33~37행: 거북이를 처음 위치로 옮기고 그림을 모두 지운다.

39행: length 변수에 100을 할당한다(인수로 사용하여 매개변수로 넘겨줌).

40행: a1 변수에 90을 할당한다.

41행: c1 변수에 초록색을 할당한다.

42행: c2 변수에 파란색을 할당한다.

44행: while 문의 조건이 True이므로 무한 반복한다.

45행: 사용자 입력으로 input() 함수를 사용하고 select 변수에 키보드로 입력된 값을 할당한다.

47행: if 조건문으로 select 변수의 값이 "stop"이면 while 문의 반복을 강제로 종료한다.

48행: "그림을 종료합니다." 문구를 출력한다.

49행: break 문으로 while 문의 반복을 빠져 나온다.

50행: 그렇지 않으면 select 변수의 값이 '1'인지를 검사한다.

51행: pic_Circle(c1, c2)를 호출한다. (인수로 c1과 c2를 매개변수에 넘겨줌)

52행: han_clear()를 호출한다..

53행: 그렇지 않으면 select 변수의 값이 '2'인지를 검사한다.

54행: pic_Square(length, a1, c1, c2)를 호출한다(인수로 length, c1, c1, c2를 매개변수에 넘겨줌).

55행: han_clear()를 호출한다..

57행: 거북이 프로그래밍 실행 후 멈추는 역할을 한다.

■ onclick()

캔버스 윈도우의 onclick() 함수는 마우스의 왼쪽 버튼을 클릭할 때 클릭한 위치로 거북이가 움직인다. 3장에서 배운 [예제 3.5.2]의 함수를 사용한 코딩을 재사용하였다. 클릭한 곳으로 거북이가 이동하며, 게임에서 케릭터를 이동시킬 때 유용하게 사용될 코드이다.

[예제 10.5.2] Python₩ch10₩10_05_02.py

```
import turtle
tw = turtle.Screen()
t1 = turtle.Turtle()
t1.shape("turtle")

def mouseClick(x, y):
    t1.goto(x, y)

tw.title("거북이를 마우스로 움직임")
tw.bgcolor("yellow")
tw.onclick(mouseClick)

tw.listen()
turtle.done()
```

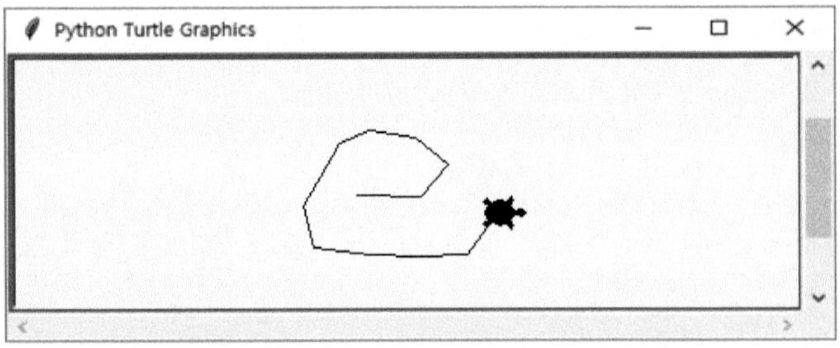

1행: 거북이를 이용하기 위해 turtle 모듈을 import한다.

2행: 윈도우 생성 후 tw라는 이름을 붙인다.

3행: 변수 t1에 거북이 모듈을 넣어서 사용한다.

4행: 거북이 모양으로 사용하여 그림을 그린다.

6행: mousegoto(x, y) 함수로 거북이를 이동시키는 함수이다

7행: 마우스가 클릭되는 x 좌표, y 좌표로 거북이를 이동시킨다.

9행: 거북이가 그리는 화면의 제목에 "거북이를 마우스로 움직임"을 넣는다.

10행: 거북이가 그리는 화면의 배경을 노란색으로 설정한다.

11행: onclick() 명령어는 마우스 클릭한 x 좌표, y 좌표를 mousegoto() 함수에 보낸다.

13행: listen() 함수는 캔버스 윈도우에 속한 함수로 사용자의 마우스 클릭을 입력받기 위하여 활성화하는 것이다.

14행: 거북이 프로그래밍 실행 후 멈추는 역할을 한다.

■ 거북이를 키보드 화살표로 움직이기

화면에서 거북이를 키보드 화살표로 움직이도록 한다. 거북이의 좌표 값을 읽고 거북이 위치에서 오른쪽, 왼쪽, 위, 아래로 움직이도록 한다. 3장에서 배운 [예제 3.5.2]의 함수를 사용한 코딩을 재사용하였다.

[예제 10.5.3] Python₩ch10₩10_05_03.py

```
import turtle
tw = turtle.Screen()
t1 = turtle.Turtle()
t1.shape("turtle")
t1.color("red")
tw.title("거북이를 키보드 화살표로 움직임")
tw.bgcolor("yellow")
```

```
08.
09. def keyRight():
10.     position = t1.pos()
11.     t1.goto(position[0] + 30, position[1])
12.
13. def keyLeft():
14.     position = t1.pos()
15.     t1.goto(position[0] - 30, position[1])
16.
17. def keyDown():
18.     position = t1.pos()
19.     t1.goto(position[0], position[1] - 30)
20.
21. def keyUp():
22.     position = t1.pos()
23.     t1.goto(position[0], position[1] + 30)
24.
25. # 키보드 화살표
26. tw.onkey(keyRight, 'Right')
27. tw.onkey(keyLeft,  'Left')
28. tw.onkey(keyUp,    'Up')
29. tw.onkey(keyDown, 'Down')
30. tw.listen()
31. turtle.done()
```

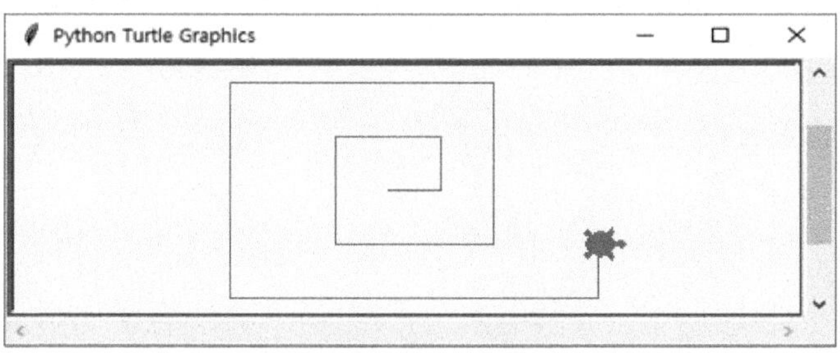

1~4행: turtle 모듈을 import하고 변수와 연결해 준다.

5행: 거북이를 빨간색으로 바꾼다.

6행: 거북이가 그리는 화면의 제목에 "거북이를 키보드 화살표로 움직임"을 넣는다.

7행: 거북이가 그리는 화면의 배경을 노란색으로 한다..

9행 : 함수 keyRight()를 선언한다.

10행 : pos() 함수를 이용하여 거북이의 현재 좌표 위치를 얻어내고, 그 위치를 position 변수에 넣는다.

11행 : goto()를 사용하여 거북이를 움직이는데 position[0]인 x 좌표에서 +30, position[1]인 y 좌표만큼 거북이를 움직인다.

13행: 함수 keyLeft()를 선언한다.

14행: pos() 함수를 이용하여 거북이의 현재 좌표 위치를 얻고, 그 위치를 position 변수에 넣는다.

15행: goto()를 사용하여 거북이를 움직이는데 position[0]인 x 좌표에서 –30, position[1]인 y 좌표만큼 거북이를 움직인다.

17행: 함수 keyDown()를 선언한다.

18행: pos() 함수를 이용하여 거북이의 현재 좌표 위치를 얻고, 그 위치를 position 변수에 넣는다.

19행: goto()를 사용하여 거북이를 움직이는데 position[0]인 x 좌표, position[1]인 y 좌표에서 –30 만큼 거북이를 움직인다.

21행: 함수 keyUp()를 선언한다.

22행: pos() 함수를 이용하여 거북이의 현재 좌표 위치를 얻고, 그 위치를 position 변수에 넣는다.

23행: goto()를 사용하여 거북이를 움직이는데 position[0]인 x 좌표, position[1]인 y 좌표에서 +30 만큼 거북이를 움직인다.

26행: onkey()를 사용하여 키보드에서 'Right'(오른쪽 방향키)를 누르면 keyRight() 함수를 호출한다.

27행: onkey()를 사용하여 키보드에서 'Left'(왼쪽 방향키)를 누르면 keyLeft() 함수를 호출한다.

28행: onkey()를 사용하여 키보드에서 'Up'(위쪽 방향키)를 누르면 keyUp() 함수를 호출한다.

29행: onkey()를 사용하여 키보드에서 'Down'(아래쪽 방향키)를 누르면 keyDown() 함수를 호출한다.

30행: listen() 함수는 캔버스 윈도우에 속한 함수로 사용자의 키보드 입력을 받기 위하여 활성화하는 것이다.

31행: 거북이 프로그래밍 실행 후 멈추는 역할을 한다.

응용문제

거북이로 그림을 단순히 그려보는 것부터 시작하여 반복되는 부분을 함수를 사용하여 만들어 보았다. 이제 [예제 10.5.1]을 재사용하고 별과 삼각형을 함수를 사용하여 추가시키며, while 문을 for 문 형식으로 바꾸어 본다.

1. [예제 10.5.1]의 함수 부분을 분석한다.
2. 함수로 추가될 부분을 생각하고 함수의 이름을 만든다.
3. 함수에서 파라미터로 받을 변수를 생각한다.
4. 프로그램에서 사용할 전역변수를 만들고 알맞은 값을 할당한다.
5. 함수를 부를 때 인수로 사용할 변수를 생각한다.
6. 반복문인 for 문을 사용한다.
7. 전체적으로 함수를 사용하는 프로그램의 흐름을 생각한다.
8. 함수의 이름과 인수, 매개변수를 잘 생각하여 조립하듯이 꼼꼼하게 맞추어 본다.

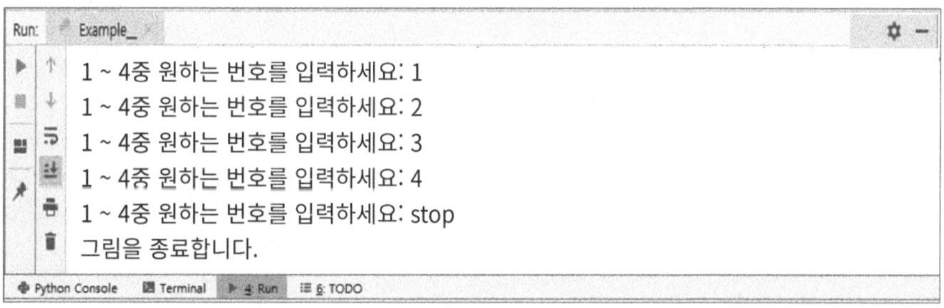

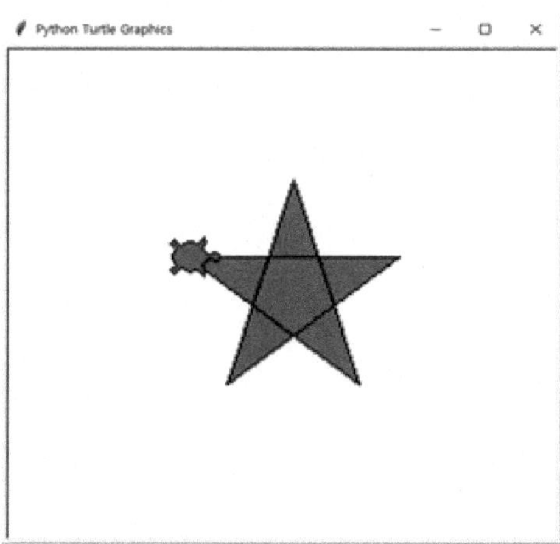

정리하기

10장 함수 1에서는 파이썬 거북이를 사용하여 다양한 명령어로 그림과 도형 그리고 색을 넣어보았던 3장의 예제 코드를 재사용하면서 함수를 만들어 보았다. 3장에서 그린 거북이의 예제 프로그래밍을 분석하여, 함수의 이름과 매개변수, 인수를 잘 생각하며 조립하듯이 꼼꼼하게 맞추어 본다.

이번 장에서 학습한 내용을 정리한다.

- 함수를 정의하고, 인수와 매개변수, 전역변수와 지역변수를 알아보았다. 함수는 하나의 조립블록으로 생각하고 블록을 붙여 만들 듯이 함수의 인수와 매개변수를 사용하여 연결해 본다. 반복적인 코드를 함수로 만들어 프로그램을 단순화할 수 있는 장점이 있다.
- 함수의 선언과 호출, 그리고 함수의 입출력에 대하여 알아보았다.
- 다양한 명령어를 활용한 3장의 예제 코드를 재사용하여 함수를 만들고 거북이로 그림을 그려 보았다. 함수의 인수와 매개변수를 사용해 보고, 블록을 조립하듯이 프로그래밍 한다.
- 함수를 사용하면서 거북이 그래픽 코드를 재사용하였다. 거북이 그림의 함수를 여러 개 만들어 이들 함수를 호출해 가며 다양한 그림을 그려 본다.
- 거북이를 사용하여 함수를 만들고 그림에 색을 넣어 보았다. 함수를 사용하여 색을 넣을 때도 인수와 매개변수를 사용하여 프로그래밍 한다.
- 마우스 클릭과 키보드 화살표로 거북이를 움직여 보았다. 마우스 클릭과 키보드 방향키를 함수로 만들어 프로그래밍 한다.

연습문제

【 객관식 】

1. 함수를 정의할 때 마지막에 붙이는 기호는? (   )

① :　　② ;　　③ (:)　　④ (;)

2. 함수가 d_purpose(p_c1, length)라면 함수를 호출할 때 알맞은 코드는? (   )

① d_purpose(c1, length)　　② d_purpose()

③ d_purpose(c1)　　④ d_purpose(length)

3. 거북이를 마우스로 움직이는 명령어로 알맞은 것을 고르시오. (   )

① home()　　② exit()

③ onclick()　　④ onkey()

4. 거북이를 키보드 화살표로 움직이는 명령어로 알맞은 것을 고르시오. (   )

① home()　　② exit()

③ onclick()　　④ onkey()

5. 거북이가 그림을 그리는 배경색을 변경하려 할 때 사용하는 명령어는? (   )

① .btcolor()　　② .bgcolor()

③ .bacolor()　　④ .bccolor()

【 단답형 】

6. 함수를 호출할 때 넘겨주는 변수를 무엇이라 하는가?

7. 함수에서 받는 변수를 무엇이라 하는가?

8. 프로그램 어디에서나 사용할 수 있는 변수를 무슨 변수라 하는가?

9. 함수 안에서만 사용할 수 있는 변수를 무슨 변수라 하는가?

10. 함수의 이름은 변수를 만들 때 규칙을 따르는가?

【 주관식 】

다음 함수의 정의에서 빈 곳을 채우시오. (11~15번)

```
 ①       ②                    ③          ④
[ ] functionName ([            ]) :
     함수 코드1
     함수 코드2
 ⑤ [      ] 반환값
        ⑥               ⑦
[            ]([            ])
```

11. ①번을 채우세요.

12. ③번을 채우세요.

13. ⑤번을 채우세요.

14. ⑥번을 채우세요.

15. ⑦번을 채우세요.

CHAPTER

11

함수 2: 함수를 만들어 사용

학습목표

- 함수를 활용한다.
- 함수를 사용하여 거북이 이벤트를 실행한다.
- 거북이 함수를 만들어 사용한다.
- 거북이를 이용해서 함수 2 활용한다.

11 _ 함수 2: 함수를 만들어 사용

본 장에서는 함수(function)의 활용을 살펴 본다. 함수는 코드를 재사용하여 코드를 단순화하는데 사용된다. 함수를 정의하고 함수를 호출하면, 커다란 프로그램을 분해하고 작은 부분으로 나열함으로써 프로그램의 효율성을 높일 수 있다.

11.1 함수의 활용

함수(function)는 일을 수행하는 코드의 한 묶음이다. 함수를 정의하고, 정의된 함수를 호출한다. 함수를 호출할 때 인수(argument)와 매개변수(parameter) 사이에 값을 주고받을 수 있다. 주고받는 값도 정확히 일치해야 하며, 한 개 또는 여러 개를 주고받을 수 있다. 함수를 사용한 프로그램을 10장에서 작성해 보았다. 11장에서는 함수를 다양한 방법으로 활용하는 방법에 대해서 설명한다.

■ 함수 값 반환

함수를 호출할 때 값을 전달하는 변수를 인수(argument)라고 한다. 그리고 인수에서 전달한 값을 함수에서 전달받는 변수를 매개변수(parameter)라고 한다. 함수로부터 값이 돌아오는 것을 반환 값이라고 하며 return명령문을 사용하여 돌려준다. 인수와 매개변수는 여러 개의 변수에 할당된 값을 전달하고 받을 수도 있다.

[예제 11.1.1] Python₩ch11₩11_01_01.py

```
01. def calArea(p_r):                # p_r: 매개변수(parameter)
02.     p_area = 3.14 * p_r * p_r
03.     return p_area
04.
05. ar = 20
06. a_area= calArea(ar)              # ar: 인수(argument)
07. print(a_area)
```

```
Run: Example_
125.6
```

1행: 함수를 만들기 위해 def 선언을 하고 calArea(p_r)라고 함수 이름을 적은 후 콜론(:)을 마지막에 넣는다. 콜론(:)에서

엔터를 누르면 다음 줄에 4칸 들여쓰기가 자동으로 실행된다. 매개변수 p_r은 인수로부터 오는 값을 받는다

2행: 원 넓이를 계산하고 그 값을 p_area의 변수에 할당한다.

3행: 계산된 p_area의 값을 return으로 반환한다.

5행: ar 변수에 20을 할당한다.

6행: calArea(ar) 함수를 호출하며 인수 ar의 값을 매개변수 p_r에게 전달한다. return으로 돌아온 값을 a_area 변수에 할당한다.

7행: a_area 변수의 값을 출력한다.

■ 함수에서 값 전달 1

함수에서 값을 전달하고 전달된 값으로 성적을 출력하는 방법을 알아본다.

[예제 11.1.2] Python₩ch11₩11_01_02 .py

```
01. def grade(p_score):
02.     if p_score >= 90:
03.         result_g = 'A'
04.     elif p_score >= 80:
05.         result_g = 'B'
06.     elif p_score >= 70:
07.         result_g = 'C'
08.     clif p_score >= 60:
09.         result_g = 'D'
10.     else:
11.         result_g = 'F'
12.     return result_g
13.
14. score = int(input("점수를 입력하세요: "))
15. rg = grade(score)
16. print("성적은", rg , "입니다.")
```

```
Run: Example_
점수를 입력하세요: 87
성적은 B 입니다.
```

1행: 매개변수 p_score로 값을 받는다.

2~11행: p_score 값이 각 점수대보다 크거나 같다면 result_g에 각각의 등급을 할당한다.

12행: result_g의 값을 리턴한다.

14행: 사용자 입력으로 점수를 입력받는다.

15행: 인수 score 값을 매개변수로 전달한다.

16행: 형식에 맞게 rg 변수의 값을 출력한다.

■ 함수에서 값 전달 2

함수에서 값을 두 개 전달하고 모두 더한 값을 돌려주는 방법을 알아본다.

[예제 11.1.3] Python₩ch11₩11_01_03.py

```
01. def sum(p_s1, p_e1):
02.     result = 0
03.     for i in range(p_s1, p_e1+1):
04.         result = result + i
05.     return result
06.
07. print("1부터 10까지의 합은?", sum(1, 10), "입니다")
```

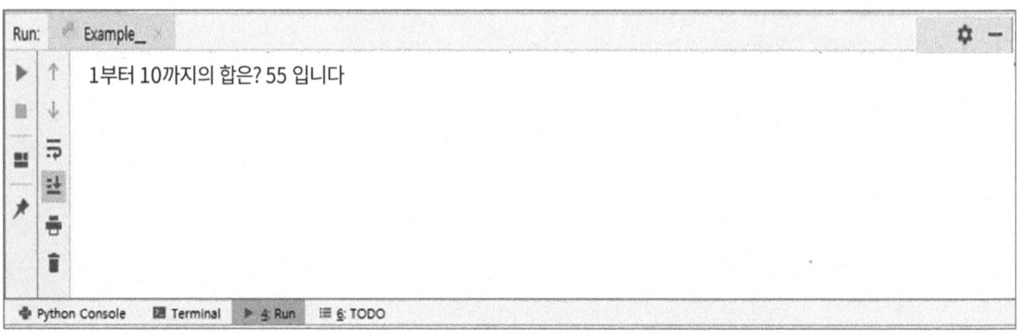

1~2행: 매개변수 p_s1, p_e1로 값을 받고, result 값을 0로 초기화한다.

3~5행: for 문을 사용하여 반복적으로 값을 더한 후 값을 돌려준다.

7행 : 인수 1, 10의 값을 매개변수로 전달한다.

■ 함수에서 값 전달 3

함수에서 값을 두 개 전달하고 두 수 중 큰 수를 돌려주는 방법을 알아본다.

[예제 11.1.4] Python₩ch11₩11_01_04.py

```
01. def big_num(p_num1, p_num2):
02.     if p_num1 > p_num2:
03.         result = p_num1   # 처음 값이 크면 result에 처음 값을 할당
04.     else:
05.         result = p_num2   # 나중 값이 크면 result에 나중 값을 할당
06.     return result
07.
08. first_num   = int(input("처음 값을 입력하세요: "))
09. second_num = int(input("나중 값을 입력하세요: "))
10. bigger_num = big_num(first_num, second_num)
11.
12. print(first_num, "와/과", second_num, "중에서 큰 수는", bigger_num, "입니다")
```

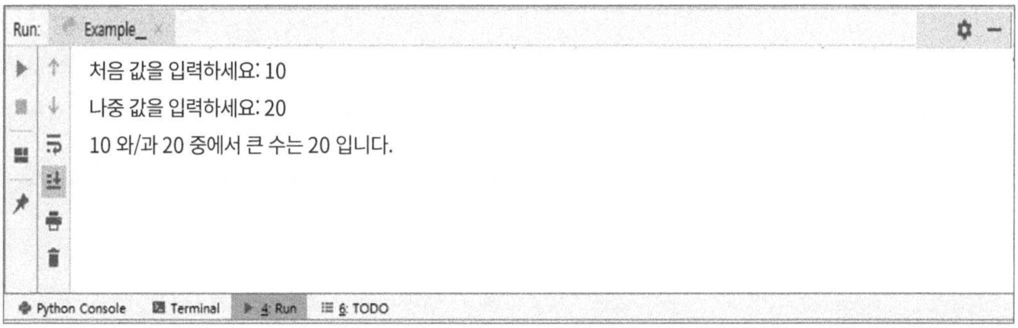

1행: 매개변수 p_num1, p_um2로 값을 받는다.

2~7행: 처음 값이 크다면 result에 처음 값을 할당하고, 그렇지 않고 나중 값이 크다면 나중 값을 result에 할당한다.

8~9행: 처음 값과 나중 값을 사용자 입력으로 받는다.

10행: 함수에서 반환된 값(둘 중 큰 값)을 받아 bigger_num에 그 값을 할당한다.

12행: 형식에 맞게 값을 출력한다.

11.2 거북이 이벤트

거북이를 화면에서 눌렀을 때(거북이를 마우스로 누름), 거북이가 변화를 일으키는 이벤트 효과를 만들 수 있다.

■ 거북이 누르기 1

거북이를 마우스로 눌러 머리 방향을 돌려본다.

[예제 11.2.1] Python₩ch11₩11_02_01.py

```
01. import turtle
02. t1 = turtle.Turtle()
03. t1.shape("turtle")
04.
05. def push_t(x, y):
06.     pl_a = 45            # 지역변수로 각도를 지정한다.
07.     t1.left(pl_a)
08.
09. t1.onclick(push_t)
10. turtle.done()
```

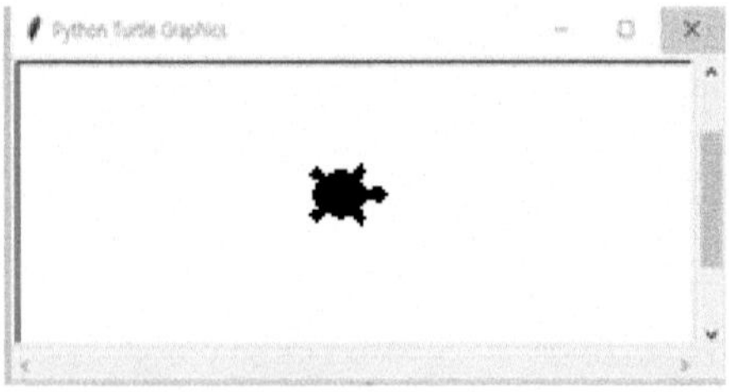

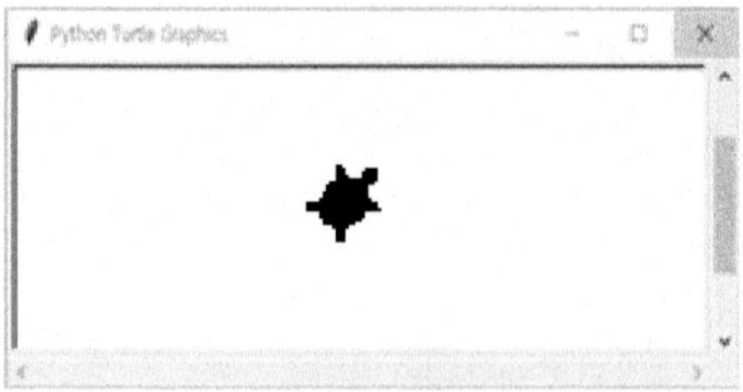

1~4행: turtle 모듈을 import한다. 그리고 t1 변수에 거북이 객체를 할당하고 모양을 거북이로 설정한다.

5~7행: 마우스로 거북이를 누르면 거북이 방향을 왼쪽(시계 반대 방향) 45도만큼 이동한다.

9행 : 거북이를 마우스로 클릭하면 push_t 함수를 호출한다.

10행: 거북이 프로그래밍 실행 후 멈추는 역할을 한다.

■ 거북이 누르기 2

거북이를 마우스로 눌러 거북이 색을 바꾸어 본다.

[예제 11.2.2] Python₩ch11₩11_02_02.py

```
import turtle
t1 = turtle.Turtle()
t1.shape("turtle")

```

```
05. def change_t(x, y):
06.     t1.fillcolor("#e4007f")  # 거북이의 색을 변경한다.
07.
08. t1.onclick(change_t)
09. turtle.done()
```

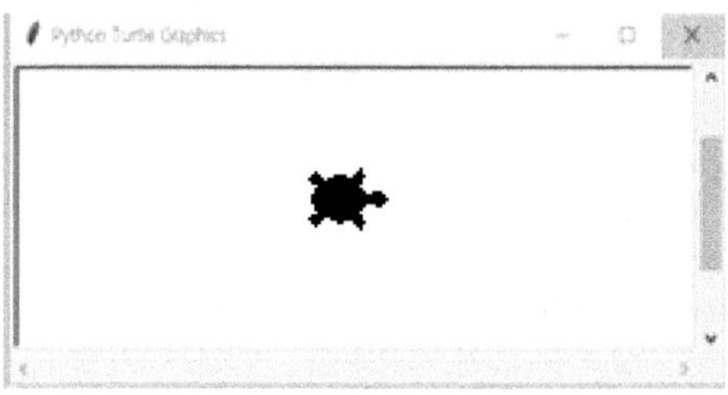

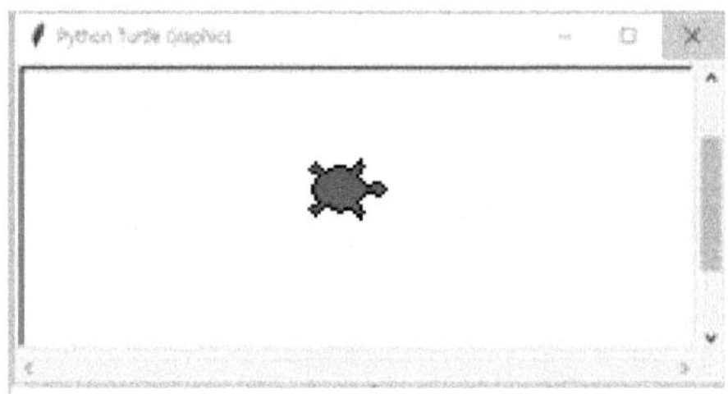

1~3행: turtle 모듈을 import한다. 그리고 t1 변수에 거북이 객체를 할당하고 모양을 거북이로 설정한다.

5~6행: 마우스로 거북이를 누르면 거북이의 색을 지정된 값으로 변경한다.

8행 : 거북이를 마우스로 클릭하면 change_t 함수를 호출한다.

9행: 거북이 프로그래밍 실행 후 멈추는 역할을 한다.

■ 거북이 누르기 3

거북이를 마우스로 눌러 드래그한다.

[예제 11.2.3] Python₩ch11₩11_02_03.py

```
01. import turtle
02. t1 = turtle.Turtle()
03. t1.shape("turtle")
04.
05. t1.ondrag(t1.goto)
06. turtle.done()
```

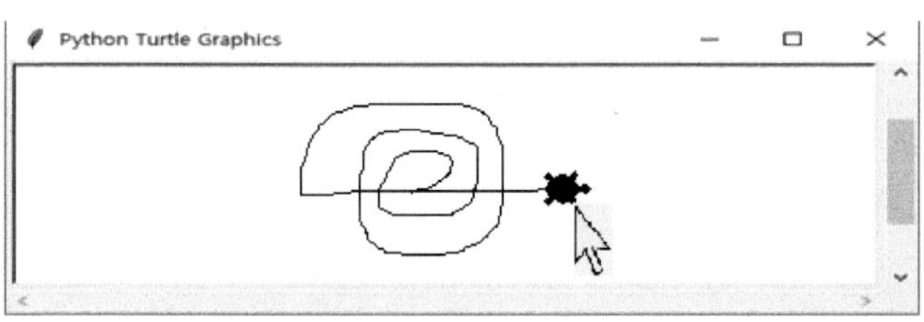

1~3행: turtle 모듈을 import한다. 그리고 t1 변수에 거북이 객체를 할당하고 모양을 거북이로 설정한다.

5행: 거북이를 마우스로 눌러 드래그하며 움직이도록 ondrag 함수를 호출한다.

6행: 거북이 프로그래밍 실행 후 멈추는 역할을 한다.

11.3 거북이 함수를 만들어 사용하기

거북이를 사용하여 함수를 만들고 인수(argument)와 매개변수(parameter), 전역변수(global variable)와 지역변수(local variable)를 사용하여 그림을 그려본다.

■ 거북이를 사용한 함수값 전달 1

파이썬에서 거북이를 사용하여 태극에 색을 칠한다. 프로그램에서 인수와 매개변수를 주의깊게 살펴보고, 전역변수와 지역변수의 구분된 변수 이름을 따라가며 코드를 면밀히 살펴보자.

[예제 11.3.1] Python₩ch11₩1_03_01.py

```
import turtle
t1=turtle.Turtle()
t1.shape("turtle")
t1.width(2)

def draw_Taguk(p_radius, p_color1):
    pl_a1 = 270
    pl_c1 = "black"
    t1.left(pl_a1)
    t1.color(pl_c1, p_color1)
    pl_a2 = 180
    t1.begin_fill()
    t1.circle(p_radius/2.0, -pl_a2)
    t1.circle(p_radius, pl_a2)
    t1.left(pl_a2)
    t1.circle(-p_radius/2.0, -pl_a2)
    t1.end_fill()

c1 = "red"
c2 = "blue"
radius = 100

# 태극의 붉은색
t1.setheading(0)
draw_Taguk(radius, c1)
```

```
26. # 태극의 파란색
27. t1.setheading(180)
28. draw_Taguk(radius, c2)
29. turtle.done()
```

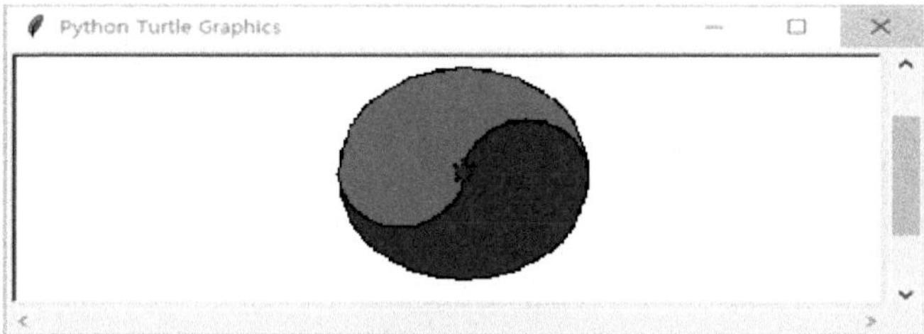

1~4행: turtle 모듈을 import하고 거북이가 그리는 선의 두께를 2로 설정한다.

6행: draw_Taguk 함수를 정의하며, 매개변수로 반지름과 색을 받는다.

7~8행: 지역변수 pl_a1과 pl_c1에 각각 270과 'black'을 할당한다.

9행 : 지역변수 pl_a1의 값인 270만큼 거북이의 방향을 왼쪽으로 돌린다.

10행: 거북이가 그리는 선의 색을 지역변수 pl_c1의 값으로 바꾸고, 거북이의 내부 색을 매개변수 p_color1의 값으로 설정한다.

11행: 지역변수 pl_a2에 180을 할당한다.

12~17행: p_radius/2.0을 반지름으로 하여 반 원을 그리며 pl_c1의 값(외부 색)과 p_color1의 값(내부 색)으로 색칠한다.

19~21행: 전역변수에 값을 할당한다.

23~28행: setheading() 함수를 사용하여 거북이 방향을 설정하고, 인수로 radius, c2를 갖는 draw_Taguk 함수를 호출한다.

29행: 거북이 프로그래밍 실행 후 멈추는 역할을 한다.

■ 거북이를 사용한 함수값 전달 2

파이썬에서 거북이를 사용하여 주위에 원, 사각형, 삼각형을 뿌려본다.

[예제 11.3.2] Python₩ch11₩11_03_02.py

```
import turtle
import random
import math

t1 = turtle.Turtle()
t1.color("blue")
t1.shape("turtle")
t1.penup()
t1.speed(2)

def draw_p(p_c1, p_s1):
    p1 = turtle.Turtle()
    p1.color(p_c1)
    p1.shape(p_s1)
    p1.penup()
    p1.speed(1)
    p1.goto(random.randint(-200, 200), random.randint(-200, 200))

c1 = "red"
s1 = "circle"
draw_p(c1, s1)
draw_p(c1, s1)

c2 = "green"
s2 = "square"
draw_p(c2, s2)
draw_p(c2, s2)

c3 = "pink"
s3 = "triangle"
draw_p(c3, s3)
draw_p(c3, s3)

turtle.done()
```

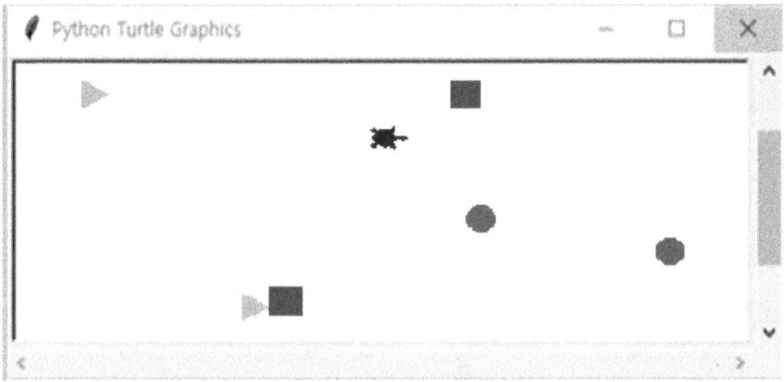

1~4행 : turtle, random, math를 import 한다.

5~10행: 거북이 색을 파란색으로 설정하고 속도는 2로 지정한다.

11~17행: 매개변수로 p_c1(색), p_s1(모양)을 받고, 무작위로 생성된 위치로 이동한다.

19~22행: 전역변수에 색과 모양을 할당하고 c1, s1을 인수로 갖는 draw_p 함수를 호출한다.

20~23행: 전역변수에 색과 모양을 할당하고 c2, s2를 인수로 갖는 draw_p 함수를 호출한다.

20~23행: 전역변수에 색과 모양을 할당하고 c3, s3를 인수로 갖는 draw_p 함수를 호출한다.

35행: 거북이 프로그래밍 실행 후 멈추는 역할을 한다.

11.4 거북이 이용해서 함수 2 활용

거북이를 이용하여 다양한 함수를 만들고 실행한다.

■ 거북이 두 마리 경주

거북이 두 마리가 경주하는 프로그램을 작성해 본다. 거북이 두 마리의 색깔, 속도, 선의 두께를 정하고 for 문을 사용하여 두 마리 거북이가 반복적으로 움직이도록 한다. 움직이는 거리는 난수를 사용하여 구한다.

[예제 11.4.1] Python₩ch11₩11_04_01.py

```
import turtle
import random
t1 = turtle.Turtle()
t2 = turtle.Turtle()

def first_turtle():
    t1.shape("turtle")
    t1.color("red")
    t1.pensize(3)
```

```
10.     t1.penup()
11.     t1.goto(-300, 0)
12.     t1.pendown()
13.     t1.speed(1)
14.
15. def second_turtle():
16.     t2.shape("turtle")
17.     t2.color("blue")
18.     t2.pensize(1)
19.     t2.penup()
20.     t2.goto(-300, -30)
21.     t2.pendown()
22.     t2.speed(1)
23.
24. first_turtle()
25. second_turtle()
26.
27. it = 10             # for 문의 반복 횟수
28. for i in range(it):
29.     d1 = random.randint(1, 100)
30.     t1.forward(d1)
31.     d2 = random.randint(1, 100)
32.     t2.forward(d2)
33.
34. turtle.done()
```

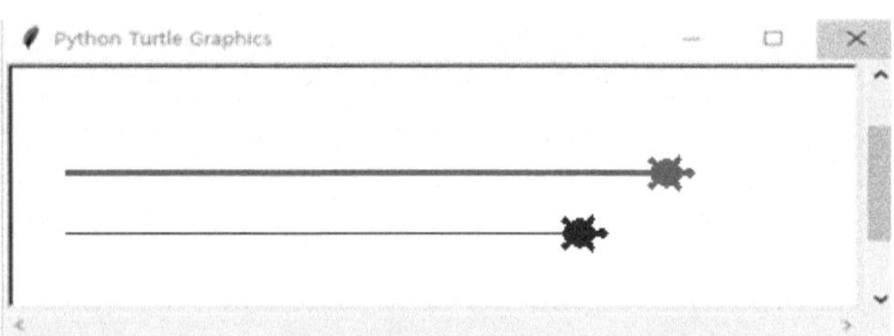

1~4행 : turtle과 random 모듈을 import하고, t1, t2로 거북이를 두 마리 만든다.

6~13행 : 첫 번째 거북이 함수의 색을 빨간색, 선의 두께는 3으로 설정하고, (-300, 0) 위치로 이동한다.

15~22행: 두 번째 거북이의 함수의 색을 파란색, 선의 두께는 1로 설정하고, (-300, -30) 위치로 이동한다.

24~25행: 첫 번째 거북이 함수와 두 번째 거북이 함수를 호출한다.

27행: for 문의 반복할 횟수를 설정한다.

28~32행: 1부터 100까지의 난수를 사용하여 t1, t2의 거북이를 반복적으로 움직이며 경주한다.

34행: 거북이 프로그래밍 실행 후 멈추는 역할을 한다.

■ 홀, 짝 게임에서 거북이 심판

사람과 컴퓨터가 홀짝 경기를 한다. 거북이가 심판을 보는데 사람이 이기면 거북이가 파란색으로 변하며 사람이 이겼다고 말하고, 사람 방향으로 거북이 머리를 돌린다. 컴퓨터가 이기면 거북이가 붉은색으로 변하며 컴퓨터가 이겼다고 말하고, 컴퓨터 방향으로 거북이 머리를 돌린다. 무승부면 거북이가 하늘을 보고 무승부라 말하며 초록색으로 변한다.

[예제 11.4.2] Python₩ch11₩11_04_02.py

```
import turtle
win = turtle.Screen()
t1 = turtle.Turtle()

playerTurtle = turtle.Turtle()
computerTurtle = turtle.Turtle()

t1.shape("turtle")
t1.pencolor("red")

def check_hey_wins(p, c):
  if p == 1:                # 홀
    if c == 1:              # 홀
        t1.clear()
        t1.setheading(90)
        t1.color("green")
        t1.write("  무승부", font=("",10))
    elif c == 2:            # 짝
        t1.clear()
        t1.setheading(0)
        t1.color("red")
        t1.write("  컴퓨터가 이겼습니다", font=("",10))

  elif p == 2:              # 짝
    if c == 1:              # 홀
        t1.clear()
        t1.setheading(180)
        t1.color("blue")
        t1.write("  사람이 이겼습니다", font=("",10))
    elif c == 2:            # 짝
```

```
        t1. clear()
        t1.setheading(90)
        t1.color("green")
        t1.write("  무승부", font=("",10))

def showPlayerImage(player):
  if player == 1:               # 홀
    playerTurtle.shape("h_hol.GIF")
  elif player == 2:             # 짝
    playerTurtle.shape("h_jjack.GIF")

def showComputerImage(computer):
  if computer == 1:             # 홀
    computerTurtle.shape("hol.GIF")
  elif computer == 2:           # 짝
    computerTurtle.shape("jjack.GIF")

def playGame(player):
    showPlayerImage(player)
    import random
    computer = random.randint(1, 2)
    showComputerImage(computer)
    check_hey_wins(player, computer)

def playGameWithHol():
    playGame(1)

def playGameWithJjack():
    playGame(2)

win.setup(700, 600)

win.addshape("hol.GIF")
win.addshape("jjack.GIF")

win.addshape("h_hol.GIF")
win.addshape("h_jjack.GIF")

# 사용자 거북이를 화면의 왼쪽 이동
playerTurtle.penup()
playerTurtle.goto(-180, 0)
playerTurtle.pendown()
```

```
73.
74. # 컴퓨터 거북이를 화면의 오른쪽 이동
75. computerTurtle.penup()
76. computerTurtle.goto(180, 0)
77. computerTurtle.pendown()
78.
79. win.onkey(playGameWithHol, 'h')
80. win.onkey(playGameWithHol, 'H')
81. win.onkey(playGameWithJjack, 'j')
82. win.onkey(playGameWithJjack, 'J')
83.
84. win.listen()
85. turtle.mainloop()
86. turtle.done()
```

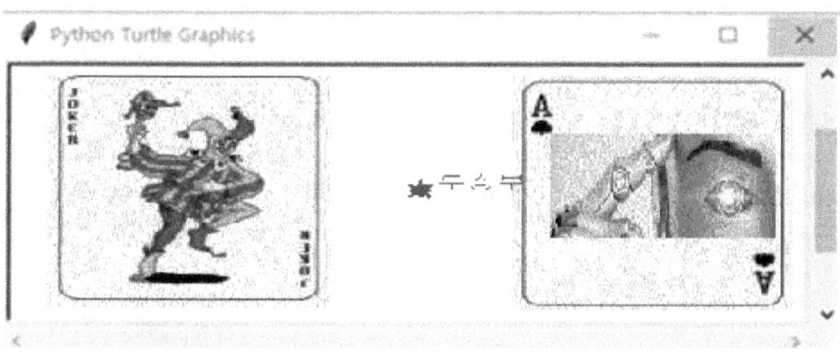

1~3행: turtle 모듈을 import하며, 거북이를 생성하고 t1 변수에 할당한다.

5~6행: playerTurtle, computerTurtle로 거북이 두 마리를 선언하는 것과 같다.

8~9행: 처음 화면에 나오는 모양을 거북이 모양으로 설정하고, 색을 붉은색으로 설정한다.

11~34행: 사람(p)와 컴퓨터(c)에 대해서 누가 승리자인지 혹은 무승부인지 거북이가 색을 바꾸며 알려주고 승리자 쪽으로 머리를 향한다.

36~46행: 화면 양쪽에 사람의 홀, 짝 그림과 컴퓨터의 홀, 짝 그림이 선택된다.

48~53행: 게임에서 난수로 그림이 선택되게 한다.

55~59행: 홀, 짝 함수에 따라 게임을 호출한다.

61행: 화면의 크기를 가로 700, 세로 600으로 설정한다.

63~67행: 컴퓨터와 사람의 홀, 짝 그림이 선택된다.

69~77행: 사용자와 컴퓨터의 거북이를 각각 화면의 왼쪽과 오른쪽으로 이동한다.

79~82행: 키보드에서 h, H, j, J를 눌러 게임을 수행한다. h와 H키는 홀을 나타내며, j와 J키는 짝을 나타낸다.

84~86행: 거북이 그림을 마무리한다.

응용문제

거북이로 가위, 바위, 보 게임을 만들어 보자. 가위, 바위, 보에 해당하는 컴퓨터 그림 3장과 사람 손 그림 3장을 사용한다. onkey()를 사용하여 s, r, p를 입력하면 경기를 하고 거북이는 이긴 방향으로 머리를 돌리고 색을 바꾸며 승리자를 말한다.

앞서 구현한 홀짝 경기를 조금만 변형하여 가위, 바위, 보 게임으로 변경해 보자.

1. [예제 11.4.2]의 경기 프로그램을 분석한다.
2. 컴퓨터의 가위, 바위, 보 3개 그림과 사람의 가위, 바위, 보 3개 그림을 만들어 놓는다.
3. onkey() 함수 3개를 만들어 실행한다.
4. if 문을 사용하여 사람이 이기는 경우의 수, 무승부인 경우, 컴퓨터가 이기는 경우의 수를 만든다.
5. 승리자의 그림을 보여주는 3가지 경우의 수(가위가 이긴 경우, 바위가 이긴 경우, 보가 이긴 경우)를 사람과 컴퓨터 각각에 대해서 만든다.
6. 승리자 방향으로 거북이 머리를 돌리고 거북이가 색을 변경하며 승리자가 누구인지 말한다.
7. 전체적으로 게임의 흐름을 생각한다.
8. s, r, p를 눌러 게임을 실행한다

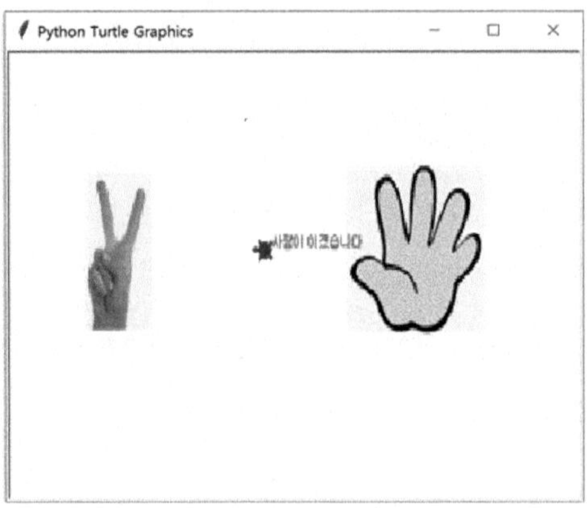

정리하기

11장 함수 2에서는 파이썬 거북이를 사용하여 다양한 명령어로 프로그램을 작성하였다. 함수의 이름과 인수, 매개변수를 면밀히 살펴보고 조립하듯이 꼼꼼하게 맞추어 보며, 프로그램의 효율성을 높일 수 있다.

이번 장에서 학습한 내용을 정리한다.

- 함수를 정의하고, return 반환을 만들어 본다. return 반환값이 없을 때와 있을 때의 차이를 비교하며 프로그래밍해 보았다.
- 함수에서 인수(argument)가 매개변수(parameter)로 값을 전달하고 return 반환을 만들어 보았다. 인수와 매개변수에 값을 전달하고 받을 때, 값의 개수를 확인하며 연결하듯이 값을 전달해 본다.
- 함수에서 거북이 이벤트 3가지를 프로그래밍해 보았다. 거북이를 움직일 때 마우스 클릭, 마우스 드래그, 키보드 방향키에 대한 프로그래밍 예제를 살펴보았다.
- 함수를 사용하여 거북이로 그림을 그리고 경주하는 프로그램을 만들어 본다. 거북이 두 마리가 움직이는 함수를 각각 만들어 무작위로 움직일 거리를 구하여 경주하는 거북이 프로그래밍을 해 보았다.
- 홀짝 경기에서 거북이가 심판을 보고 승리자를 말하는 프로그램을 만들어 보았다. 거북이가 중앙에서 심판을 보고 승리자를 말할 때 승리자 쪽으로 거북이의 방향을 돌리고, 사람이 이겼을 때, 컴퓨터가 이겼을 때, 무승부일 때 각각 거북이의 색깔이 변한다. 홀과 짝의 그림을 만들어 프로그래밍에서 사용한다.

연습문제

【 객관식 】

1. 함수를 실행하고 값을 반환하는 명령어는? (   )

① return ② 인수 ③ 매개변수 ④ 변수

2. 함수를 호출할 때 인수(argument)로 값을 주면 함수에서 받는 곳은? (   )

① 변수 ② argument

③ 전역변수 ④ parameter

3. 거북이를 마우스로 누른 상태로 움직여 그림을 그리는 함수는? (   )

① online() ② ondrag()

③ onclick() ④ onkey()

4. 함수 내에서만 변수의 값을 사용할 수 있는 변수를 무엇이라 하는가? (   )

① 변수 ② 전역변수

③ 지역변수 ④ 특수변수

5. 숫자를 난수로 가져오려 한다. 무엇을 import 해야 하는가? (   )

① turtle ② random

③ randint ④ randfloat

【 단답형 】

6. 거북이는 두 마리 이상 사용할 수 없다.

7. 함수에서 return 반환 값은 꼭 있어야 한다.

8. 함수에서 인수 개수와 매개변수의 개수는 같아야 한다.

9. 함수 안에서도 밖에서도 어디에서도 사용할 수 있는 변수를 무슨 변수라 하는가?

10. 함수의 이름은 변수를 만들 때 규칙을 따르는가?

【 주관식 】

*** 다음 함수의 정의에서 빈 곳을 채우시오. (11~13번)**

```
def grade(  __(11)__  ):
if p_score >= 90:
    result_g = 'A'
elif p_score >= 80:
    result_g = 'B'
elif p_score >= 70:
    result_g = 'C'
elif p_score >= 60:
    result_g = 'D'
else:
    result_g = 'F'
return __(12)__

__(13)__ = int(input("점수를 입력하세요: "))
rg= grade(score)
```

11. 11번을 채우시오.

12. 12번을 채우시오

13. 13번을 채우세요.

*** 다음 함수의 정의에서 빈 곳을 채우시오. (14~15번)**

```
def sum(p_s1, p_e1):
    result = 0
    for i in range(p_s1, __(14)__):
        result = result + i
    return __(15)__

print("1부터 10까지의 합은?", sum(1, 10), "입니다")
```

14. 14번을 채우시오.

15. 15번을 채우시오.

CHAPTER 12

모듈

학습목표

- 모듈을 만들어 불러올 수 있다.
- 모듈을 가져다 사용할 수 있다.
- 거북이 도형 만들기를 모듈로 만들어 사용할 수 있다.
- 유용한 모듈을 소개할 수 있다.

12 _ 모듈

함수는 코드 중복을 줄여주고 코드 재사용을 위한 목적으로 사용되며, 코드를 모듈화하고 프로그램의 품질을 향상하기 위해 사용된다. 모듈(module)이란 함수나 변수를 모아 놓은 파일이며, 다른 파이썬 프로그램에서 불러와 사용할 수 있는 파이썬 소스 파일을 의미한다.

12.1 모듈의 이해

파이썬에서는 함수 정의를 파일 확장자 .py를 갖는 모듈 파일에 넣어 놓을 수 있다. 그리고 이 모듈은 재사용을 위해 import시킬 수 있다. 모듈 파일은 프로그램과 같은 폴더에 있어야 한다. 하나의 모듈에 하나 이상의 함수를 가질 수 있으며, 모듈 내부의 각 함수는 서로 다른 이름을 가져야 한다.

실제로 모듈은 파이썬 소스 파일이기 때문에 .py 확장자로 저장되지만, import로 가져올 때 확장자는 표기하지 않고 import turtle 형식처럼 모듈 이름만 쓰고 사용한다. 우리는 이미 많은 모듈을 사용해 보았는데, 예를 들어 난수를 사용하고 싶을 때, import random 형식으로 사용하였다. 자, 이제 자신만의 모듈을 간단히 만들어 사용해 보자.

■ 나만의 모듈로 더하기와 빼기

모듈을 만들 때 함수와 거의 같은 방식으로 만들고, 만든 모듈을 소스 프로그램에서 import 하면 된다. 주의할 점은 모듈.py와 소스.py는 같은 폴더에 있어야 한다.

[예제 12.1.m1] Python₩ch12₩myModuleAdd.py

```
01. # myModuleAdd.py라는 파일로 만든 나만의 모듈임
02. def add(m_a, m_b):
03.     result = m_a + m_b
04.     return result
05.
06. def sub(m_a, m_b):
07.     result = m_a - m_b
08.     return result
```

2행: 함수 add를 선언하고 매개변수 m_a, m_b로 값을 받는다.

3행: 두 값을 더하여 result 변수에 할당한다.

4행: result 값을 반환한다.

6–8행: 2–4행과 거의 같은 흐름이다. 뺄셈 연산을 수행한다.

[예제 12.1.1] Python₩ch12₩12_01_01.py

```
01. import myModuleAdd
02.
03. f_num1 = 100
04. s_num2 = 200
05.
06. x = myModuleAdd.add(f_num1, s_num2)
07. y = myModuleAdd.sub(f_num1, s_num2)
08.
09. print("두 개의 값을 더하면:", x )
10. print("두 개의 값을 빼면  :", y)
```

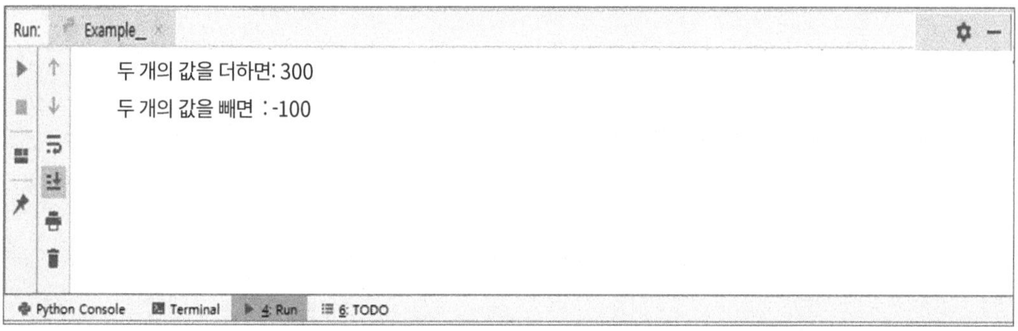

1행: 내가 만든 myModuleAdd 모듈을 import 한다.

3행: f_num1 변수에 100을 할당한다.

4행: s_num2 변수에 200을 할당한다.

6행: 내가 만든 myModuleAdd 모듈의 add 함수를 호출한다. 인수로 f_num1, s_num2를 매개변수 m_a, m_b에게 전달한다.

7행: 내가 만든 myModuleAdd 모듈의 sub 함수를 호출한다. 인수로 f_num1, s_num2를 매개변수 m_a, m_b에게 전달한다.

■ 나만의 모듈로 원의 둘레와 넓이 계산

import 할 때 as를 붙여 축약된 모듈 이름을 사용한다.

[예제 12.1.m2] Python₩ch12₩myModuleC.py

```
01. # myModuleC.py라는 파일로 만든 나만의 모듈임
02. def cirCum(m_r):
03.     result = 2 * 3.14 * m_r
04.     return result
05.
06. def cirArea(m_r):
07.     result = 3.14 * m_r * m_r
08.     return result
```

2행: 함수 cirCum을 선언하고 매개변수 m_r로 값을 받는다.

3행: 원 둘레의 계산 값을 result 변수에 할당한다.

4행: result 값을 반환한다.

6~8행: 2~4행과 거의 같은 흐름이다. 원넓이를 계산한다.

[예제 12.1.2] Python₩ch12₩12_01_02.py

```
import myModuleC as mM

radius = float(input("원하는 원의 반지름을 입력하세요: "))
r1 = mM.cirCum(radius)
r2 = mM.cirArea(radius)

print("원의 둘레는: %.2f" % r1)
print("원의 넓이는: %.2f" % r2)
```

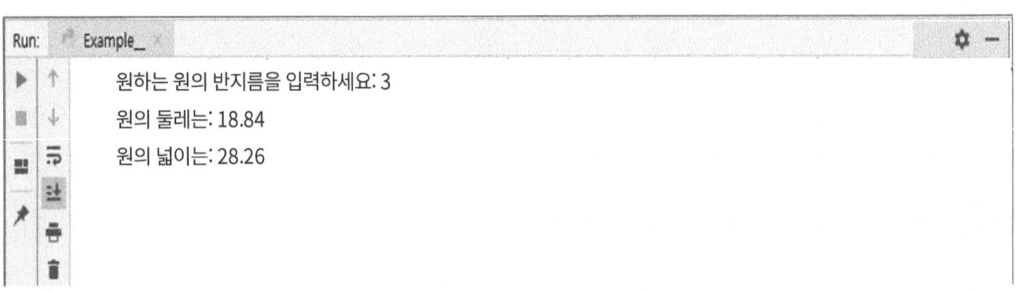

1행: 내가 만든 myModuleC 모듈을 축약된 이름인 mM으로 import 한다.

3행: 원의 반지름을 input()으로 입력받는다.

4행: mM의 cirCum 함수를 호출한다. 인수로 radius를 매개변수에게 전달한다.

5행: mM의 cirArea 함수를 호출한다. 인수로 radius를 매개변수에게 전달한다.

7~8행: 출력 형식에 맞추어 출력한다.

12.2 모듈을 가져다 사용하기

우리는 거북이를 사용하면서 turtle을 import 하여 사용하였다. 이번에는 time을 import 하여 사용해 보고, 난수를 발생하는 random, 수학 공식을 사용하는 math 모듈을 가져다 사용해 본다.

■ time 모듈 사용하기

현재 연도를 출력하는 프로그램을 만들어 본다.

[예제 12.2.1] Python₩ch12₩12_02_01.py

```
import time

now = time.time()
v_year = 365
v_hour = 24
v_sec  = 3600
thisYear = int(1970 + now//(v_year*v_hour*v_sec))

print("올해는 " + str(thisYear) + "년 입니다")
age = int(input("당신은 몇 살입니까? "))
print("2030년에는 "+str(age + 2030-thisYear)+"살 되는군요")
```

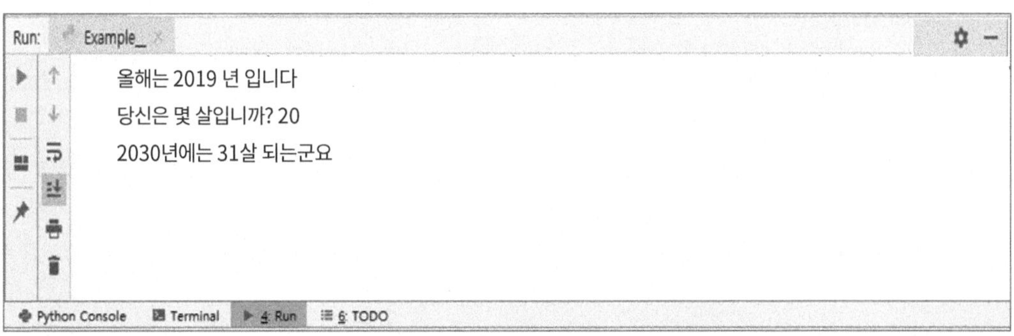

1행: time을 import 한다.

3행: now 변수에 time()를 호출하여 1970년 1월 1일 이후로 흘러온 초가 할당된다.

4행: v_year 변수에 365일을 할당한다(1년).

5행: v_hour 변수에 24시간을 할당한다(1일).

6행: v_sec 변수에 3600초를 할당한다(1시간).

7행: thisYear 변수에 1970년부터 흘러온 초 단위를 더하여 정수로 할당한다.

8행: 현재 년도를 출력한다.

9행: age 변수에 사용자 입력으로 정수값을 할당한다.

10행: 출력 형식에 맞게 출력한다.

■ random 모듈 사용하기

난수를 발생시키는 random 모듈을 사용하여 프로그램을 작성해 본다. 그리고 time을 import하여 반복적으로 실행되는 프로그램을 sleep(2)를 사용하여 2초간 지연시키는 프로그램을 만들어 본다.

[예제 12.2.2] Python₩ch12₩12_02_02.py

```
import random
import time

print("세 번의 자동 동전 던지기 게임\n")

for i in range(3):
    select = random.randrange(2)

    if select == 0:
        print("짝 입니다")
    else :
        print("홀 입니다")
    time.sleep(2)

print("삼세번 기회의 게임이 종료되었습니다. ")
```

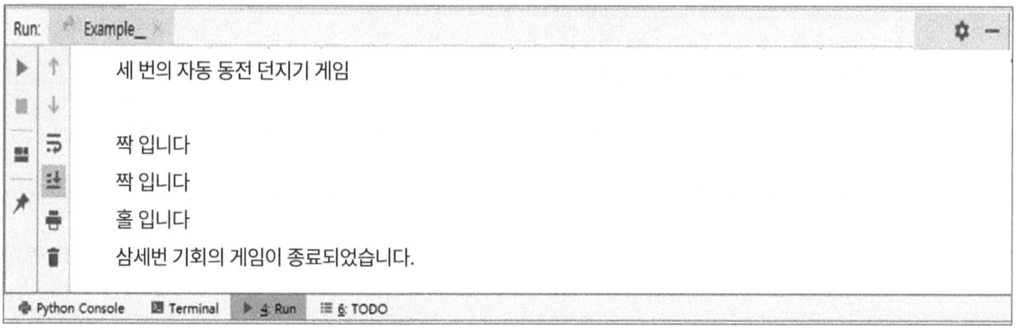

1~2행: random과 time을 import 한다.

4행: 자동 던지기 게임을 알리는 출력을 한다.

6행: for 반복문을 사용하여 삼세번 기회를 사용한다.

7행: 난수를 발생시켜 select 변수에 그 값을 할당한다.

9~12행: if 조건문으로 select 변수의 값이 0이면 짝, 그렇지 않으면 홀로 판단하고 출력한다.

13행: time.sleep(2)을 사용하여 2초 멈춘 후 동작한다.

15행: 게임이 종료됨을 알리고 출력한다.

■ math 모듈 사용하기

math의 수학 공식을 import하여 사용한다.

[예제 12.2.3] Python₩ch12₩12_02_03.py

```
import math

angle = int(input("측정한 각도는? "))
distance = int(input("측정한 거리는? "))

height = distance * math.tan(math.radians(angle))
print("건물의 높이는 %2.f m 입니다." % height)
```

1행: 수학 공식을 사용하기 위하여 math를 import 한다.

3행: 건물과 나의 눈과의 각도를 측정하여 사용자 입력으로 angle 변수에 값을 할당한다.

4행: 건물과 나의 위치까지의 거리를 측정하여 사용자 입력으로 distance 변수에 값을 할당한다.

6행: hight 변수에 math를 사용한 공식의 값을 할당한다.

7행: 출력 형식에 맞게 출력한다.

12.3 모듈을 활용한 프로그래밍

3장에서 거북이 그래픽 프로그래밍에서 거북이를 활용하여 글자도 그리고 도형도 그려보고 색칠해 보았다. 10장에서는 3장의 코드를 재사용하여 함수로 만들어 보았다. 이제 함수로 만든 것을 모듈로 만들어 사용해 본다.

■ 나만의 모듈 거북이로 'ㄱ', 'ㄴ', 'ㄷ'을 선택하여 그리기

[예제 10.3.1]의 예제를 활용하며 모듈을 만들어 본다. 함수의 부분을 잘라서 모듈을 만들고 코드를 넣는다. 그리고 내가 만든 모듈을 소스 코드에서 import 한다.

[예제 12.3.m1] Python₩ch12₩myModuleHangul.py

```
# myModuleHangul.py라는 이름으로 만든 나만의 모듈임
import turtle as t1

def han_One():              #거북이가 'ㄱ'을 그린다.
    t1.forward(100)
    t1.right(90)
    t1.forward(100)

def han_Two():              #거북이가 'ㄴ'을 그린다.
    t1.right(90)
    t1.forward(100)
    t1.left(90)
    t1.forward(100)

def han_Three():            #거북이가 'ㄷ'을 그린다.
    t1.backward(100)
    t1.right(90)
    t1.forward(100)
```

```
19.     t1.left(90)
20.     t1.forward(100)
21.
22. def han_clear():            #거북이를 최초 위치로 이동시키고 그림을 지운다.
23.     t1.penup()
24.     t1.home()
25.     t1.clear()
26.     t1.pendown()
```

2행: turtle을 import 하여 t1으로 사용한다.

4~7행: 거북이가 'ㄱ'을 그린다.

9~13행: 거북이가 'ㄴ'을 그린다.

15~20행: 거북이가 'ㄷ'을 그린다.

22~26행: 거북이를 최초 위치로 옮기고 그림을 모두 지운다.

[예제 12.3.1] Python₩ch12₩12_03_01.py

```
# 함수를 호출하여 거북이로 한글 자음을 그려보자.
import turtle as t1
import myModuleHangul as mMH

t1.shape("turtle")

while True:
    select = input("1 ~ 3중 원하는 번호를 입력하세요: ")

    if select == "stop":     # while 문을 종료한다.
        print("그림을 종료합니다. ")
        break
    elif select == '1':
        mMH.han_One()
        mMH.han_clear()
    elif select == '2':
        mMH.han_Two()
        mMH.han_clear()
    elif select == '3':
        mMH.han_Three()
        mMH.han_clear()

t1.done()
```

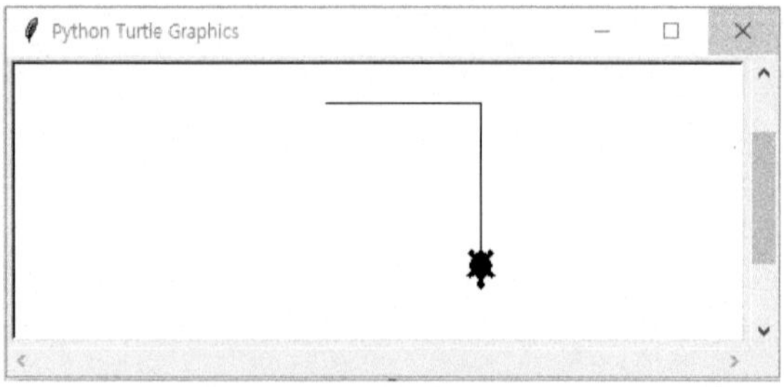

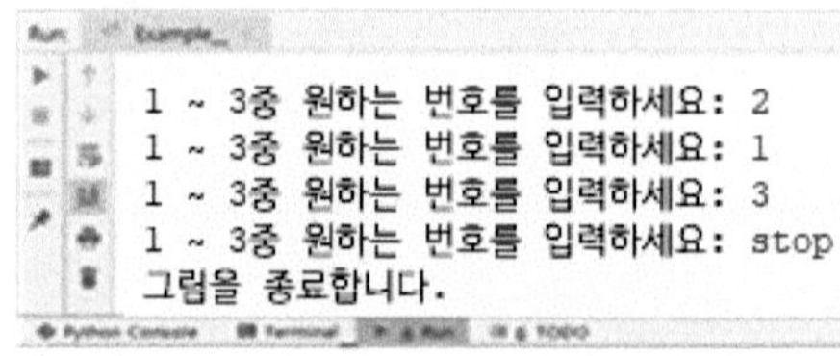

2행: turtle을 import 하여 t1으로 사용한다.

3행: 내가 만든 myModuleAdd 모듈을 import 한다.

5행: 움직이는 것을 거북이 모양으로 한다.

7행: while 반복문의 조건이 True이므로 무한 반복한다.

8행: 사용자 입력으로 input() 함수를 사용하고 select 변수에 키보드로 입력된 값을 할당한다.

10행: if 조건문에서 select 변수의 값이 "stop"과 같으면, while 반복을 종료한다.

11행: "그림을 종료합니다." 문구를 출력한다.

12행: break 문으로 while 반복을 빠져 나온다.

13행: 그렇지 않으면 select 변수의 값이 '1'인지를 검사한다.

14행: han_One()을 호출한다.

15행: han_clear()를 호출한다.

16행: 그렇지 않으면 select 변수의 값이 '2'인지를 검사한다.

17행: han_Two()를 호출한다.

18행: han_clear()를 호출한다.

19행: 그렇지 않으면 select 변수의 값이 '3'인지를 검사한다.

20행: han_Three()를 호출한다.

21행: han_clear()를 호출한다.

23행: 거북이 프로그래밍 실행 후 멈추는 역할을 한다.

■ 나만의 모듈 거북이로 두 개의 원을 그리고 색칠하기

[예제 10.4.2]의 예제를 활용하며 모듈을 만들어 본다. 함수의 부분을 잘라서 모듈을 만들고 코드를 넣는다. 그리고 내가 만든 모듈을 소스 코드에서 import 한다. 모듈에서 사용되는 매개변수와 소스에서 값을 넘겨주는 인수 사이의 관계를 자세히 살펴본다.

[예제 12.3.m2] Python₩ch12₩myModuleDraw.py

```
01. # myModuleDraw.py라는 이름으로 만든 나만의 모듈임
02. import turtle as t1
03.
04. def c_color1(m_c1, m_length):
05.     t1.fillcolor(m_c1)
06.     t1.begin_fill()
07.     t1.circle(m_length)
08.     t1.end_fill()
09.
10. def c_color2(m_c2, m_length):
11.     t1.fillcolor(m_c2)
12.     t1.begin_fill()
13.     t1.circle(m_length-20)
14.     t1.end_fill()
15.     t1.forward(100)
```

2행: turtle을 import 하여 t1으로 사용한다.

4행: 함수를 만들기 위해 def 선언을 하고 c_color1(m_c1, m_length)라는 함수 이름을 만든다.

5~6행: 매개변수 m_c1으로 받은 값으로 거북이가 그린 도형에 색칠을 시작한다.

7행 : 거북이가 반지름 40인 원을 왼쪽(시계 반대 방향)으로 돌며 그린다. 색칠하기 원하는 도형을 코딩하는 행이다.

8행 : 거북이가 그린 도형에 색칠하는 것을 끝낸다.

10~15행: 4행~8행과 같다. color는 매개변수 m_c2의 값으로 설정한다. m_length의 길이를 20 줄인 반지름 값으로 원을 그린다.

[예제 12.3.2] Python₩ch12₩12_03_02.py

```
#거북이 도형을 모듈로 만들어 그려보자.
import turtle as t1
import myModuleDraw as mMD

c1 = "green"
c2 = "red"
length = 40

mMD.c_color1(c1, length)
mMD.c_color2(c2, length)
turtle.done()
```

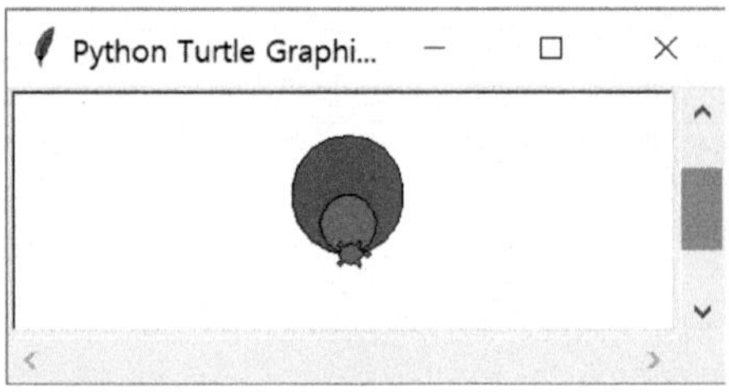

2행: turtle을 import 하여 t1으로 사용한다.

3행: 내가 만든 myModuleAdd 모듈을 import 한다.

5행: c1 변수에 초록색을 할당한다.

6행: c2 변수에 빨간색을 할당한다.

7행: length 변수에 40을 할당한다.

9행: c_color1(c1, length) 함수를 호출한다. 인수 c1, length에 각각 할당된 “green”과 40 값을 매개변수 m_c1, m_length에게 전달한다.

10행: c_color2(c2, length) 함수를 호출한다. 인수 c2, length에 할당된 “red”와 40 값을 매개변수 m_c2, m_length에게 전달한다.

11행: 거북이 프로그래밍 실행 후 멈추는 역할을 한다.

■ 나만의 모듈 거북이를 마우스 클릭으로 그리기

[예제 10.5.2]의 예제를 활용하며 모듈을 만들어 본다.

[예제 12.3.m3] Python₩ch12₩myModuleMouse.py

```
01. # myModuleMouse.py라는 이름으로 만든 나만의 모듈임
02. import turtle as t1
03.
04. def mouseClick(x, y):
05.     t1.goto(x, y)
```

2행: turtle을 import 하여 t1으로 사용한다.

4행: 파라미터 x, y 값의 위치로 거북이를 이동시키는 함수이다

5행: 마우스가 클릭되는 x 좌표, y 좌표로 거북이를 이동시킨다.

[예제 12.3.3] Python₩ch12₩12_03_03.py

```
01. import turtle as t1
02. import myModuleMouse as mMM
03.
04. tw = t1.Screen()
05. t1.shape("turtle")
06.
07. tw.title("거북이를 마우스로 움직임")
08. tw.bgcolor("yellow")
09. tw.onclick(mMM.mouseClick)
10.
11. tw.listen()
12. t1.mainloop()
13. t1.done()
```

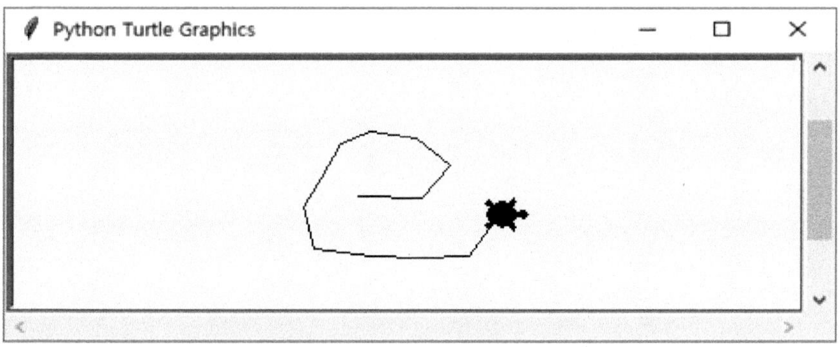

1행: turtle을 import 하여 t1으로 사용한다.

2행: 내가 만든 myModuleMouse 모듈을 import 한다.

4행: 윈도우 생성 후 tw 라고 이름을 붙인 것이다.

5행: 거북이 모양으로 사용하여 그림을 그린다.

7행: 거북이가 그리는 화면의 제목에 "거북이를 마우스로 움직임"을 넣는다.

8행: 거북이가 그리는 화면의 배경을 노란색으로 한다.

9행: onclick() 명령어는 마우스가 클릭하는 x 좌표, y 좌표를 mMM 모듈의 mouseClick() 함수에 보낸다.

11행: listen() 함수는 캔버스 윈도우에 속한 함수로 사용자의 키보드 입력을 받기 위하여 활성화하는 것이다.

12행: mainloop() 함수는 turtle 모듈에 속한 함수로, 항시 대기 상태에 있다가 마우스 클릭이 발생하면 거북이를 움직이게 하는 함수이다.

13행: 거북이 프로그래밍 실행 후 멈추는 역할을 한다.

■ 나만의 모듈을 사용하여 거북이를 키보드 화살표로 움직이기

[예제 10.5.3]의 예제를 활용하며 모듈을 만들어 본다. 키보드의 각 화살표를 각각의 모듈로 만들어 사용한다.

[예제 12.3.m4] Python₩ch12₩myModuleOnkeyR.py

```
01. # myModuleOnkeyR.py라는 이름으로 만든 나만의 모듈임
02. import turtle as t1
03.
04. def keyRight():
05.     position = t1.pos()
06.     t1.goto(position[0] + 30, position[1])
```

1행: turtle을 import 하여 t1으로 사용한다.

2행: 내가 만든 myModuleOnkeyR 모듈을 import 한다.

4행 : 함수 keyRight()를 선언한다.

5행 : pos()를 이용하여 거북이의 현재 좌표 위치를 얻어내고, 그 위치를 position 변수에 넣는다.

6행 : goto()를 사용하여 x 좌표는 position[0]에서 30만큼 더한 값으로 설정하고 y 좌표는 position[1]로 설정하여 거북이를 움직인다.

[예제 12.3.m5] Python₩ch12₩myModuleOnkeyL.py

```
01. # myModuleOnkeyL.py라는 이름으로 만든 나만의 모듈임
02. import turtle as t1
03.
04. def keyLeft():
05.     position = t1.pos()
06.     t1.goto(position[0] - 30, position[1])
```

6행: goto()를 사용하여 x 좌표는 position[0]에서 30만큼 뺀 값으로 설정하고 y 좌표는 position[1]로 설정하여 거북이를 움직인다.

[예제 12.3.m6] Python₩ch12₩myModuleOnkeyU.py

```
01. # myModuleOnkeyU.py라는 이름으로 만든 나만의 모듈임
02. import turtle as t1
03.
04. def keyUp():
```

```
05.     position = t1.pos()
06.     t1.goto(position[0], position[1] + 30)
```

6행: goto()를 사용하여 x 좌표는 position[0]으로 설정하고, y 좌표는 position[1]에서 30만큼 더한 값으로 설정하여 거북이를 움직인다.

[예제 12.3.m7] Python₩ch12₩myModuleOnkeyD.py

```
07. # myModuleOnkeyD.py라는 이름으로 만든 나만의 모듈임
08. import turtle as t1
09.
10. def keyDown():
11.     position = t1.pos()
12.     t1.goto(position[0], position[1] - 30)
```

6행: goto()를 사용하여 x 좌표는 position[0]으로 설정하고, y 좌표는 position[1]에서 30만큼 뺀 값으로 설정하여 거북이를 움직인다.

[예제 12.3.4] Python₩ch12₩12_03_04.py

```
import turtle as t1
import myModuleOnkeyR as mMOR
import myModuleOnkeyL as mMOL
import myModuleOnkeyU as mMOU
import myModuleOnkeyD as mMOD

tw = t1.Screen()

t1.shape("turtle")
t1.color("red")
tw.title("거북이를 키보드 화살표로 움직임")
tw.bgcolor("yellow")

# 키보드 화살표
tw.onkey(mMOR.keyRight, 'Right')
tw.onkey(mMOL.keyLeft,  'Left')
tw.onkey(mMOU.keyUp,    'Up')
tw.onkey(mMOD.keyDown, 'Down')

tw.listen()
t1.mainloop()
t1.done()
```

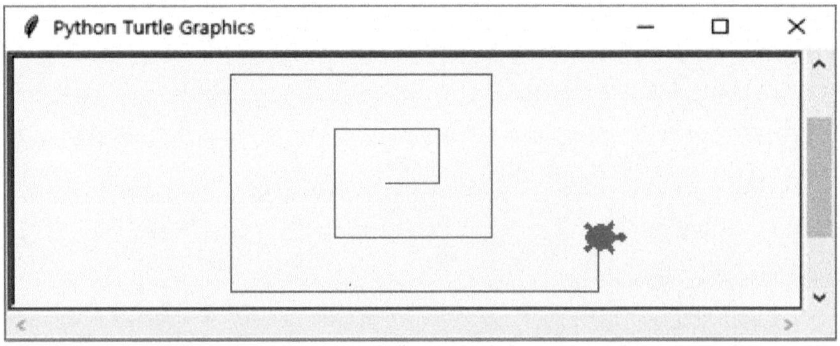

1행: turtle을 import 하여 t1으로 사용한다.

2행: 내가 만든 myModuleOnkeyR 모듈을 import 한다.

3행: 내가 만든 myModuleOnkeyL 모듈을 import 한다.

4행: 내가 만든 myModuleOnkeyU 모듈을 import 한다.

5행: 내가 만든 myModuleOnkeyD 모듈을 import 한다.

7행: 윈도우 생성 후 tw 라고 이름을 붙인 것이다.

9행: 모양을 거북이 모양으로 한다.

10행: 거북이를 빨간색으로 바꾼다.

11행: 거북이가 그리는 화면의 제목에 "거북이를 키보드 화살표로 움직임"을 넣는다.

12행: 거북이가 그리는 화면의 배경을 노란색으로 한다.

15행: onkey()를 사용하여 키보드에서 'Right'(오른쪽 방향키)를 누르면 keyRight() 함수를 호출한다.

16행: onkey()를 사용하여 키보드에서 'Left'(왼쪽 방향키)를 누르면 keyLeft() 함수를 호출한다.

17행: onkey()를 사용하여 키보드에서 'Up'(위쪽 방향키)를 누르면 keyUp() 함수를 호출한다.

18행: onkey()를 사용하여 키보드에서 'Down'(아래쪽 방향키)를 누르면 keyDown() 함수를 호출한다.

20행: listen() 함수는 캔버스 윈도우에 속한 함수로 사용자의 키보드 입력을 받기 위하여 활성화하는 것이다.

21행: mainloop() 함수는 turtle 모듈에 속한 함수로, 항시 대기 상태에 있다가 마우스 클릭이 발생하면 거북이를 움직이게 하는 함수이다.

22행: 거북이 프로그래밍 실행 후 멈추는 역할을 한다.

12.4 유용한 모듈 소개

앞에서 random, time, math를 import 하여 프로그램에서 사용하였다. 이 외에도 파이썬에서는 유용한 모듈이 많다. 그중에서 몇 가지를 소개한다.

■ timeit 모듈

정밀한 시간 측정을 할 때 사용한다. 프로그램이 실행될 때 알고리즘의 시간 효율을 측정하는 데 사용할 수 있다.

[예제 12.4.1] Python₩ch12₩12_04_01.py

```
01. import timeit
02. check_start =timeit.default_timer()
03.
04. sum = 0
05. for i in range(1, 20000001, 2):
06.     sum = sum + i
07.
08. check_end = timeit.default_timer()
09.
10. print("계산결과값: ", sum)
11. print("수행결과초: ", check_end - check_start)
```

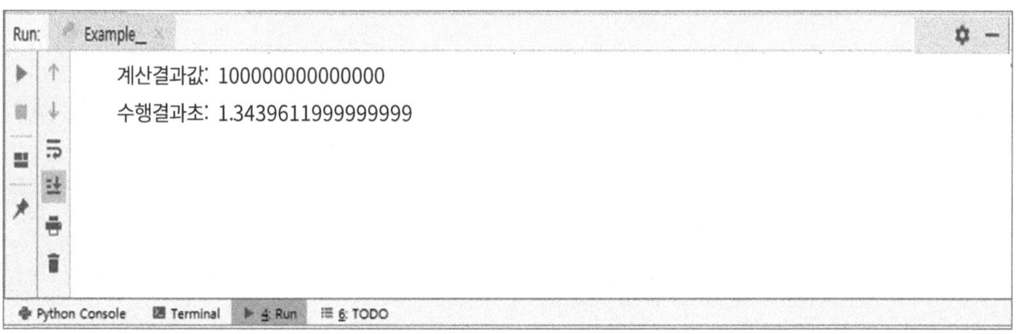

1행: timeit을 import 한다.

2행: check_start 변수에 시작되는 시간을 할당한다.

4~7행: for 문을 사용하여 1부터 20000001까지 2씩 건너 뛰면서 sum 변수에 더하고, 더한 값을 다시 sum 변수에 할당한다.

8행: check_end 변수에 끝나는 시간을 할당한다.

10행: 계산 결괏값을 출력한다.

11행: 프로그램을 수행한 시간(초 단위)을 출력한다.

■ datetime 모듈의 date

datetime 모듈의 하위 모듈인 date 모듈은 날짜 정보를 저장하고 처리하는 데 사용된다. date 모듈은 년, 월, 일의 3개 정보를 파라미터로 입력하여 날짜를 생성하고, 생성된 날짜 개체에 포함된 year, month, day 정보를 가져와서 활용할 수 있다.

[예제 12.4.2] Python₩ch12₩12_04_02.py

```
01. import datetime
02.
03. birthday = datetime.date(2000, 10, 26)
04. print("태어난 년: ", birthday.year)
05. print("태어난 월: ", birthday.month)
06. print("태어난 일: ", birthday.day)
```

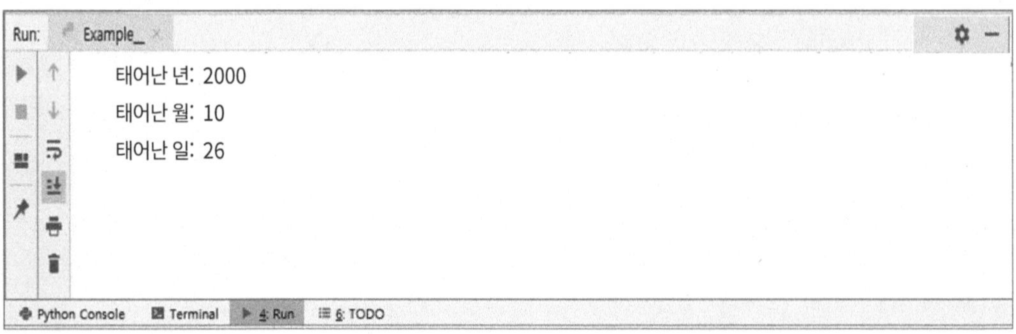

1행: datetime을 import 한다.

3행: birthday 변수에 datetime.date의 년, 월, 일의 값이 할당된다.

4~6행: 태어난 년, 월, 일의 형식에 맞추어 출력한다.

■ datetime 모듈의 date로 두 날짜의 차이

datetime 모듈의 하위 모듈인 date 모듈을 사용하여 두 날짜의 차이를 구할 수 있다.

[예제 12.4.3] Python₩ch12₩12_04_03.py

```
01. import datetime
02.
03. day1 = datetime.date(1999, 10, 26)
04. day2 = datetime.date(2000, 10, 25)
05. day_gap = day2 - day1
06.
07. print("당신은 태어나서 %d일 지났습니다" % day_gap.days)
```

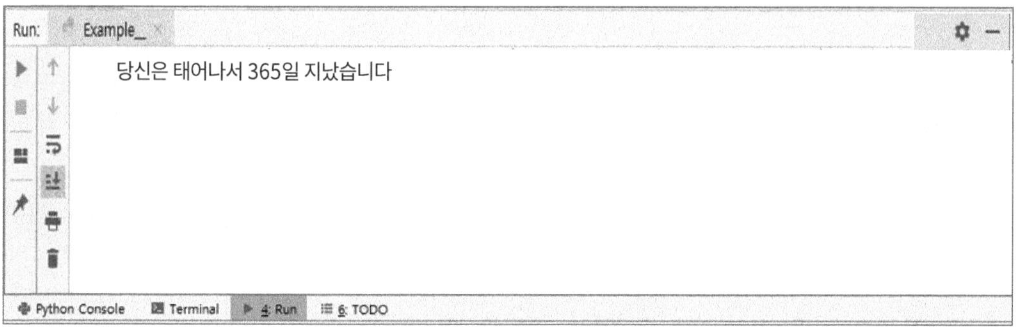

1행: datetime을 import 한다.

3~4행: datetime.date의 년, 월, 일의 값을 day1, day2 변수에 할당한다.

5행: day1과 day2 변수에 할당된 값의 차이를 구한다.

7행: 형식에 맞추어 출력한다.

■ datetime 모듈의 date를 이용하여 요일 찾기

datetime 모듈의 하위 모듈인 date 모듈을 사용하여 생일의 요일을 구할 수 있다.

[예제 12.4.4] Python₩ch12₩12_04_04.py

```
import datetime

weeks = ['월', '화', '수', '목', '금', '토', '일']

year  = int(input("몇 년도에 출생하셨나요? "))
month = int(input("몇 월에 출생하셨나요? "))
day   = int(input("몇 일에 출생하셨나요? "))
birthday = datetime.date(year, month, day)

```

```
10. index = birthday.weekday()
11. print("당신은", weeks[index], "요일에 출생하셨군요.")
```

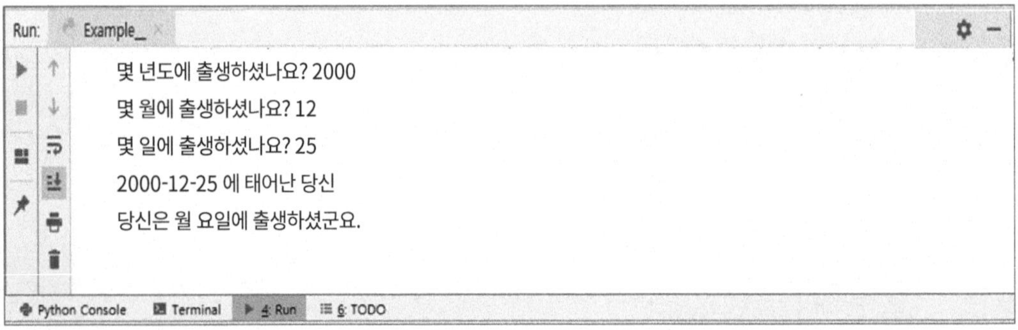

1행: datetime을 import 한다.

3행: 리스트로 월, 화, 수, 목, 금, 토, 일을 만든다.

5~7행: 사용자 입력으로 년, 월, 일을 입력받아 year, month, day 변수에 할당한다.

8행: birthday 변수에 year, month, day로 만들어진 datetime.date 객체가 할당된다.

10행: weekday()는 요일을 0에서 6사이의 정수값으로 제공한다.

11행: 형식에 맞추어 출력한다.

■ statistics 모듈

기본적인 통계 기능을 사용할 수 있다.

[예제 12.4.5] Python₩ch12₩12_04_05.py

```
import statistics as st

scores = [80, 90, 60, 70, 40, 50, 100]

mean = st.mean(scores)
print("평균은 :", mean, "입니다")

mid = st.median(scores)
print("중간값은 :", mid, "입니다")
```

1행: statistics를 st로 import 하여 사용한다.

3행: 리스트로 80, 90, 60, 70, 40, 50 100을 scores 변수에 할당한다.

5행: scores 리스트의 평균값을 계산하여 mean 변수에 할당한다.

6행: 형식에 맞추어 출력한다.

8행: scores 리스트의 중간값을 계산하여 mid 변수에 할당한다.

9행: 형식에 맞추어 출력한다.

응용문제

함수로 만든 거북이를 모듈로 만들어 보았다. 모듈이 하나이던, 여러 개로 만들어 지던 간에 소스 코드에서 모듈을 import를 하고 모듈 안의 함수를 사용하여 프로그램하였다. [예제 12.3.4]을 재사용하여 모듈을 하나로 만들고 소스 코드에서 키보드 화살표로 거북이를 움직여 본다.

1. [예제 12.3.4]의 모듈 부분을 분석한다.
2. 각 모듈을 하나로 합치고 모듈의 이름을 만든다.
3. 소스에서 모듈을 import 한다.
4. 전체적으로 함수를 사용하는 프로그램의 흐름을 생각한다.
5. 함수를 사용하듯이 모듈을 import 하며 프로그램을 조립하듯이 꼼꼼하게 맞추어 본다.

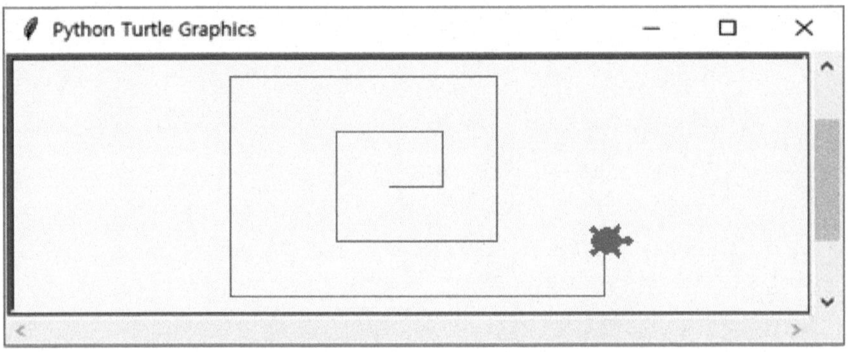

정리하기

12장 모듈에서는 모듈을 이해하고, 모듈을 사용하며, 거북이로 만든 함수를 모듈로 만들어 활용하였다. 예제 코드를 재사용하면서 모듈을 만들고 함수의 이름과 매개변수, 인수를 잘 생각하여 조립하듯이 꼼꼼하게 맞추어 보았다.

이번 장에서 학습한 내용을 정리한다.

- 모듈을 이해하고 간단한 모듈을 만들어 사용하였다. 함수는 코드를 재사용하여 코드 중복을 줄이는 목적으로 사용하지만, 모듈은 프로그래밍할 때 사용할 수 있는 기능을 제공하는 소스 파일을 의미한다.
- time, math, random 모듈을 가져다 import하고 사용해 보았다. 기존에 만들어진 모듈을 import하고 모듈 안의 함수를 사용한다.
- 거북이를 활용하여 그림을 그릴 때 나만의 모듈을 만들어 거북이로 그림을 그렸다. 10~11장에서 만든 거북이 그림을 그리는 함수들을 모듈로 변경해서 사용해 보며 함수 프로그래밍과 모듈 프로그래밍의 결과를 비교해 본다.
- 하나의 모듈로도 import해 보고, 여러 개의 모듈을 import 하여 프로그래밍해 보았다. 학습자가 직접 만든 모듈을 import하며 프로그래밍해 보았다.
- 파이썬에서 timeit, datetime, datetime의 date, statistics 등의 유용한 모듈을 사용하여 프로그래밍해 보았다.

연습문제

【 객관식 】

1. 연도를 출력할 때 사용하는 모듈은 ? (　)

   ① time　② math　③ random　④ randint

2. 난수를 활용할 때 사용하는 모듈은? (　)

   ① time　② math　③ random　④ randint

3. 수학 공식을 활용할 때 사용하는 모듈은? (　)

   ① time　② math　③ random　④ randint

4. 거북이를 키보드 화살표로 움직이는 명령어로 알맞은 것을 고르시오. (　)

   ① home()　② exit()

   ③ onclick()　④ onkey()

5. 거북이를 마우스 클릭으로 움직이는 명령어로 알맞은 것을 고르시오. (　)

   ① home()　② exit()

   ③ onclick()　④ onkey()

【 단답형 】

6. 모듈을 불러오는 방법은?

7. 실제로 모듈은 파이썬 소스 파일이 아니다.

8. 모듈.py와 소스.py는 같은 폴더에 있어야 한다.

9. 모듈의 이름이 길어서 짧게 사용하려 한다. 어떻게 하는가?

10. 함수를 사용하는 방법과 모듈을 사용하는 방법이 완전히 다르다.

【 주관식 】

* 다음 함수의 정의에서 빈 곳을 채우시오. (11~15번)

myModuleAdd.py

```
# myModuleAdd.py 로 나만의 모듈임
def add(m_a, m_b):
    result = m_a + m_b
    ______(11)______

def sub(m_a, m_b):
    result = m_a - m_b
    return result
```

add.py

```
import _______(12)______

f_num1  = 100
s_num2 = 200

x = _______(13)______(f_num1, s_num2)
y = _______(14)______(f_num1, s_num2)

print("두 개의 값을 더하면:", _(15)_)
print("두 개의 값을 빼면  :", y)
```

11. (11)번을 채우시오.

12. (12)번을 채우시오.

13. (13)번을 채우시오.

14. (14)번을 채우시오.

15. (15)번을 채우시오.

CHAPTER

13

파일

학습목표

- 파일에서 데이터를 읽기 및 쓰기를 수행하는 프로그램을 작성할 수 있다.
- 파일에서 데이터를 추가할 수 있는 프로그램을 작성할 수 있다.
- 파일 복사 프로그램을 작성할 수 있다.

13 _ 파일

본 장에서는 파일에 대하여 알아본다. 프로그램에서 사용되는 데이터는 임시적이다. 데이터가 저장되지 않는다면, 프로그램이 종료될 때 또는 컴퓨터가 꺼지면 데이터는 없어진다. 프로그램에서 생성된 데이터를 영원히 유지하기 위해서는 데이터를 디스크나 다른 매체에 저장해야 한다.

이번 장에서는 파일로부터 데이터를 읽고 쓰며, 데이터를 추가하고 파일을 복사하는 방법 등을 학습한다.

13.1 파일에서 데이터 읽기 / 쓰기

파일에서 데이터를 가져오려면 먼저 파일을 열어야 한다. 그리고 중요한 것은 파일을 열고 그 안에 데이터를 읽고, 추가하고, 지우기 등을 한 다음 꼭 파일을 닫아주어야 한다. 파일을 사용하는 방법은 [그림 13-1]과 같다.

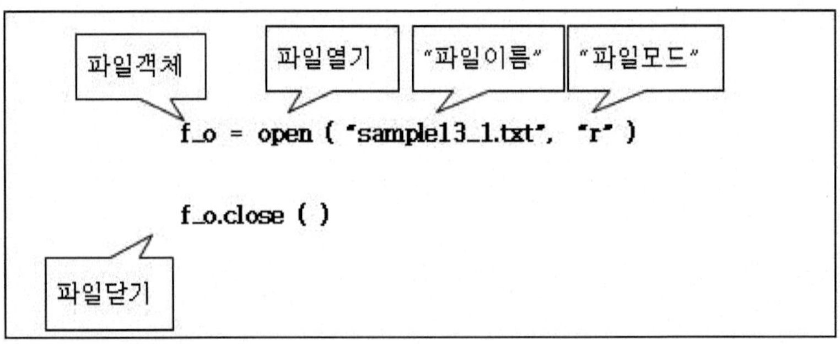

[그림 13-1] 파일 사용 정의

■ 파일 만들기

파일은 텍스트 파일과 바이너리 파일로 구분된다. 윈도우에서 메모장으로 만들어진 txt 파일을 텍스트 파일(text file)이라고 한다. 마이크로소프트 워드 프로그램으로 만들면 바이너리 파일로 저장된다. 두 파일의 차이는 텍스트 파일은 연속된 문자로 구성되고, 바이너리 파일은 연속된 비트로 구성된다고 볼 수 있다.

본 교재에서는 텍스트 파일을 기준으로 설명한다. 파일을 하나 만들고 파이썬 프로그래밍으로 읽고, 쓰고, 지우고 등을 연습한다.

01. 윈도우 화면에서 메모장을 연다.

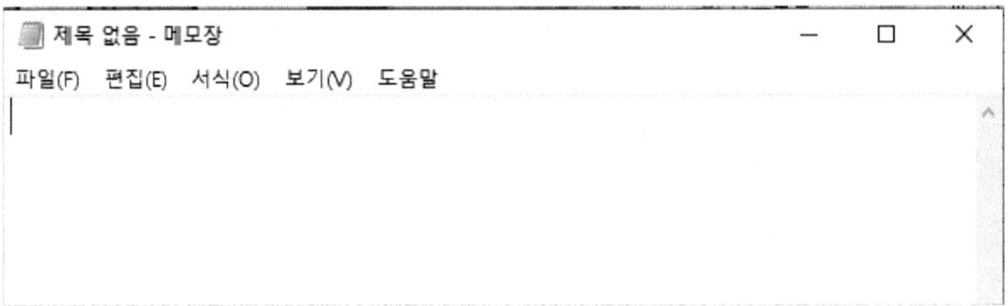

02. 구글에서 '파이썬 자습서'를 찾아서 클릭하고, 2~3줄 정도 복사한다.

03. 복사한 글자를 메모장에 붙여넣기 한다.

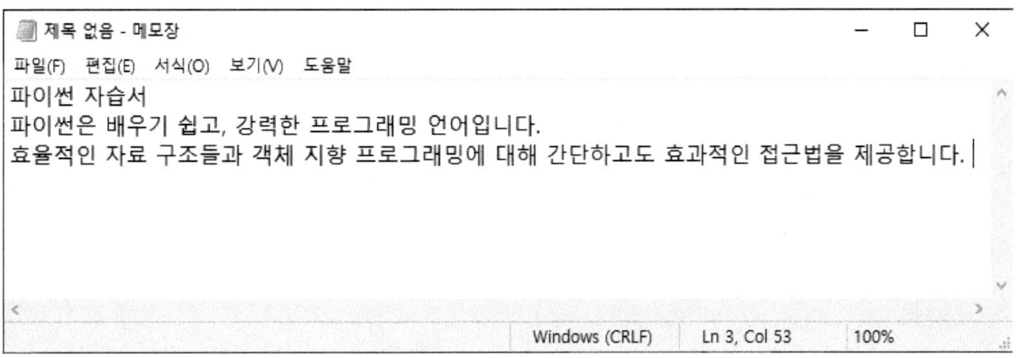

04. 파일을 저장한다. 파일 –〉 저장을 누르면 다음과 같은 화면이 나온다.

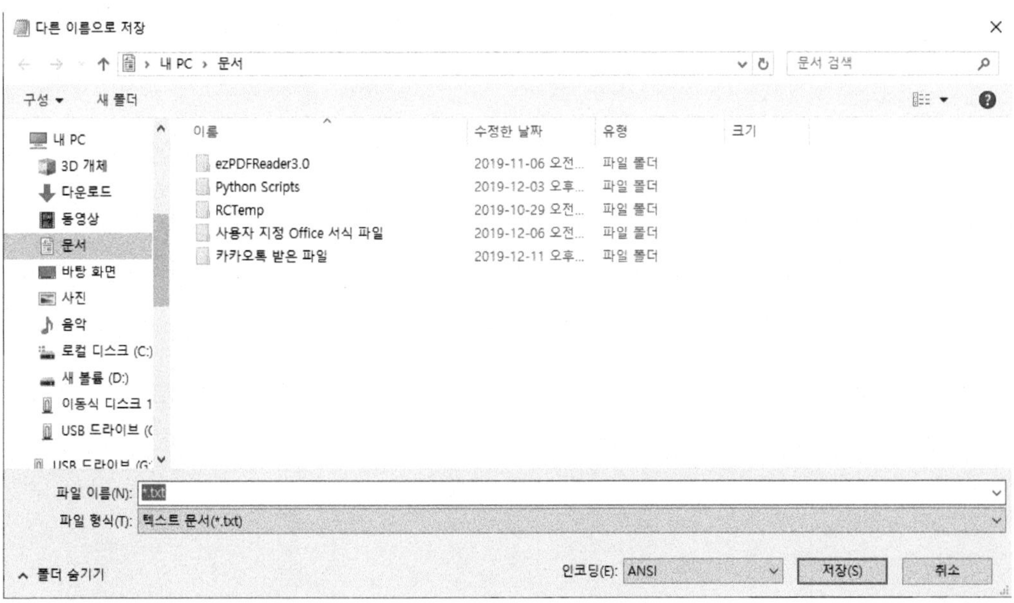

05. 파일 이름 입력박스에 'sample13_1' 로 써넣는다.

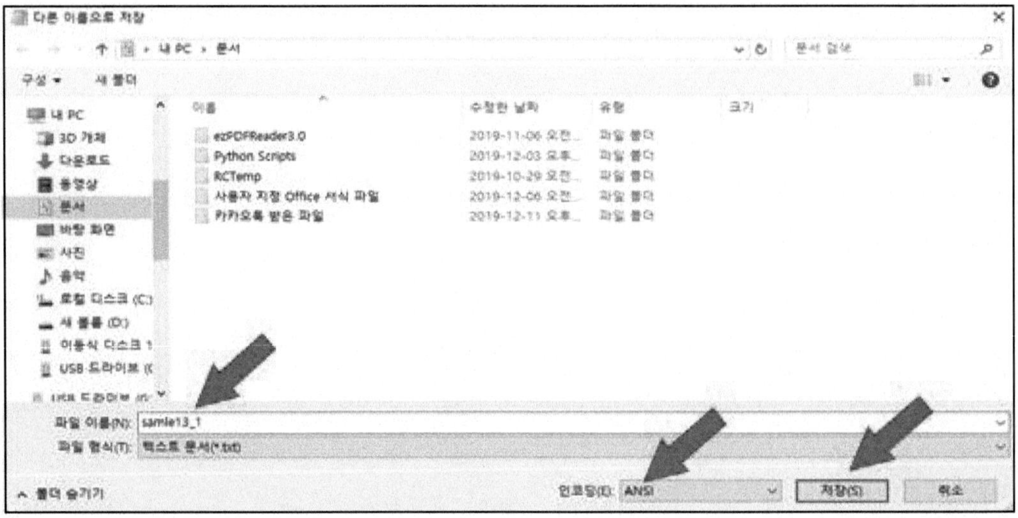

06. 가장 중요한 부분이다. 하단에 인코딩을 ANSI[1] 로 선택한 후 저장 버튼을 클릭한다.

■ 파일 열기

파일은 이름과 확장자로 나누어진다. 파일의 이름은 우리가 알기 쉽게 작성하여 만들면 되고, 확장자는 파일이 어떤 종류인지를 알 수 있게 한다. 예를 들어 사진 파일은 jpg, 텍스트 파일은 .txt로 나타낸다.

파일을 열기 위해서는 우선 파일 모드를 지정해야 한다. 파일 모드는 [표 13-1]과 같다.

[표 13-1] 파일 모드

모드	모드이름	설명
"r"	읽기 모드	파일을 읽는다.
"w"	쓰기 모드	파일에 쓴다(기존에 내용이 있으면 지워짐).
"a"	추가 모드	파일의 끝에 붙여 쓴다(없으면 생성됨).

sample13_1.txt 파일을 오픈하고 닫아본다.

1 유니코드(UTF-8)로 선택할 수 있지만 본 교재에서는 ANSI로 저장한다.

[예제 13.1.1] Python₩ch13₩13_01_01.py

```
01. # sample13_1.txt 파일을 오픈함
02. f_o = open("sample13_1.txt")
03. f_o.close()
```

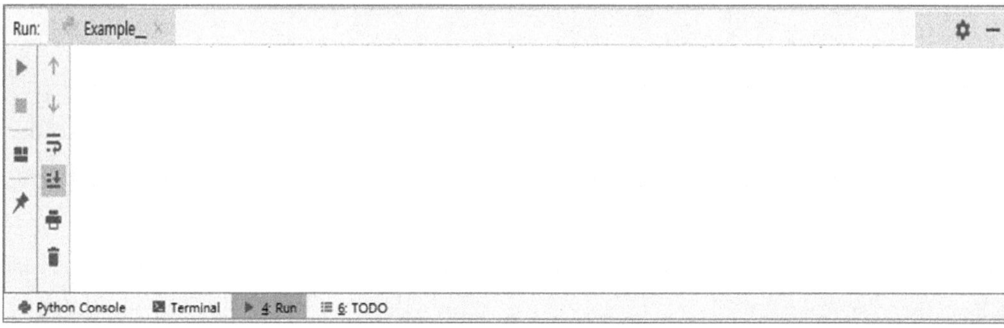

2행: open() 명령어를 사용하여 sample13_1.txt 파일을 오픈한다.

3행: 파일을 닫는다.

■ 같은 폴더에 있는 파일 데이터 읽기

파일이 아무런 오류 없이 잘 열렸다. 그러나 우리는 파일 안에 있는 데이터를 읽지 않았다. 이제부터 파일 안에 데이터를 읽어본다. 파이썬 파일과 txt 파일을 같은 폴더에 저장해 놓고 사용한다.

[예제 13.1.2] Python₩ch13₩13_01_02.py

```
# sample13_1.txt 파일을 오픈함
f_o = open("sample13_1.txt", "r")
one_lines = f_o.read()
print(one_lines)
f_o.close()
```

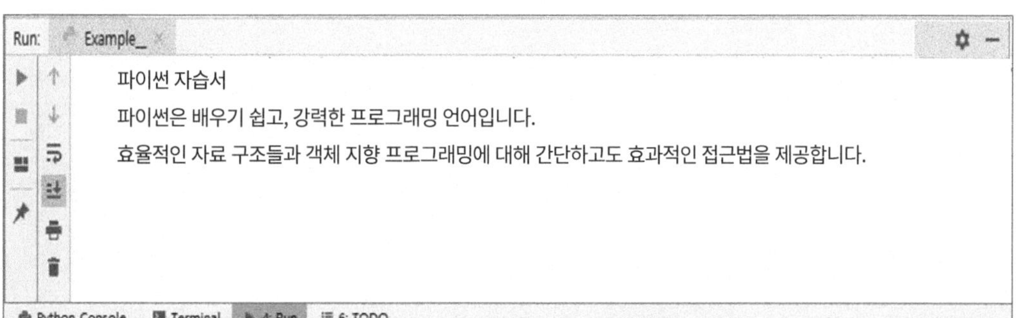

2행: open() 명령어를 사용하여 sample13_1.txt 파일을 오픈하고, "r" 모드(읽기용)로 지정한다.

3행: read()로 파일에 있는 모든 데이터를 읽는다(read(5)로 바꾸면 파일의 데이터를 처음부터 5 글자만 읽는다).

4행: 화면에 출력한다.

5행: 파일을 닫는다.

■ 다른 폴더에 있는 파일 데이터 읽기

다른 폴더에 있는 파일 데이터를 읽어본다. 파일은 폴더 안에 위치한다. 절대 파일명(absolute filename)은 파일명과 함께 완전한 경로와 드라이브 문자를 포함한다. C 드라이브 안에 python 폴더 안에 sample13_2.txt 파일이 있다면 파일을 찾아가는 경로는 다음과 같이 표현한다.

[표 13-2] 절대 파일명 파일 경로 예제

운영체제	파일 경로 찾기	비고
윈도우 운영체제	C:₩python₩sample13_2.txt C:₩₩python₩₩sample13_2.txt	₩ = \
유닉스 계열 운영체제	/python/sample13_2.txt	

윈도우 운영체제를 사용하면 경로를 표시할 때 ₩를 사용하지만, ₩n, ₩t, 특수문자를 표기하는 이스케이프 시퀀스와 겹쳐 혹시나 모를 오류를 유발하게 된다. 따라서 반드시 두 개를 겹쳐서 '\\'로 사용하자.

C 드라이브에 있는 파일을 절대 파일명으로 파일을 오픈하여 데이터를 읽어보자.

[예제 13.1.3] Python₩ch13₩13_01_03.py

```
# 다른 폴더에 있는 sample13_2.txt 파일을 오픈함
f_o = open("c :\\sample13_2.txt", "r")
one_lines = f_o.read()
print(one_lines)
f_o.close()
```

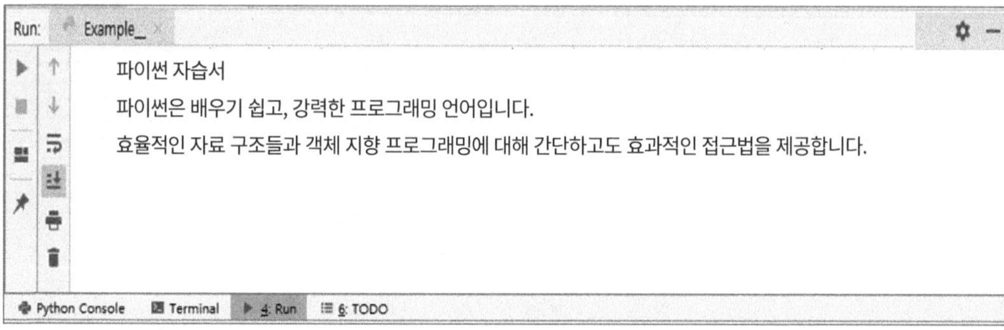

2행: open() 명령어를 사용하여 c:₩sample13_1.txt 파일을 오픈하고, "r" 모드(읽기용)로 지정한다.

3행: read()로 파일에 있는 모든 데이터를 읽는다.

4행: 화면에 출력한다.

5행: 파일을 닫는다.

■ 파일 데이터 쓰기

파일에 데이터를 써본다.

[예제 13.1.4] Python₩ch13₩13_01_04.py

```
# sample13_12.txt 파일에 데이터를 씀
f_o = open("sample13_12.txt", "w")

f_o.write("kerbo1 010-1111-5555")
f_o.write("kerbo2 010-2222-5555")
f_o.write("kerbo3 010-3333-5555")

f_o.close()
```

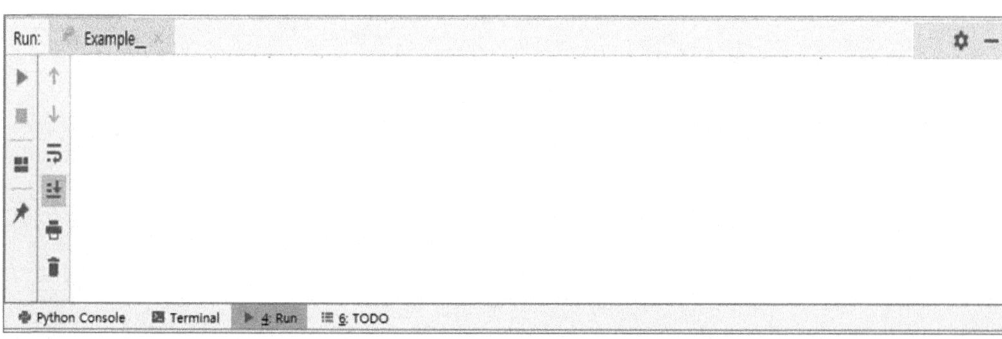

2행: open() 명령어를 사용하여 c:₩sample13_1.txt 파일을 오픈하고, "w" 모드(쓰기용)로 지정한다.

4~6행: write()로 파일에 데이터를 쓴다(파일에 데이터가 있으면 모두 지워지며 새로운 데이터가 쓰여짐).

8행: 파일을 닫는다.

■ 파일에 데이터를 쓰기한 후 읽기 1

파일에 데이터를 쓰고 읽어본다. 파일 안의 데이터가 리스트 형태로 있다.

[예제 13.1.5] Python₩ch13₩13_01_05.py

```
01. # sample13_12.txt 파일에 데이터를 쓰고 읽음
02. f_o = open("sample13_12.txt", "w")
03.
04. f_o.write("kerbo1 010-1111-5555")
05. f_o.write("kerbo2 010-2222-5555")
06. f_o.write("kerbo3 010-3333-5555")
07.
08. f_o = open("sample13_1.txt", "r")
09. one_lines = f_o.read()
10. print(one_lines)
11.
12. f_o.close()
```

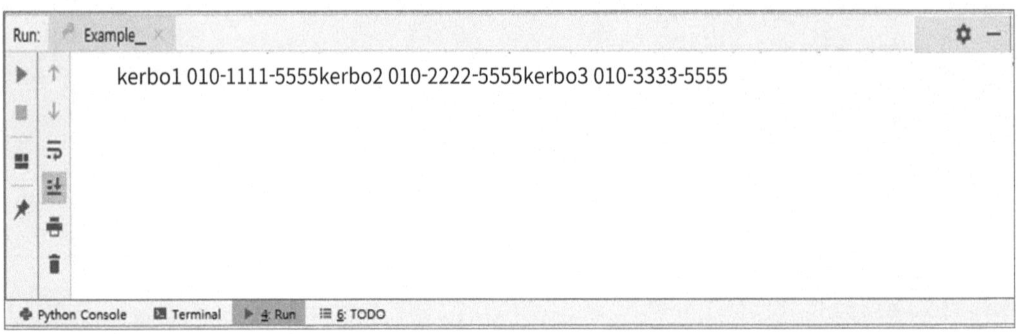

2~6행 : 파일을 오픈하여 데이터를 write()로 쓴다.

8~10행: 파일을 오픈하여 데이터를 read()로 읽는다.

12행: 파일을 닫는다.

■ 파일에 데이터를 쓰기한 후 읽기 2

파일에 데이터를 쓰고 읽어본다. 파일 안의 데이터가 줄 바꿈(₩n) 명령어 때문에 한 줄 단위로 쓰여지는 형태이다. 줄 바꿈 명령어 외에 tab(₩t) 등 여러 가지 명령어를 넣어보고 결과를 확인해 보자.

[예제 13.1.6] Python₩ch13₩13_01_06.py

```
01. # sample13_13.txt 파일에 데이터를 쓰고 읽음
02. f_o = open("sample13_13.txt", "w")
03.
04. f_o.write("kerbo1 010-1111-5555 \n")
05. f_o.write("kerbo2 010-2222-5555 \n")
06. f_o.write("kerbo3 010-3333-5555 \n")
07.
08. f_o = open("sample13_13.txt", "r")
09. one_lines = f_o.read()
10. print(one_lines)
11.
12. f_o.close()
```

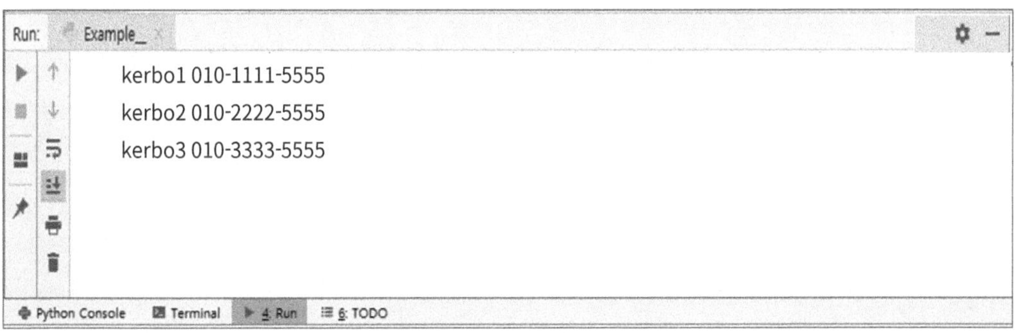

2~6행 : 파일을 오픈하여 데이터를 write()로 쓴다.

8~10행: 파일을 오픈하여 데이터를 read()로 읽는다.

12행: 파일을 닫는다.

■ 파일에 데이터를 쓰기한 후 읽기 3

파일에 데이터를 쓰고 읽어본다. 파일 안의 데이터가 줄 바꿈(₩n) 명령어 때문에 한 줄 단위로 쓰여지는 형태이다. 그런데 readlines() 함수를 쓰면 파일 안에 줄 단위의 모든 데이터를 읽어서 각각의 줄을 항목으로 갖는 리스트를 만들어 준다.

[예제 13.1.6-1] Python₩ch13₩13_01_06-1.py

```
01. # sample13_14.txt 파일에 데이터를 쓰고 readlines()로 읽음
02. f_o = open("sample13_14.txt", "w")
03.
04. f_o.write("kerbo1 010-1111-5555 \n")
05. f_o.write("kerbo2 010-2222-5555 \n")
06. f_o.write("kerbo3 010-3333-5555 \n")
07.
08. f_o = open("sample13_14.txt", "r")
09. one_lines = f_o.readlines()
10. print(one_lines)
11.
12. f_o.close()
```

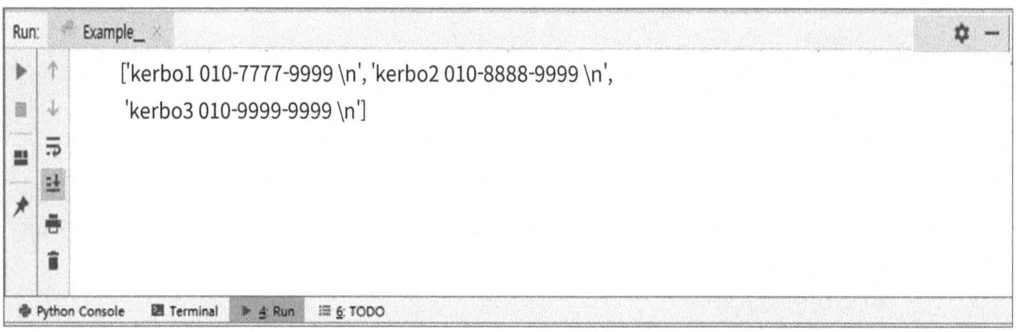

2~6행 : 파일을 오픈하여 데이터를 write()로 쓴다.

8~10행: 파일을 오픈하여 데이터를 readlines()로 읽는다.

12행: 파일을 닫는다.

■ 파일에서 데이터를 쓰기 한 후 while 문으로 읽기

readlines() 함수를 쓰면 한 번에 파일의 모든 줄을 읽어 리스트 안에 저장되므로 읽을 때도 가로로 한 줄로 읽게 된다. 이것을 rstrip() 메소드와 while문을 사용하여 한 줄씩 읽어본다.

[예제 13.1.6-2] Python₩ch13₩13_01_06-2.py

```
# sample13_14.txt 파일에서 데이터를 while문으로 읽음
f_o = open("sample13_14.txt", "r")

one_line = f_o.readline().rstrip()
```

```
05. while one_line != "":
06.     print(one_line)
07.     one_line = f_o.readline().rstrip()
08.
09. f_o.close()
```

```
kerbo1 010-1111-5555
kerbo2 010-2222-5555
kerbo3 010-3333-5555
```

2행 : 파일을 오픈하여 데이터를 읽는다.

4행: 파일에서 데이터를 읽을 때 맨 끝에 있는 ₩n(줄 바꿈 기호)를 삭제하고 읽는다.

5행: one_line의 값이 ""가 아닌 경우에 while문이 실행된다.

6행: one_line의 값을 출력한다.

7행: 파일에서 데이터를 읽을 때 맨 끝에 있는 ₩n(줄 바꿈 기호)를 삭제하고 읽는다.

9행: 파일을 닫는다.

■ 파일에서 데이터를 쓰기 한 후 for 문으로 읽기

for 문을 사용하여 파일 안에 데이터를 읽을 수 있다. 유용하게 사용되는 방법이므로 잘 익혀두자.

[예제 13.1.6-3] Python₩ch13₩13_01_06-3.py

```
# sample13_14.txt 파일에서 데이터를 for문으로 읽음
f_o = open("sample13_14.txt", "r")

for i in f_o:
    one_line = i.rstrip()
    print(one_line)

f_o.close()
```

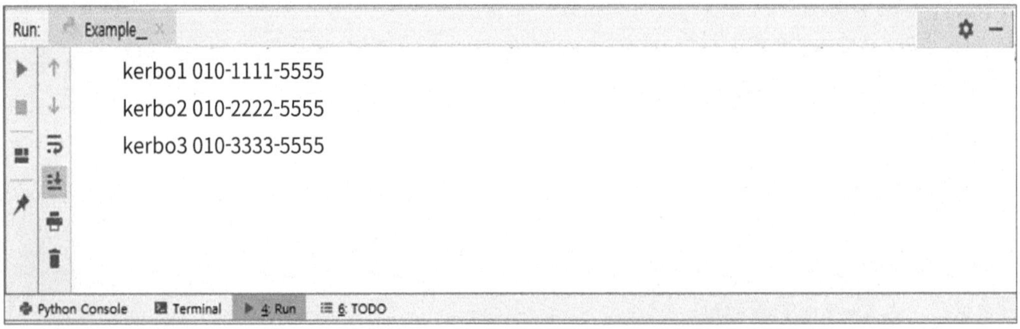

2행: 파일을 오픈하여 데이터를 읽는다.

4~6행: for 반복에서 변수 i의 맨 끝에 있는 \n(줄 바꿈 기호)을 삭제하고 one_line 변수에 \n이 삭제된 한 줄을 할당한다. f_o 파일 안의 마지막 줄을 읽을 때까지 for 문이 반복된다.

8행: 파일을 닫는다.

■ 파일에서 단어 읽기

for 문을 사용하여 파일 안에 데이터를 읽을 때 한 단어씩 끊어서 읽을 수 있다. 유용하게 사용되는 방법이므로 잘 익혀두자.

[예제 13.1.6-4] Python₩ch13₩13_01_06-4.py

```
# sample13_1.txt 파일에서 데이터를 한 단어씩 for 문으로 읽음
f_o = open("sample13_1.txt", "r")

for i in f_o:
    one_line = i.rstrip()
    one_word_list = one_line.split()
    for w in one_word_list:
        print(w)

f_o.close()
```

2행: 파일을 오픈하여 데이터를 읽는다.

4~5행: for 반복에서 변수 i의 맨 끝에 있는 \n(줄 바꿈 기호)을 삭제하고 one_line 변수에 \n이 삭제된 한 줄을 할당한다.

f_o 파일 안의 마지막 줄을 읽을 때까지 for 문이 반복된다.

6행: one_word_list 변수에 one_line의 문장을 split( ) 함수로 한 단어씩 끊어서 one_word_list 라스트 변수에 할당한다.

7~8행: for 문의 각각의 반복마다 one_word_list에서 하나의 항목을 읽어서 w로 할당한 후

10행: 파일을 닫는다.

13.2 파일에 데이터 추가

파일의 데이터 끝에 원하는 데이터를 추가한다.

[예제 13.2.1] Python₩ch13₩13_02_01.py

```
# sample13_12.txt 파일의 데이터 끝에 추가하고 읽음
f_o = open("sample13_12.txt", "a")

f_o.write("kerbo1 010-4444-9999 \n")
f_o.write("kerbo2 010-5555-9999 \n")
f_o.write("kerbo3 010-6666-9999 \n")

f_o = open("sample13_12.txt", "r")
one_lines = f_o.read()
print(one_lines)

f_o.close()
```

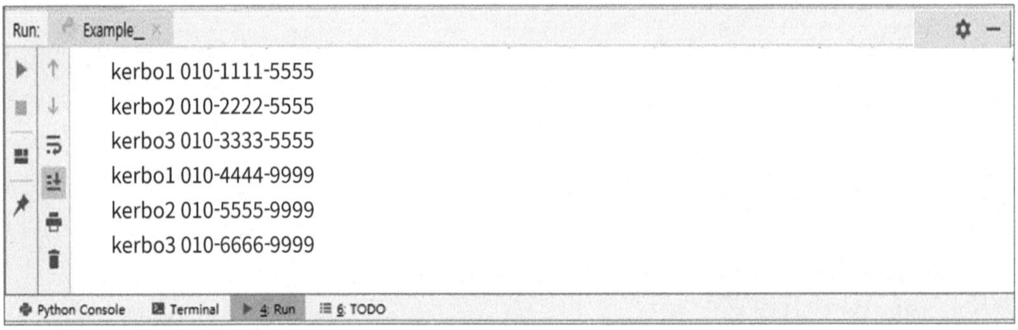

2~6행 : 파일을 오픈하여 데이터 끝에 새로운 데이터를 추가하여 쓴다.

8~10행: 파일을 오픈하여 데이터를 읽는다.

12행: 파일을 닫는다.

13.3 파일 복사

파일에서 데이터를 읽거나, 추가하거나, 쓰기를 한 후에 파일이 만들어지면 복사를 한다.

■ 파일 복사

파일을 다른 파일로 복사한다.

[예제 13.3.1] Python₩ch13₩13_03_01.py

```
# sample13_12.txt 파일을 sample13_12-99.txt로 복사함
import shutil

shutil.copy("sample13_12.txt", "sample13_12-99.txt")
```

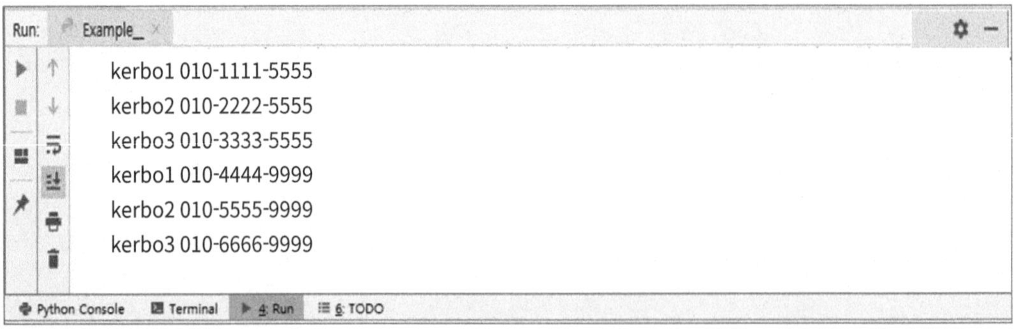

2행: shutil 모듈을 import 한다. shutil 모듈은 파일 또는 디렉토리에 대한 복사, 이동, 삭제 등에 관한 기능을 제공한다.

4행: 시스템 모듈인 shutil을 사용하여 copy 명령을 한다(sample13_1.txt 파일을 sample13_12-99.txt 파일로 복사한다).

■ 파일 이름을 입력 받고, 파일 복사

파일 이름(복사할 파일 이름)을 입력 받은 후, 파일을 다른 파일(복사될 파일 이름)로 복사한다.

[예제 13.3.2] Python₩ch13₩13_03_02.py

```
01. #파일을 키보드로 입력받음
02. i_fn = input("복사할 파일 이름을 입력하세요: ");
03. o_fn = input("복사될 파일 이름을 입력하세요: ");
04.
05. #입력과 출력을 위한 파일을 각각 오픈함
06. fi = open(i_fn, "r")
07. fo = open(o_fn, "w")
08.
09. # 전체 파일을 읽음
10. frs = fi.read()
11.
12. #전체 파일을 씀
13. fo.write(frs)
14.
15. fi.close()
16. fo.close()
```

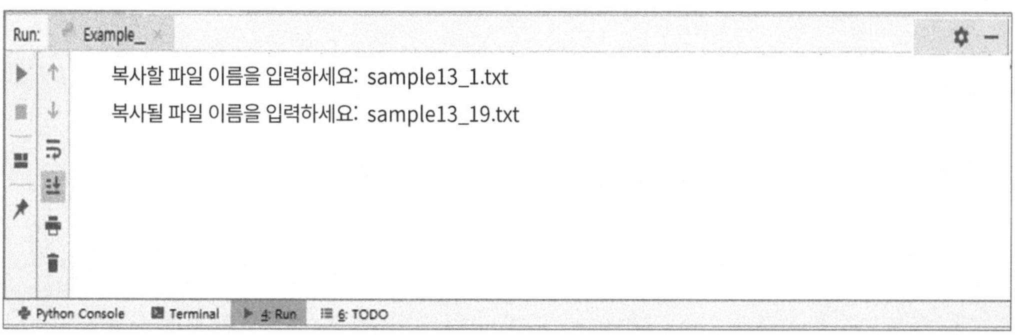

2~3행: 복사할 파일 이름과 복사될 파일 이름을 입력받는다.

6행 : 키보드로 입력받은 복사할 파일을 읽기 모드로 오픈하여 fi 변수에 할당한다.

7행: 키보드로 입력받은 복사될 파일을 쓰기 모드로 오픈하여 fo 변수에 할당한다.

10행: fi 파일의 데이터 전체를 읽어 frs 변수에 할당한다.

13행: frs 변수의 값을 fo가 지칭하는 파일에 쓴다.

15~16행: fi가 지칭하는 파일과 fo가 지칭하는 파일을 닫는다.

응용문제

앞에서 구구단을 연습하였다. 2단부터 9단까지 구구단 모두를 출력하여 파일에 넣어 본다. 구구단을 넣을 파일 이름은 사용자 입력으로 input()를 사용한다.

1. 앞에서 배운 구구단 함수를 분석한다.
2. 사용자 입력으로 input()를 사용하여 복사할 파일 이름을 입력받는다.
3. 파일을 쓰기 모드로 오픈한다.
4. 반복문을 사용하여 구구단을 파일에 쓴다.
5. 구구단 파일이 생성되었다는 문구를 화면에 출력한다.
6. 파일을 닫는다.

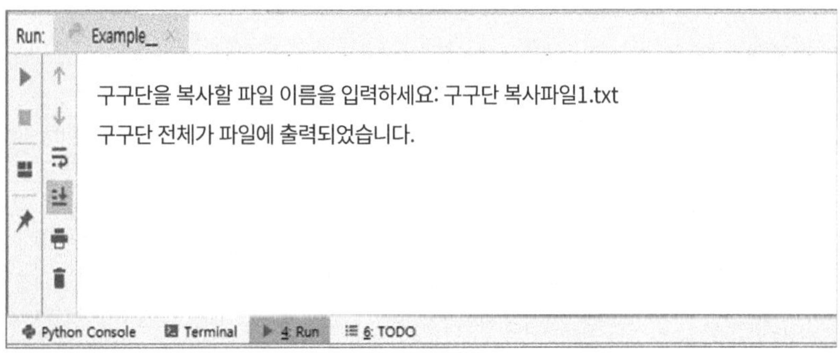

정리하기

13장에서는 파이썬 프로그래밍으로 파일에서 데이터를 읽고, 쓰고, 추가하고, 파일을 복사해 보았다. while문과 for문을 사용하였고, 복사할 파일과 복사될 파일을 키보드로 입력받아 파일을 복사해 보았다.

이번 장에서 학습한 내용을 정리한다.

- 파일의 사용법을 정의하고 파일을 만든다. 파일에서 데이터를 가져오려면 파일을 열고, 데이터를 쓰고, 읽고, 추가하고, 지우고 등을 한 다음, 중요한 것은 파일을 꼭 닫아주어야 한다.
- 파일을 열고 데이터를 다양한 형태로 읽어본다. 파일에서 데이터를 read(), readlines() 등으로 읽어보는 프로그래밍을 한다.
- 파일을 열고 while 문과 for 문을 사용하여 읽어본다. 파일에서 데이터를 while 문을 사용하여 읽을 때, readlines(), rstrip() 메소드를 사용하여 프로그래밍을 한다. for 문을 사용하여 읽을 때에도 유사한 방식으로 프로그래밍을 한다.
- 파일에서 단어를 split() 하여 한 단어씩 끊어 읽는 프로그래밍을 한다.
- "a" 모드를 사용하여 파일을 열고 파일 끝에 데이터를 추가하여 프로그래밍 한다. 데이터를 추가한 다음 데이터가 추가되었는지 출력하여 확인한다.
- 파일을 shutil.copy()를 사용하여 파일을 복사하는 프로그래밍을 한다. 또한 복사할 파일 이름을 사용자로부터 입력받고, 복사될 파일 이름 역시 사용자로부터 입력받아 파일을 복사하는 프로그래밍을 한다.

연습문제

【 객관식 】

1. 파일에서 데이터를 쓰기 위한 파일 모드는? (　　)

① r　② w　③ a　④ c

2. 파일에서 데이터를 읽거나 쓴 다음 마지막으로 해야 하는 명령어는? (　　)

① read()　② write()

③ open()　④ close()

3. readline()으로 데이터를 읽을 때 한 줄씩 결과 화면을 출력하는 메소드는? (　　)

① split()　② spilit()

③ rstrip()　④ ystrip()

4. 파일에서 데이터를 단어 하나씩 읽으려 할 때 사용하는 명령어는?(　　)

① split()　② spilit()

③ rstrip()　④ ystrip()

5. 윈도우 운영체제에서 C 드라이브의 python 폴더 안에 sample13_2.txt를 읽기 모드로 열 때 알맞은 것은? (　　)

① C:₩₩python₩₩sample13_2.txt

② C:/python/sample13_2.txt

③ C://python//sample13_2.txt

④ C:₩₩python//sample13_2.txt

【 단답형 】

6. 파일에 데이터를 추가하여 쓸 때의 모드는?

7. 파일에 "kerbo1 010-1111-5555"란 친구 전화번호 데이터를 쓰려 한다. 다음 명령어를 완성하시오.

f_o________________________________

8-10. 파일을 사용자 입력으로 받아 복사하기 위하여 다음과 같이 프로그램을 작성하였다. 빈 곳을 완성하시오.

```
#파일을 키보드로 입력받는다.
i_fn = input("복사할 파일 이름을 입력하세요: ");
o_fn = input("복사될 파일 이름을 입력하세요: ");

#입력과 출력을 위한 파일을 각각 오픈한다.
fi = open(i_fn, "r")
fo = open(o_fn, "w")

# 전체 파일을 읽는다.
frs = __( 8 )__

#전체 파일을 쓴다.
__( 9 )__(__(10 )__)

fi.close()
fo.close()
```

【 주관식 】

* 다음 함수의 정의에서 빈 곳을 채우시오. (11~15번)

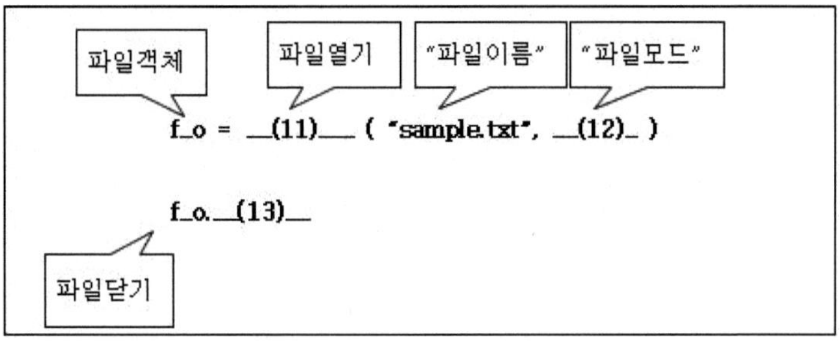

11. 파일을 열려고 한다. (　　)

12. 파일을 열고 데이터를 읽으려 한다. (　　)

13. 파일을 닫으려 한다. (　　　　)

14-15. 파일 "sample13_12.txt"을 "sample13_12-99.txt"로 복사하기 위하여 다음과 같이 프로그램을 작성하였다. 빈 곳을 완성하시오.

```
import __(14)___

shutil.____(15)__(________________________________)
```

CHAPTER

14

데이터 및 프로젝트

학습목표

- 데이터의 단어를 변경할 수 있다.
- 데이터를 조작할 수 있다.
- 크롤링을 사용하여 웹 사이트에서 데이터를 만들 수 있다.
- 점을 만들어 그림을 그리는 프로그래밍을 할 수 있다.

14 _ 데이터 및 프로젝트

13장에서 파일에 대하여 알아보면서 파일로부터 데이터를 읽고 쓰며, 데이터를 추가하고 파일을 복사하는 방법에 대하여 알아보았다. 본 장에서는 파이썬을 배우는 학습자가 기본적으로 데이터를 다루고 프로젝트의 형태를 완성함으로써 파이썬과 친해지도록 한다.

14.1 데이터 기본 다루기

파일 안에 있는 데이터를 변경해 본다. 문자열을 입력한 후 문자열에서 대문자를 소문자로, 소문자를 대문자로, 첫 글자만 대문자로, 단어의 첫 글자만 대문자로 변경할 때가 있다. [표 14-1]은 데이터를 기본적으로 다룰 때 사용하는 명령어를 나타낸다. 이제 데이터를 다양하게 다루어 본다.

[표 14-1] 데이터 기본 다루기 명령어

사용법	내용
upper()	문자열을 대문자로 바꾸어 줌
lower()	문자열을 소문자로 바꾸어 줌
capitalize()	첫 번째 글자 하나만 대문자로 바꾸어 줌
title()	각 단어의 첫 글자마다 대문자로 바꾸어 줌
swapcase()	대문자를 소문자로, 소문자를 대문자로 바꾸어 줌
count()	문자열 변수에 문자가 몇 개 있는지 알려 줌
find() / index()	문자열의 위치를 찾아줌

■ upper()

upper() 함수는 문자열을 대문자로 바꾸어 준다.

[예제 14.1.1] Python₩ch14₩14_01_01.py

```
#소문자를 대문자로 바꾸기
lo = "hello world"

lo_to_hi = lo.upper()
print(lo_to_hi)
```

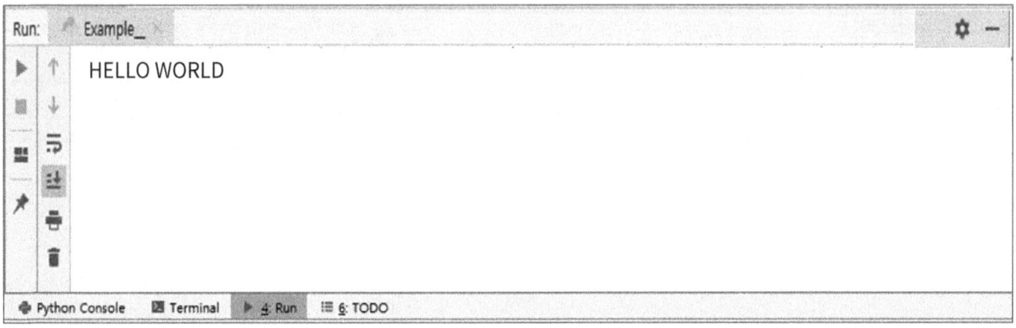

2행: lo 변수에 소문자 "hello world"를 할당한다.

4행: lo_to_hi 변수에 lo 변수의 소문자를 대문자로 바꾸어 할당한다.

5행: lo_to_hi 변수를 출력한다.

■ lower()

lower() 함수는 문자열을 소문자로 바꾸어 준다.

[예제 14.1.2] Python₩ch14₩14_01_02.py

```
01. #대문자를 소문자로 바꾸기
02. hi = "HELLO WORLD"
03.
04. hi_to_lo = hi.lower()
05. print(hi_to_lo)
```

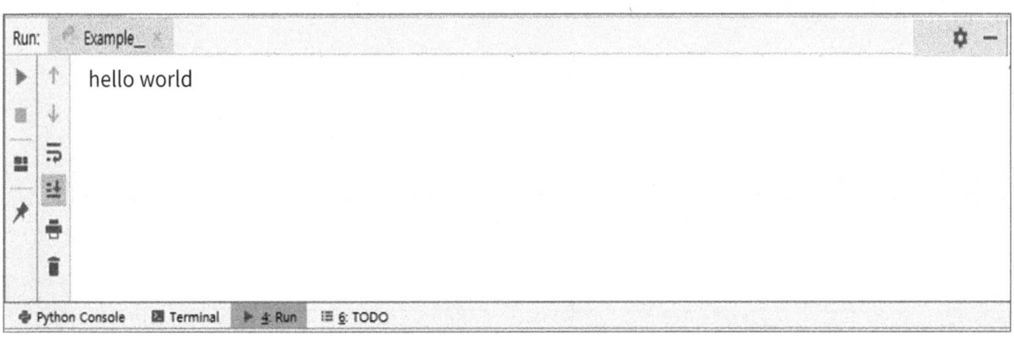

2행: hi 변수에 대문자 "HELLO WORLD"를 할당한다.

4행: hi_to_lo 변수에 hi 변수의 대문자를 소문자로 바꾸어 할당한다.

5행: hi_to_lo 변수를 출력한다.

■ capitalize()

capitalize() 함수는 첫 번째 글자 하나만 대문자로 바꾸어 준다.

[예제 14.1.3] Python₩ch14₩14_01_03.py

```
01. # 첫 글자만을 대문자로 바꾸기
02. lo1 = "hello world"
03.
04. lo1_to_hi1 = lo1.capitalize()
05. print(lo1_to_hi1)
```

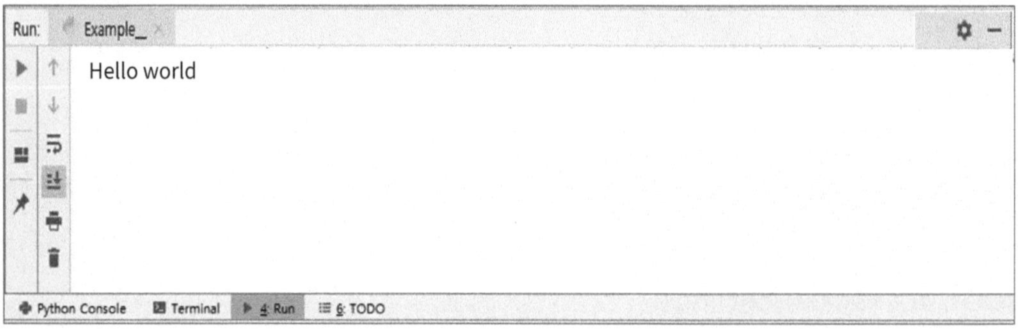

2행: lo1 변수에 소문자 "hello world"를 할당한다.

4행: lo1 변수의 문자열에서 첫 글자만 대문자로 바꾸어 할당한다.

5행: lo1_to_hi1 변수를 출력한다.

■ title()

title() 함수는 각 단어의 첫 글자를 대문자로 바꾸어 준다.

[예제 14.1.4] Python₩ch14₩14_01_04.py

```
# 각 단어의 첫 글자를 대문자로 바꾸기
lo1 = "hello world to python"

lo1_to_hi1 = lo1.title()
print(lo1_to_hi1)
```

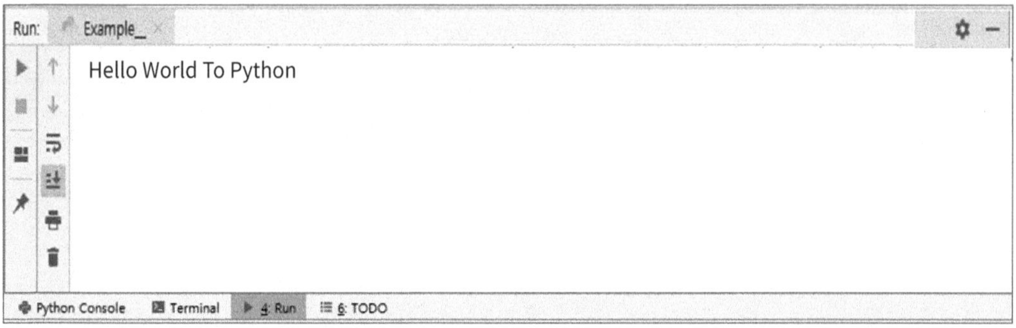

2행: lo1 변수에 소문자 "hello world"를 할당한다.

4행: lo1 변수의 문자열에서 모든 단어의 첫 글자만 대문자로 바꾸어 lo1_to_hi1 변수에 할당한다.

5행: lo1_to_hi1 변수를 출력한다.

■ swapcase()

swapcase() 함수는 대문자를 소문자로, 소문자를 대문자로 바꾸어 준다.

[예제 14.1.5] Python₩ch14₩14_01_05.py

```
01. # 대문자를 소문자로, 소문자를 대문자로 변경
02. w = "Hello World"
03.
04. w_sc = w.swapcase()
05. print(w_sc)
```

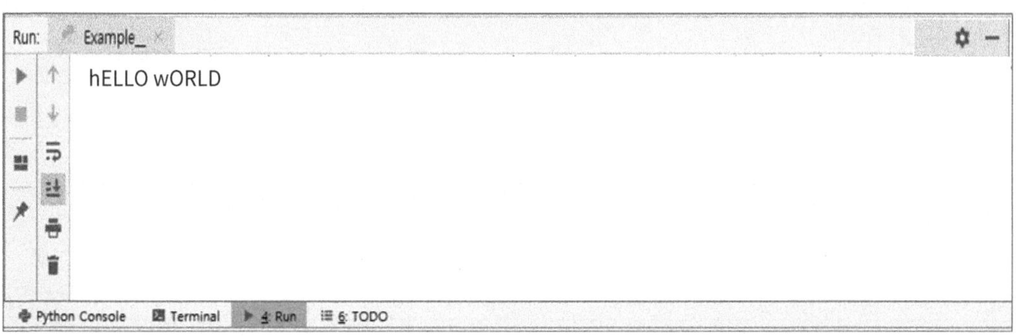

2행: w 변수에 "Hello World"를 할당한다.

4행: w 변수 문자 중에서 대문자는 소문자로, 소문자는 대문자로 바꾸어 w_sc 변수에 할당한다.

5행: w_sc 변수를 출력한다.

■ count()

count() 함수는 문자열 변수에 문자가 몇 개 있는지 알려준다.

[예제 14.1.6] Python₩ch14₩14_01_06.py

```
01. # 문자수 세기
02. lo = "hello world"
03.
04. lo_count = lo.count("l")
05. print(lo_count)
```

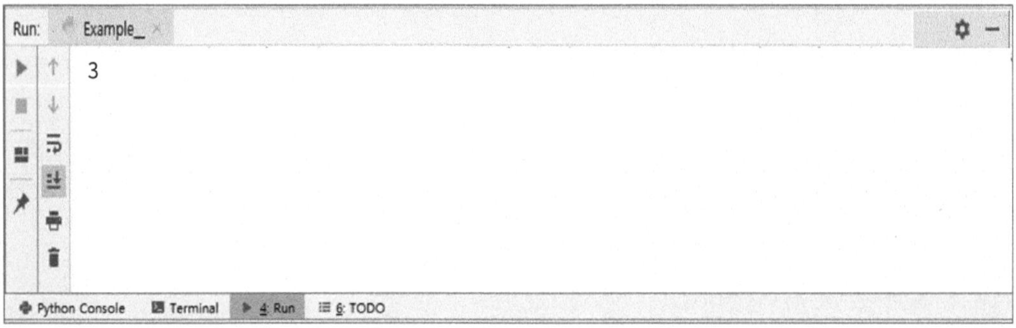

2행: lo 변수에 소문자 "hello world"를 할당한다.

4행: lo변수 문자열에서 "l"의 개수를 세어 lo_count 변수에 할당한다.

5행: lo_count 변수를 출력한다.

■ find() / index()

find()와 index() 함수는 문자 혹은 문자열의 위치를 찾는다.

[예제 14.1.7] Python₩ch14₩14_01_07.py

```
# 문자 혹은 문자열의 위치를 알려줌
w = "hello world to python"

w_find = w.find("w")
w_find2 = w.find("to")
w_index = w.index("p")
print(w_find)
print(w_find2)
print(w_index)
```

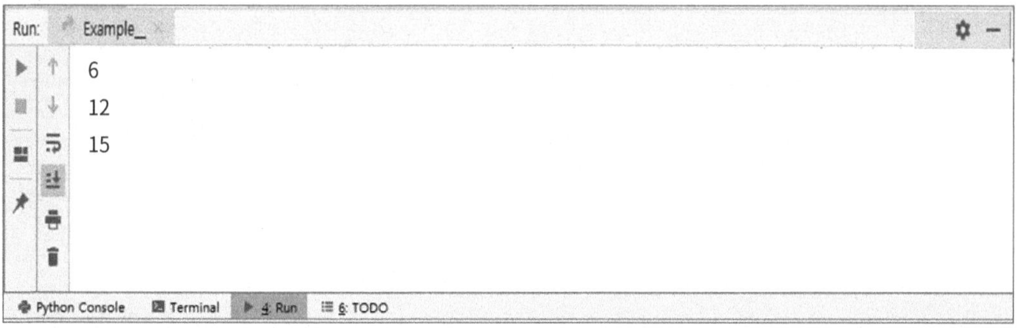

2행: w 변수에 소문자 "hello world to python"을 할당한다.

4행: w 변수 문자열에서 "w" 문자 위치를 찾아 w_find 변수에 할당한다.

5행: w 변수 문자열에서 "to" 문자 위치를 찾아 w_find2 변수에 할당한다.

6행: w 변수 문자열에서 "p" 문자 위치를 찾아 w_index 변수에 할당한다.

7–9행: w_find, w_find2, w_index 변수의 값을 출력한다.

14.2 데이터 조작

파일 안에 있는 데이터를 제거, 추가, 변경, 분리, 결합 등 다양하게 데이터의 문자를 조작할 때가 있다.

[표 14-2] 데이터 조작 명령어

사용법	내용
strip()	문자열의 앞, 뒤 공백을 지우는데 주로 사용함 중간의 공백은 지울 수 없다.
split()	문자열의 공백을 기준으로 분리해서 리스트로 반환함
join()	사용자가 제시한 특정 문자를 기준으로 단어를 합쳐줌
center()	제시된 숫자만큼 문자열을 채우고 문자열을 가운데 정렬함
ljust()	제시된 숫자만큼 문자열을 채우고 문자열을 왼쪽에 정렬시킴
rjust()	제시된 숫자만큼 문자열을 채우고 문자열을 오른쪽에 정렬시킴
isdigit()	전체가 숫자로만 구성되었는지 파악하여 True, False를 반환. 빈 공간이 있으면, False를 반환함
isalpha()	전체가 영어/한글로만 구성되었는지 파악하여 True, False를 반환. 빈 공간이 있으면, False를 반환함
isalnum()	전체가 글자와 숫자가 섞여서 구성되었는지 파악하여 True, False를 반환. 빈 공간이 있으면, False를 반환함
isspace()	전체가 공백 문자로만 구성되었는지 파악하여 True, False를 반환함

■ strip()

strip() 함수는 문자열의 앞, 뒤 공백을 지우는데 주로 사용된다. 중간의 공백은 지울 수 없다.

[예제 14.2.1] Python₩ch14₩14_02_01.py

```
01. # 문자열에서 앞, 뒤 공백 지우기
02. w = "     hello world to python  "
03.
04. print(w)
05. w_st = w.strip()
06. print(w_st)
```

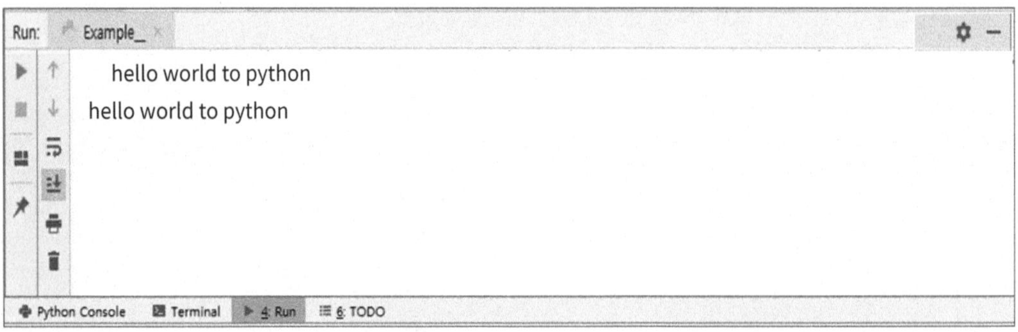

2행: w 변수에 문자열 "   hello world to python "을 할당한다.

4행: w 변수를 출력한다.

5행: w 변수의 문자열에서 앞, 뒤 공백을 지우고 문자열을 할당한다.

6행: w_st 변수를 출력한다.

■ split()

split() 함수는 문자열을 공백을 기준으로 분리해서 리스트로 반환한다. 즉, 공백을 기준으로 단어를 분리한다.

[예제 14.2.2] Python₩ch14₩14_02_02.py

```
# 공백을 기준으로 단어를 분리함
w = "hello world to python"

w_st = w.split()
print(w_st)
```

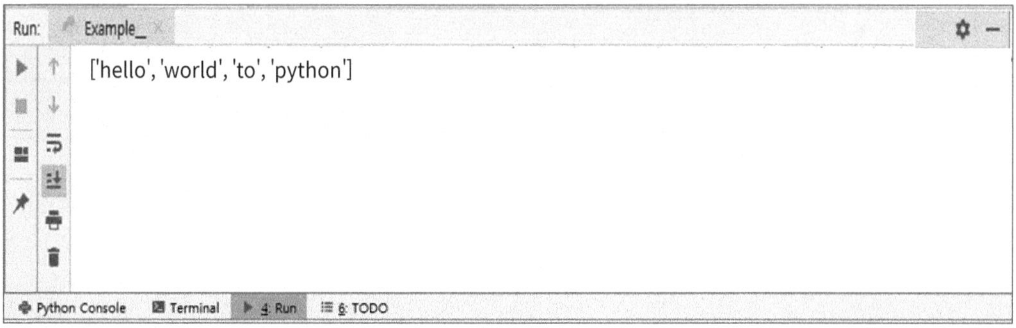

2행: w 변수에 문자열 "hello world to python"을 할당한다.

4행: w 변수의 문자열을 공백을 기준으로 분리한 후 w_st 변수에 할당한다.

5행: w_st 변수를 출력한다.

■ join()

join() 함수는 사용자가 제시한 구분자를 기준으로 단어를 합쳐준다.

[예제 14.2.3] Python₩ch14₩14_02_03.py

```
01. # 제시된 구분자로 단어를 합침
02. s1 = '&'
03. w = ["hello", "world"]
04.
05. w_st = s1.join(w)
06. print(w_st)
```

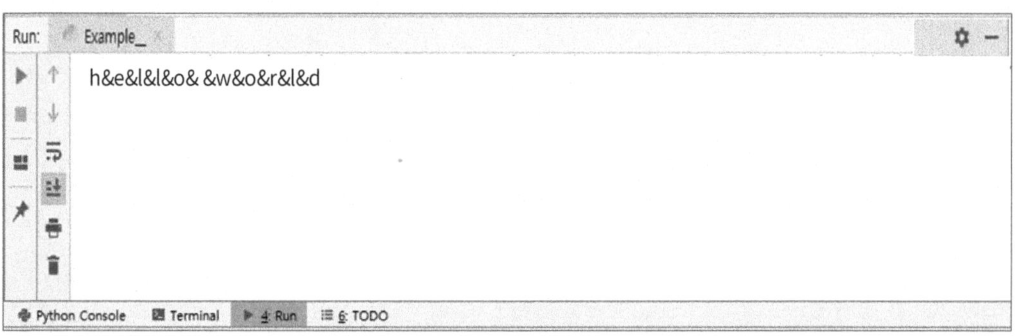

2행: s1 변수에 사용자가 정한 구분자 '&'를 할당한다.

3행: w 변수에 합칠 단어를 리스트 형태로 할당한다.

5행: w 변수의 각 항목을 s1 변수의 구분자와 합친 문자열을 할당한다.

6행: w_st 변수를 출력한다.

■ center()

center() 함수는 제시된 숫자만큼 문자열을 채우고, 가운데 정렬한다.

[예제 14.2.4] Python₩ch14₩14_02_04.py

```
01. # 문자열을 제시된 숫자만큼 채우고 가운데 정렬시킴
02. size = 20
03. w = "hello world"
04.
05. w_st = w.center(size, '=')
06. print(w_st)
```

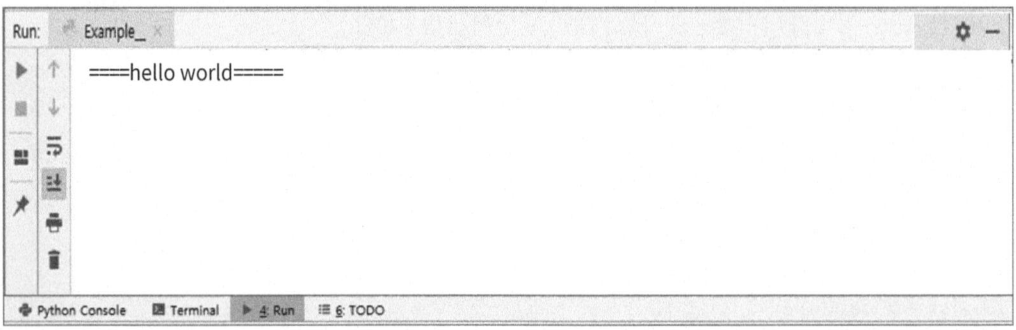

2행: size 변수에 20을 할당한다.

3행: w 변수에 “hello world”를 할당한다.

5행: w 변수에 할당된 문자열을 가운데 정렬하고, 남은 자리는 '='로 채운다.

6행: w_st 변수를 출력 한다.

■ ljust() / rjust()

ljust(), rjust() 함수는 제시된 숫자만큼 문자열을 채우고, 문자열을 왼쪽, 오른쪽으로 정렬한다.

[예제 14.2.5] Python₩ch14₩14_02_05.py

```
01. # 문자열을 제시된 숫자만큼 채우고, 왼쪽, 오른쪽으로 정렬함
02. size = 20
```

```
03. w = "hello world"
04.
05. w_st1 = w.ljust(size, '=')
06. print(w_st1)
07. w_st2 = w.rjust(size, '=')
08. print(w_st2)
```

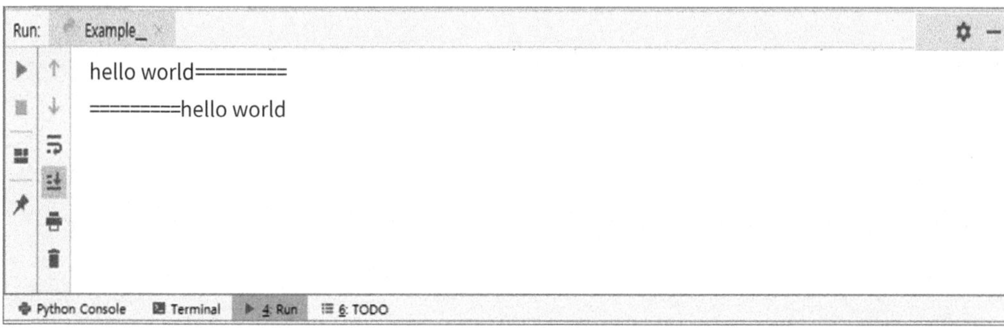

2행: size 변수에 20을 할당한다.

3행: w 변수에 "hello world"를 할당한다.

5행: w 변수에 할당된 문자열을 왼쪽 정렬시키고, 남은 자리는 '='로 채운다.

6행: w_st1 변수를 출력한다.

7행: w변수에 할당된 문자열을 오른쪽 정렬시키고, 남은 자리는 '='로 채운다.

8행: w_st2 변수를 출력한다.

■ isdigit()

isdigit() 함수는 전체가 숫자로만 구성되었는지 검사하고, 그 결과를 True, False로 반환한다. 빈 공간이 있으면 False를 반환한다.

[예제 14.2.6] Python₩ch14₩14_02_06.py

```
# 전체가 숫자로만 구성되었는지 검사함
d = "1234567890"

d_isd = d.isdigit()
print(d_isd)
```

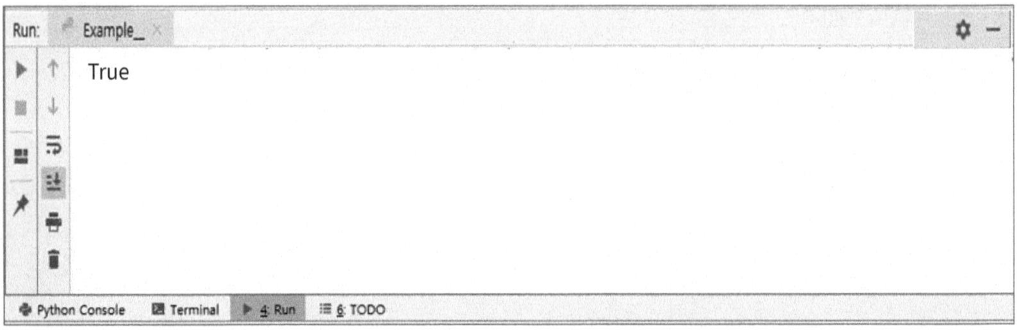

2행: d 변수에 "1234567890"을 할당한다.

4행: d 변수에 할당된 값이 모두 숫자인지를 검사하고, 그 결과를 d_isd 변수에 할당한다.

5행: d_isd 변수를 출력한다.

■ isalpha()

isdigit() 함수는 전체가 영어/한글로만 구성되었는지 검사하고, 그 결과를 True, False로 반환한다. 빈 공간이 있으면 False를 반환한다.

[예제 14.2.7] Python₩ch14₩14_02_07.py

```
01. # 전체가 영어/한글로 구성되었는지 파악함
02. d = "hellophthon최고"
03.
04. d_isa = d.isalpha()
05. print(d_isa)
```

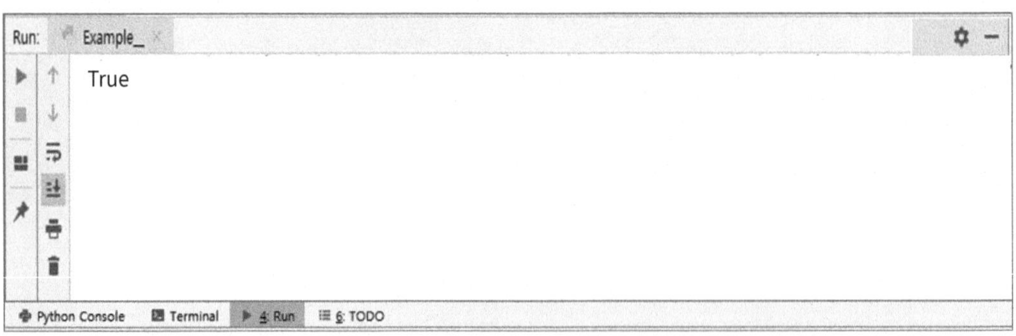

2행: d 변수에 "hellopython최고"를 할당한다.

4행: d 변수에 할당된 문자열이 모두 영어/한글로만 구성되어 있는지를 검사하고, 그 결과를 d_isa 변수에 할당한다.

5행: d_isa 변수를 출력한다.

■ isalnum()

isalnum() 함수는 전체가 글자와 숫자로 섞여서 구성되었는지 검사하고, 그 결과를 True, False로 반환한다. 빈 공간이 있으면 False를 반환한다.

[예제 14.2.8] Python₩ch14₩14_02_08.py

```
01. # 전체가 글자와 숫자로 섞여서 구성되었는지 검사함
02. d = "hellopython최고123"
03.
04. d_isa = d.isalnum()
05. print(d_isa)
```

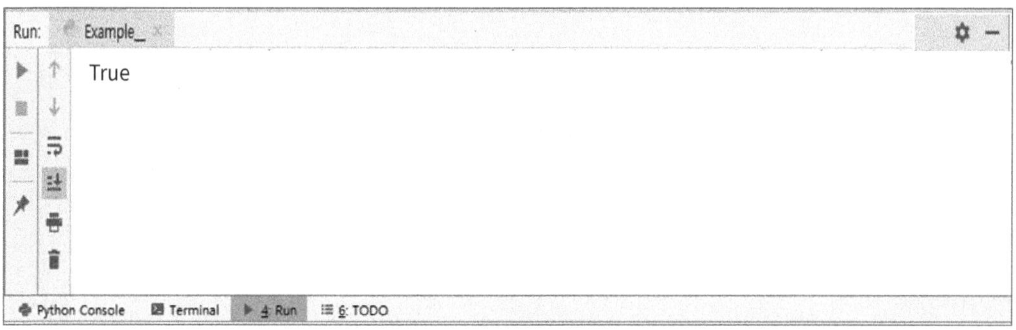

2행: d 변수에 "hellopython최고123"를 할당한다.

4행: d 변수에 할당된 문자열이 글자와 숫자가 섞여서 구성되어 있는지 검사하고, 그 결과를 d_isa 변수에 할당한다.

5행: d_isa 변수를 출력한다.

■ isspace()

isspace() 함수는 전체가 공백 문자로만 구성되었는지 검사하고, 그 결과를 True, False로 반환한다.

[예제 14.2.9] Python₩ch14₩14_02_09.py

```
# 전체가 공백 문자로만 구성되었는지 검사함
d = "        "

d_iss = d.isspace()
print(d_iss)
```

2행: d 변수에 "   "를 할당한다.

4행: d_iss 변수에 d 변수에 할당된 문자열이 공백 문자로만 구성되어 있는지 검사하고, 그 결과를 d_iss 변수에 할당한다.

5행: d_iss 변수를 출력한다.

14.3 크롤링

파일 안에 있는 데이터를 만들기 위하여 인터넷에서 여러 가지 소식들을 가져올 수 있다. 모듈을 사용하여 간단히 크롤링을 해 본다.

■ open(url)–1

open() 함수를 사용하여 주어진 주소의 인터넷 사이트를 열 수 있다.

[예제 14.3.1] Python₩ch14₩14_03_01.py

```
01. import webbrowser
02.
03. url = "https://www.google.com"
04. webbrowser.open(url)
```

1행: webbrowser를 import 한다.

3행: url 변수에 구글 사이트 주소를 할당한다.

4행: url 변수에 할당된 구글 사이트를 오픈한다.

■ open(url)-2

open() 함수를 사용하여 구글 번역 창을 열고 번역할 수 있다. 영어, 일본어, 중국어로 바꾸어 실행해 본다.

[예제 14.3.2] Python₩ch14₩14_03_02.py

```
01. import webbrowser
02.
03. e_t = input("번역하기 원하는 문자를 입력하세요: ")
04. url = "https://translate.google.co.kr/#ko/en/" + e_t
05. webbrowser.open_new(url)
06.
07. # 일본어: url = "https://translate.google.co.kr/#ko/ja/" + e_t
08. # 중국어: url = "https://translate.google.co.kr/#ko/zh-CN/" + e_t
```

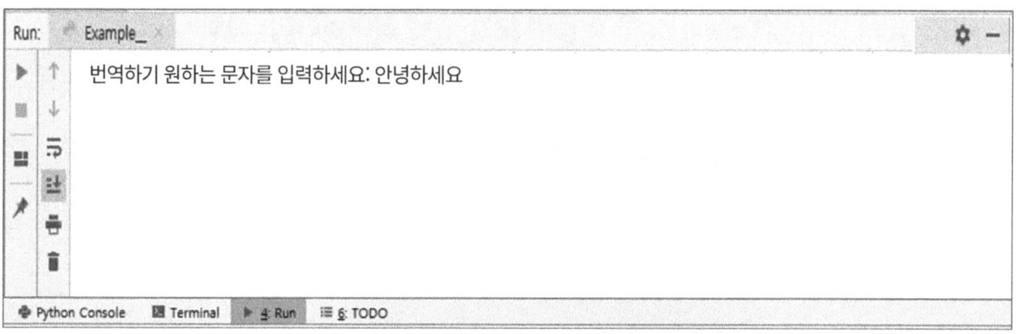

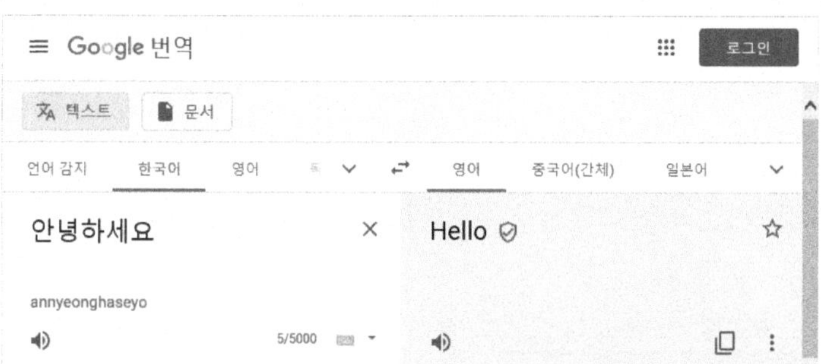

1행: webbrowser를 import 한다.

3행: 번역하기 원하는 문자열을 입력하고, 그 값을 e_t 변수에 할당한다.

4행: url 변수에 구글 번역 사이트 주소를 할당한다.

5행: url 변수에 할당된 구글 번역 사이트를 오픈한다.

■ Scrapy 모듈 크롤링

Scrapy 모듈을 사용하여 네이버 뉴스 페이지에서 데이터를 크롤링해 본다.

■ Scrapy는?

2008년 처음 0.7버전으로 공개된 파이썬의 라이브러리 모듈이다. 오랫동안 널리 사용되어 왔고, 안전성을 갖고 있어 웹 스크래핑[1]을 본격적으로 하는 경우 이용하기에 매우 좋은 모듈이다. Scrapy는 본래 웹 스크래핑을 위해 만들어 졌지만, API를 사용해서 데이터를 추출하거나 일반적인 웹 크롤러 목적으로 사용할 수 있다.

Scrapy에서 직접 BeautifulSoup[2] 또는 lxml[3]을 사용할 수 있다. 하지만 Scrapy는 XPath 인터페이스인 selectors를 제공하고, 이것으로 깨진 HTML 코드와 혼란스러운 인코딩을 효율적으로 수행할 수 있게 해 준다. Scrapy 라이브러리를 배우기 위해서는 많은 시간과 노력이 필요하다. 이 책에서는 Scrapy를 사용하여 기본적으로 크롤링하는 방법에 대해서만 간단하게 다룬다.

■ 파이참에서 터미널(Terminal)을 이용한 모듈(또는 라이브러리) 설치

파이참의 터미널(명령프롬프트)에서 명령어 pip install 〈모듈명〉을 입력하여 원하는 모듈을 설치할 수 있다.

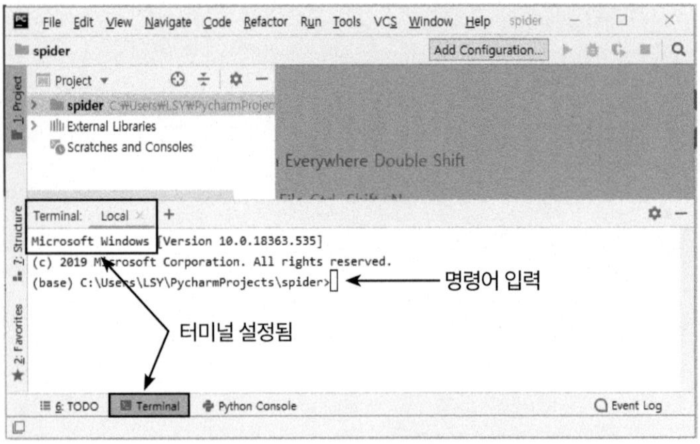

[그림 14-1] 파이썬 터미널 화면

1 일반적으로 크롤링과 스크래핑을 혼용하지만, 웹 크롤링은 모든 데이터를 가져오는 것이고, 웹 스크래핑은 특정 데이터만 추출하는 것으로 구분한다.

2 웹 데이터 크롤링 또는 스크래핑 할 때 사용하는 파이썬 라이브러리로 import를 통해서 html 파일을 가져오거나 ullib 혹은 requests 모듈을 통해 직접 웹에서 소스를 가져올 수도 있다.

3 lxml 모듈로 웹 스크래핑하면 css 문법으로 특정 요소를 쉽게 가져올 수 있고, 성능도 BeautifulSoup 보다 훨씬 좋다.

■ Scrapy 모듈 설치하기

파이참의 터미널에서 아래 명령어를 입력해 Scrapy를 설치한다.

<table>
<tr><td>코드</td><td>pip install scrapy</td></tr>
<tr><td>터미널</td><td>

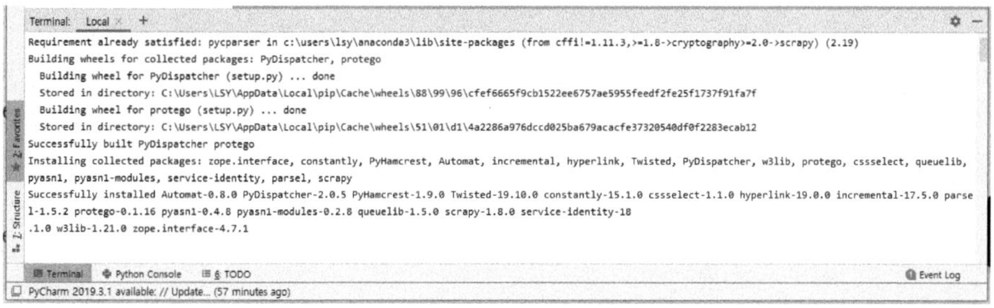

</td></tr>
</table>

Scrapy 모듈을 사용하기 위해서는 pip install을 사용한다. 터미널에서 코드를 실행시키면 위와 같은 결과가 보여진다.

■ Scrapy Shell 사용하기

Scrapy Shell을 사용하여 프로젝트를 생성하지 않고 간단하게 실행시킬 수 있다. 파이참의 터미널에서 다음 명령어를 입력해 Scrapy Shell을 실행한다.

코드

```
scrapy shell
```

터미널

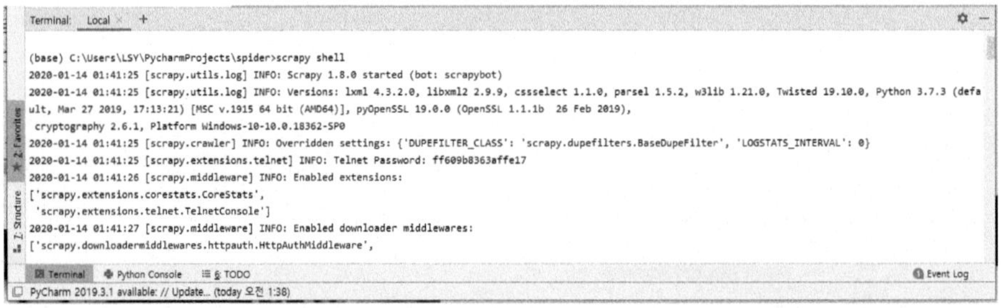

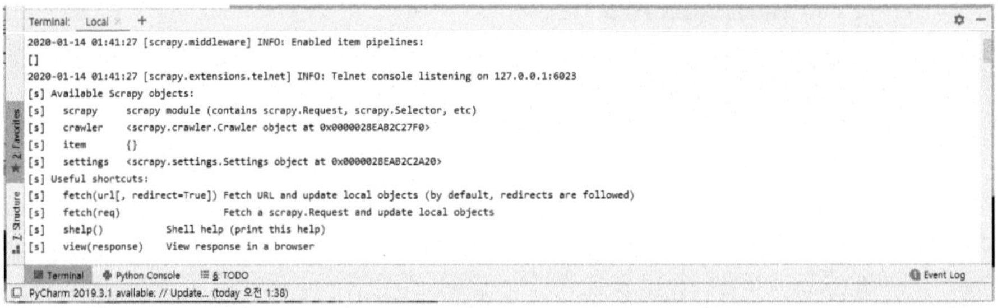

Scrapy shell이 실행되면 In [1]: 이 출력되며 다음에 커서가 위치한다.

In은 입력을 의미하고 []안의 숫자는 라인이다. 결과는 Out []: 로 출력된다.

■ 크롤링 시작위치 정해주기

네이버 뉴스 페이지에서 크롤링하려고 할 때 시작할 위치를 정해 주어야 한다. Scrapy에서는 fetch(url)을 사용하여 시작 위치를 지정한다.

크롤링을 시작할 페이지를 네이버 뉴스 IT/과학 탭으로 설정한다. 그림은 네이버 뉴스 IT/과학 탭의 화면이다.

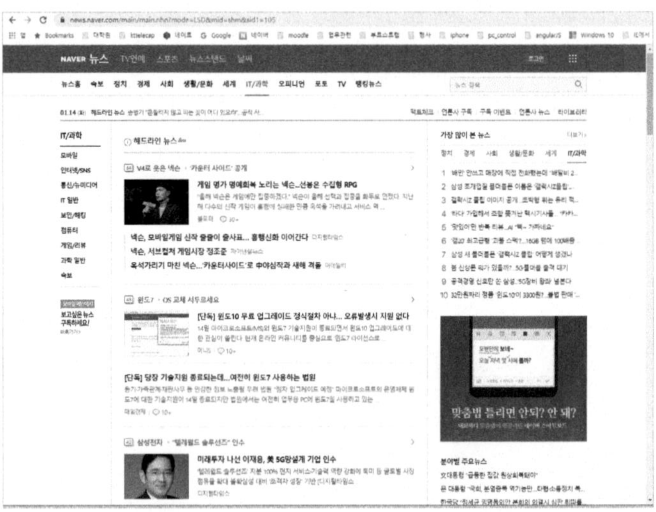

[그림 14-2] 네이버 뉴스 IT/과학 탭 화면

코드	`fetch('https://news.naver.com/main/main.nhn?mode=LSD&mid=shm&sid1=105')`
터미널	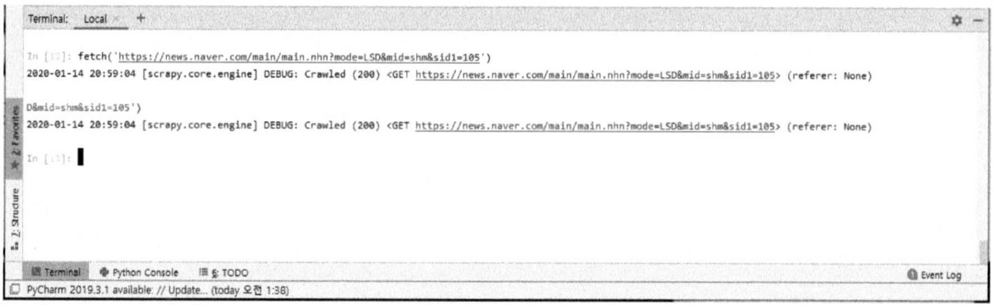

위와 같이 코드를 입력하면 터미널에 응답 코드(Response Code)가 출력된다.

■ 크롤러가 다운로드한 페이지를 기본 브라우저에서 보여주기

크롤러가 무엇을 다운로드 했는지 view(response) 코드를 통해 확인할 수 있다.

코드	`view(response)`
결과	

경로를 확인해 보면 로컬에 저장됐음을 확인할 수 있다.

■ 크롤러가 다운로드한 페이지 소스 확인하기

다운로드된 소스를 확인하기 위해 다음 코드를 사용한다.

코드

```
print(response.text)
```

결과

```
<a href="/main/ranking/popularDay.nhn" class="more_link"><span class="blind">가장 많이 본 뉴스</span>더보기</a>
</div>
<div id="ranking_104" style="display:none">
 <h5 class="blind">세계</h5>
 <ul class="section_list_ranking">
  <li><span class="rank num1"><em>1</em></span> <a href="/main/ranking/read.nhn?mid=etc&amp;sid1=111&amp;rankingType=popular_day&am
p;oid=001&amp;aid=0011335351&amp
;date=20200114&amp;type=1&amp;rankingSeq=1&amp;rankingSectionId=104" class="nclicks(rig.rankwor)" title="[영상] 중국서 순식간에 땅속
으로 버스 '쑥'…20여명 사상&midd
ot;실종">[영상] 중국서 순식간에 땅속으로 버스 '쑥'…20여명 사상&middot;실종</a> </li>
  <li><span class="rank num2"><em>2</em></span> <a href="/main/ranking/read.nhn?mid=etc&amp;sid1=111&amp;rankingType=popular_day&am
p;oid=052&amp;aid=0001388410&amp
;date=20200114&amp;type=1&amp;rankingSeq=2&amp;rankingSectionId=104" class="nclicks(rig.rankwor)" title="필리핀 탈 화산, 더 큰 폭발
징후...용암 활동 계속">필리핀 탈
 화산, 더 큰 폭발 징후...용암 활동 계속</a> </li>
  <li><span class="rank num3"><em>3</em></span> <a href="/main/ranking/read.nhn?mid=etc&amp;sid1=111&amp;rankingType=popular_day&am
p;oid=001&amp;aid=0011335310&amp
;date=20200114&amp;type=1&amp;rankingSeq=3&amp;rankingSectionId=104" class="nclicks(rig.rankwor)" title="필리핀 탈 화산, 더 큰 폭발
징후…&quot;단기간에 안 끝나&quo
t;">필리핀 탈 화산, 더 큰 폭발 징후…&quot;단기간에 안 끝나&quot;</a> </li>
  <li><span class="rank num4"><em>4</em></span> <a href="/main/ranking/read.nhn?mid=etc&amp;sid1=111&amp;rankingType=popular_day&am
p;oid=055&amp;aid=0000785506&amp
;date=20200114&amp;type=1&amp;rankingSeq=4&amp;rankingSectionId=104" class="nclicks(rig.rankwor)" title="필리핀 탈 화산, 더 큰 폭발
```

PyCharm 2019.3.1 available: // Update... (today 오전 1:38)

다운로드된 웹 사이트의 소스가 출력된다.

■ XPath를 이용하여 html에서 데이터 크롤링 하기

위의 단계에서 다운받은 html에서 원하는 데이터를 얻기 위해 html 상에서 특정 요소를 선택하는데 특화된 언어인 'XPath'를 사용한다.

XPath의 문법을 간략히 설명하면 다음과 같다.

1. xpath('')안에 들어가는 xpath 인자에서 //는 자손 요소들을 모두 살펴본다.
2. /는 /앞부분의 직계 자식 요소만 살펴본다.
3. /뒷부분의 조건에 맞는 것을 찾는다.
4. *는 모든 종류의 태그를 찾는다.
5. [@id=""] id값 조건을 명시하는 부분이다.
6. [@class=""] 클래스값 조건을 명시하는 부분이다.
7. [1]대괄호는 인덱싱이다. xpath의 인덱싱은 정수 1부터 시작한다.

크롤링을 하고자 하는 데이터는 다음과 같다.

1. 헤드라인 뉴스의 부제목
2. 헤드라인 텍스트 링크
3. 뉴스 사이트

웹사이트에서 개발자 도구(크롬 F12)에 들어가서 Elements를 보면 html 소스를 트리 구조로 확인할 수 있다.

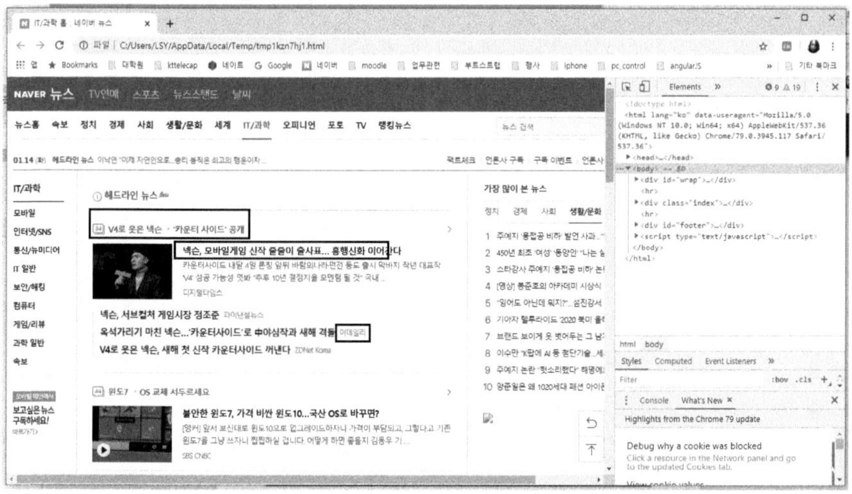

[그림 14-3]

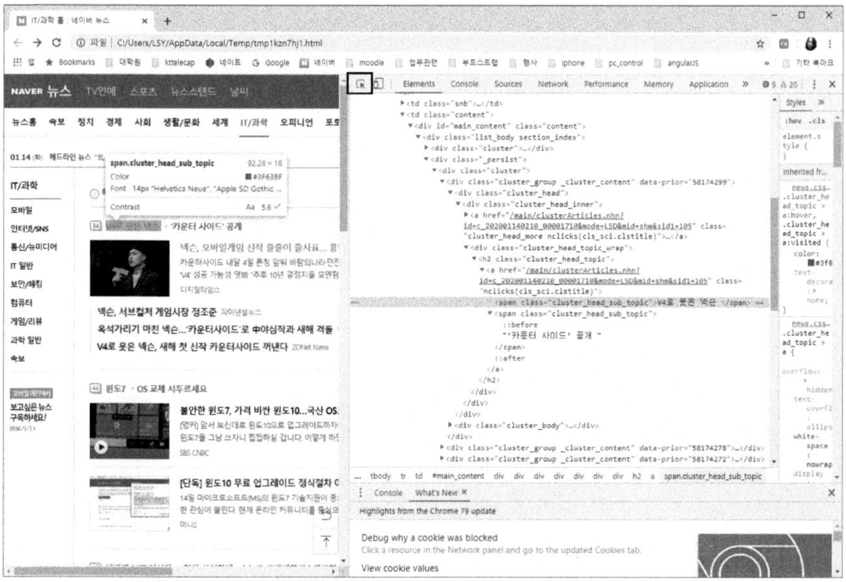

[그림 14-4]

[그림 14-3]에서 네모 표시의 마우스 아이콘을 클릭한 후 본문에서 마우스를 이동하면, [그림 14-4]에서 마우스가 위치한 곳에 해당 영역이 표시되고 동시에 html에서 그 부분의 소스가 표시된다.

html의 구조를 살펴보면서 세 가지 데이터를 크롤링해 본다.

01. 헤드라인 뉴스의 부제목은 cluster_head_sub_topic 라는 클래스의 텍스트이다.
따라서 xpath는 `'//*[@class="cluster_head_sub_topic"].text()'`

코드

```
response.xpath('//*[@class="cluster_head_sub_topic"].text() ' ).extract()
```

결과

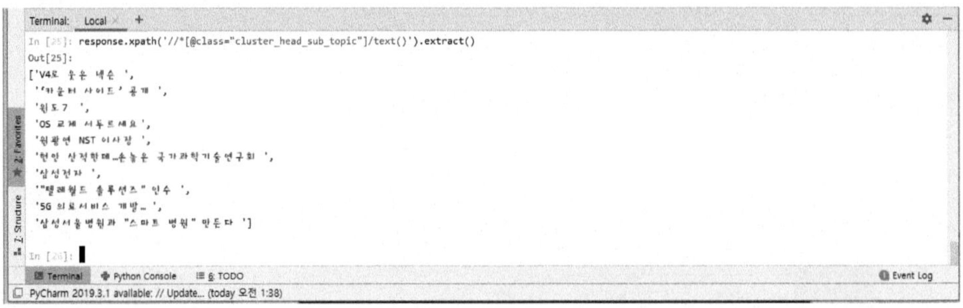

02. 헤드라인 텍스트 링크는 cluster_body 클래스 아래, ul 아래, li 아래의 두 번째 div 아래, a 태그의 텍스트이다.
xpath는 `'//*[@class="cluster_body"]/ul/li/*[@class="cluster_ text"]/a/text()'`이다.

코드

```
response.xpath('//*[@class="cluster_body"]/ul/li/*[@class="cluster_text"]/a/text()').
extract()
```

결과

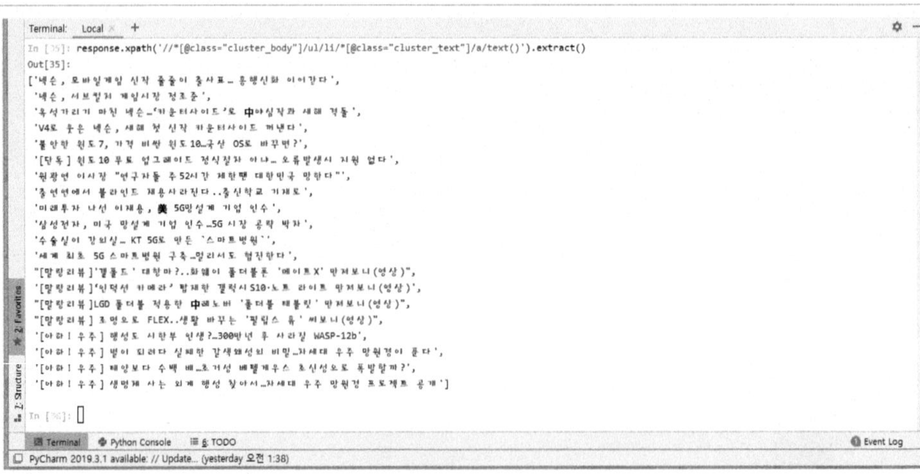

03. 뉴스 사이트는 cluster_text_press클래스의 텍스트이다. xpath는 '//*[@class=" cluster_text_press"]/text()'이다.

코드	`response.xpath('//*[@class="cluster_text_press"]/text() ' ).extract()`
결과	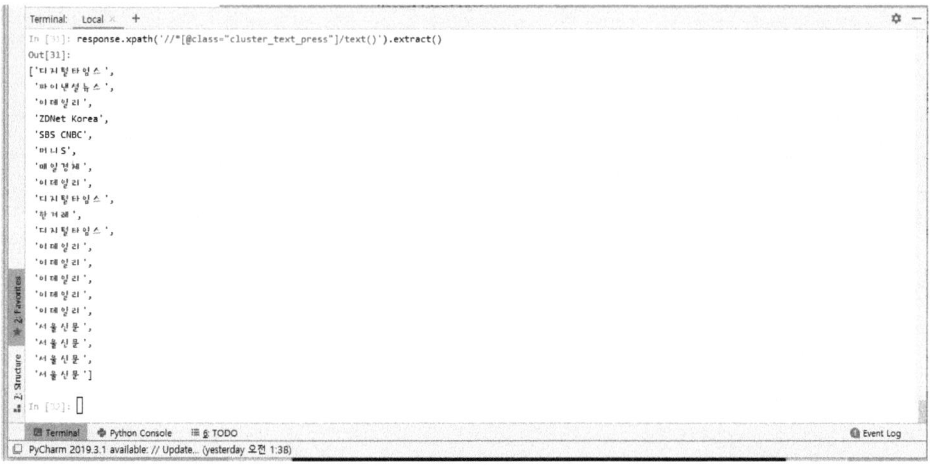

14.4 프로젝트

그동안 배웠던 파이썬의 모든 것을 사용하여 프로젝트를 만들어 본다. 거북이를 불러 함수로 재사용할 프로그램을 만들고 그림을 그릴 수 있는 틀을 점으로 나타낸다. 점의 좌표는 goto(0,0)의 위치에서 x축과 y축으로 10 또는 20의 거리를 계산하여 점을 나타낸다. 이 프로젝트에서는 마우스 드래그를 사용하였다. 그리고 그림을 여러 개 넣었을 때 프로그램을 확장할 수 있도록 하였다.

[예제 14.4.1] Python₩ch14₩14_04_01.py

```
# 점을 순서대로 이어서 물고기 그림 그리기
# 점의 위치를 바꾸어 다른 그림도 완성하여 그리기
import turtle
t= turtle.Turtle()
tw = turtle.Screen()
t.shape("turtle")

# 물고기 눈 그리기
def draw_fish_eye():
    t.pensize(5)
    t.pencolor("red")
    t.penup()
    t.goto(-220,0)
```

```
    t.pendown()
    t.circle(30)

    t.pensize(10)
    t.pencolor("green")
    t.penup()
    t.goto(-230,25)
    t.dot()

# 물고기 몸통 그리기
def draw_fish_body():
    draw_fish_eye()

    t.pensize(4)
    t.pencolor("blue")

    t.goto(0,-150)
    t.dot()
    t.write("1")
    t.goto(-100,-140)
    t.dot()
    t.write("2")
    t.goto(-180,-120)
    t.dot()
    t.write("3")
    t.goto(-260,-90)
    t.dot()
    t.write("4")
    t.goto(-310,-50)
    t.dot()
    t.write("5")
    t.goto(-350,0)
    t.dot()
    t.write("6")
    t.goto(-310,50)
    t.dot()
    t.write("7")
    t.goto(-260,90)
    t.dot()
    t.write("8")
    t.goto(-180,120)
    t.dot()
```

```
    t.write("9")
    t.goto(-100,140)
    t.dot()
    t.write("10")
    t.goto(0,150)
    t.dot()
    t.write("11")
    t.goto(70,100)
    t.dot()
    t.write("12")
    t.goto(135,50)
    t.dot()
    t.write("13")
    t.goto(190,0)
    t.dot()
    t.write("14/26")
    t.goto(135,-50)
    t.dot()
    t.write("27")
    t.goto(70,-100)
    t.dot()
    t.write("28")

    draw_fish_tail()

# 물고기 꼬리 그리기
def draw_fish_tail():
    t.goto(230,40)
    t.dot()
    t.write("25")
    t.goto(270,80)
    t.dot()
    t.write("24")
    t.goto(310,120)
    t.dot()
    t.write("23")
    t.goto(350,160)
    t.dot()
    t.write("22")
    t.goto(350,80)
    t.dot()
    t.write("21")
```

```
    t.goto(350,0)
    t.dot()
    t.write("20")
    t.goto(350,-80)
    t.dot()
    t.write("19")
    t.goto(350,-150)
    t.dot()
    t.write("18")
    t.goto(310,-120)
    t.dot()
    t.write("17")
    t.goto(270,-80)
    t.dot()
    t.write("16")
    t.goto(230,-40)
    t.dot()
    t.write("15")

#거북이를 원위치로 돌려 게임 준비 상태
    t.goto(0,-150)
    t.pendown()
    t.left(180)
    t.color("purple")


# 거북이를 드래그로 조작 / 거북이를 키보드, 마우스로 바꿀수 있음
while True:
    q = turtle.textinput("", "그림을 그리겠습니까? (yes or no): ")
    if q == "no":
        break
    elif q == "yes":
        # 확장하여 여러가지 그림을 넣을 수 있음.
        p = turtle.textinput("", "무엇을 원하시나요? (fish, no): ")
        if p == "fish":
            draw_fish_body()
            t.ondrag(t.goto)
            tw.listen()
            tw.mainloop()
        elif p == "no":
            break

turtle.done()
```

Python Turtle Graphics
그림을 그리겠습니까? (yes or no):
yes
OK
Cancel
Python Turtle Graphics
무엇을 원하시나요? (fish, no):
fish
OK
Cancel

결과1

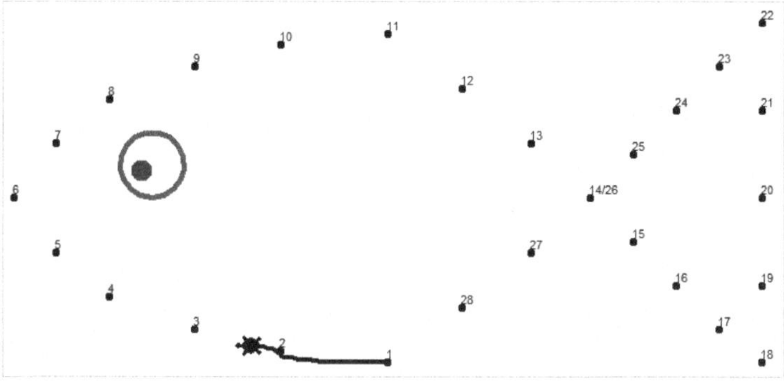

결과2

응용문제

앞의 프로젝트에서 만든 그림을 바꾸어 프로그래밍을 해 본다. 거북이를 움직이는 명령어를 사용하는데 onkey()를 사용하여 점을 이어서 그림을 만들어 본다.

토끼, 고래, 사슴 등 자유스럽게 멋진 그림으로 바꾸어 본다.

1. 종이에 밑그림을 그린다.
2. 종이 그림에서 한 점을 좌표 0,0에 위치한다고 가정한다.
3. 그림의 선을 따라서 좌표를 선택하고 점을 찍는다.
4. 함수를 사용하여 머리, 몸통, 꼬리 부분을 나눈다.
5. 키보드 방향키를 사용하여 프로그래밍한다.
6. 점을 선으로 연결한다.

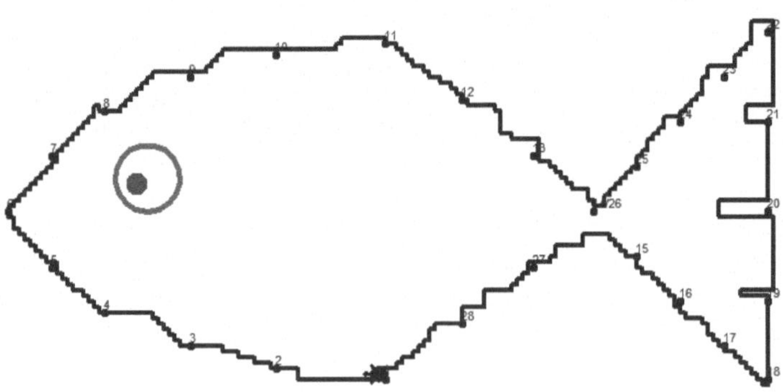

정리하기

14장에서는 데이터를 다루기 위한 기본 명령어와 이들 명령어를 사용하여 데이터를 조작해 보았다. 그리고 간단한 크롤링과 프로젝트를 수행하였다. 이번 장에서 학습한 내용은 다음과 같다.

- 데이터를 다루기 위한 기본 명령어 중 문자열을 대문자, 소문자로 바꾸어 주는 upper(), lower(), 첫 번째 글자 한 자만 대문자로 바꾸어 주는 capitalize(), 각 단어의 첫 글자만 대문자로 바꾸어 주는 title(), 대문자를 소문자, 소문자를 대문자로 바꾸어 주는 swapcase(), 문자열 변수에 문자가 몇 개 있는지 알려주는 count(), 문자열의 위치를 알려주는 find(), index()를 살펴 보았다.
- 데이터를 조작하기 위하여 문자열의 앞, 뒤 공백을 지우는 strip(), 공백을 기준으로 문자열을 분리하는 split(), 단어를 합쳐주는 join(), 문자열을 가운데 정렬시키는 center(), 왼쪽에 정렬시키는 ljust(), 오른쪽에 정렬시키는 rjust(), 숫자로만 구성되었는지 검사하는 isdigit(), 전체가 영어/한글로만 구성되었는지 검사하는 isalpha(), 전체가 글자와 숫자가 섞여서 구성되었는지 검사하는 isalnum(), 전체가 공백문자로만 구성되었는지 검사하는 isspace()를 살펴 보았다.
- 간단한 웹 크롤링과 Scrapy 모듈을 사용하여 네이버 뉴스 페이지의 데이터 크롤링을 해 보았다.
- 거북이를 마우스 드래그 또는 키보드 방향키를 사용하여 점을 그려주는 프로젝트를 프로그래밍 해 보았다.

연습문제

【 객관식 】

1. 문자열을 대문자로 바꾸어 주는 명령어는? (   )

① upper()   ② lower()   ③ capitalize()   ④ title()

2. 각 단어의 첫 글자만 대문자로 바꾸어 주는 명령어는? (   )

① capitalize()   ② title()   ③ lower()   ④ upper()

3. 첫 번째 글자 한 자만 대문자로 바꾸어주는 명령어는? (   )

① title()   ② lower()   ③ capitalize()   ④ upper()

4. 문자열 변수에 문자가 몇 개 있는지 알려주는 명령어는? (   )

① eraser()   ② left()   ③ clear()   ④ count()

5. 문자열의 앞, 뒤 공백을 지우는데 주로 사용되는 명령어는? (   )

① clear()   ② strip   ③ reset()   ④ split()

【 단답형 】

6. 문자열을 소문자로 바꾸어 주는 명령어는 무엇인가?

7. 첫 번째 글자마다 대문자로 바꾸어 주는 명령어는 무엇인가?

8. 전체가 숫자로만 구성되었는지 검사하고, 그 결과를 True, False로 반환하는 명령어는?

9. 사용자가 제시한 특정 문자를 기준으로 단어를 합쳐주는 명령어는?

10. 제시된 숫자만큼 문자열을 채워주고, 문자열을 가운데 정렬시키는 명령어는?

【 주관식 】

11-14. 간단한 웹 크롤링으로 open() 함수를 사용하여 구글 인터넷 사이트의 주소를 열어 보려고 한다. 다음 코드를 완성하시오.

```
(    11     ) (     12     )


url = (          13              )
webbrowser.open(   14   )
```

15. 본래 웹 스크래핑을 위해 만들어 졌지만, API를 사용해서 데이터를 추출하거나 일반적인 웹 크롤러의 목적으로 사용할 수 있는 것은?

S

T – W

ㄱ – ㄴ

ㄷ – ㄹ

ㅁ – ㅂ

ㅅ – ㅇ

ㅈ – ㅋ

길준민

고려대학교에서 컴퓨터학전공으로 박사학위를 취득한 후, 미국 UIC(University of Illinois at Chicago)에서 Post-Doc을 수행하였습니다. 한국과학기술정보연구원 슈퍼컴퓨팅센터에서 선임연구원으로 재직하면서 인터넷기반 분산컴퓨팅 시스템 개발에 참여하였습니다. 현재는 대구가톨릭대학교 컴퓨터소프트웨어학부 교수로 재직하면서 파이썬 프로그래밍 등 프로그래밍 기초 교과목과 컴퓨터 및 소프트웨어 전공 교과목을 가르치고 있습니다. 주요 연구 관심 분야는 클라우드 컴퓨팅, 빅데이터 컴퓨팅, 인공지능 등으로 이와 관련한 연구 및 프로젝트를 수행하고 있습니다.

박지수

고려대학교에서 컴퓨터교육전공으로 박사학위를 취득한 후 고려대학교, 충남대학교, 경기대학교, 동국대학교를 거쳐 현재는 전주대학교에서 재직하면서 파이썬 프로그래밍, C언어, JAVA, 모바일 프로그래밍, 빅데이터(파이썬 기반) 등 컴퓨터과학 전공과목들을 가르치고 있습니다. 특히, 인문사회 계열 학생들이 참여하는 융합SW교과목을 담당하며 IT 비전공자를 위한 교재 및 교안을 작성해 왔습니다. 주요 연구 관심 분야는 클라우드 컴퓨팅, 빅데이터, 사물인터넷, 소프트웨어교육, 이러닝(에듀테크) 등으로 이와 관련한 연구 및 프로젝트를 수행하고 있습니다.

코딩 초보자를 위한 데이터 중심의

파이썬 프로그래밍

인　　쇄 | 2021년 08월 13일
발　　행 | 2021년 08월 20일

저　　자 | 길준민, 박지수
발 행 인 | 성희령
출판기획 | 안성일, 한혜인, 임민정
영업마케팅 | 채희만, 한석범, 유효진
총무회계 | 이승희
발 행 처 | INFINITYBOOKS

주　　소 | 경기도 고양시 일산동구 하늘마을로 158
대방트리플라온 C동 209호

대표전화 | 02)302-8441
팩　　스 | 02)6085-0777

도서 문의 및 A/S 지원
홈페이지 | www.infinitybooks.co.kr
이 메 일 | helloworld@infinitybooks.co.kr

ISBN | 979-11-85578-58-3
등록번호 | 제25100-2013-152호
판매정가 | 22,000원